吕叔湘著《汉语语法分析问题》助读

陈亚川 郑懿德 著

商务印书馆
The Commercial Press

2018年·北京

图书在版编目(CIP)数据

吕叔湘著《汉语语法分析问题》助读/陈亚川,郑懿德著.—北京:商务印书馆,2015(2018.12重印)
ISBN 978-7-100-11327-4

Ⅰ.①吕… Ⅱ.①陈…②郑… Ⅲ.①汉语—语法分析 Ⅳ.①H14

中国版本图书馆 CIP 数据核字(2015)第 117658 号

权利保留,侵权必究。

吕叔湘著《汉语语法分析问题》助读
陈亚川 郑懿德 著

商 务 印 书 馆 出 版
(北京王府井大街36号 邮政编码100710)
商 务 印 书 馆 发 行
北京市艺辉印刷有限公司印刷
ISBN 978-7-100-11327-4

2015年8月第1版　　　开本 850×1168 1/32
2018年12月北京第2次印刷　印张 16　插页 1
定价:48.00元

1986年"第四次现代汉语语法学术讨论会"期间,大会安排本书作者与吕叔湘先生见面。(左起:语文出版社时任副社长李行健、社长吕叔湘及作者郑懿德,作者陈亚川坐于吕叔湘先生正对面。)(大会供稿)

1981年本书开始撰写,1984年初稿(读书笔记)40万字草成,本书作者在吕叔湘先生寓所求教。(陈亚川摄)

1988年，本书作者陈亚川作为中国对外汉语教师访美代表团成员，与团长、著名语言学家朱德熙先生合影于美国加州蒙特利市会议中心。

1991年1月，本书作者陈亚川应邀赴意大利那不勒斯东方大学、罗马大学等访问讲学。

目　　录

吕叔湘先生1986年9月10日给作者的一封信
（代序）……………………………………………（ 1 ）
关于编写《吕叔湘著〈汉语语法分析问题〉助读》的
说明………………………………………………（ 3 ）
《汉语语法分析问题》各部分的问题解答……………（ 10 ）
　一　序中的问题解答………………………………（ 10 ）
　　1.1　80年来中国语法研究的概况（1—5）……（ 10 ）
　　1.2　语法研究的对象和方法（6）………………（ 25 ）
　　1.3　《汉语语法分析问题》的创见举例（7）……（ 30 ）
　二　引言中的问题解答……………………………（ 33 ）
　　2.1　国外语法研究三大流派简介（8）…………（ 33 ）
　　2.2　实质性问题和名称、术语问题（9—11）……（ 36 ）
　　2.3　汉语语法分析意见分歧的根本原因（12—19）……（ 38 ）
　　2.4　意义在语法分析上的作用（20—24）………（ 50 ）
　三　单位部分的问题解答…………………………（ 58 ）
　　3.1　新旧语法单位及语素、短语、小句的
　　　　重要性（25—27）……………………………（ 58 ）

3.2　语素和词（28—40）…………………………（62）
　　3.3　词和短语（41—62）…………………………（79）
　　3.4　主谓短语、小句、句子（63—68）……………（97）
　　3.5　单位问题小结（69—73）……………………（104）
四　分类部分的问题解答……………………………（108）
　　4.1　词语分类的目的和标准（74—91）…………（108）
　　4.2　词的分类和词类转变（92—139）……………（139）
　　4.3　词根和语缀（140—145）……………………（207）
　　4.4　短语的分类（146—150）……………………（216）
　　4.5　句子的分类（151—155）……………………（226）
五　结构部分的问题解答……………………………（233）
　　5.1　结构层次和结构关系（156—171）…………（233）
　　5.2　句子成分分析法与层次分析法（172—191）…（260）
　　5.3　句子成分和结构关系（192—203）…………（303）
　　5.4　省略、倒装（204—206）……………………（318）
　　5.5　图解、代号（207—210）……………………（326）
　　5.6　汉语的句子成分（211—214）………………（336）
　　5.7　主语和宾语的纠纷（215—230）……………（343）
　　5.8　补足语以及补语的种类、归属（231—236）…（363）
　　5.9　状语（237—242）……………………………（370）
　　5.10　介系补语（243—249）………………………（378）
　　5.11　关于"述语"的名称（250—252）……………（389）
　　5.12　"是"字的性质和作用（253—258）…………（394）
　　5.13　主谓短语作谓语（259—270）………………（403）
　　5.14　连动式和兼语式（271—287）………………（417）
　　5.15　动词的后续词语与种种复杂关系(288—290)……（448）

5.16 单句、复句的纠结（291—299）……………（455）

5.17 句子的复杂化和多样化（300—305）…………（468）

引书及参考书目 ………………………………………（479）

后　记 …………………………………………………（499）

再版后记 ………………………………………………（501）

吕叔湘先生 1986 年 9 月 10 日给作者的一封信（代序）*

亚川同志、懿德同志：

  收到九月七日来信，知道工作进展情况。我这本小书劳动您二位花费那么多的时间精力，真叫人过意不去。这里边有些问题我自己也感到难拿主意，极愿意听听同志们的意见。只是最近一段时间顾不上这个。因为有给大百科语言文字卷写一篇卷首总论的任务压在头上，这篇文章很难写，怎么个写法想不好，天天发愁，动不了笔，也就没有心思可以用到别的事情上去。好在下月中旬要开语法讨论会，咱们会在那儿见面，有些问题可以在那儿谈，谈不完的可以再约时间。您二位看，这样行不行？专此奉答，顺祝

俪安！

吕叔湘
九月十日

如在会议期间谈，恐怕要带些书去。

〈说明〉已看，很好。

---

 * 1986 年，《吕叔湘著〈汉语语法分析问题〉助读》二稿完成大部分。9 月 7 日，作者将该书"编写说明"寄给吕先生，并将疑难问题整理出来准备当面请教。3 天后接到吕先生此封回信。回信原件附后。

〈说明心情，很好。〉

中国社会科学院语言研究所

亚川同志、懋德同志：

收到九月七日来信，知道工作进展情况。我这本小书劳动您二位花费那么多的时间精力，真叫人过意不去。里边也有些问题我自己也感到难拿主意，极愿意听听你们的意见。只是最近一段时间顾不上这个。因为有给大百科语言文字卷写一篇卷首总论的任务压在头上，这篇文章很难写，怎么个写法想不好，天天发愁，动不了笔，也就没有心思分心用到别的事情上去。好在下月中旬要开语法讨论会，咱们会在那儿见面，有些问题可以在那儿谈，谈不完的可以再约时间。您二位看这样行不行？专此奉答，顺祝

  俪安　　　　　　　吕叔湘　九月十日

开会会议期间谈，恐怕要挤些功夫。

关于编写《吕叔湘著〈汉语语法分析问题〉助读》的说明

《汉语语法分析问题》（以下简称《分析》）是吕叔湘先生的重要语法著作。全书以语法分析问题为纲，结合语法研究的历史和现状，对汉语语法研究中一些长期未能解决的基本理论和实际问题，特别是语法体系方面的问题，进行了深入的分析和探讨，同时通过摆问题的方式提出了今后的研究任务。可以说，《分析》不仅是吕叔湘先生数十年来从事语法研究的经验总结，而且是对我国语法研究的一个历史性总结。此书出版以来得到语法学界的高度重视，其内容和观点被广泛引用。广大语法工作者，特别是中青年学者，把它当成学习、研究汉语语法的良师益友，不仅从它的内容本身受到教益，而且从中学习分析问题、研究问题的治学方法。吕先生在此书的序中指出："提出各种看法，目的在于促使读者进行观察和思考。所希望得到的反应，不是简单的'这个我赞成'，'那个我不同意'，而是'原来这里边还大有讲究'，因而引起研究的兴趣。"吕先生的这个目的应该说完全达到了。《分析》在开拓人们的思路、推动我国语法研究的深入开展等方面已经并且必将继续发挥重要的作用。在国外汉语学界，这本书也产生了很大的影响，日本著名汉学家香坂顺一教授率领大东文化大学的几位汉语学者已把它翻译成日文。

《分析》这本书原来是作为一篇论文来写的，所以写得极为浓缩。虽是六七万字的篇幅，却包容了现代汉语语法研究中几乎所有重要的问题，说它是一部学术巨著一点儿也不过分。《分析》既不同于教科书，也不同于通俗读物。它既要对汉语语法体系中存在的一系列问题作全面深入的检讨，又受篇幅所限，许多问题未能充分展开。对汉语语法研究的历史和现状了解较少的人，要真正读懂它，弄明白书中的微言大义并不容易。外国读者因为还有个汉语感性知识的局限问题，理解上又增加了一层困难。

前几年，曾经有用心研读过《分析》一书的读者（主要是外国读者）向我们提出学习中遇到的各种问题，要求解答。所提问题，汇集起来将近400个。后来有机会同研究现代汉语语法的外国学者（如《分析》的日译者之一、日本大东文化大学副教授高桥弥守彦先生等）就其中的大部分问题进行了多次的交谈。在这过程中，我们深感外国读者同国内读者比较起来，读书方法有很大的不同，他们的特点是喜欢追根究底。比如，《分析》对汉语语法体系包括语法单位、语法分类和语法结构等根本问题提出了许多精辟的见解，对语法研究中的许多具体问题也发表了独到的看法。但是作者在序言中自谦地说："本文的宗旨是摆问题。问题摆出来了，有时候只提几种看法加以比较；有时候提出自己的意见，也只是聊备一说，以供参考。这些意见比较零散，不足以构成什么体系。其中也很少能说是作者的'创见'。"读者还是希望了解哪些是吕先生的"创见"。我们还感到，外国朋友提出的许多问题，对我们自己的学习很有启发，研究这些问题、回答这些问题，可以促使我们更加具体、更加深入地理解《分析》的内容及其所涉及的现代汉语语法研究问题。因此，我们决定把搜集的问题和为讨论这些问题所做的笔记整理出来，选择其中的300多个问题，逐一加以注释、说明和解答，写成此书。

所问300多个问题，内容相当广泛，大致可以分为几种类型：（1）问有关汉语语法研究的背景情况，《分析》所论问题的来龙去脉，各种观点看法的出处等等。例如，《分析》序言声明过，在摆问题、比较各种看法的时候有这样的情况："有的是很多人说过的，不用交代出处；有的只记得有人说过，出在哪本书或者哪篇文章上已经查不出来。"在这些地方，读者仍有尽可能探明情况的兴趣。（2）要求提供语言事实、举出具体实例来说明某些概括性的论述。如《分析》第15节在讨论词这个语法单位时说："大概说来，能单说的多数是实词，少数是虚词；大多数虚词是靠第二条划出来的，少数实词也靠这一条。"（15页）读者要求举例说明，哪些是能单说的少数虚词，哪些是不能单说的少数实词。又如《分析》第54节讲到词根的分类时说："词根的分类没法子从构词方式中归纳。比如说，前加式复合名词的主体词根是名词性的，这一条似乎可以成立，事实上却很多例外，如：位置，助教，蛋白，冬青，土方，银圆，特长，误差，豆腐干，糖稀等等。动词、形容词也有这种情形。"（40页）读者要求举例说明动词和形容词也有什么样的类似情形。（3）问所论述的一般规律以外的特殊或个别语言现象。例如《分析》第22节在探讨语素组合的长短这个因素对划分词和短语的作用时说："从词汇的角度看，双语素的组合多半可以算一个词，即使两个成分都可以单说，如电灯，黄豆。四个语素的组合多半可以算两个词，即使其中有一个不能单说，如无轨电车，社办工厂。三个语素的组合也是多数以作为一个词较好。"（19页）这是一种照顾周全、说法灵活的意见。读者为了理解这个意见所反映的语言实际,从相反的方向询问哪些双语素组合不是词而是短语,四个语素的组合有没有可以算一个词、三个词、四个词的,什么样的三语素组合作为两个词较好。(4)要求帮助理解某些难度较大的理论性问题。例如《分析》第7节指出:"在语法分析上,意义不能作为主要的依据,更不能作为唯一的依据,但是不失为重要的参考项。""传统语法在一定程度上利用意义,可是对于如何利用,又如何控制,没有很好的论述,这是它在理论方面的弱点。"(11页)读者不仅要求进一步弄通意义为什么不能作为语法分析的唯一或主要依据的道理,而且希望明了意义在语法分析上如何作为重要的参考项。为了比较具体、深刻地认识传统语法在如何利用、如何控制意义方面存在的理论上的弱点,也需要提供和分析一些典型的事例。(5)对某些分析意见的斟酌献疑。例如《分析》第20节把"高射"这个语素组合列为"不单用"(17页);第21节说:"高射不能单说,这是事实,能不能算是可以单用呢?值得考虑。"(18页)那么"高射"究竟能不能单用呢?《分析》对"高射"能否单用的看法是否前后矛盾呢?再如《分析》第20节也把"高速"这个语素组合列为"不单用"。(17页)但是实际语言中有"高速前进""高速发展"等说法。第21节分析某些动词的前加成分(如"高价收购"中的"高价"等)时说:"如果不承认它们可以单用,因而可以算是词,就不好办。"(19页)"高速前进"中的"高速"与"高价收购"中的"高价"情况相似,是否也应看成不能单说但可以单用的组合呢?吕先生和饶长溶先生合作的《试论非谓形容词》一文就是把"高速(~前进)"和"高价"都列为"非谓形容词"(见吕叔湘著《汉语语法论文集》351页),可见是承认"高速"是可以单用的。对"微型"的处理也有类似的问题。《分析》第20节把"微型"列为"不单用"。这个语素组合又可以跟别的语素连成更长的组合,如在"微型胶卷""微型录音机"中充当名词的前加成分,《试论非谓形容词》一文也把它列为"非谓形容词",实际上也是认为可以单用的。凡此种种,读者希望通过进一步的探讨,得到一个比较明确的答案。以上所说只是举例性的,还不能完全反映所问的各个方面。实际上,读者的发问往往是同时从不同角度提出问题的。例如《分析》第44节在讨论"非谓形容词"的特点、归属和名称之后提出:"是不是有与此相反的'唯谓形容词'呢?难,容易,多,少,对,错等等有点像。可是怎样区别于表示状态的不及物动词又是个问题。"(33页)读者为了理解这段话所谈的意见,提出一系列的问题要求解答:什么叫"唯谓形容词",这类词有什么特点,"难,容易,多,少,对,错"等等,怎么有点像"唯谓形容词","表示状态的不及物动词"指哪些词,"唯谓形容词"和"表示状态的不及物动词"的区别又怎样成为一个问题。这里边,既要问明所谈问题的范围和性质,也要求提供语言材料,并对有关的疑难问题作出具体的分析。

  如何针对所提问题加以注释、说明和解答,我们在学习和从事这项工作的时候是这样考虑的:除了根据实际需要提供语言事实和汉语语法研究情况之外,在语法分析的理论、方法和具体看法、具体意见方面,首先要领会《分析》全书的精神,注意前后的联系,并尽可能多参考引用吕叔湘先生本人的其他语法论著(包括他主编和参加编著的)。也就是说,"以吕著注吕说"既是首要的方法,也是追求的目标。联系对照作者的其他著作读《分析》,可以了解作者语法观点的一贯性,也可以看出其中的某些发展和变化,因而有助于正确认识《分析》。其次,广泛参阅其他语法学者的各种语法论著，汲取有助于解答问题的材料和说法。例如《分析》第12节在讨论辨认语素跟读没读过古书有关系时，以"经济"及"书信的信和信用、信任的信"为例说明："读过点古书的人在大小问题上倾向于小，在异同问题上倾向于同。"（13页）何去何从，吕先生持谨慎态度，没有明确下结论。读者问"经济"及"书信的信和信用、信任的信"，究竟应该看为一个语素还是两个语素。我们便援引赵元任先生的意见以供参考。关于语素的识别问题，赵先生在《汉语口语语法》中说得比较明确："比较可取的办法是采用读书识字的人的最大限度的分析，而不采用文化程度较差的人的分析，因为程度之差是渐变的，不容易得出一致的结果。"赵先生还举了"如果""麻烦""组织""警察""广播"等介乎二者之间的例子，指出，对有些人来说只是一个语素，对另一些人来说则是两个语素。再如上面提到的关于"唯谓形容词"和"表示状态的不及物动词"的特点及二者的区别问题，未见吕先生在别处有更为详细的论述。我们也参考《汉语口语语法》有关"表述形容词"和"不及物状态动词"的描写，试着作了回答。又如朱德熙先生的《语法讲义》《语法答问》等著作中有关"区别词""助动词""名动词""名形词"等的许多描述都是我们说明有关问题时直接参考的重要文献。

  总而言之，我们的工作是在学习原著的基础上，采集众说，选择材料，提供情况，帮助理解。如有一得之见，则存乎取舍之间。希望这个工作对于学习《分析》一书及了解汉语语法研究情况有所裨益。我们虽然已经对问题试着作了解答，但领会是否正确，选材是否精当，说明是否周全，有的地方不敢自信。因此，我们把它作为一份学习笔记，衷心地期待吕先生和其他语法研究专家及广大读者指教。

以下《汉语语法分析问题》各部分的问题解答，每题均先列［原文］，然后设［问］和［答］；［原文］后的括号中，注明该书所在页码及行数，以便读者对照。

作　者

1986 年 8 月 8 日

《汉语语法分析问题》
各部分的问题解答

一 序中的问题解答

1.1 80年来中国语法研究的概况（1—5）*

（1）

[原文] 前四十年是各家著书立说，基本上没有提出问题来讨论。(P5—L9)

[问] "各家"的代表人物是谁？他们有何代表作，什么时间出版的？

[答] 从1898到1978恰好是80年。这个时期以"文法革新"为界，可以分成前后两个40年。前40年是各家著书立说，其代表人物、代表作如下：

马建忠：《马氏文通》，商务印书馆1898年出版。

黎锦熙：《新著国语文法》，商务印书馆1924年出版。

《比较文法》，北平著者书店1933年出版。

---

* 小标题后括号内数码为《助读》题号。

杨树达：《高等国文法》，商务印书馆1920年出版。
《词诠》，商务印书馆1928年出版。
《马氏文通刊误》，商务印书馆1931年出版。
金兆梓：《国文法之研究》，中华书局1922年出版。
陈承泽：《国文法草创》，商务印书馆1922年出版。
其中，马建忠《马氏文通》、黎锦熙《新著国语文法》、杨树达《高等国文法》、金兆梓《国文法之研究》以及陈承泽《国文法草创》，80年代收入《汉语语法丛书》，由商务印书馆出版。
此外还有：
章士钊：《中等国文典》，商务印书馆1907年出版。
刘　复：《中国文法通论》，上海群益书社1920年出版。
杨伯峻：《中国文法语文通解》，商务印书馆1936年出版。
这个时期是汉语语法学的兴起时期，各家基本上没有提出问题来讨论，各家著作大都以印欧语法为蓝本，主要特点是借鉴西方语法学的间架来建立汉语语法学。对于这个时间的语法著作，朱德熙先生曾着重指出："《文通》导夫先路，开创之功不可泯灭。《国文法草创》虽然成书相当早，但对于语法的性质以及研究语法的原则，独具卓识，不为流俗之见所囿，在当时是难能可贵的。《新著国语文法》在20年代讲现代汉语语法的著作中，影响最大，在普及语法知识方面有一定的功绩。"（见《〈汉语语法丛书〉序》）

(2)

[原文] 1938年在上海，有几位语法学者发起了一场"文法革新"的讨论，持续了两三年。(**P5—L10**)

[问] 这"几位语法学者"是谁？"文法革新"是怎么一回事？讨论的内容是什么？有什么参考资料可供了解？

[答]这"几位语法学者"指陈望道、傅东华、方光焘、张世禄等。参加这场"文法革新"讨论的还有金兆梓、汪馥泉、陆高谊、廖庶谦、许杰等。

30年代中期,中国语言学界因不满于语法研究中的直接模仿,发出了要建立具有汉语本身特点的汉语语法新体系的呼声。王力在1936年第1期的《清华学报》上发表了《中国文法学初探》,对此前的汉语语法研究方法进行了批判。他指出:"我们对于某一族语的文法的研究,不难在把另一族语相比较以证明其相同之点,而难在就本族语里寻求其与世界之族语相异之点。"1937年1月,王力又在《清华学报》12卷1期上发表了《中国文法中的系词》一文,指出古代汉语不用系词的特点,引起了语法学界极大的重视。到1938年10月,陈望道在《语文周刊》第15期上发表了《谈动词和形容词的分别》,因讨论方言语法涉及普通话语法体系的缺点,于是上海语法学界以《语文周刊》为阵地,正式开展了一场关于文法革新问题的大讨论。

这次讨论虽然仅在上海进行,参加讨论的人仅仅陈望道、傅东华、张世禄、方光焘等几人,但传播的区域几乎遍及整个的南中国。这次讨论涉及的范围相当广,内容包括文法研究的对象、汉语的特点、文言与白话语法的异同等许多问题。参加讨论的人一致反对直接的机械的模仿,主张针对汉语的特点建立自己独立的语法体系。正如陈望道所说:"以前几乎都奉《马氏文通》的体系为准绳。……这次讨论却一以文法事实为准绳,完全根据文法事实立言,不问是否超越范围。"(见《〈文法革新论丛〉序言》)但是大家对如何建立汉语的语法体系看法不一致,引起了激烈的争论。争论的中心是汉语有没有词类、如何划分词类、词类与句子成分之间的关系等问题。例如有关形态的问题,方光焘认为可以从词的形态上来分类,并提出"广义的形态"概念。陈望道则不同意方光焘的"文法学是以形态为对象"的看法,主张用"表现关系"去代替方的"广义的形态"。而傅东华则否认汉语有形态,认为"不但无'狭义形态',也并无'广义形态'"。胡裕树在《重印〈中国文法革新论丛〉序》中指出:"文法革新的讨论,为摆脱语法研究中的机械模仿作了舆论上的宣传,为革新汉语语法研究作了思想上、理论上的准备。讨论的重点之一是词类问题,讨论中提出了一些新的概念,如'功能''广义形态'等,实际上就是'分布'的理论,可以说是我国语法学界对结构主义理论和方法的首次运用和探讨。有人说,50年代的词类问题讨论是 30 年代词类讨论的继续和发展,这话是有道理的。"

这次讨论从 1938 年 10 月开始,一直持续到 1943 年 3 月,历时四年半。发表讨论文章的刊物除《语文周刊》外,还有《东方杂志》(香港)、《学术杂志》《文理月刊》《理论与实践》《复旦学报》《读书通讯》等。这些讨论文章曾结为两种集子。一是汪馥泉编的《中国文法革新讨论集》(收论文 26 篇),上海学艺社 1940 年出版。一是陈望道编的《中国文法革新论丛》(收论文 34 篇),重庆文聿出版社 1943 年出版,现作为《汉语语法丛书》10 种之一,由商务印书馆出版。

(3)

[原文] 这以后,虽然专门著作还是继续有人在写,问题的讨论却只是间断了几年,在中华人民共和国成立之后又蓬勃展开。(P5—L11)

[问]"专门著作"指哪些语法书?是谁写的?什么时间发表的?

［答］这些"专门著作"有：

吕叔湘：《中国文法要略》，商务印书馆1942年（上卷）、1944年（中、下卷）初版；1956年第8版；作为《汉语语法丛书》10种之一，商务印书馆1982年出版。

王　力：《中国现代语法》，商务印书馆：1943年（上册）、1944年（下册）出版；1955年上海中华书局第1版；作为《汉语语法丛书》10种之一，商务印书馆1985年出版。

何　容：《中国文法论》，独立出版社1942年初版；1948、1951年开明书店再版；1957年新知识出版社再版；作为《汉语语法丛书》之一，商务印书馆1985年出版。

王　力：《中国语法理论》，商务印书馆1944年（上）、1945年（下）出版；1954年北京中华书局第1版。

王　力：《中国语法纲要》，开明书店1946年初版；1957年改名《汉语语法纲要（龙果夫注）》，由新知识出版社出版；1982年上海教育出版社新1版。

高名凯：《汉语语法论》，开明书店1948年初版；1957年科学出版社第1版；作为《汉语语法丛书》之一，商务印书馆1985年出版。

在这时期的汉语语法著作中，最重要的是吕叔湘的《中国文法要略》和王力的《中国现代语法》。可以这样说，这两部书反映了《马氏文通》以后50年间汉语语法研究所达到的水平。朱德熙在《〈汉语语法丛书〉序》中指出："吕叔湘《中国文法要略》(《丛书》第八种)和王力《中国现代语法》(《丛书》第九种)出版于40年代。这两部书都力图摆脱印欧语的羁绊,探索汉语自身的规律。《中国现代语法》在句法结构的分析上有不少创见,对于后来的语法研究有相当大的影响。但从现代语言学的角度来看,《中国文法要略》尤其能引起我们的兴趣。第一,这部书上卷'词句论'里讨论到句子和词组之间的变换关系,其中有些观察是相当深入的……《要略》应该说是研究汉语句法结构变换关系的先驱。第二,下卷'表达论'以语义为纲描写汉语句法,许多见解富有启发性。特别应该指出的是,《要略》是迄今为止对汉语句法全面进行语义分析的唯一著作。"关于何容的《中国文法论》,朱德熙认为它"对30年代以前的几部重要语法著作进行分析和批评,多有独到见解,至今仍不失为一部有用的参考书"。

(4)

[原文] 除零星的商讨外,几次较大的讨论,如1953—1955年关于词类问题的讨论,1955—1956年关于主语宾语的讨论,1957年关于单句复句的讨论,在深度和广度上都有所前进。(P5—L13)

[问] (1)这几次讨论有哪些人参加?(2)哪些书籍反映这几次讨论的情况?(3)所讨论的问题在深度和广度上都有哪些前进?

[答] 关于词类问题的讨论(1953年10月—1955年5月)

参加讨论的有高名凯、王力、吕叔湘、曹伯韩、文炼、胡附、颜景常、林焘、陈乃凡等三四十人。讨论文章收入两本论文集:(1)中国语文杂志社编《汉语的词类问题》,中华书局1955年7月出版;(2)中国语文杂志社编《汉语的词类问题》(第二集），中华书局1956年7月出版。

词类问题是重要而又复杂的问题，但这个问题一直没有很好地解决。传统语法划分词类的根据是形态。汉语没有严格意义的形态变化，给词分类困难很大。马建忠、黎锦熙、王力等，基本上都是以意义来区分词类的，黎锦熙的"依句辨品，离句无品"（见《新著国语文法》第29页，商务印书馆1924年版），傅东华的"词类之分须视其句中之职务而定"（见《中国文法革新论丛》第2页），王力的凭概念的范畴分词类，从功能（职务）的种类分词品（见《中国语法理论》第二、三两节），都反映了我国语言学家想解决这个难题，并作了努力。

50年代关于词类问题的讨论，就汉语有没有形态、汉语的词能不能分类、划分词类可以采用哪些标准、这些标准又应该怎样配合等原则性的问题进行了热烈的讨论，使得词类问题的讨论在深度和广度上都有所前进。

这场讨论是这样引起来的：高名凯先后在《中国语文》上发表了《关于汉语的词类分别》（1953年10月号）、《再论汉语的词类分别（答ь.г.穆德洛夫同志）》（1954年8月号）、《三论汉语的词类分别》（1955年1月号）三篇文章，始终认为：（1）区分词类不能拿词的意义、声调变化、功能和结合关系做标准，而只能拿标明各种词类的特殊形式，即狭义的词形变化做标准（大前提）；（2）这种标明各种词类的特殊形式是不存在于汉语的，而汉语的构词形态也不足以作为区分词类的标准（小前提）；（3）因此，汉语的实词没有词类的分别（结论）。（见《汉语的词类问题》第二集，第3页）

发表相反意见的有曹伯韩（《对于汉语语法研究的几点意见》《汉语的词类分别问题》），文炼、胡附（《谈词的分类》《词的范围、形态、功能》),颜景常(《对于语法讨论的意见和希望》),穆德洛夫(《汉语是有词类分别的——对高名凯教授的文章提一些意见》),陈乃凡(《汉语里没有词类分别吗?》),钟梫、赵淑华、金德厚、王还(《汉语的词类问题》),吕叔湘(《关于汉语词类的一些原则性问题》),俞敏(《形态变化和语法环境》),陈陵(《区分词类不能割裂意义和形态》),吴鲁(《"不"能和名词联合吗?》),刘冠群(《汉语词类分别的商榷》),伯晦(《我对划分汉语词类的看法》),莫木(《关于〈再论汉语的词类分别〉的例证问题》),黎锦熙(《词类大系——附论"词组"和"词类形态"》),王力(《关于汉语有无词类的问题》)等。各家意见可归纳为下列几点:(1)由于过分强调汉语的特殊性,高名凯所说汉语中没有形态的见解是错误的。实际上,狭义的形态和"广义的形态"在汉语中都有,而尤以"广义的形态"为重要。(2)词类是语法体系的中心,不划分词类而想理解汉语的特质和汉语句子结构是困难的。(3)汉语中客观地存在着词类。

这些论文中,文炼、胡附的《谈词的分类》、王力的《关于汉语有无词类的问题》和吕叔湘的《关于汉语词类的一些原则性问题》三篇论文是有重要影响的。

《谈词的分类》的作者认为汉语是有狭义形态的,并且具体地探讨了"广义形态"。他们认为:(1)凡能连接在数量词、指示代词后面的词应当划成一类,即"名词"。(2)能将"能愿动词"加在前面,后面可以和"了""着""过""起来""下去""过来""过去"相结合,本身可以重叠的划归"动词"。(3)前面可以和"真""十分""非常""很"结合,后面可以和"极了""得很"结合;有的可以重叠,单音词重叠以后,一般要加上词尾(如"儿""的"等),双音词重叠的形式是叠字而不是叠词的划归"形容词"。这样,就可把划分词类的标准从狭义形态中解放出来,使狭义形态的争论转到广义形态的争论上。通过讨论来发现汉语独特的形态,这对于解决词类问题起了很大的推动作用。

王力的《关于汉语有无词类的问题》一文,从词的定义问题、词义和词类的关系、句法和词类的关系等几个方面,对汉语的词类问题从理论上作了系统的论述,在结论中提出了汉语划分词类的三个标准:

(1)词义在汉语词类划分中是能起一定作用的,应该注意词的基本意义跟形态、句法统一起来;

(2)应该尽先应用形态标准(如果有形态的话),这形态是包括构形性质的和构词性质的;

(3)句法标准(包括词的结合能力)应该是最重要的标准,在不能用形态标准的地方,句法标准是起决定作用的。

吕叔湘的《关于汉语词类的一些原则性问题》是一篇很有学术价值的、对这场讨论曾起过总结性作用的长篇论文。它对《马氏文通》以来各家关于词类问题的学说作了系统的比较和分析,全面回顾了汉语词类问题的研究历史,并结合这次讨论中各家提出的各种问题,从理论和实践的结合上,对划分词类的原则标准和方法作了全面的论述,对解决词类问题有重要的指导意义。在全文的结束语中,作者提出了以下几点看法:

(1)词类是根据词的语法特点来分的。在汉语里,不是所有的词,或是所有的实词,语法特点都相同,所以汉语的词,包括实词,可以分类。

(2)划分词类要做到基本上词有定类、类有定词。"一词多类"的情形是会有的,但是不应该有大量的"跨类"的词。这是可以靠选择分类标准来掌握的。

（3）结构关系、"鉴定字"、能否重叠以及用什么方式重叠——这些都可以用来划分词类。问题在于怎样配合。至于哪些可以或是应该列入"形态"，可以作为另一问题去讨论。

（4）结构关系能照顾的面最大，宜于用来做主要的分类标准。结构关系指一个词的全面的、可能有的结构关系，不是指它进入句子以后实现出来的一种结构关系，不是"依句辨品"。

（5）按句子成分定词类，也就是"依句辨品"，虽然有分类简便的优点，可是要走到词无定类的路上去，违背划分词类的目的。

（6）词类通假说是依句辨品说的加工形式。在实用方面，这个说法有利也有弊。在理论上，它是站不住的，因为它同时应用两个标准，而其中之一，按句子成分定词类，是具有高度的排他性的。

（7）词在句子里，用法变化有各种情形，不能一概而论：有该认为兼类的，有该认为活用的，也有不必认为兼类也不必认为活用的。这，一方面要看这个词的语法特点的变动如何，另一方面要看这种用法在同类词里面的普遍性如何。

这三篇论文代表了我国当时关于词类问题的最新的最好的研究成果。

关于主语宾语的讨论（1955年7月—1956年3月）

参加讨论的有吕冀平、高名凯、王力、黎锦熙、曹伯韩、周祖谟、岑麒祥、胡附、文炼、邢公畹、傅子东、李人鉴、颜景常、洪心衡、陈望道、徐仲华等四五十人。讨论文章收入中国语文杂志社编《汉语的主语宾语问题》，中华书局1956年出版。

对于主语宾语问题，各方面的语法工作者曾经从各种不同的角度探索过并也有过一些研究成果。例如《文法革新讨论集》中所收的陈望道、张世禄、方光焘等人的论文，吕叔湘1946年在《从主语、宾语的分别谈国语句子的分析》（见《开明书店二十周年纪念文集》，开明书店1946年出版）那篇文章里就比较全面地分析过这个问题。此外，还有邢公畹的《说动词的目的语兼论文法学的方向》（《国文月刊》第70期）、王力的《词和语在句中的职务》（《语文学习》1952年第7期）、黎锦熙的《变式句的图解》（《语文学习》1953年第3期）、高名凯的《关于句法的一些问题》（《中国语文》1953年11月号）以及何霭人、易刚及王泗原等人在《语文学习》1953年第1、2期上发表的论文。

　　传统派根据动词的施事或受事来确定句子的主语或宾语，而新派认为主语相对于谓语而言，宾语相对于谓语中的动词而言，不是一个平面的语法成分。它们的身份要按结构位置来定，不能根据施受。因此，主语、宾语往往与施事、受事矛盾，出现了传统分析法无法接受的如施事宾语、受事主语之类的新概念。如"地里走出了一群累得晃晃荡荡的人"，用意义做标准，即主要是依施受关系为根据的，认为"人"是主语；以结构为标准，即主要是依词序为根据的，认为"人"是宾语。正因为这两种对立的体系在语文教学中引起了混乱，许多读者纷纷写信给杂志社要求解答这类问题，所以《语文学习》编辑部感到有必要发起讨论。

　　这次讨论所提出的主要问题和见解有：

　　（1）进一步讨论确定主语、宾语到底是依"施受"意义呢，还是位次结构。根据施受关系来确定主语、宾语的有黎锦熙、王力、吕叔湘（吕叔湘在这次讨论中没有发表文章，李之琛在

《从两个方面看动词谓语句的构成》中提出了吕叔湘在《中国文法要略》中对主语宾语的意见，他也没有表示什么异议）。丁声树、吕叔湘等《现代汉语语法讲话》，还有徐仲华、邢公畹等人则主张从结构位次上来确定主语、宾语。

（2）主张把意义和结构结合起来，提出区分主语、宾语的一些新的看法。如吕冀平提出："语法分析必须充分注意结构，这是毫无疑问的。但重视结构不能脱离意义，我们不能把两者割裂开来。"（见《主语和宾语的问题》第19页）曹伯韩认为："结合意义和结构来分析句子成分才是正确的。"（见《主语和宾语的问题》第192页）还有些提出分析句子应该从语法标志出发，如徐仲华、贺昌英、曹伯韩、陈望道等。重视语法标志试图以此解决主语宾语问题的方向是值得注意的。

（3）为解决主宾语问题的争执，进而探讨了主语的定义和宾语的范围。王力发表了《主语的定义及其在汉语中的应用》，力图确立"主语"的定义。向若也提出"主语的定义就必须再放宽，宽到'话题'"。

（4）讨论了方位词能否当主语，宾语能否提前等问题。

这场讨论所涉及的问题在深度和广度上都有所前进，主要表现在明确了意义和结构的统一是确定主语、宾语范围的重要因素。通过讨论证明仅就意义来分析主语宾语是不能解决问题的，而从结构关系出发，在现阶段也是不能使问题获得全面解决的。说明在处理句法问题之前，必须对结构与意义的关系建立明确一致的认识，才能避免在施受关系和词序先后这两个析句标准上偏执一端。兼顾结构与意义，是解决主语和宾语问题的关键，在这个问题上，认识能取得一致，应该是这次讨论的巨大收获。这次讨论还明确了语法与修辞问题的区别；在研究主语宾语问题时，必须同时考虑它与词类问题的关系等。

关于单句复句的讨论（1957年）

参加这次讨论的有孙毓苹、郭中平、曹伯韩、黎锦熙、刘世儒等。关于单句复句问题的讨论发表了10篇文章，均载于1957年的《中国语文》上。

单句、复句的分界标准问题也是汉语语法的重要问题。1957年就这个问题也发生过一场论争。这是由孙毓苹对胡附、文炼区分复合句与简单句的标准提出不同意见而引起的。孙的文章《复合句和停顿》发表在《中国语文》1957年1月号，提出"有无停顿仍然不失为鉴别复合句和简单句的一个重要标准"。这引起广大语法工作者的浓厚兴趣，虽然不是由编辑部发起并组织讨论的，但讨论得却很热烈，只是后来因开展反右斗争，而不了了之。这次讨论的主要内容可以从下列四篇论文中看出。

郭中平的《单句复句的划界问题》（《中国语文》1957年4月号），总结了以往语法学家在单句、复句问题上的看法，理出了区分单句和复句的六个标准：（1）结构（主语和谓语，一般是一个主谓语是单句，两个主谓语的就是复句了）；（2）意义关系；（3）语音停顿；（4）连词；（5）其他关联词语；（6）谓语的多少和繁简。作者认为这六条标准还不能区分单句、复句，提出许多具体语言材料，希望进一步探讨研究单句和复句的划界问题。

曹伯韩的《谈谈包孕句和单句复句的关系》（《中国语文》1957年4月号）中提出包孕句也是复句的看法。

刘世儒的《试论汉语单句复句的区分标准》（《中国语文》1957年5月号），提出了"成分划定法"作为区分单复句的标准。

黎锦熙、刘世儒的《汉语复句新体系的理论》(《中国语文》1957年8月号)更加系统、完整地提出单复句的划界等问题，并提出了复句的定义，分析了等立复句和主从复句在"语法、逻辑范畴"上的不同特点，为复句内部的分类打下良好基础。这次讨论虽然没有得出统一的结论，但却丰富了汉语句法学的内容。

总之，这几次较大的讨论"虽然没有取得最后的结论，但是通过讨论，大家更清醒地认识了问题的复杂性，以及问题的症结所在，进一步推动了汉语语法理论的研究"(见吕叔湘《十年来的汉语研究》，《科学通报》1959年第23期)。

(5)

［原文］后来也许由于学校教学方面已经有了一个暂行体系，这方面的讨论就渐渐冷了下来。(**P5—L16**)

［问］这个"暂行体系"是怎么一回事儿？有这方面的参考书吗？

［答］所谓"暂行体系"指的是"暂拟汉语教学语法系统"，一般简称为"暂拟系统"。它是50年代中期在编写中学汉语教科书时为统一语法体系、减少学习困难而产生的语法教学系统。

1953年12月，中央语文教学问题委员会给党中央的《关于改进中小学语文教学的报告》里提出文学、语言分科的建议。1954年年初，中央决定在全国中学实行汉语、文学分科。1954年6月政务院公布了《关于改进和发展中学教育的指示》。从1955年秋季开始，便在一部分中学的初中一年级里，试行了汉语、文学分科讲授的方法。于1956年秋季开学时，中学全面实行了汉语、文学分科教学。为了分科教学，就需要编写教科书。

中央责成人民教育出版社编写汉语、文学教科书。1954年，人民教育出版社成立了汉语编辑室，着手拟订"暂拟汉语教学语法系统"。在考虑这个系统的时候，确立了两个原则：首先是尽可能地使这个系统能把几十年来我国语法学者的成果融会起来。也就是说，暂拟的语法系统希望是一个综合性的系统，而不是单纯依据某一种系统。其次是尽可能地使这个系统的内容（从立论到术语）成为一般人，特别是中学语文教师比较熟悉的。根据确定的原则，在1954年上半年初步草拟了一个系统。1954年秋季开始按照这个系统进行试教，并广泛征求意见，反复修改。1955年11月到1956年1月，根据两次试教的经验、各地提来的意见、座谈会上交换的意见，又作了一次修改。修改稿经过有关部门的语法学者和有关领导方面的审订，并且根据审订意见作了最后的修改，成为正式的《暂拟汉语教学语法系统》。可见"暂拟系统"是一个集体性的产物，里边包含着几十年来许多语法学者的研究成果，以及参与讨论、审订和试教的许多语法学者和语文教师的辛勤劳动。

关于"暂拟系统"的参考书主要有：

（1）《语法和语法教学》，人民教育出版社1956年5月出版。此书专门介绍"暂拟汉语教学语法系统"，内容包括：第一，人民教育出版社中学汉语编辑室（吕冀平、洪心衡、孙功炎、张中行、张志公、郭翼舟执笔）写的《"暂拟汉语教学语法系统"简述》，介绍汉语课本中语法系统的产生过程和内容梗概。第二，由王力、吕叔湘、黎锦熙、高名凯、朱德熙等16位语法学者撰文说明语法教学的几个重要的原则性问题，比较详细地阐述这个系统里在词法和句法方面的各项论点。

（2）根据《语法和语法教学》，由吕冀平、孙功炎、洪心衡、郭翼舟、陈治文、张中行编写的中学《汉语》教科书第三、四、五册，即语法部分，人民教育出版社1956年至1957年分册出版。与《汉语》教科书相应，吕冀平、张中行、郭翼舟、徐萧斧、洪心衡还编写了《汉语参考书》第三、四、五册，由人民教育出版社于1956年至1957年分册出版。

（3）《汉语知识》，人民教育出版社1959年12月出版。此书是郭翼舟、张中行、张葆华根据中学《汉语》教科书改编而成的，目的是供一般读者学习、参考之用。

以上几本书的主编者都是张志公。

1.2 语法研究的对象和方法（6）

（6）

[原文]很多人一提到语法研究，往往只想到语法体系方面的大问题，忘了这个和那个词语的用法（在句子里的作用），这个和那个格式的用法（适用的场合）和变化（加减其中的成分，变换其中的次序，等等），忘了这些也都是语法研究的课题。(P6—L4)

[问]（1）请举例说明"这个和那个词语的用法（在句子里的作用）"。（2）请举例说明"这个和那个格式的用法（适用的场合）"。（3）请举例说明加减这个和那个格式的成分所引起的变化。（4）请举例说明变换这个和那个格式的次序所引起的变化。（5）有没有专门研究词语的用法和格式的用法的书籍？

[答]"这个和那个词语的用法""这个和那个格式的用法和变化"，这些都是很泛概的说法，是区别于"语法体系方面的大问题"的重要的语法研究的课题。吕叔湘先生本人就有不少语法论著是有关这方面的研究。例如他主编的我国第一部语法词典

《现代汉语八百词》就是专门研究这方面问题的很好的工具书。全书收词八百余条,逐一标明词类,每词都有相当数量的例句显示其用法。对各词用法说明也很精辟,像对助词"了"的用法说明:"了$_1$"用在动词后,主要表示动作的完成,如动词有宾语,"了$_1$"用在宾语前。"了$_2$"用在句末,主要肯定事态出现了变化或即将出现变化,有成句作用。如动词有宾语,"了$_2$"用在宾语后。又比如"叫""让""跟""和""同"等,在句子里有的作动词用,有的作连词用,有的作介词用。

"这个和那个格式的用法(适用的场合)"的研究,比如主动和被动的格式,适用场合有别。像吕先生在《通过对比研究语法》一文中谈到这样的例子:

(a) 我弟弟骑走了我的自行车。
(b) 我弟弟把我的自行车骑走了。
(c) 我的自行车让我弟弟骑走了。

同一个内容往往这三种句式都可以用,但不是任何内容都可以用这三种句式,有的只能用其中的两种,有的只能用其中的一种。在形式、意义方面都有某种限制,适用场合不尽相同。吕先生还举了这么三个例子:

(a) 他拿出一张相片儿来。
(b) 他拿一张相片儿出来。
(c) 他拿出来一张相片儿。

这三句的不同在于"一张相片儿"的位置在三种句式中都有,可是用法上有一定的分别,比如命令句一定不用(c)式。

还有像吕先生的《把字用法研究》(收入《吕叔湘文集》第二卷)、《中国文法要略》及《怎样跟中学生讲语法》(《中学语文教学》1981年第7期)中有关"把"字句用法问题的研究,都属这类。"把"字句是汉语中比较复杂的句型,研究的学者很多。但是"前人只注意到动词要有处置意义以及'把'后头的名词只能是有定的事物,不能是无定的事物,没有注意到动词几乎必须有后加或后续成分这一情况"(见《漫谈语法研究》),而吕先生在他的关于"把"字用法研究中,从动词本身的意义、从宾语的性质、从全句的格局,详细讨论了"把"字在汉语里的用法。什么时候非用不可,什么时候绝不能用,什么时候可用可不用,是什么因素决定这一句式或那一句式?归纳出以下三条:(1)宾语代表有定的事物,宜于用"把"字提前,但是在某些情况下也可以放在后边;宾语代表无定的事物,只能放在后边。(2)动词后边的补充成分很简单,宾语可以放在后边,也可以提前;动词后边的补充成分比较复杂,宾语必须提前。宾语本身比较复杂,也宜于提前。(3)宾语可前可后的句子,采用哪一种句式要看哪一种句式更有利于上下文的连贯。

吕先生曾在《语法研究的对象》(《语文研究》1986年第4期)一文中举过这个和那个格式的变化(加减其中的成分)表示不同语法意义的例子:

A. 班上(只)有八个人。(原来只有八个人。)
班上只有八个人了。(原来不止八个人。)
班上有了八个人了。(原来不到八个人。)

B. 今天上三堂课。(一种"宣布"的口气,着重说明不是两堂,也不是四堂。说这句话的时候可能一堂没上,也可能上了一堂,两堂,或者三堂。)
今天上了三堂课。(课已上完,不再上了。)
今天上了三堂课了。(课还没完,还要上。)

这两组句子每组三句,都是第一句没有"了"字,第二句有一个"了"字,第三句有两个"了"字,表示三种不同的意思。

比如吕先生在《怎样跟中学生讲语法》一文中曾以"他把各门功课温习了一遍"为例,加减替换其中的成分和变换其中的次序,说明"把"字句的用法。他先对这个句子中的"各门"进行替换:

(1) 他把各门功课温习了一遍。

(2) 他把这两门功课温习了一遍。

*(3) 他把两门功课温习了一遍。

*(4) 他把一门功课温习了一遍。

其中(1)(2)句没问题,而(3)(4)句有问题,是因为"各门功课"和"这两门功课"都是有定的性质,而"两门功课"和"一门功课"是无定的性质。说明用"把"字提前的宾语必须是代表有定的事物。

要研究动词之后有什么样的补充成分(简称补语)排斥宾语,有什么样的补语可以跟宾语"和平共处",他又将这四句都改成非"把"字句:

*(5) 他温习了一遍各门功课。

*(6) 他温习了一遍这两门功课。

*(7) 他温习了一遍两门功课。

*(8) 他温习了一遍一门功课。

这四句全不能说。这是不是跟宾语本身的情况有关呢?他又换一个宾语试试:

(9) 他温习了一遍数学。

(10) 他把数学温习了一遍。

这两句都能说。这样,我们可以假定,动词带上补语之后,如果宾语简单(并且代表有定的事物),例如"数学",可以提前,也可以不提前；如果宾语比较复杂，例如"各门功课""这两门功课"，就必须提前。但是宾语的简单和复杂不是唯一因素，还得看补语的情况：

(11) 他把数学温习了一遍。

(12) 他把数学温习了一遍又一遍。

(13) 他把数学温习了三分之二。

(14) 他把数学温习得滚瓜烂熟。

(15) 他温习了一遍数学。

*(16) 他温习了一遍又一遍数学。

*(17) 他温习了三分之二（的）数学。

*(18) 他温习得数学滚瓜烂熟。

比较上述例句可以看出，补语"一遍"比较简单，宾语可前可后；补语"一遍又一遍""三分之二""（得）滚瓜烂熟"比较复杂，宾语必须提前。

关于变换这个和那个格式的次序所引起的变化，还可以以朱德熙《"在黑板上写字"及相关句式》为例：

A_1：在黑板上写字。

A_2：在汽车上看书。

B_1：字写在黑板上。

B_2：刀砍在石头上。

上述四类句式里，A_1 和 A_2 构造相同，都是：

在 + N_p + V + N

B_1 和 B_2 构造相同，都是：

N + V + 在 + N_p

但是可以根据下面的变换关系把 A_1 和 A_2 区别开：

TO：在 + N_p + V + N → 把 + N + V + 在 + N_p

A 式中能够适应变换 TO 的是 A_1,例如:

　　在黑板上写字。——把字写在黑板上。
　　在池子里养鱼。——把鱼养在池子里。

其中"把"字可以取消;取消之后,原来的变换关系仍旧成立。A 式中不能适应变换 TO 的是 A_2,例如:

　　在食堂里吃饭。——*把饭吃在食堂里。
　　在汽车上看书。——*把书看在汽车上。

以上"把"字句都不成立;去掉"把"字以后,这些句子仍不能成立。

"在 + N_p + V + N"在一定条件下(即在主语不出现的条件下)跟"N + V + 在 + N_p"有变换关系,如:

　　在黑板上写字。——字写在黑板上。

在 B 类句式中,凡是能适应变换 TO 的句式是 B_1,不能适应 TO 的是 B_2,如:

　　字写在黑板上。——在黑板上写字。
　　鱼养在池子里。——在池子里养鱼。
　　刀砍在石头上。——*在石头上砍刀。
　　手表掉在海里。——*在海里掉手表。

由此可见:(1) A_1 和 A_2,B_1 和 B_2 表面上结构相同,实际上是不同类型的句式;(2) A_1 和 B_1 表面上结构不同,但彼此可以互相变换,有共同的语法意义,是密切相关的句式。

1.3　《汉语语法分析问题》的创见举例(7)

(7)

[原文] 其中也很少能说是作者的'创见'。**(P7—L4)**

[问] 吕叔湘先生在本书中有哪些创见?

[答]《汉语语法分析问题》是汉语语法研究中一部十分重要的著作,内容极为丰富,这是作者几十年来从事汉语语法研究的总结,也是作者十多年来考虑语法分析问题的总结。书中涉及汉语语法研究中长期未能解决的各种主要问题,作者摆出问题,一一加以分析讨论,指出争论问题的症结所在,并尽可能提出解决的途径,其中有些看法是作者的创见,例如:

1. 对汉语语法体系提出了新的设想。

(1)认为主语和宾语可以互相转化。作者写道:"主语只是动词的几个宾语之中提出来放在主题位置上的一个。"(见《分析》第83节)与此有关的问题是及物动词句和不及物动词句里的名词性成分的性质问题。及物动词带宾语,不及物动词跟它发生关系的那个名词,我们习惯上叫做主语,事实上,这个主语跟及物动词的主语就不大一样。书中关于这个问题的论述,也是对自己早年观点的总结。早在《从主语、宾语的分别谈国语句子的分析》(1946年)一文里他已经触及这个问题,文中说道:"可是细想起来,'施'与'受'本是对待之词,严格说,无'受'也就无'施',只有'系'。一个具体的行为必须系属于事物,或是只系属于一个事物,或是同时系属于两个或三个事物。系属于两个或三个事物的时候,通常有施和受的分别;只系属于一个事物的时候,我们只觉得这么一个动作和这么一件事物有关系,施和受的分别根本就不大清楚……照这个看法,动词的'及物、不及物','自动、他动','内动、外动'等名称皆不甚妥当,因为都含有'只有受事的一头有有无之分,凡动词皆有施事'这个观念。照这个看法,动词可分'双系'与'单系',双系的是积极性动词(active verb),单系的是中性动词(neuter verb)。"现在的语法理论文献里常用的是"一位动词、二位动词"（one-place verb, two-place verb）等名称，但吕叔湘写这篇文章时，国外还没人讲"一位动词、二位动词"，是吕叔湘第一个说这个话的。

（2）吕叔湘也主张把宾语改叫"补语"。作者说："既然宾语不跟主语相对，有没有必要还管它叫宾语？""……似乎不妨叫做'补语'。补语这个名称比宾语好……"（均见《分析》第85、86节）"宾语"叫"补语"，这样，把过去一般看做补语的，有的看成是一个词的一部分，如走<u>不了</u>的<u>了</u>，走出来的<u>出来</u>，提高的<u>高</u>等看成复合动词的后加成分；有的归入"补语"，如学一遍的<u>一遍</u>，学三年的<u>三年</u>这些动词后边的表示动量和时量的词语；有的归入状语，如好得很的<u>很</u>，等得不耐烦的<u>不耐烦</u>，嚷得嗓子都哑了的<u>嗓子都哑了</u>等这些动词（以及形容词）加"得"之后表示结果或程度的词语。这就把动词前后的名词性成分都看成是"补语"，而非名词性成分一般便看成是状语。

2. 关于一个语素组合是词还是短语的问题，有很精辟的见解：他把地位介于词和短语之间的语素组合叫"短语词"。前此，语法学界把中间状态的语素组合非得或是划归词或是划归短语。然而，不论归哪头都有说不通的地方。吕叔湘认为这类语素组合叫它词，是一种短语式的词；叫它短语，又是一种类似词的短语，所以把它称为"短语词"，这是很高明的。

3. 认为划分词类应综合利用多重标准（见《分析》第37节）。对于形容词和动词的分合问题，提出"如果把形容词合并于动词，把它作为一种半独立的小类，也不失为一种办法"（见《分析》第43节）。又指出"另外有几个词，单独说的时候不像动词，可是在一定的格式里，最恰当的解释是把它们当做助动词，例如：你高兴参加就参加得了……"（见《分析》第47

节)。

4. 提出并列关系之中的加合关系里边又可以分为加而不合(如"老张和老李是山东人"＝"老张是山东人,老李是山东人")和加而且合(如"老张和老李是同乡",不能说"老张是同乡,老李也是同乡",必须"老张'和'老李"才是同乡)两种。一般的语法书都未曾揭示如此深入的语法现象(见《分析》第75节)。

5. 提出句子可以按它在段落里的功能分为始发句和后续句两类(见《分析》第63节)。这就突破了一般讲语法到句子为止的老框框,指明研究句子,不仅可以有结构分类,还可以有功能分类。

6. 提议把"是"字句中的"是"字叫"前谓语"(见《分析》第90节)。

以上只是举例,并非尽举全书中作者的创见。

二 引言中的问题解答

2.1 国外语法研究三大流派简介(8)

(8)

[原文]现在国外的语法研究可以大致分为三大派:传统语法,结构主义语法,转换生成语法,我国语法学界比较熟悉的是传统语法。(P8—L6)

[问]请说说这三大学派都有哪些代表学者,他们都有哪些代表作。

[答]传统语法:

传统语法是在漫长的历史进程中逐步形成的。大约在公元前 300 年，希腊人司拉克斯（Dionysius Thrax）写了一部希腊语的语法《Téchné grammatikè》。公元前约 200 年，希腊学者迪斯科鲁斯（Apollonius Dyscolus）对希腊语的句法作了描写。他们为传统语法奠定了基础。

罗马学者继承了希腊学者语法研究的传统，对拉丁语进行了描写，如瓦罗（M. T. Varro）的《拉丁语》（De Lingua Latina）。公元 4 世纪和 5 世纪著名的拉丁语学者有多那塔斯（Donatus）和普列辛（Priscian）。他们都沿用希腊学者描写语法的术语和范畴。公元 5 世纪至 13 世纪，罗马的影响遍及欧洲，拉丁语是唯一的通用语。这个时期出现了"摩迪斯泰"（Modistae）学派的"纯理语法"（Speculative grammar），代表人物有海里阿斯（Peter Helias）、孔切斯（Willam of Conches）和贝肯（Roger Bacon）等人。17 世纪，欧洲出现"波瓦雅语法"（Port-Royal Grammaire）。这个学派的代表人物阿尔诺（Antoine Arnaud）和朗斯洛（C. Lancelot）合著了《普遍唯理语法》（Grammaire générale et raisonnée）。

传统语法在欧美通常被称为"学校语法"（School Grammar）。直到 20 世纪，欧洲的许多学校里教学用的语法以及语法专著还是根据传统语法编写的。如柯姆（George O. Curme）的《英语语法》（A Grammar of the English Language）、叶斯柏森（Otto Jespersen）的《英语语法纲要》（Essentials of English Grammar）、桑德沃特（R. W. Zandvoort）的《英语语法手册》（A Handbook of English Grammar）等。

结构主义语法：

瑞士语言学家索绪尔（Ferdinant de Saussure）的《普通语言

学教程》(Cours de Linguistique Générale) 为结构主义奠定了理论基础。他的理论对20世纪的语言学产生了巨大的影响。在他的影响下欧美都出现了结构主义语言学派，包括布拉格学派、丹麦哥本哈根学派和美国描写语言学派等三个支派。这个学派总的特点是：注重口语和共时的描写分析，注重形式分析，忽视意义，运用分布和替代的方法对语言作结构分析，重视语言结构的层次性，注重运用直接成分分析法并建立语言和语法相结合的语素音位（morpho-phoneme）单位，这些对后人都有很大的影响。

美国描写语言学派（即结构主义学派）的理论奠基人是布龙菲尔德（L. Bloomfield）。他的最有影响的著作是《语言论》（Language，1933）。它的出版显示了这个学派独特的理论和方法。50年代，海里斯（Z. S. Harris）的《结构语言学的方法》（Methods in Structural Linguistics，1951）的出版显示了这个学派的理论和方法进入了成熟的时期，这是美国描写语言学关于语言结构分析和描写的重要代表作。（详见本书第176题）

转换生成语法：

这是20世纪50年代美国语言学家乔姆斯基（N. Chomsky）创建的一种语言理论和解析语言结构的方法。他的代表作有《句法结构》（Syntactic Structures，1957）和《句法理论要略》（Aspects of the Theory of Syntax，1965）。前者提出了语法中的转换，语法不管语义，后者提出了转换生成语法的标准理论，把语义引入语法，认为语法是由语法、语义和语音三部分规则系统组成。关于转换生成语法，讨论第71节问题时还会详谈。

我国语法学界比较熟悉的是传统语法。第一部语法书《马氏文通》是用传统语法描写汉语的语法。此后的黎锦熙的《新著国语文法》、王力的《中国现代语法》和《中国语法理论》、吕叔湘的《中国文法要略》、高名凯的《汉语语法论》，都是借鉴传统语法对汉语语法加以研究。用结构主义方法研究汉语语法的著作，可以赵元任著、吕叔湘译的《汉语口语语法》和丁声树等著的《现代汉语语法讲话》为代表。

2.2 实质性问题和名称、术语问题（9—11）

(9)

[原文] 又如'来不及｜看中了'之类介乎词和短语之间的东西，可以叫做'短语词'，可决不能叫做'词组词'。（P9—L3）

[问] 为什么不能叫做"词组词"呢？短语词和词组词叫法有什么区别呢？

[答] 这个问题应联系上文去理解：

吕先生说："词组，一般理解为必须包含两个以上的实词，一个实词搭上一个虚词像<u>我们的</u>、<u>从这里</u>之类就不大好叫做词组（只能叫做'的字结构''介词结构'什么的），可是管它们叫短语就没什么可为难的。"因为短语是词的组合，这些词可以是实词，也可以是虚词。像"来不及""看中了"之类的语素组合是介乎词和短语之间的东西，它既有实语素，又有虚语素，可以叫做"短语词"而绝不能叫"词组词"。

张静主编的《新编现代汉语》（上海教育出版社1980年出版）也说："由两个以上意义有联系的实词按照一定的规则组成的句子内部的语法单位叫词组。""一个词组至少有两个实词。一个实词和一个虚词的组合不能叫词组。"这样，凡含有虚语素的组合（不管这个组合是词还是比词大的单位）当然也就绝不能叫"词组词"了。

(10)

[原文]至于'结构',一般要戴上个帽子,什么什么结构,光说'这是一个结构,不是一个词',似乎不行;而且'结构'既用来指关系,又用来指实体,有时候挺别扭。(**P9—L4**)

[问]"结构"既用来指关系,又用来指实体,为什么挺别扭呢?

[答]语法学界对"结构"的使用和理解包含两个方面的内容。一指实体,即某一具体语段本身;一指语法关系,如主谓结构、补充结构、动宾结构、偏正结构、并列结构等。

如果"结构"既用来指关系,又用来指实体,那么就会出现"这是一个动宾结构的词,不是一个动宾结构的结构"这样的说法。其中"动宾结构的结构",第一个"结构"指的语法关系,第二个"结构"指的是这一具体语段本身。同一句话让"结构"既用来指关系,又用来指实体,当然是挺别扭的。至于"这是一个动宾结构的词",其中的"动宾结构"指的也是语法关系,但说的是复合词的构词方式(动宾式)即构词法问题,与"动宾结构的结构"中的"动宾结构"又有不同。

(11)

[原文]当然,最好是用字母做代号,但是考虑到有些读者见了代号就不爱看,本文没有用代号。(**P9—L18**)

[问]什么是代号?请举些例子。

[答]代号指代替词类名称和句子成分名称的字母。如以 N 代替名词、V 代替动词、S 代替主语、P 代替谓语、O 代替宾语,等等。代号问题,《分析》第 79 节还会讨论。有的语法论著,如朱德熙的《"在黑板上写字"及相关句式》(《语言教学与研

究》1981年第1期）一文就用了很多代号。如"字写在黑板上"可用"N＋V＋在＋N$_p$"这些个代号来表示"名词＋动词＋在＋名词短语"的句式。

2.3　汉语语法分析意见分歧的根本原因（12—19）

（12）

［原文］例如安全剃刀，论功能，论意义，安全都该是形容词，可是如果这个语言（比如英语）里安全在这里带上名词语尾，那它就只能是名词。**（P9—L25）**

［问］英语里"安全剃刀"的"安全"为什么会是名词呢？

［答］"安全剃刀"英语是"safety razor"。safe是形容词，但加上语尾-ty，就成了名词。英语是有形态变化的语言。形容词加上名词语尾-ty，有的就成了名词，如elastic（a. 弹性的）→elasticity（n. 弹性）、difficult（a. 难的，困难的）→difficulty（n. 困难，艰难）、objective（a. 客观的，真实的）→objectivity（n. 客观性，客观现实）等等。

（13）

［原文］又如我冷，论词序，论意义，我都该是主语，可是如果这个语言（比如德语）里我在这里带的是非主格语尾，冷在这里带的是第三人称语尾，那就只能说这是个无主句。**（P10—L12）**

［问］德语的"我冷"为什么是无主句呢？

［答］德语"我冷"是"Es ist mir kalt"。"我"有格的变化：第一格ich，第二格mein，第三格mir，第四格mich。这里"我"带的是非主格（第三格）语尾，"冷"在这里带的是第三人称语尾，这句意思是"天使我冷"，这样"我冷"实际上只能

是个无主句了。

(14)

[原文]又如铁路,论意义可以是一个短语,也可以是一个词,如果铁和路都有一定的语尾(甚至中间有一个介词),铁路就是一个短语,如果只有路后头有一定的语尾,铁路就是一个词。(P10—L5)

[问](1)请举出"铁和路都有一定的语尾"的例子。(2)请举出铁和路中间有一个介词的例子。(3)请举出"只有路后头有一定的语尾"的例子。

[答]吕先生这里说的是有形态变化的印欧语系语言的情形。比如法语中"铁路"是 Le chemin de fer,其中 le 是阳性冠词,de 是介词。"条条道路通罗马"是 Tous les chemins mènent à Rome,"铁路职工"是 employés des chemins de fer,其中的"路"(chemin)后边有语尾 -s;"铁商"是 marchand de fers,"铁"(fer)后边有语尾 -s。英语也有类似情况,rail 是铁轨、铁路的意思,way 是路的意思,"铁路"是 railway。表复数时用 railways,加语尾 -s,前边的 rail 就没有变化。railway 是一个词(单数),railways 也是一个词(复数)。

(15)

[原文]由于汉语缺少发达的形态,许多语法现象就是渐变而不是顿变,在语法分析上就容易遇到各种'中间状态'。(P10—L10)

[问]什么是"中间状态"?汉语语法分析遇到怎样的"中间状态"?

[答]所谓"中间状态",比如"积极"与"消极"这是两头,处于二者之间的,即属"中间状态"。红色与白色若作为两

头,中间可有深粉、粉红、浅粉等颜色渐变的"中间状态"。汉语语法现象也常有"中间状态",往往两头是较为清楚的,但"中间状态"情况就比较复杂,像词与非词的界限问题、词类的划分问题、各种句子成分的界限、单复句的界说等等都有许多令人挠头的"中间状态"的问题。比如词类问题,动词、名词这是汉语的两个最基本的词类,但动名之间有许多语法特征是渐变的相邻的类,类与类之间的语法功能有许多交叉,比如非谓形容词与名词与形容词的界限,形容词与非谓形容词与不及物动词的界限,不及物动词与形容词与及物动词的界限,动词名化问题,词的兼类问题,词类活用问题等等,都属于有待更深入研究的有"中间状态"的语法问题。

(16)

[原文]汉语有没有形态变化?要说有,也是既不全面也不地道的玩意儿,在分析上发挥不了太大的作用。(P10—L9)

[问]请详细谈谈汉语有没有形态变化的问题。

[答]在谈汉语有没有形态变化的时候,首先要弄清什么是形态。形态有广狭两种意义。狭义的形态,是指词的形式变化。广义的形态,是指词与词的结合关系。

有形态变化的语言,语法现象都有较为明显的形态标志,比如词都有形式变化,像名词变格、动词变位等。比方俄语的名词有六个格:брат(兄弟—主格)、брата(兄弟—属格)、брату(兄弟—与格)、брата(兄弟—宾格)、братом(兄弟—造格)、(о) брате(兄弟—前置格)。"Делать"是动词,词尾-ть可以变过去式、现在式、将来式。英语名词有-ship, -ment, -tion 等词尾;形容词有-ful, -al, -ive 等词尾;副词有-ly, -ward, -wise 等词尾;动词有-ize, -ify 等词尾可以辨别。再比如:

A	B	C
horse（马）	high（高）	deny（否认）
hat（帽子）	big（大）	collect（收集）
tree（树）	old（老、旧）	remember（记得）

一般说来，英语类与类之间往往是"非此即彼"的，是顿变。A类词有数的变化（复数加词尾-s），B类词有级的变化（比较级加词尾-er，最高级加词尾-est），C类词有时的变化（过去时加词尾-ed）。根据这些形态上的变化，可以把这些词分为三类：A是名词，B是形容词，C是动词。

汉语有没有这种严格意义的形态变化呢？语言学家一般认为，汉语虽然没有像俄语、德语、英语那一类的屈折形式，可是也有一定的形态。例如名词可以有"子""头"一类的词尾和"儿化"，像"漏"是动词，"亮"是形容词，可是"漏子"和"亮儿"就都是名词；"胖——胖子""瘦——瘦子""疯——疯子""呆——呆子""看——看头""想——想头""苦——苦头""吃——吃头"，加不加"子""头"，词性完全不同。又如，形容词、动词可以重叠；人称代词加"们"表示复数；语气词读轻声；动词加词尾"了"表示完成貌，加"着"表示持续貌等，也都是可以帮助区分词类的形态。当然即使这些算是"形态变化"，也不能说明汉语有发达的形态。在汉语中，单词有形态变化毕竟是少数，不足以作为汉语区分词类的主要标准。所以吕先生说，"汉语有没有形态变化？要说有，也是既不全面也不地道的玩意儿，在分析上发挥不了太大的作用"。也正因为如此，在讨论词类的区分时才不得不求助于"广义形态"。

关于汉语的形态问题，可以参考的主要文献有：文炼、胡附《谈词的分类》（收入《汉语的词类问题》一书），陆宗达《汉语的词的分类》（收入《汉语的词类问题》一书），俞敏《北京话的实体词的词类》（《语文学习》1952年第11期）、《形态变化和语法环境》（收入《汉语的词类问题》一书），陆宗达、俞敏《现代汉语语法》，张静、张桁《古今汉语比较语法》。文炼、胡附的文章具体分析了汉语的形态，包括狭义的形态和广义的形态。陆宗达、俞敏的论著着重从词的重叠这一角度来研究汉语的形态。俞敏的《形态变化和语法环境》，举例说明汉语的词形变化有重音变化、变调、变音、加音、减音和重叠等六种情况。他所讲的语法环境，即文炼、胡附的所谓广义的形态。张静、张桁的书，又从词缀、词根变音、词根重叠等方面说明汉语词的形态。对于陆宗达、俞敏的研究，吕叔湘在《关于汉语词类的一些原则性问题》一文的第七节"用重叠形式来区别词类"里，有详细的介绍和中肯的评论。

（17）

〔原文〕词和非词（比词小的，比词大的）的界限，词类的界限，各种句子成分的界限，划分起来都难于处处'一刀切'。**（P10—L12）**

〔问〕请举实例说明词和比词小的、比词大的界限"难于处处'一刀切'"等的情况，并说明为什么它们划分起来"难于处处'一刀切'"呢？

〔答〕正是因为汉语的形态标志比较贫乏，汉语的主要构词手段不是派生而是复合，因而词和非词的界限（包括词和短语的界限以及词和不成词语素的界限）不能一望而知，划分起来难于处处"一刀切"。《分析》中第15、16、17、19至27这几节都是涉及这个问题的。吕先生还曾在《汉语里"词"的问题概述》（见《吕叔湘文集》第二卷，商务印书馆1990年出版）

一文中详细介绍中国学者在讨论词的界限问题上所遇到的各种"中间状态"。例如：

（1）能从一段话里游离出来的是词，但不是所有的词都能游离出来。汉语中不但绝大多数虚词不能游离出来，有些实词也不能游离出来，例如量词，一部分代词（这、那、哪、这么、那么、多么），还有好些名词像"结婚"里的"婚"，"洗澡"里的"澡"。又如"院"，一般不单用，只是作为一个语素出现在类似"医院、剧院、研究院、学院"等词中，但是在一定的格式里又可以单用，如"院领导，院一级"。按说，能单用的语素不一定只能单用，有时也跟别的语素组成词。这个"院"是能单用的语素是一般的词呢，还是不能单用只是构词成分、不成词语素呢？考虑它在一般场合是不能单用的事实，划成不成词语素是否更合适些？

（2）词能作为同型替代的单位，但不是所有能互相替代的单位都是词。如"我吃饭"中，如用替代法，可以归纳成简单的公式：（我，你，他）·（吃，煮，盛）·（饭，面，饺子）。这个公式证明"我""吃""饭"都是词，同时证明"你""他""煮""盛""面""饺子"也都是词。但是（科，组）·（长，员）以及（英，日）·（语，文）这两组中各项目也能替代，似乎可以证明"科""组""长""员"和"英""日""语""文"都是词；可是恐怕很少人能同意除"科""组"以外的六个项目是词。甚至"科""组"与"院"相近，似也不是词。这里有一个"互相替代的项目要有几个才能使这个公式生效"的问题。

（3）词不能拆开，但不是所有不能拆开的都是词，而能拆开的也不一定都不是词。例如"白（的）纸"，中间可以插入别的成分扩展，是短语；"信纸"，不能扩展，是词。但是，人的姓和名，比如"梅兰芳"，不能扩展，可是都能单说（"尊姓?"——"梅"；"大名?"——"兰芳"），是一个词还是两个词？还有像（1）"羊（的）肉""挂（的）图"；（2）"马（走的）路"；（3）"（盛）饭（的）碗""圆（的）桌（子）"等都有别的成分插入，是否都是短语呢？显然应该考虑"什么是可以合法地插入的成分"。并不是任何插入的成分都是合法的，得有一定的条件。条件之一是扩展之后不能让意义有显著的改变，这就排除了第（2）类例子。另一个条件是不能在前一成分之前或后一成分之后添上别的成分，这就排除了第（3）类例子。最引起争论的是第（1）类例子。有的学者提出，扩展后的形式要能搁回到句子里去。这就确定"羊肉""挂图"是词，因为人们不说"我买了一斤羊的肉"或"墙上有一幅挂的图"。

　　有两种结构——一部分动宾结构和一部分动补结构，可以扩展，是词还是短语有的也难于"一刀切"。有关的动宾结构如："鞠躬""鼓掌""放学""起草""服务"等等。这些连语都能拆开："鞠了一个躬""鼓了一阵掌""放了一天学""起了一个草""服一次务"。有人认为这些连语不论是分是合都是词——一种"可分离词"。有人认为这些连语不分开的时候是一个词，分开的时候是两个词，叫"离合词"。动补结构，如（1）"加强""延长"；（2）"写（得/不）完""放（得/不）下""送（得/不）出去"；（3）"吃（得很/得有八分）饱""看（得很/得不十分）准"。这些动补结构，第（1）类是词，因为它不能扩展，第（3）类是短语，因为它能自由扩展。但第（2）类只能有限制地扩展，只能插入表示可能与不可能的"得"和"不"，有人认为在任何情况下都是词，有人认为只是在不分开的时候是词。

还有的如（1）"答话""安葬""气馁""气短"；（2）"吃惊""打鼓""叫好""落户"。第（1）类，词典中注明是一个词，第（2）类标注"离合词"。但这两类情况同样都能扩展，如"西北角上一个黄胡子老头儿答了话"（老舍《断魂枪》），"先安了葬"（《红楼梦》），"气不馁"，"气有点儿短"；"贾政吃了一大惊"（《红楼梦》），"我心中打开了鼓"（老舍《黑白李》），"场外叫了好"（老舍《断魂枪》），"……早年来到延吉，落了户，入了中国籍"（杨朔《三千里江山》）。

词与非词（即不成词语素）的界限也同样难于处处"一刀切"，如"工人""工艺""工业"中的"工"不能单用，是构词的语素。但"上一天工，拿一天钱，不上工不拿钱""纱厂八日开工""做一个书架需要三个工"中的"工"字是词还是"不成词语素"？有些字单独不能说，也就是所谓"黏着语素"，比如"眼""房""员"，但可以说"瞎了一只眼""九间房""八大员"，在这样的上下文里，能不承认它是一个词？

以上情况说明，不是所有的词都具备同样的身份。有（1）典型的、完备的词；（2）不完备的词，也就是接近于构词语素的词；（3）扩大的词，也就是接近于短语的词。典型的词是不能扩展，典型的短语是可以自由扩展，但由于汉语缺少发达的形态，类与类之间往往遇到渐变的中间状态。所以划分词的界限，难于处处"一刀切"。

关于这个问题还可以参看吕叔湘《语文杂记·临时单音词》（上海教育出版社1984年出版），钟梫《标注词性的若干问题》（见《辞书研究》1980年第1期）、卞觉非《略论语素、词、短语的分辨及其区分方法》（见《语文研究》1983年第1期）等。

词类问题和句子成分问题中疑难问题也不少，这在《分析》这本书中都会逐步接触到。如词类划分的标准、词类活用、兼类、动词名用等情况都相当复杂，主宾语问题、时间词和处所词作主语问题、主谓谓语句的范围等等，也有待于进一步研究。这些也都有"难于处处'一刀切'"的情况。

(18)

[原文]例如不能只凭一个片段能否单用决定它是不是一个词，不能只凭一个词能否跟数量词组合决定它是不是名词，不能只凭一个名词在动词之前或之后决定它是主语还是宾语，如此等等。(P10—L21)

[问]（1）请举出能单用但不是词；不能单用，但是词的例子。（2）请举出能跟数量词组合，但它不是名词；不能跟数量词组合，但它是名词的例子。（3）请举出在动词之前的名词不是主语，在动词之后的名词不是宾语的例子。

[答]（1）有的片段其中的两个语素都能单用，但不是词。如"电灯、马路、羊毛"中的"电、灯、马、路、羊、毛"等语素能单用，但只是构词成分。不能因为"电、灯、马、路、羊、毛"能单用，而把"电灯、马路、羊毛"等看成短语。

比如"洗澡""结婚"，我们可以说"洗个澡""结过两次婚"，但这个"澡"和"婚"还是"不能游离的"，"澡"不能跟"个"合成一个词，"婚"不能跟"两次"合成一个词，所以还不能说它们是词。

又比如《分析》16节所论：一般不单用（如楼：楼房），但在一定的格式里可以单用（如三号楼），也不看成一般的词为好。

相反，绝大多数虚词（介词、连词、助词、部分副词）和有些实词（如量词和一部分代词），有的不能单说，但是一个词，如副词"就"：

> 我现在就走。——现在啊？——对了，现在。
> 我现在就走。——*就啊？——*对了，就。

有的不能单用，但是一个词。如语助词绝对不能单用的，但它还是一个词。

（2）普通名词可以跟数量词（包括指数量）组合，但专有名词以及一些语法学家作为名词的附类的时间词、处所词、方位词，一般就不跟数量词组合，例如不能说：

> *一个孔子　　*两个鲁迅
> *三个北京　　*这个上海
> *一个去年　　*那个昨天
> *三个东边　　*五个前边

专有名词只有特殊的表达需要，才能跟数量词组合。如朱德熙《语法讲义》第42页所举之例：

> 东方红，太阳升，中国出了个毛泽东。
> 有两个李逵，一个是真李逵，一个是假李逵。
> 中国要是有两条长江，情形就不同了。

能跟数量词组合的不一定都是名词，如"有两种谦虚：一种谦虚是虚心，不自满；一种谦虚是口头上说谦虚的话""三分羡慕，七分忌妒"。其中的"谦虚"是形容词而不是名词，"羡慕""忌妒"是动词而不是名词。

（3）《分析》第81、82、83、84等节都涉及这个问题。在84节里专门讨论了分别主语和宾语可不可以用位置先后做标准的问题。对这个问题的了解，等到学习本书句子成分时就会更加清楚，这里只举些例子说明：

>　　我没参加这个会。

名词性词语"这个会"在动词之后，是宾语。

>　　这个会我没参加。

代表事物的宾语"这个会"跑到原来主语"我"的前头（亦即动词之前），是主语；"我"退居第二，整个句子是主谓谓语句。

>　　前天有人从太原来。
>　　一会儿又下起雨来。

名词性词语"前天""一会儿"，虽然在动词之前，但都不像是一句话的主题，不好承认它们是主语。

　　在动词之后的名词，有的没有明确它是宾语，例如《现代汉语八百词》对存在句中位于动词之后的名词，没有像其他句式那样明确标明是宾语，只说它是动词之后的名词。名词在动词之后，还有像时量词（看一天）、动量词（看一眼）之类的，有的语言学家叫它"准宾语"，有的语言学家叫它"补语"而不叫"宾语"。

（19）

　　[原文]既然要综合几方面的标准，就有哪为主哪为次、哪个先哪个后的问题，就会得出不同的结论。（**P10—L24**）

　　[问]（1）譬如，对于词类的划分，怎样去"综合几方面的标准"？究竟哪为主哪为次、哪个先哪个后？（2）怎样就会得出不同的结论呢？

　　[答]由于汉语缺少发达的形态，划分实词的词类，乃至区别某一类实词和某一类虚词，都要凭别的标准。是全部应用一个标准呢，还是分别应用不同的标准？是同时应用几个标准呢，还是一次只用一个标准？要用一个标准划分一切词类，是难于办到的，常常要综合几方面的标准，例如以词的意义、词在句中的作

用、词与哪一类词（或哪一类附加成分）相黏合或不相黏合的性能、词的形态等标准划分词类。至于各种标准如何配合，各人的看法不同。吕叔湘先生的《关于汉语词类的一些原则性问题》一文，有一节叫"一个标准和多项标准"就专门讨论这个问题。那里边谈到：按照一般的分类原则，一次只能应用一个标准。比如说，先用一个标准把代词和别的实词分开，再用一个标准把名词和非名词分开，这样分下去。同时也要适当地照顾别的标准。比如陆志韦先生说，能放在名词前面支配它的是形容词。这样规定的形容词，一般是能按"好好儿"或"热热闹闹"形式重叠，能在前面加"很"或"比……"或在后面加"得很"，也都是表示一种性质或状态的。这些标准中为主的或首先应用的是全面的结构关系，这样可以照顾到所谓形态，照顾到意义，也适当照顾到句子成分。

如果拿句子成分为主要标准，就很难照顾到别的标准。比如说，只要是放在名词前面的就是形容词，"木头房子""新房子""出租的房子"中的"木头""新""出租"，全都成了形容词。这就是说，各种标准之间的协调程度不一样，句子成分这个标准有高度的排他性。

如果同时用两个标准，就有可能打架。如果同时用三个标准，那情形就更复杂。

为了具体说明，吕先生拿文炼、胡附《谈词的分类（下）》一文里提到的区别动词的标准做例。那里用和"不、能、会、敢、该、了、着、过、起来、下去、过来、过去"结合并能重叠做区别动词的标准。吕先生用"知道、取消、像、死、活、糊涂"等几个词试看里面有几个合于这些标准，检验结果如下：

	不	能	了	着	过	起来 下去	过来 过去	重叠
知道	+	+	+	-	-	-	-	+
取消	+	+	+	-	+	-	-	-
像	+	+	+	-	-	(+)	-	-
死	+	+	+	-	?	-	(+)	-
活	+	+	+	+	?	+	(+)	-
糊涂	+	+	+	-	+	+	-	-

从表里看出,这六个词,没一个得满分,也没一个得零分,那怎么办呢?作为动词的语法特点的说明,这些项目全有用,但作为规定动词的标准,那就必须说明哪一项是必要的,哪一项是不必要的,哪为主哪为次,哪个先哪个后。如果不分主次先后,以"六十分及格",那上表中"糊涂"比"像",甚至比"知道",都更有资格做动词,这显然是不对的。

2.4 意义在语法分析上的作用(20—24)

(20)

[原文]在语法分析上,意义不能作为主要的依据,更不能作为唯一的依据,但是不失为重要的参考项。**(P11—L4)**

[问](1)意义为什么不能作为语法分析的主要的、唯一的依据?(2)意义为什么又不失为语法分析的重要的参考项?

[答]语言是形式(语音形式和语法形式)和意义的结合。语法分析既不能直接从意义出发,也不能从头到尾撇开意义,专讲形式。为什么在语法分析上,意义不能作为主要的依据,更不能作为唯一的依据,但是不失为重要的参考项?这是由语法分析

和意义的关系所决定的。可以举词的意义（即词所代表的概念的类别）和划分词类的关系来说明问题。为什么不能单凭意义分类？因为凭意义分类，不同的人可以得出不同的结果，包括词类的数目不同、具体的词归类不同，谁也说服不了谁，而且有些词难于决断，在同一个人手上也会有时候归在这一类，有时候归在那一类。比如下列几对词，很难根据意义来判别其词类：

　　战争（名）——战斗（动、名）
　　勇敢（形）——勇气（名）
　　经常（形）——常常（副）
　　红（形）——红色（名）
　　干脆（形）——索性（副）
　　突然（形）——忽然（副）
　　想（动）——思想（名）
　　聪明（形）——智慧（名）

如果根据它们的语法功能就可以区分其所属词类，例如：

　　他忽然走了。
　　他突然走了。

"忽然""突然"虽然都能作状语，但"突然"还可作谓语、宾语、补语，"忽然"却不能：

　　这件事太突然了。（作谓语）
　　*这件事太忽然了。
　　我并不感到突然。（作宾语）
　　*我并不感到忽然。
　　这个人来得突然。（作补语）
　　*这个人来得忽然。

正因为这样，吕叔湘在《关于汉语词类的一些原则性问题》

中指出:"不但陆志韦先生一面说根据意义也可以分类,一面可宣布他是按格式分类,陆宗达先生一面说词可以分类,是因为它们反映的对象可以分类,一面又批评拿意义或者概念做标准。连王了一先生和我自己,尽管在我们的书上只说凭意义划分词类,实际上还是免不了要利用结构关系来帮忙。"

但是无论用什么标准划分词类,说明这一类词或那一类词的时候总少不了要说出它们是表示什么的。词义虽然不能作为划分词类的主要的、唯一的依据,但它可以作为划分词类的重要参考。例如在辨认一般的(不是疑难的)名词、动词、形容词的时候,意义有"速记"的作用。比如"杯子",一想,这当然是个名词喽,这是个东西嘛。但这个不是绝对的,有的名词它的语素都是动词性语素,比如"战争""裁缝""开关",有的名词它的语素都是形容词性语素,比如"远近""轻重""长短",你要把它当"速记"用,可能以为它是动词或形容词,但事实上,它用起来是个名词。

当然,名词、动词、形容词,它们之间的区别可以从语法功能上加以考察,粗略情况如下图:

×不　　×了	✓不　　✓了	✓不　　✓了
+名+	+动+	+形+
✓数量	✓很　(谓)　✓宾	✓很　(谓)　×宾

动词、形容词之间还可从重叠形式不同加以区别;不及物动词不带宾语但不能受"很"的修饰,表心理活动的动词可以带宾语又可受"很"的修饰等也与形容词相区别。但是人们一说名词、动词、形容词第一反应的往往是意义,而不是它能不能用在这个格式的这个位置上,那个格式的那个位置上,前头能加哪些字,

后头能加哪些字,等等。凭意义把"人、好、走、鸟、飞、快"等单音词划分为名词(人、鸟)、动词(走、飞)、形容词(好、快),应该说是很方便的。又比如数词,当然可以从形式方面来规定:直接在量词前面(也有例外,如"一大块"),不能加"不"(例外,"不三不四"),不能加"很",不能加"着"等等,但如果说"数词就是一、二、三、四……十、百、千、万这些数目字"不更简便?

实际上,尽管在划分词类的时候定出了一些比意义更具体的标准来,但是应用这些较为具体的标准的时候,还是得拿意义来控制它们。例如应用结构格式来划分词类,怎么知道这个格式跟那个格式不是一个格式呢?得从意义上辨别。比如,我们不承认"他没有钱"和"他没有说"是一个格式。因为去掉"没有"以后,"他说"有意义,能成句,"他钱"没有意义,不成句。这里所说这个格式有意义,那个格式无意义,这个格式成句,那个格式不成句,离开意义就没法子决定。再比如应用鉴别字,也不能脱离意义。"终止""停止"不跟"着"结合,"绝对""相对"不跟"很"结合,这都不是问了所有说汉语的人或是检查了所有用汉语写的文章得出的结论,是因为咱们知道"着"和"很"的意义,知道哪些意义的词跟它们搞不到一块儿。

(21)

[原文]有时候它又有'启发'的作用,例如在调查哪些形容词能受程度状语修饰的时候,又如在区别不同种类的宾语的时候。(**P11—L7**)

[问]在调查哪些形容词能受程度状语修饰的时候,意义如何起"启发"作用的?

[答]有些形容词从意义上判断,它有程度的区别,因此它

能受程度状语的修饰,如:

> 轻、重、大、小、厚、薄、高、低、红、白、冷、热、甜、酸、苦、辣、黑、暗……
>
> 英明、伟大、坚强、勇敢、稳当、正确、老实、生动、单纯、严肃、全面、圆满、深入、细致、古老、熟练……

有些形容词从意义上判断,它本身没有程度的区别,因此它不受程度状语修饰,如:

> 正、负、副、横、竖、整、真、假、错、绝对、相对、崭新、火烫、飞快、浅红、深红、天大、唯一、静止、血红、无限……

(22)

[原文] 至于一个'语法实体'(一个词类,一种句子成分)归纳出来之后,不能光有一个名目,不给它一点意义内容,那就更不用说了。(P11—L8)

[问] 一个"语法实体"归纳出来之后,怎么"给它一点意义内容"? 意义与名目是怎样结合的?

[答] 每一部语法著作,当归纳某一个"语法实体"(一个词类,一种句子成分)之后,都会结合名目给它一点意义内容。例如马建忠的《马氏文通》称"凡实字以名一切事物者,曰名字,省曰名";"凡实字以言事物之行者,曰动字";"凡实字以肖事物之形者,曰静字";"凡实字用以指名者,曰代字"。黎锦熙的《新著国语文法》称"名词,是事物的名称,用来表示观念中的实体的";"动词,是用来叙述事物之动作或变化的";"形容词,是用来区别事物之形态、性质、数量、地位的";"代名词,是代替名词的"。现在一般的语法书也都说:表示人或事物的名称的词叫名词;表示人或事物的动作、行为或变化的词叫

动词；表示人或事物的形状、性质，或者动作、行为、变化的状态的词叫形容词；代替名词的词或代替名词、动词、形容词以及其他实词的词叫代词。句子成分也是如此，一般把一句话里表示陈述对象的，能回答"谁""什么"这一类问题的，叫做主语；把起陈述作用的，能回答"怎么样""是什么"这一类问题的，看成谓语。可见，语法实体的名目总是含有一定的意义内容的。

(23)

[原文] 传统语法在一定程度上利用意义，可是对于如何利用，又如何控制，没有很好的论述，这是它在理论方面的弱点。
(P11—L10)

[问] 请举例说明传统语法对意义的利用和控制存在什么弱点。

[答] 所谓"传统语法"，指的是在古代希腊语和拉丁语的语法基础上发展起来的古典描写语法。这种语法已有两千多年的历史，一直是西方国家的正统语法。传统语法分析语法的主要标准是形态。汉语语法学上所说的"传统语法"（即中国的"传统语法"）一般指在体系和术语方面借鉴西方传统语法而建立的汉语语法体系。例如马建忠的《马氏文通》和黎锦熙的《新著国语文法》，就是传统语法的代表著作。因为《马氏文通》是文言语法，《新著国语文法》作为第一部白话文语法，与现代汉语语法研究的关系更为密切。中国的传统语法与西方的传统语法在分析方法上有很大的不同，不是以形态，而是以意义为主要依据。例如在句法分析上根据施受关系来分析句子成分（比如确定主语和宾语）。在这一点上，王力的《中国语法纲要》和吕叔湘的《语法学习》等著作也是基本相同的。

根据施受关系区分主宾语，凡施事一律为主语，不管在动词前(如"主席团坐在台上")或动词后(如"台上坐着主席团");凡受事一律为宾语,不管在动词后(如"你办得了这件事吗?")或动词前(如"这件事你办得了吗?")。如果这条原则能行得通,贯彻到底,当然很好。可是问题并不这样简单。请看:"这件事办得了吗?"该怎么分析?完全依据施受关系分析这个句子是有困难的。要是仍然坚持"凡受事一律为宾语",这句话是无主句。这样,无主句的范围可就太广了。根据施受关系区分主宾语的人另有一个办法:有施事出现的句子里,受事不论在施事前("这件事你办得了吗?")或动词前("你这件事办得了吗?")一律算是宾语;没有施事出现的句子里,受事在动词后("办得了这件事吗?")仍是宾语,在动词前("这件事办得了吗?")就算是主语。可是,这样一来就不是根据意义区分主宾语,而是走到另一条路子去了——根据词序区分主宾语。

　　根据施受关系区分主宾语,把主语限定为指施事,把宾语限定为指受事。可是句子里头,从语义方面看,名词性成分和动词之间,也就是事物和动作之间,意义上的联系是多种多样的,并不限于施事和受事。例如:"他后悔两件事"里的"两件事"代表原因;"他大我三岁"里的"他"和"我"代表比较的对象;"棉衣换成单衣"里的"单衣"代表变化的结果;"这支笔写不了大字"里的"这支笔"代表工具。这些名词性成分都是施事、受事以外的相关对象。按照主施宾受的理论就没有办法解释这些句式了。

　　从意义出发,根据施受关系确定主宾语,还有别的一些缺点。一是带来了"主居谓后"(如"台上坐着主席团")、"宾踞句首"(如"这件事你办得了吗?")等说法,引起一个"倒装"

和"还原"的问题。二是常常用"省略"说来帮忙（如把"里屋住人"解释为"人在里屋住"省略"在"，又"主居谓后"）。"倒装"说和"省略"说的矛盾很多，问题复杂，给析句带来不少困难。

传统语法对如何利用意义，又如何控制，没有很好的论述。有的单纯考虑意义又缺乏形式上的印证，就意义论意义，未能与形式结合起来。对于它在理论方面的这一弱点，吕叔湘先生在1946年写的《从主语、宾语的分别谈国语句子的分析》一文中已有详细揭示；朱德熙的《语法答问》第三章"主语和宾语"和吕冀平的《主语和宾语的问题》可作参考。

(24)

[原文] 要分析一个语言片段的结构，必须先把它分解成多少个较小的片段，这些小片段又可以分解成更小的片段。结构就是由较小的片段组合成较大的片段的方式。(P12—L2)

[问]（1）这里的结构指什么？（2）"较小的片段""更小的片段"和"较大的片段"各指什么？

[答] 前面说过，"结构"在使用上有指语法片段实体和指语法关系两种含义。这里所说的"结构"指语法片段之间的关系，不是指语法实体，即下文说的"结构就是由较小的片段组合成较大的片段的方式"。

所说的"较小的片段""更小的片段"和"较大的片段"，都是相对而言的。例如，在"铃木学习汉语"这个语言片段里，"铃木"和"学习汉语"可以看为较小的片段；"学习"和"汉语"就是更小的片段。在"铃木、阿里都学习汉语"这个语言片段里，"铃木、阿里"和"都学习汉语"可以看成较小的片段；"铃木""阿里"以及"都""学习汉语"则是更小的片段；

"学习汉语"还可以分解为更小的片段。又如,"汉语语法"是由较小的片段"汉语"和"语法"组合成的较大的片段。但是在"学习汉语语法"这个更大的语言片段里,"汉语语法"相对来说又是较小的片段。

三 单位部分的问题解答

3.1 新旧语法单位及语素、短语、小句的重要性(25—27)

(25)

[原文] 传统的'句'指说话和读书的时候两个停顿之间的一个片段,不管意义上是否告一段落。(**P12—L10**)

[问] 请举实例解释上面这一段话。

[答] 古书没有标点符号,前人读书时要自己断句。古代断句用"、"作为标志。《说文解字》说:"、(zhǔ),有所绝止而识之也。"杨树达在《古书句读释例·叙论》里认为这就是句读(dòu)的"读"的本字。前人在语意未尽而需要停顿的地方,点在两个字的中间;在句终的地方,点在字的旁边(指竖排本)。后来用圈号作为句终的标志。例如贾谊《过秦论》有一个句子按现代标点是:

　　收天下之兵,聚之咸阳,销锋镝(又作"镝"),铸以为金人十二,以弱天下之民。

按传统的句读,这句话可以断句为:

　　收天下之兵。聚之咸阳。销锋镝。铸以为金人十二。以弱天下之民。

这样断出来的"句",是说话和读书的时候两个停顿之间的一个片段的标志,不管意义上是否告一段落。可见现代语法书上所说的"句子"比传统的"句"大。

(26)

[原文]多少跟'字'相当的单位,现在管它叫'语素';多少跟'句'相当的单位,有的管它叫'小句'(分句),有的管它叫'短语'(词组)。(P12—L14)

[问](1)为什么用"多少"?它的含义是什么?(2)字、语素、词的区别何在?

[答]这里的"多少"指或多或少的意思,用来修饰"相当",强调"相当"的两项并不是完全对等。

字,是书写单位、读音单位;语素、词(还有短语、小句、句子等)是语法单位。这两种单位是不同范畴的东西。汉语中跟字最相近的语言单位是语素,正如《分析》第13节说的"汉语的语素和汉字,多数是一对一的关系",但这二者不是全同或全异,还有别种情况,例如:一个字可以代表几个不同的语素(如音乐和快乐中的"乐"字);一个语素可以用不同的字来代表(如"吧"和"罢"字),也可以由几个字组成(如"咖啡")。所以只能说语素是"多少跟'字'相当的单位"。

字、语素和词的区别,下边将有进一步的论述,这里仅举例说明它们的对应和不对应关系。

例句	所含字、语素和词数量		
	字	语素	词
他想去看戏。	5	5	5
他们学语法。	5	5	3

| 他要喝咖啡。 | 5 | 4 | 4 |
| 我不坐飞机。 | 5 | 5 | 4 |

（27）

[原文] 讲西方语言的语法，词和句子是主要的单位，语素、短语、小句是次要的。（这是就传统语法说，结构主义语法里边语素的地位比词重要。）讲汉语的语法，由于历史的原因，语素和短语的重要性不亚于词，小句的重要性不亚于句子。
(P12—L16)

[问]（1）如何理解有关传统语法和结构主义语法的这段话，请再作些说明。（2）如何理解"由于历史的原因"，讲汉语的语法，语素、短语和小句的重要性不亚于词和句子呢？这一点是否说明结构主义语法比传统语法更适合于分析汉语的语法呢？

[答]（1）关于讲西方语言的语法，可否这样理解：传统语法分为词法和句法两部分。词法描写词类的形态特征和变化规则以及在句子中的功能。句法描写句子的类型和句子成分。句法是建立在词法基础上的。一般词法内容很多，句法很简单，因为大部分内容都在词法部分讲了。这就是西方传统语法"词和句子是主要单位"的意思。结构主义语法就不同了。结构主义语法体系中的语法单位是音素、语素、词、短语。结构主义语法不仅重视语素，而且十分重视短语。如果说传统语法是句本位的语法，那么结构主义语法就是"短语本位"的语法。正如布龙菲尔德在《语言科学的一套公设》中所说："句子是在具体的一次说话中不是更大的结构体的一部分的一种形式。"任何短语（静态的结构单位）只要加上语调就可以成为句子（动态的使用单

位)。

（2）关于汉语的语法体系，一般是从汉语语法的特点出发来提出问题加以讨论的。比如说，由于汉语没有严格意义的形态变化，所以讲汉语的语法，句法显得更加重要。又比如说，由于汉语句子的构造原则跟短语（或词组）的构造原则是基本一致的，所以讲汉语的语法，要特别重视短语（或词组）。有的学者已提出了跟以句子为基点进行句法分析（句本位的语法体系）的不同观点，认为有可能在词组的基础上来描写句法，建立一种以词组为基点的语法体系（词组本位的语法体系）。提出这种主张的学者认为，词组本位语法体系适应汉语实际，因此比旧语法体系更合理，也更简洁而自然。

至于吕先生所讲的"历史的原因"是指上文提到的：对语言进行语法分析，中国的传统的用语是"字"和"句"。多少跟"字"相当的单位是语素；多少跟"句"相当的单位是"小句"（分句）或"短语"（词组）。这个历史原因，是指语言发展的历史原因。古汉语里，词绝大部分是单音的，而一个音节就是一个字。一些双音节的叫联绵字。古时只要讲"字"就够了。现代汉语是语素为主体，词是语素组合起来的。从单音的词，发展出多音的词。而外语，原来是多音的，是研究语言的人把它分析成许多语素，词为主体，语素从词里面分析出来的。这就是汉语和其他一些语言历史的发展不同。短语也是这样，汉语有很多短语词，它是介乎词和短语之间的，这是汉语的历史发展形成的。还有像简称，是经过几十年的约定俗成的演变过程，现在人们只当它是一个词而不再想到它是一个简称了。"小句的重要性不亚于句子"，比如某些外语，像英语、法语，句子的界限很分明，小句是在句子里头划分的；而汉语实际上从古时候传下来，就是小句比较清楚。但是哪里是一句呢？这就比较为难。比如我们看旧小说，往往一部小说就有好几种版本，不同版本标点也有许多不同。古书更是如此，同一篇文章，有几种选本里选了，不同版本，标点也常常有出入。这个选本把这里划成一句，那个选本则可能把那儿划成两句了，断句标准不易掌握。传统断句，四五个字到七八个字就有一个停顿，可以在那里画一个圈，这就是句读（dòu）。而从现代的句子结构的理论看，往往这个地方还并不成为一个句子，只能叫它是一个小句，甚至小句也不是。所以这如同成词的语素与不成词的语素的关系一样，往往是小句容易确定，整句倒反而不容易确定。这也是历史的原因。

3.2　语素和词（28—40）

(28)

[原文] 最小的语法单位是语素，语素可以定义为'最小的语音语义结合体'。也可以拿'词素'做最小的单位，只包括不能单独成为词的语素。比较起来，用语素好些，因为语素的划分可以先于词的划分，词素的划分必得后于词的划分，而汉语的词的划分是问题比较多的。(**P13—L1**)

[问]（1）为什么叫语素呢？"语素"的"语"是什么意思呢？（2）叫"语素"为什么比叫"词素"好一些呢？

[答] 语素是最小的语音语义结合体，不管它能不能单用。词素是只包括不能单独成为词的语素——即构词成分。语素可先于词的划分，词素必得后于词的划分。

我们可以从许多字中挑，先确定语素，即先确定哪些字是符合最小的音义结合体的标准。分语素比较容易，任何长篇大论，都能分析成一个个最小的音义结合体即语素。之后再看哪些语素可以成为词，或哪些语素与哪些语素在一起可以成为词。

划分词素，是从许多字中先挑词，剩下的才是词素。但汉语中词与非词的界限中疑难问题很多，先划词，势必一开头就碰到许多难题。比如对"墙上有一幅挂图""信纸用的是白纸"这两个语言片段，先划语素的，很容易认定其中各有七个最小的音义结合体，即七个语素。先划词的，"挂图""白纸"是一个词还是比词大的单位？"信纸"与"白纸"的情形相同还是不同？"信纸"中的"信"和"纸"是词还是不成词的语素？问题就很多。

关于这个问题，朱德熙的《说"的"》一文注解中曾说："我们把 morpheme 译为'语素'。流行的译名是'词素'。morpheme 有两种涵义：或指词内部的有意义的组成部分（词根、词头、词尾等等），或指最小的、有意义的语言单位。就前一种涵义说，译作'词素'是合适的，就后一种涵义说，译作'词素'会让人感到先有词，从词里头再分析出'词素'来。"吕叔湘的《语言和语言学》一文注解中也曾说："用'语素'做 morpheme 的译名，是朱德熙先生的建议。一般译作'词素'，这个名称老叫人想到它是从'词'里边分析出来的。事实上，语素是比词更加根本的东西。有好些语言，也许是多数语言里，要决定一个语言片断里边有多少个词相当困难，而把这个片段直接分析成语素倒比较容易，并且不应用'词'这个概念也能把这个语言的结构说清楚。"

一个语素如果能独立运用，那么它就是词，这个词是由一个语素组成（如"人""葡萄"）；几个语素合起来才能独立运用，那么这个词就是由这几个语素组成（如"学习""工作"）。

这如第 27 题所谈，也是汉语与印欧语言不同的地方。他们是先有词，之后语言学家来分析词素，我们汉语是先有字，字结合起来成词。就多数情况来说，一个汉字就一个音节就代表一个语素。汉字替我们作了分析语素的工作。所以，汉语用"语素"好些。

(29)

[原文] 例如公有共同、公平等意思，又有公［侯］、公［婆］、公的［母的］等意思，这两组意思联不上，得算两个语素。(P13—L14)

[问] 公侯的公与公婆、公母的公算一个语素吗？它们的意义有什么联系呢？

[答]"公"有若干义项。如（1）属于国家或集体的；（2）共同的；（3）公平、公正；（4）封建五等爵位的第一等；（5）对上了年纪的男性的尊称；（6）丈夫的父亲；（6）雄性动物。

公侯的"公"与公婆、公母的"公"意义上有一定的联系。中国封建社会男女不平等，男的地位高，虽有女皇，但爵位一般是封给男子。公爵是由男性担任的封建五等爵位（公、侯、伯、子、男）的第一等，公［婆］、公［母］也指男性、雄性，所以它们是一个语素。这个意思与公［议］、公［约］联不上，算两个语素。

(30)

[原文] 有时候，几个意思联得上联不上难于决定，例如快速、锐利的快和愉快、痛快的快。这是语素异同问题。(P13—L16)

[问] 这里讲的语素异同是什么意思？快速的"快"和锐利的"快"意义上有什么联系？请说明这几个"快"意义上联系得上联系不上，怎么难于决定。

[答] 这里所讲的语素异同问题是指：一个语素有几个意思，要根据意思联得上联不上，来决定是一个语素还是几个语素。

快速、锐利的"快"和愉快、痛快的"快"，吕先生是作为几个意思联得上联不上难于决定的例子来谈的，即认为是一个语素还是几个语素是个值得研究的问题。我们可以试着做些分析：

"锐利"是刃锋等尖而快的意思（又引申为目光、言论、文笔等尖锐）。刀刃锋利，切东西的速度就快。俗话说"快刀斩乱麻""钝刀子割肉，半天割不出血来"讲的就是刀器利钝与切物速度的快慢（引申为办事效率的高低）直接相关。可见"刀快"与"快速"这两个意思可以联得上。

"痛快"虽有尽兴、直率等义项以别于"愉快"，但表示舒畅、高兴的这层意思仍与"愉快"（快意、舒畅）相通，可以联得上。

快速和锐利的"快"是一个语素，愉快和痛快的"快"也是一个语素。这是没有问题的。至于快速、锐利的"快"和愉快、痛快的"快"是一个语素还是两个语素就有问题，因为这两组意思联得上联不上难于决定。可能有两种意见：一种认为是两个"快"，"快速""锐利"的"快"是速度方面的；"愉快""痛快"是情感方面的。另一种认为是一个"快"，因为它们之间不是绝对联不上的，比如任何事情快一点，心情自然也就愉快一点。吕先生这里是举这么个例子以说明"有时候，几个意思联得上联不上难于决定"的问题。

(31)

[原文] 这两个问题都可以说是'一个还是两个？'的问题，不过前一个是一根绳子切不切成两段的问题，后一个是一根绳子

掰不掰成两股的问题。(P13—L19)

[问]"两段"和"两股"是什么意思,所指有什么不同?

[答]所谓"两段"的问题,指"含糊"这样的两个音节,里边究竟是一个语素呢还是两个语素。所谓"两股"的问题,指快速的"快"与痛快的"快",究竟是同一个语素呢,还是两个语素。

这两个问题表面上都是双音节算"一个还是两个"语素的问题,不过情况有所不同:前者关系到双音节里头的每一个音节(如"含"和"糊")是否能独立算一个语素。后者两个双音节里的每一个音节独立算一个语素是没有问题的,难于决定的是其中语音和字形相同的那个音节(如快速和痛快中的"快"),语义上联得上联不上,是算两个语素,还是合为一个语素。所以《分析》中用"一根绳子切不切成两段"和"一根绳子掰不掰成两股"来比喻这种语素的大小和语素的异同问题。这两种可以图示如下:

(32)

[原文]大小问题如经济,一般人觉得它跟逻辑一样,不能分析,读过古书的人就说这是'经世济民'的意思,经和济可以分开讲,是两个语素。异同问题如书信的信和信用、信任的信,一般人觉得联不上,念过古书的人知道可以通过信使的信(古时候可以单用)把前面说的两种意思联起来,认为信只是一个语素。(P13—L23)

［问］经济和信到底各是一个语素呢，还是两个语素？信使的"信"如何把书信的"信"和信用、信任的"信"这两种意思联系起来？

［答］"经济"，现代汉语里这个词是拿来译英语的 economics 的，它是利用日本译名吸收西洋词语的一个典型例子。从这个角度看，它跟"逻辑"一样，不能分析，是一个语素。可是这个借词是利用古代汉语原有的词而赋予新义的。在古汉语里，"经济"是"经世济民"的意思。如《宋史·王安石传论》云："安石以文章节行高一世，而尤以道德经济为己任，被遇神宗，致位宰相"。读过古书的人按古汉语的意思来分析"经济"，倾向于算两个语素。

书信的"信"和信用、信任的"信"，一般人觉得这两组意思联不上，是两个语素。可是读过古书的人通过信使的"信"把这两组意思联系起来，认为"信"只是一个语素。古称使者为信（或使），合言之为"信使"。例如："故遣信使，晓谕百姓。"（司马相如《喻巴蜀檄》）"司空郑冲驰遣信就阮籍求文。"（《世说新语·文学》）王力《汉语史稿·词汇的发展·古今词义的异同》曾指出："'信'字产生'使者'意义，可能是由'符信'的意义产生的。最初的时候，使者可能拿着信物以为凭信。"

吕先生这里主要是举例说明辨认语素跟读没读过古书有关系，指出，读过点古书的人在大小问题上倾向于小，在异同问题上倾向于同。何去何从，吕文没有做结论。关于语素的识别问题，赵元任的《汉语口语语法·词和语素·总论》曾提出："比较可取的办法是采用读书识字的人的最大限度的分析，而不采用文化程度较差的人的分析，因为程度之差是渐变的，不容易得出一致的结果。"

是一个语素还是两个语素,赵元任还举了"如果""麻烦""组织""警察""广播"等介乎二者之间的例子,指出,对有些人来说只是一个语素,对另一些人来说则是两个语素。

有的读者问我们,"经济"之类,吕先生的倾向性是一个语素还是两个语素?我们问过吕先生,他说:"我当然嘛,我读过书的嘛,我当然认为是两个语素了。赵元任先生是说这些语法学家应该跟读过书的人走,不要跟没读过书的人走。你要问我,我就'悉听尊便',你愿意怎么样就怎么样。这个问题,你很难。不能说没读过书的人都得跟着读书的人走,他说我的感觉上不一样么!"

(33)

[原文]汉语的语素和汉字,多数是一对一的关系,但是也有别种情况。(P14—L4)

[问]除了"一对一的关系",还有哪些情况?

[答]除了"一对一",汉语的语素和汉字的关系,还有以下各种情况。《分析》第13节表中列举了多义字、多音多义字两种情况。

所谓"多义字",即一个汉字代表几个同音语素,如:会(合)/会(英语);把(门打开)/把(着门)……

所谓"多音多义字",即一个汉字代表几个不同音语素,如:行(动)xíng/(银)行háng;着(数)zhāo/着(火)zháo/(读)着zhe/(陆)zhuó……

此外还有用两个或两个以上汉字代表一个语素的,即一个汉字只是一个语素的一部分(在汉语中比较少),如玫瑰、仿佛、蜘蛛、乒乓、巧克力、乌鲁木齐等等。这些多是双声、叠韵或音译词。

一个汉字代表两个或两个以上音节，亦即代表两个或两个以上语素，这在汉语中是极个别的，如瓧 qiānwǎ（千瓦的淘汰译名）、浬 hǎilǐ/（海里的淘汰译名）、圕 túshūguǎn（图书馆的俗体）。

一个汉字代表一个音节但可能包含两个语素，这在汉语中也是极个别的，如俩 liǎ、仨 sā、甭 béng。

(34)

[原文] 语音、语义、字形这三样的异同互相搭配，共有八种可能：两同一异的有三种，一同两异的有三种，全同的和全异的各一种。（P14—L5）

[问]（1）请帮助解释这张表。（2）表格中的例子除第一行外都有两个汉字，第一行为什么只有一个汉字？形、音、义的异同是与什么作比较的？（3）除第一行和末行外都在括号内注明两个汉字的关系，这两个为什么没写？

[答] 本表说明汉字形、音、义这三者的异同互相搭配，共有八种可能：

两同一异的有三种：

1. 同音同义异形：園、园
2. 异音同义同形：谁 shuí～shéi
3. 同音异义同形：好（人）、好（冷）

一同两异的有三种：

1. 异音异义同形：行 xíng～háng
2. 异音同义异形：笑、乐
3. 同音异义异形：历、厉

全同的一种：同音同义同形：圆

全异的一种：异音异义异形：圆、方

第一行是说明语素和汉字在音、义、形三方面完全相同，所以只用一个汉字。形、音、义的异同是拿汉字和语素进行比较的。

括号内根据汉字形音义的各种关系，分别叫多音字、多义字、多音多义字、同义字、同音字、异体字等等。第一行只有一个汉字，形音义全同，无可比较。末行圆、方二字，形音义全异，这种字之间实际上没有什么关系可谈。

(35)

［原文］实际情况比这复杂，疑难问题是不少的。（P14—L18）

［问］请举实例说明实际存在的复杂情况和疑难问题。

［答］大小问题、异同问题以及与汉字的对应等问题复杂得很。一般的语法著作谈得很简单，吕先生在书中作了相当精到的分析了，然而"实际情况比这复杂，疑难问题是不少的"。

语素不仅有音，而且有义；语素既是语汇的最小单位，又是语法的最小单位，语素的意义里既有语汇意义，又有语法意义。

由于语素的音和义两方面各有异同，二者配合起来产生多种情况，加上语素与汉字的关系，所以语素的分析比较复杂。吕先生在《关于"语言单位的同一性"等等》一文中曾指出，一个有意义的音节可以有很多意义。如果两个意义联系不到一块儿，如书和输，这无疑问是同音的两个语素。如果两个意义可以联系到一块儿，如"白纸"的白和"白卷"的白，就可以说这只是一个语素。但是介乎这两种情况之间的例子多的是，于是如何区别一字多义和两字同音就成为语汇学上的难题之一。如何根据分布来决定语素的异同似乎也是描写语言学未能解决的问题之一。

比如棵和颗，枝和支，可不可以合并呢？我们不把它们合并，不仅是因为它们分布不同，也因为一直写成不同的汉字。于是"一把刀"的把和"一把米"的把的分布也不同，我们觉得好像可以不分，因为它们一直写成相同的汉字。如果縂和穗写成一个字，穫和獲写成一个字（简化汉字真的是用一个"获"字替代），冠（衣冠）和冠（鸡冠）、镜（穿衣镜）和镜（眼镜）、信（信用）和信（书信）分别写成两个字，我们的感觉也会跟现在有所不同。

由于语素的意义之中又有语汇意义与语法意义两部分（后者反映在语素的类别上），而语法意义的异同和语汇意义的异同并不总是一致的，语汇意义无分别或无大分别的也可能分属语法上的两个类。这在语素的异同上又增加一个问题。在上述吕先生那篇论文中，就谈到两类音同、字同的语素分析问题：(a) 白（形）和白蛋白（名），黄（形）和黄藤黄（名），锁（动）和锁（名），费（动）和费（名）；(b) 亲亲人（形）和亲亲属（名），竖（形）和竖（动），捆（动）和捆（量），碗（名）和碗（量），长（形）和长身长（名），白（形）和纸的白（名?）。(a) 类大概也可以分成两个语素，(b) 类呢？这里的问题是：不同类的语素是不是必然是两个语素？允许不允许一个语素同时属于两个类？这样的一个语素异同问题，《分析》在下一节还将作为一个单独的问题继续提出来讨论。

(36)

[原文] 如果可以这样处理，那么像'把门'的把，'把门锁上'的把，'一把锁'的把，就是一个语素三个词了。(P14—L23)

[问] (1) 吕先生同意这三个"把"是同一个语素？它们

在意义上有什么联系？（2）一个语素三个词是什么意思？

[答] 吕先生在 11 节中说过："一个语素可以有几个意思，只要这几个意思联得上，仍然是一个语素"。根据这个精神，三个"把"的基本意义不变，应该认为是同一个语素。它们在意义上有何联系，可以试着做些分析：

"把门"的"把"，动词，由用手拉住，引申为把守、看守的意思。"一把锁"的"把"，量词，原意是"一手所握的"。如《孟子·告子上》有"拱把之桐梓"句。赵岐注："拱，合两手也；把，以一手把之也。"所以在现代汉语里用于表示有柄或有类似把手的器物的量名。"把门锁上"的"把"，介词，表示一种有目的的行为，一种处置的意义。介词的"把"也是由动词演变而来的。唐以前的"把"字还是动词的用法，如《墨子·非攻下》"禹亲把天之瑞令以征有苗"，《后汉书·吕布传》"临别把臂言誓"等等，都是"握"的意思。唐以后才逐渐从有实在的动作意义的动词虚化而成介词。《说文解字》云："把，握也。""把"字的这个本义，正可以联系上述作为动词、介词、量词的三个"把"的意义。如果再增加一个名词用法，如"车把"的"把"，"握"的基本意义也不变。

一个语素三个词的意思是：三个"把"的基本意义不变（或者说"把"的三个意思联得上），算一个语素；可是根据词性，它们分属于三个不同的词类，算三个词。

(37)

[原文] 第二条，一句话里边把所有可以单说的部分都提开，剩下来不能单说，可也不是一个词的一部分的，也是词。（P15—L10）

[问] 这是什么方法？用这种办法判断"我下午再来"中

"再""来"是两个词,那"再见""再说"呢?是一个词还是两个词?

[答]这种方法叫剩余法,主要用来划分虚词。吕先生在《说"自由"和"黏着"》一文中说:"虚词的取得词的资格是因为它不是另一个词的一部分。是用的剩余法,就是在一个语言片段里,把成为词的部分提开,剩下的东西既不能看做它前面的或后面的词的一个部分,就不得不承认它们本身是词。"

这段话里,"不是另一个词的一部分"这个限定条件很重要。"再来"的"再"与"开始"的"始"区别就在于是不是一个词的一部分。当然怎么知道某个语素是不是一个词的一部分,有时候也不是那么容易。"再说""再见"到底是一个词还是两个词,情况恐怕就没那么简单。"再见"情况之所以特殊,因为"见"是介乎能独立与不能独立之间。在一定情况下这个"见"可以独立,如:

问:他要来见你,你见不见?
答:见。

不过,有人可能要说,这个"见"跟"看见"的"见"意思不完全一样,"见不见"的"见"是"接见"的意思,是自主的;而"看见"的"见"是一种无意识的行为,这个东西到你面前了你就看见了,是非自主的。"再"也是独立性不太强的。两个身份不清楚的东西到一起,你把它算一个词,有一定道理,你说它是两个词,也未尝不可。又如:

我还能再见到你吗?

"再见"是副词"再"+动词"见"(即两个词),表示"见"这个动作的重复,是再次(第二次)看见的意思。

朋友们再见!

"再见"是动词(即一个词),是人们分手时表示希望以后再见面的客套话。

  为了叙述的便利起见,我在这里先说矛盾的普遍性,再说矛盾的特殊性。

  别着急,一个说完,一个再说。

"再说"是副词"再"加动词"说",表示这个"说"的动作安在前一个动作"说"结束之后出现。

  这事先搁一搁,过两天再说。

"再说"是动词,表示留待以后办理或考虑的意思。

  去约他,来不及了,再说他也不一定有工夫。

"再说"是连词,表示推进一层的意思。

  这种现象就是《分析》第 16 节谈到的:"能单用的语素不一定只能单用,有时候也跟别的语素组合成词,比如来也出现在'来源｜来宾｜将来｜往来'这些词里,再也出现在'一再｜再三｜再会｜再版'这些词里。"

  语言是极其复杂的,吕先生写这本书的目的,正如《序》中所说,"本文的宗旨是摆问题","提出各种看法,目的在于促使读者进行观察和思考"。语言学家所能做的事情,有一定的限度的,我们不能胶柱鼓瑟,世界上没有任何一本书能把所有的语言现象都穷尽地揭示出来,因为那是不可能的。在科学研究上,像吕先生这样"摆问题",要知道,提出正确的问题比寻求正确的答案还要难。

(38)

  [原文] 大概说来,能单说的多数是实词,少数是虚词;大多数虚词是靠第二条划出来的,少数实词也靠这一条。(**P15—L18**)

[问] 请举出能单说的虚词和不能单说的实词的例子。

[答] 虚词（不带语气词等）能单说是很个别的，如："你下午来吗?"——"不。""他走了吧?"——"也许。""有空常来玩!"——"一定，一定。""不""也许""一定"都是副词，但能单说。

虚词里，副词能单说的多一些，陆俭明的《现代汉语副词独用刍议》（《语言教学与研究》1982年第2期）一文，检验了486个常用的副词，结果发现能独用的副词有65个，占13.4%。独用的情况包括"必须带上句末语气词，否则不能独用"的那一类。所列成员有：

本来	甭	必须	别	不	不必
不曾	差不多	差（一）点儿		趁早	迟早
大概	大约	当然	的确	顶多	赶紧
赶快	敢情	刚刚	刚好	怪不得	果然
果真	何必	何苦	互相	尽量	快
立刻	马上	没	没有	没准儿	难怪
难免	偶尔	亲自	全都	然后	顺便
随后	同时	未必	兴许	幸好	也许
一共	一块儿	一起	一直	有点儿	早晚
照常	照旧	照样	真的	正好	至多
至少	准保	自然	总共	最多	最少

实词不能单说的就比较多一些，大体有两种情况：

1. 整个词类或某个词类中的某一小类都不能单说，包括：量词、单音方位词和部分代词（如："它、大家、人家、自己、这、那、哪、几、多"等）。

2. 名词和动词、形容词多数能单说，但也都有不能单说的例子。吕先生在《说"自由"和"黏着"》一文中曾经举了一些例子：

赢了球∶赢了棋	坏不了∶错不了
过了河∶过了期	睡得早∶醒得早
回个信∶回个礼	搬过家∶离过家
中了箭∶中了暑	嫁了人了∶姓了张了
新办法∶老办法	一座山∶一座楼
难回答∶好回答	一桌饭∶一桌席
说不完∶说不尽	一个人∶一个工
想对了∶想左了	一门手艺∶一门课

上面例子中两两对比的右边加点的字都是不能单说的，可是都能跟左边能单说的对比。吕先生指出："多数讲汉语语法的书里不说词可以'单说'，只说是可以'单用'（'独立运用'，'自由运用'），用意就在于要包括这类字（以及虚词）。"

从能否单说的角度可以把动词分为自由动词和黏着动词两类。黏着动词通常不能单独作为一句话来说，不能回答问话，它们成句时通常要带有宾语、补语、状语或兼语，但它们仍是一个词，如"促使、等于、经受、显得、着想"等等。

(39)

［原文］总起来说，语素可以分成四种。(**P16—L22**)

［问］这是按什么标准分类的？请举例说明这四种情况。

［答］这是把自由与黏着的概念应用于区分汉语的词和非词的分类标准。

（1）能单用，单用的时候是词，不单用的时候是构词成分。例如第16节举过的例子：

单用时是词　　不单用时是构词成分
来　　　来源　来宾　将来　往来
再　　　一再　再三　再会　再版

（2）一般不单用，在特殊条件下单用的，单用的时候是词。例如第 16 节所说的四种值得研究的情况。另外在《说"自由"和"黏着"》一文中也举了许多例子详细说明，诸如：

口语里不单用　　　　书面上可以单用
但是　或是　　　　　但　或
云彩　大雁　　　　　云　雁

一般不单用　　　　　专科文献里可以单用
耳朵　鼻子　　　　　耳　鼻（医学）
金子　氧气　　　　　金　氧（化学）
老虎　鲫鱼　　　　　虎　鲫（动物）
叶子　柳树　　　　　叶　柳（植物）

一般不单用　　　　　成语、熟语里可以单用
问答　　　　　　　　一问一答
知觉　　　　　　　　不知不觉
事情　事件　　　　　就事论事
微小　微弱　　　　　微乎其微
老虎　　　　　　　　前怕狼，后怕虎
言语　　　　　　　　你一言，我一语
少年　　　　　　　　不分男、女、老、少
编导　　　　　　　　自编自导自演

一般不单用	在某些结构里可以单用
期限	过了期
酒席	一桌席
名声	出了名
夏季　秋季	夏秋两季
桌子　椅子	桌椅板凳
左边　右边	从左到右

（3）语缀。例如：

前缀：阿、第、初、老、小等。

后缀：子、儿、头、者、们等。

中缀：得（看得出）、不（看不出）等。

（4）不单用，专做构词成分的"词根"。例如：

词根	在别的语素之前	在别的语素之后
民	民主　民族	人民　农民
历	历史　历法	履历　日历
习	习题　习惯	学习　恶习

(40)

[原文]语缀和词的界限也难划，例如单音方位词和某些量词就很像后缀。(P17—L2)

[问]请举例说明单音方位词和某些量词很像后缀。

[答]单音方位词如"上、下、前、后、里、外、内、中、左、右、东、西、南、北"等都是黏着的，而且总是黏着于前，跟它前头的体词合起来构成一个处所词（如"书里"）或时间词（如"晚上"）。方位词的结合面一般都比较宽，其中活动能力强的"里"和"上"，只要意思上讲得通，可以任意黏着于名词后头。例如：街上、柜上、书上、窗户上、桌子上、晚上；城里、

屋里、家里、心里、树林里、孩子里等等。

单音方位词的这些特点与本节所说的语缀（后缀）的特点（不单用，但活动能力较强，结合面较宽，有单向性——只位于别的语素之后）是很相近的。所以说单音方位词都有点儿像后缀，特别是"上"跟"下"，"地下"（dixia）的"下"像"地"的后缀。"东、西、南、北"以及"前、后"等方位词，意义相对比"上、下"实在。

量词有的意思很具体，如"一套衣服""一副牌""一阵雨"等，所以只能说"某些量词"。比如说，"一把刀"的"把"，它本身实在没有多少意思，就是"一个刀"的意思。特别是"个"，"一个人"，这个"个"完全像一个后缀，它本身意义上不起什么作用，或者说毫无作用。"一支"的"支"也像"一"的后缀。

3.3 词和短语（41—62）

（41）

［原文］语素组合的问题就复杂了，大致涉及五个因素。（P17—L8）

［问］请分别举例说明决定一个语素组合是词还是短语所涉及的五个因素。

［答］关于一个语素组合是词还是短语，所涉及的五个因素，情况复杂，《分析》的第20至27节将作详细的论述。这里先举例简要说明其含义。

第一，这个组合能不能单用，这个组合的成分能不能单用。如20节所举例子：

语素组合	成分能否单用	组合能否单用	词/短语
工人农民	单用+单用	单用	短语
田　地	单用+单用	单用	词
高　射	单用+单用	不单用	
老师同学们	单用+不单用	单用	短语
高　兴	单用+不单用	单用	词
高　速	单用+不单用	不单用	
典　型	不单用+不单用	单用	词
微　型	不单用+不单用	不单用	

第二，这个组合能不能拆开，也就是这个组合的成分能不能变换位置或者让别的语素隔开。例如：

语素组合	能否变换位置	能否让别的语素隔开	词/短语
看　书	√书看完了	√看新书/看了半天书	短语
举　重	×重举完了	×举什么重/举了半天重	词
工人农民	√农民工人	√工人和农民	短语
田　地	×地田	×田和地	词

第三，这个组合的成分能不能扩展。例如：

语素组合	能否扩展	词/短语
{ 大树	×（至多能换成"大松树"）	短语词
大的树	√挺大的一棵百年老树	短语
{ 老实人	×	短语词
老实的人	√非常老实的老人	短语

(续表)

⎰ 仔细检查	×	短语词
⎱ 仔细地检查	√ 很仔细地检查	短语
⎰ 摆整齐	×	短语词
⎱ 摆得整齐	√ 摆得挺整齐的	短语

第四,这个组合的意义是不是等于它的成分的意义的总和。

这一条讲一个语素组合的意义是等于它的组成成分的意义的总和,还是整体的意义不能从部分的意义里获得。向来有一种意见认为前者是短语,后者是词。例如:

语素组合	意义是不是等于它的成分的意义的总和	词/短语
黑板	≠ 黑的板	词
白花	= 白的花	短语
打场	≠ 打场地	词
打虎	= 打老虎	短语

第五,这个组合包含多少个语素,也就是它有多长。例如:

语素组合	包含多少个语素	词/短语
电灯	双语素	一个词
耐火砖	三语素	一个词
耐火材料	四语素	两个词
高压线	三语素	一个词
高压电线	四语素	两个词
自由泳	三语素	一个词
自由体操	四语素	两个词

(42)

[原文] 除了所有的成分都不能单用就不可能是短语外，似乎成分的能不能单用跟整体的能不能单用、是词还是短语，没有一定的关系。(P17—L16)

[问]（1）假如所有的成分都可以单用的话，那是短语吗？一些动宾组合，如"干事、安分、卖命"也是短语吗？一些主谓组合，如"性急、心疼、胆怯"也是短语吗？（2）"成分的"和"整体的"的"的"在这里有什么作用呢？

[答]（1）《分析》指出，在"单用+单用""单用+不单用""不单用+不单用"这几种语素组合中，可以肯定的是当所有的成分都不能单用时就不可能是短语，而只能是词（如"典型"）或不单用的语素组合（如"微型"）。其余两种，不论是所有成分都能单用，还是有的成分能单用，有的成分不能单用，都有三种可能：①短语（如"工人农民""老师同学们"）；②词（如"田地""高兴"）；③不单用的语素组合（如"高射""高速"）。

"干事"（语音形式是 gànshi，指专门负责某项具体事务的人员）"安分""性急"（指脾气急）"卖命""心疼"（指疼爱、舍不得、惋惜时）"胆怯"都是词，是动宾式或主谓式合成词。如果"干事"指做事（语音形式是 gàn shì），"心疼"指心或胸部疼痛，其组合意义等于它的成分的意义的总和，它们是短语。

（2）"的"是结构助词，这里用来连接修饰语与被修饰语，起限定作用。说明有两种"能不能单用"需要加以区别：一种是"成分的"能不能单用，另一种是"整体的"能不能单用。

(43)

[原文] 单用+单用—→短语　　工人农民
　　　　　　　—→词　　　　田地
　　　　　　　—→不单用　　高射（**P17—L19**）

[问]（1）"单用"指什么？请举例说明。单用与单说又有什么区别？（2）"田地"是不是两个概念：田+地（在水田、旱田、旱地等词语中"田地"都能拆开来用），那"田地"还可以是一个词吗？（3）"高射"究竟能不能单用？假使"高射"是构词成分，那"高""射"也可以说是构词成分吗？（4）"高射"是不能单用吗？可以有"这种炮可以高射，也可以平射"的说法吗？

[答]（1）在《分析》一书中使用了两个术语——单说和单用，二者是严格区分的。单说指可以单独作为一句话来说的形式，单用是指可以在句子中"自由活动"的形式。单用包括能单说和不能单说两种，能单说的一定能单用，而能单用的未必能单说。例如"我下午再来"这句话里边，"我""下午""再""来"都能单用；"我""下午""来"还能单说；"再"虽然不能单说但能单用，能"自由活动"。吕先生在《说"自由"和"黏着"》一文中指出，多数讲汉语语法的书里不说词可以"单说"，只说是可以"单用"（"独立运用""自由运用"），用意在于要包括不能单说，但能跟单说对比的"半自由"形式（如"一个工：一个人"），以及虚词。

（2）"田地"是一个词，它有两个意思：一指种植农作物的土地，一指地步（如"你怎么会落到这步田地？"）。它不等于"田+地"。如果以意义作划分词和短语的参考，可以说这个组合的意义不等于它的成分意义的总和。"田地"与水田、旱田、旱地等一样，是一个词。至于词和概念的关系，较早的语法书说，一个词表示一个概念。吕先生在《汉语里"词"的问题概述》里已经指出，这样给词下定义显然是不会得到满意的结果的。什么是一个"概念"？是不分复杂的和简单的呢，还是专指简单的？比如牛肉，就可以看成是一个概念（复杂的）或是两个概念（简单的）——牛和肉——的结合，也就是说，可以看成是一个词或两个词。如果这里的"概念"专指最简单的，那就等于说词是最小的有意义的语言单位。然而这实在是"语素"的定义。

（3）《分析》第 20 节把"高射"这个语素组合列为"不单用"；第 21 节进一步讨论问题的时候指出："高射不能单说，这是事实，能不能算是可以单用呢？值得考虑。"有人因此认为《分析》对"高射"的看法前后不一致。我们认为这个矛盾是客观事物复杂性的反映，也符合《分析》的"宗旨是摆问题"这一精神。从"高射炮"这个组合看，说"高射"不能单用，不是词（一般词典也不立条目），行得通；从"高射机关枪"这个组合看，说"高射"不能单用，不是词，就有点为难了。对于这个矛盾，《分析》认为"高射"在一般的情况下不单说，不是词；但能不能算是可以单用呢？值得考虑。也不排除它在特殊的情况下偶尔单用，比如当它跟别的组合连成很长的一串时。假使"高射"是构词成分，"高""射"也是构词成分。

（4）"这种炮可以高射，也可以平射"的说法不妥，一般说"高射炮也能平射"。

(44)

[原文] 单用 + 不单用 —→ 短语　　老师同学们

　　　　　　　　　　 —→ 词　　　　高兴

→不单用　　高速（**P17—L22**）

　　［问］（1）上述例子中"单用"指哪些？"不单用"又指哪些？（2）"高速"是不单用的吗？能不能说"高速发展""高速前进""我开的车低速，他开的车高速"呢？

　　［答］（1）上述例子中的"单用"包括成分的单用和整体的单用两种；"不单用"也同样包括成分的不单用和整体的不单用两种。这两种"单用"与"不单用"具体所指见下表：

	单用	不单用
成分的	老师同学；高；高	们；兴；速
整体的	老师同学们；高兴	高速

　　（2）"他开的车高速"，不说。"高速发展""高速前进"是常说的。关于"高速"能否单用，问题如同"高射"。《分析》第20节把"高速"这个语素组合列为"不单用"。第21节分析某些动词的前加成分（如"高价收购"中的"高价"）时指出"如果不承认它们可以单用，因而可以算是词，就不好办"。我们认为"高速发展""高速前进"中的"高速"与"高价收购"中的"高价"一样，都是不能单说，一般也不单用。但当它跟别的组合连成很长的一串时，也属于"如果不承认它们可以单用，因而可以算是词，就不好办"的那种情况。吕先生在《试论非谓形容词》一文中把"高速"当为非谓形容词。

（45）

　　［原文］不单用＋不单用──词　　　　典型

　　　　　　　　　　　　　　→不单用　　微型（**P17—L25**）

　　［问］（1）这里的"不单用"指什么？是构词成分的意思吗？（2）"微型"不单用吗？

〔答〕(1)这里的不单用指"典""型""微",还指"微型"。不单用就不是词而只是构词成分。

(2)"微型"的情况与"高射""高速"相类似。"微型"这个语素组合又可以跟别的语素组合连成更长的组合,如在"微型汽车""微型胶卷""微型照相机""微型录音机"里,充当名词的前加成分。吕先生也把"微型"列为非谓形容词。

(46)

〔原文〕再说,如果一个组合里有一个不单用的成分就认为这个组合是词,那么,一个带语助词的句子就也得算是一个词,因为语助词是绝对不能单用的。(P18—L4)

〔问〕这里的"一个组合"指什么?"一个带语助词的句子就也得算是一个词"什么意思?

〔答〕这里的"一个组合"即指一个"语素组合"。构成这个组合的成分单用与否不能作为词和短语的分界线。不能因为一个组合里有一个不单用的成分就认为这个组合是词(而不可能是短语)。如"老师同学们"这一语素组合中含有一个不单用的语素"们",不能因此说这一组合是词(它应是一个短语)。语助词是绝不单用的,它可以附着于词(如"说的")、短语(如"说了不止一次的")、句子(如"我说的")组成一个语素组合。如果一个组合里有一个不单用的成分就认为这个组合是词,那么一个带语助词的句子(如"他喝咖啡吗?""那是我昨天刚从王府井新华书店买来的"等等)也得算是一个词。《分析》用"能有那么长的词吗?"这个发问否定了上述的看法。

(47)

〔原文〕这里边的超额,加倍,按劳,准时,定期,高价,也都是不能单说的,但是如果不承认它们可以单用,因而可以算

是词，就不好办。(P19—L1)

[问] 这为什么不好办呢？"准时"不能单说吗？能不能说"他们到厂里上班准不准时？""准时"。

[答] "超额""加倍""按劳""准时""定期""高价"等这些"动词的前加成分"是词汇词。它们不能单说，但应当把它们看成与语助词等（能单用、不能单说）一样，语法上承认它们是词，承认它们能单用。因为它们常常跟别的组合（不能单用的和能单用的）连成很长一串，说它们不能单用，只是整个语素组合才是一个词，这在一般人心目中过不去的。吕先生在《说"自由"和"黏着"》一文中也曾说：这种组合在现代汉语里多极了，像高射（炮、机关枪），野战（军、医院），国际（关系），星际（旅行），越野（赛跑），越冬（作物），无穷（大、小、远），无机（化学、肥料、盐），无名（英雄、作家、高地），多项（式），多边（形、协定），多幕（剧），多级（火箭），等等，等等，要几千有几千。不仅是数目大，而且正在不断地、大量地增加。因此承认还是不承认它们是词，关系不小。要是不承认它们是词，就只能说是构词成分，只有跟括号里的语素连在一起才是词。在拼音文字里就全得连写。这在实用上是极大的不便。还有比这更长的，例如同分异构（体）、双轮双铧（犁）、宇称守恒（定律）、可控制（热核反应）、特宽角多倍（测量仪）、脉冲频率远距离（测量）、线性可移算随机（函数方程式）。要把这些全部连写，简直不可想像。因此，不承认它们可以单用，因而可以算是词，就不好办。

"准时"的这种用法不属于一般情形，比如"定期"，你在银行存款，银行问你存定期还是存活期，你说"定期"。如果这叫能单说的话，那实在是很少不能单说了。单说要严一点。

(48)

[原文] 从词汇的角度看，双语素的组合多半可以算一个词，即使两个成分都可以单说，如电灯，黄豆。(P19—L4)

[问] 请举些双语素组合算一个词的实例，再举一些双语素组合不算一个词的实例。

[答] 双语素的组合多半可以算一个词，即使两个成分都可以单说。如"黄""豆""电""灯""话""白""菜""绿"都是词，并且都可以单说，但双语素组合"黄豆""电灯""电话""白菜""绿豆"也算一个词。又如气象学术语"大雨"（24小时内，雨量达25—50毫升的雨）、"小雨"（24小时内，雨量达10毫升以内的雨），节气名称"大雪""小雪"以及"黑鼠""黑豆""黑人""黑市"等双语素组合也是一个词。双语素组合不是一个词，而是一个短语，如"大碗""小碗""黑猫""黑布"等。有些双语素组合介于词和短语之间，如"开∥头""洗∥澡""革∥命""理∥发""开∥课""带∥头""开∥口"等等。

(49)

[原文] 四个语素的组合多半可以算两个词，即使其中有一个不能单说，如无轨电车，社办工厂。(P19—L5)

[问] 四个语素的组合有可以算一个词或者三个词、四个词的例子吗？

[答] 四个语素的组合算一个词的，如：防化学兵，因为"防化学"不能单说。汉语中有的四个语素组合如"陆海空军"，算一个词么，也怪；说四个词么，行不通；说三个词么，就得有三个"军"字。这种情况算一种短语式的词比较合适。

四个语素组合为三个词的，如"牛羊马匹"，"牛""羊"

"马匹"都能单说。

四个语素组合为四个词的，如"甜酸苦辣""江河湖海"。像"笔墨纸砚"不行，因为"砚"不单说。

(50)

[原文] 三个语素的组合也是多数以作为一个词较好。(P19—L7)

[问] 有少数作为两个词较好的例子吗？

[答]《分析》以豆制品、耐火砖、高压线、人造革、人造丝、自由泳为例，说明三个语素的组合多数以作为一个词较好。这些语素组合都是偏正组合。类似的还可以举出自由民、自由诗、逆定理、落水狗、落汤鸡等许多例子。有些三个语素的组合也许作为两个词较好，如：跨年度（计划）、买关节、闹肚子、伤脑筋、捞稻草、跑旱船、跑江湖、泡病号、跑龙套、走钢丝、走过场、走江湖等。这些语素组合都是动宾组合。

为什么三个语素的偏正组合和动宾组合在划分词和短语的时候会有这种倾向性的区别呢？吕先生在《现代汉语单双音节问题初探》一文中曾经探讨过：三音节的语音段落，"偏正组合"可以按能否在中间加 de 字分成松、紧两种。不能加 de 字的组合似乎是不成问题的构词方式。如动物学、示意图、辩证法、可见度、副作用、手风琴等。动宾组合差不多都是可以拆开的，比如可以在动词后面加"了"字，可以在中间加数量词（至少是可以加个"个"字）。语素组合不能拆开，能拆开这是短语的特点，但是很多是其中的名词必须跟动词同时出现，即所谓"宾不离动"，这又该是词的特点。语法学家称这种组合为"离合词"。

(51)

［原文］生物—制品：豆制品（**P19—L11**）

［问］（1）"生物"与"制品"之间的短杠表示什么？（2）"生物—制品"算词还是算短语？

［答］短杠在这里表示它的前后语素都是词，"生物—制品"这个语素组合就是短语。

(52)

［原文］不妨说，拿到一个双语素的组合，比较省事的办法是暂时不寻找有无作为一个词的特点，而是先假定它是词，然后看是否有别的理由该认为是短语。（**P19—L12**）

［问］请举些双语素组合是词和"有别的理由该认为是短语"的例子。

［答］双语素的组合多半可以算一个词，如"我们""学习""语法"等等。随便拿一本词典都可以找出好多。

双语素的组合也有不少是"有别的理由该认为是短语"的。其理由就是根据划分词和短语的原则，应该划归短语的。比如"捣乱""上工"，一般算一个词，但可以说"你捣什么乱""他来捣过几次乱""上几天工"，中间可以拆开可以加成分，算短语。

(53)

［原文］在这里，语素组合的长短这个因素起了很大的作用。（**P19—L15**）

［问］语素组合的长短如何影响词和短语的划分？

［答］这是总结上面的话：拿到一个双语素的组合先假定它是一个词，看看有没有把它作为短语的必要。四语素组合呢，假定它是两个词，然后看是不是有什么理由认为它是一个词。这两句话都是说语素组合的长短是个起作用的因素。

语素组合的长短这个因素与划分词和短语有何关系，吕先生的《现代汉语单双音节问题初探》有一段话可以引来帮助理解。这段话说："我们常有这样的经验：两个语言片段，语法结构相同，能否单说能否扩展的条件相同，只是音节多寡不同，比如说，一个是双音节，一个是四音节，我们觉得前者更像一个词，后者更像一个词组。例如：'公路：公共汽车'，'另算：另外打算'（前面一个成分不能单说，中间不能插入别的成分）；'水缸：泡菜坛子'（前后两个成分都能单说，中间能插入 de）。如果把音节数目作为一个重要条件，似乎也可以把双音节的（和三音节的）和四音节的（和四音节以上的）分别对待，不按同样的标准处理。"这段话的意思是音节数目（一般情况下相当于语素组合的长短）对于语法结构相同、能否单说能否扩展相同的两个语法片段来说，可以作为划分词和短语的条件。

(54)

[原文] 向来有一种意见，认为如果一个组合的意义等于它的成分的意义的总和，那么这个组合是一个短语；如果不是这样，这个组合就是一个词。(P19—L17)

[问] 请举实例说明上述两种情况。

[答] 这是意义被用来做划分词的标准之一种常见的方式。如果一个组合的意义等于它的成分的意义的总和，那么这个组合是一个短语；如果它的意义不等于它的成分的意义的总和，就是说，已经发生了意义的扩大或缩小，那么这个组合只是一个词。常被用来作为说明问题的例子是这一节提到的"吃饭"。如果是吃米饭的意思（"我吃饭不吃面条"），这是个短语；如果指吃馒头、饺子、面条等，即"进餐"的意思（"十二点了，我该回家吃饭了"），或是泛指生活或生存（"靠打猎吃饭"），那只是一

个词。再如"大车",如果它的意义等于"大+车",即大的车("今天人多,来一辆大车两辆小车"),那这个组合是短语;吕先生这里说的大车指农家用的只有牲口拉的两个车轮的载重车,那只是一个词。又如"吃醋",如果说"山西人爱吃醋,山东人爱吃大葱",那是述宾式短语;如果指男女关系上产生嫉妒情绪,那只是一个词。又如"火烧",该语素组合若指用火烧(如"火烧赵家楼"),那是一个短语;如果指无芝麻的烧饼(当然,语音形式也不同,指烧饼时"烧"读作轻声),那只是一个词。

从语法的角度看,有没有专门意义只有参考价值,没有决定作用。而且,为难的是,是否发生了意义的变化,不同的语言学家常常有不同的看法。这在第14节问题中也已谈及。

(55)

[原文] 有专门意义的组合是一个新的词汇单位,没有专门意义的组合没有增加新的东西。(P19—L24)

[问] 什么叫"有专门意义的组合"?什么叫"没有专门意义的组合"?

[答] "有专门意义的组合",如上文所说,该语素组合的意义不等于它的成分意义的总和,即整体的意义不能从部分的意义里获得,整体与成分之间,已经发生了意义的变化,那么该组合只是一个词。如"吃饭"指进餐的意思时。"没有专门意义的组合"即该语素组合的意义等于它的成分的意义的总和,没有增加新的东西,那是个短语,如"大树"即"大的树","白花"即"白色的花"。

(56)

[原文] 如果把它算在短语里边,可以叫做'基本短语',而把前边那一种叫做'扩展了的短语'……(P21—L14)

《汉语语法分析问题》各部分的问题解答

［问］什么叫"基本短语""扩展了的短语"？

［答］在形名组合、形动或副动组合、动形组合中，有"的""地""得"和没有"的""地""得"是很不相同的两种结构。没有"的""地""得"前后两个组合成分都不能随便扩展，有"的""地""得"前后两个组合成分就能扩展了。《分析》把那些没有加进去"的""地""得"因而它的成分不能扩展的组合，叫"基本短语"，它的地位介乎词和短语之间，也叫"短语词"；那些加进去了"的""地""得"因而它的成分可以扩展的，叫"扩展了的短语"。下列各种组合中，前者为"基本短语"，后者为"扩展了的短语"（这类短语后括弧里说明它的成分可以扩展）。

形名组合：

　　大树：大的树（挺大的一棵百年老树）

　　老实人：老实的人（非常老实的老人）

　　整齐房子：整齐的房子（很整齐的新房子）

　　干净衣服：干净的衣服（干干净净的一套衣服）

形动或副动组合：

　　仔细检查：仔细地检查（很仔细地检查）

　　老实说：老实地说（老老实实地说出来）

　　偶然遇见：偶然地遇见（极偶然地遇见）

动形组合：

　　变老实了：变得老实了（变得非常老实了）

　　摆整齐：摆得整齐（摆得挺整齐的）

　　洗干净：洗得干净（洗得十分干净）

(57)

［原文］按说，一个组合的成分要是可以拆开，可以变换位

置,这个组合只能是短语。(P22—L2)

[问] 请举些一个组合的成分可以拆开、可以变换位置的例子。

[答] 这个问题前边已谈过,下面用对比再举几个例子:

语素组合	可否拆开	可否变换位置	词/短语
看书	√看一本书	√书看完了	短语
看法	×看一个法	×法看完了	词
种菜	√种几种菜	√菜种完了	短语
种植	×种几种植	×植种完了	词
喝水	√喝了一杯水	√水喝了	短语
喝令	×喝了一声令	×令喝了	词

(58)

[原文] 可是有些组合只有单一的意义,难于把这个意义分割开来交给这个组合的成分,例如'走路│洗澡│睡觉│吵架│打仗',等等,因此有人主张管这种组合叫'离合词',不分开的时候是词,分开的时候是短语。(P22—L4)

[问](1)"有些组合只有单一的意义"是什么意思?(2)"走路""洗澡""吵架"怎样拆开呢?

[答]"只有单一意义"的组合即上边所说有专门意义的组合,它的整体的意义不等于它的成分的意义的总和,所以难于把这个意义分割开来交给这个组合的成分。

"走路"指一种行为、动作(人在地上走),如"走路的样子""这小孩走路不稳"。但它又可以分开,如"走了一段路""走起路来一摇一摆的"等。

"洗澡"指用水洗身体、除去污物的行为，如"他洗澡去了"。它也可以分开，如"洗完澡了""一星期洗两次澡""洗了一个非常痛快的凉水澡"等。

"吵架"指争吵、互不相让的行为，如"他和谁吵架了?"也可以分开，如"吵过架""吵了一架""吵过几次架"等。

这些组合的成分可以拆开，但又只有单一的意义，难于把这个意义分割开来交给这个组合的成分，这是语法和词汇的矛盾。因此，有人主张把这类组合叫"离合词"，不分开的时候是词，分开的时候是短语。

(59)

[原文] 可是这种组合的语法特点跟一般的动名组合没有什么两样。(P22—L7)

[问] 这两种组合在语法特点上没有什么两样的话，为什么一种叫做离合词，一种是一般的动名组合呢?

[答] 离合词跟一般的动名组合在语法特点上没有什么两样，《分析》以"看书""打仗""睡觉"为例作了说明。

但从"这个组合的意义是不是等于它的成分的意义的总和"的角度看，离合词只有单一的意义，难于把这个意义分割开来交给这个组合的成分；一般动名组合，其意义等于它的成分的意义的总和。这是离合词有别于一般动名组合的地方。

(60)

[原文] 从词汇的角度看，'睡觉'，'打仗'等等都可以算做一个词，可是从语法的角度看，不得不认为这些组合是短语。(P22—L12)

[问] 这里的意思就是"离合词"从词汇的角度看是一个词，从语法的角度看是短语吗？那一般的动名组合怎样叫才

好呢？

［答］是的。这是"词汇原则"与"语法原则"的矛盾。一般的动名组合就叫短语。

（61）

［原文］从意义方面看，简称代表全称，是短语性质，可是从形式方面看，简称不同于全称，更像一个词。（P22—L16）

［问］（1）如果语文、科技等从意义方面看，是短语性质的话，那它们像哪一种短语呢？（2）从形式上看，如果它们算一个词的话，属哪一种构词法呢？

［答］"语文""科技"从意义方面看像联合式（或称并列式）名词短语，"党委""支书""归侨""外贸"像偏正式名词短语。

从形式方面看，它们更像一个词，"语文""科技"属联合式（并列式）构词法，"党委""支书""归侨""外贸"属偏正式构词法。

（62）

［原文］它们的性质比较近于短语词。（P22—L21）

［问］"北大""三反"等为什么说比较近于短语词呢？

［答］机关、学校的名称，像"北影""北大"全称是"北京电影制片厂""北京大学"；带数字的简称，像"三反""四害"，全称是"反贪污、反浪费、反官僚主义""苍蝇、蚊子、老鼠、麻雀（或臭虫、蟑螂）"。它们从意义上看，是短语性质，从形式方面看，又像一个词，其地位是介乎词和短语之间。把这种介乎词和短语之间的简称叫短语式的词或短语词，是强调它们具有词的性质这一面。从语素组合的长短这个因素考虑，这样处理也是恰当的。

3.4 主谓短语、小句、句子（63—68）

（63）

［原文］第二个问题是小句包括不包括有些书上叫做子句、有些书上叫做主谓短语的那种组合。（P23—L19）

［问］（1）"小句"的说法是吕叔湘先生的创见吗？（2）谁写的书上有叫"子句"的呢？（3）谁写的书上把叫"子句"或"主谓短语"的那种组合叫"小句"的呢？

［答］（1）"小句"这个名称用来指"分句"，在吕先生的著作中用得很早。1942年出版的《中国文法要略》在谈到复句的时候就说过："从形式方面着眼，复句往往可以中途停顿，每一个这样的停顿，假如含有一个或一个以上的词结，我们称之为'小句'，假如不够一个词结，我们称之为'顿'，这两个名称不是句法上的名称（如词结、句、简句、繁句、复句等），但是有了这两个名称，述说的时候方便些。"吕先生译的《汉语口语语法》将赵元任先生说的"clause"译成"小句"，将"child clause"译成"子句"。

这个意义上的"小句"在其他的名著里，如吕叔湘、朱德熙著《语法修辞讲话》、吕叔湘《语法学习》、丁声树等《现代汉语语法讲话》、胡裕树主编《现代汉语》、张志公主编《语法和语法教学》、张志公《语法学习讲话》等，都叫"分句"。如吕叔湘《语法学习》把"我不认得他，我只认得他兄弟"中的"我不认得他"和"我只认得他兄弟"称"分句"；把"你怎么知道我不认得他？"中的"我不认得他"称"句子形式"。

和《中国文法要略》差不多同时出版的何容先生的《中国文法论》也有"小句"这个名称，但它的用法如同"子句"。在谈到并列复句(如"春风风人,夏雨雨人")和包孕句(如"我恨'他不读书'")的区别时说:"我们可以说,并列复句是两个或更多的单句连结成的,包孕复句是一个包有小句的大句。连接成并列复句的分句,要是拆开了,仍然可以各自成句;包孕复句的母句和子句要是拆开了,子句还可以成句,母句可就毁坏了,毁坏的程度要看子句在母句中的地位……"

(2) 这里讲的"子句"指有些书上叫做"主谓短语"(或"句子形式")的那种组合。

黎锦熙的《新著国语文法》在讲到包孕句是怎样的一种句子时说:"两个以上的单句,只是一个'母句'包孕着其余的'子句',这种复句叫'包孕句',又名'子母句'。被包孕的子句,只当母句里边的一个'词'看待。单就子句方面的性质和职能可分为三类:可以说就是三种短语的扩张。①用作名词的子句;②用作形容词的子句;③用作副词的子句。"书里所举的例句如:

"他不来"是一件怪事。

我不知道"他往那里去了"。

"品质优良"的学生很不少。

西湖在中国可算是"风景最优美"的了。

三个人,"你一句,我一句",说个不了。

很明亮的电灯照得"黑夜和白昼一样"。

黎锦熙、刘世儒的《汉语语法教材》把"中国人找到马克思主义,是经过俄国人介绍的"中的"中国人找到马克思主义"叫"子句",认为它本是个句子,可是现在做了全句的主语,失去了独立性,成了"子句"。并认为"子句"有人把它叫做"主谓词组"这也可以。但是既然有"主"有"谓"就成了句子不是词组了,所以把它叫"子句"。

(3)除了上边所说何容的《中国文法论》"小句"用如"子句"外,在当代语法著作中也有这样做的。如吕叔湘先生主编的《现代汉语八百词》就有"小句谓语句"(如"春生和小青,谁也没见过谁""你真记性坏""这个问题他心里有底""这件事我没听说"等)和"小句做宾语句"(如"我们都认为这个办法很好")的提法。

(64)

[原文]这两种办法各有利弊,何去何从是一个值得考虑的问题。(P23—L20)

[问]小句包括不包括有些书上叫做子句、有些书上叫做主谓短语的那种组合,各有什么利弊?

[答]小句过去就叫分句,分句里向来是不包括从前说是子句的。

包括不包括是互为利弊的,小句不包括有些书上叫做子句、有些书上叫做主谓短语的那种组合的"利"就是包括它们的"弊"。这种利弊跟"小句"("分句")和"子句"("主谓短语")的异同有直接的关系。说"小句"可以包括"子句",或者说这样做有什么"利",也许是因为二者有相同之处——都是"句子形式",两个或两个以上的这种句子形式都可以组成一个更大更复杂的句子。说把"子句"排除在"小句"之外为好,是因为二者有本质的差别。

"小句"(仅指分句)在复句里头,彼此分立,不互为句子成分。像:

"可惜正月过去了,闰土须回家去,我急得大哭,他也躲到厨房里,哭着不肯出门,但终于被他父亲带走了。"

(鲁迅《故乡》)

这个复句由六个意义上有联系的小句联合而成。组成复句的"小句"是半独立的。

"子句"是被包孕着的句子，可以作为"母句"的一个句法上的成分，只当"母句"的一个"词"看待，是不独立的。如"'他不来'是一件怪事"里的"他不来"是主语成分，"我知道'他不来'"里的"他不来"是宾语成分。

因此，"小句"如果包括有些书上叫做子句、有些书上叫做主谓短语的那种组合，那就有一个小句里头又包括小句的复杂情况，就把这些半独立的、不独立的搞在一起了。所以《分析》指出"权衡得失，似乎还是叫做主谓短语从而排除在小句之外为好。这主要是联系下一个问题来考虑的结果"。请参考第31节。

(65)

[原文] 更重要的是，句子说出来必得有语调，并且可以用不同的语调表示不同的意义；而词和短语，如果不单独作为一句话来说，则只有一种念法，没有几种语调。(P24—L7)

[问] 同一个句子如何用不同语调表示不同的意义？

[答] 语调是语句的抑扬顿挫的腔调。句子都有一定的语气和情感。同样的一句话，声音的高低升降、快慢轻重不同，可以表示不同的意义。例如：

例 句	不同语调	不同意义
你去，他也去。	前后都用低句调，句尾也都下降。	肯定"你去"，也肯定"他也去"。

（续表）

你去，他也去。	前面用高句调，句尾上升；后面用低句调，句尾下降。	假如"你去"的话，"他也去"。
你去，他也去？	前面用低句调，句尾下降；后面用高句调，句尾上升。	肯定"你去"，对"他也去"表示疑问。
你去？他也去？	前后都用高句调，句尾也都上升。	对"你去"和"他去"都表示疑问。

(66)

[原文] 即使只是一个短语或一个词，只要用某种语调说出来，就是句子，听的人就知道这句话完了；即使已经具备主语和谓语，只要用另一种语调说出来，就不是句子，听的人就等着你说下去。(P24—L11)

[问]（1）一个词用什么语调说出来就是句子呢？请举例说明。（2）一个短语用什么语调说出来就是句子呢？请举例说明。（3）具备主语和谓语，用什么语调说出来就不是句子呢？请举例说明。

[答]（1）如"好"，作为形容词只有 hǎo 一种念法。如果用某种语调说出来，就可以单独成句。比如说："这篇文章你看看吧！"——"好。"（句调较低，尾音下降，表示同意。）"这篇文章写得怎么样？"——"好。"（句调较高，尾音略降，表示赞扬。）"这篇文章写得很好。"——"好？"（句调更高，尾音升

高,表示怀疑或否定。)

(2)如"谁知道"这个主谓短语,如果不单独作为一句话来说,只有一种念法:shuí zhī dao。如果用某种语调说出来,就可以成为句子。比如说:"(这个句子该怎么分析?)谁知道?"(用高句调,句尾上升,表示询问。)"这样分析对吗?"——"谁知道。"(用低句调,句尾下降,表示否定,即"谁也不知道"的意思。)

(3)上面举到的"谁知道",已经具备了主语和谓语,如果没有停顿,紧接着说出后续成分,如"谁知道该怎么分析",那么它就不是句子。吕叔湘在一篇《"要"字两解》(《中国语文》1986年第2期)的文章中举了苏叔阳《故土》里的一个例子,说明一种修辞手法。我们也可以用这个例子来说明,即使具备主语和谓语,成不成句子,也看用的是什么语调。这个例子是:

他说:"今天我要讲很长的话——"全体与会者一愣,不少人发出叹息。可是他紧接着说:"大家是不欢迎的。"听众活跃,鼓掌。代表:"所以,我只准备讲三分钟。"又是一阵鼓掌。

如果说出"今天我要讲很长的话"后有较长的停顿,已经用叙述语气完整地表达了说话人的意志,就是独立的一句话。如果在"今天我要讲很长的话"之后,语气未完,紧接还有后续成分,如"今天我要讲很长的话,大家是不欢迎的",那么"今天我要讲很长的话",只是复合句中表示假设的一个分句。即使像《故土》所描述的,发言的人故意说半句话就停下来,然后再说出后半句,这种停顿与真正说完一句话的句末停顿也是不同的。书面上在第一分句之后加了"破折号",就是表示说话的语气未完。

(67)

[原文]一个小句一般是一个主谓短语；也常常是一个动词短语（包括只有一个动词）；在少数情况下是一个名词短语（包括只有一个名词）。这三种情况同样适用于独立的小句（＝句子）和非独立的小句。(P24—L24)

[问]（1）请举一个动词适用于独立的小句和非独立的小句的例子。（2）请举一个名词适用于独立的小句和非独立的小句的例子。

[答]　　　　独立小句　　　　非独立小句
　　　（动词）来！　　　　来，［我也欢迎。］
　　　（名词）飞机！　　　飞机，［不是鸟儿。］

(68)

[原文]事实上，句与句之间的联系，段与段之间的联系，往往也应用语法手段（主要是虚词）；但是除此之外还有其他手段，如偶句，排句，问答等等；还常常只依靠意义上的连贯，没有形式标志。(P25—L8)

[问]是不是说，语法手段（主要是虚词），既可用作句子内部各种成分的联系，又可用作句与句之间的联系，段和段之间的联系，能举例加以说明吗？

[答]不错。语法手段（如某些虚词），既可用作句子内部的成分（包括词、短语和小句）的联系，也可用作句和句之间的联系，段与段之间的联系。比如表示转折关系的连词"但是"，就能起到这样的作用。

联系词的例子如：

　　我喜欢素净但是明朗的花色。

联系短语的例子如：

要建立一个人数不多但是坚强有力的领导班子。
联系小句的例子如：
我很喜欢中国古典文学，但是没有系统地研究过。
联系句子的例子如：
"谦受益，满招损。"这条真理指出了人们成功和失败的道理。但是，可惜得很，并不是所有的人们都能从这两句话学到教益。
联系段落的例子如：
中国共产党的二十年，就是马克思列宁主义的普遍真理和中国革命的具体实践日益结合的二十年。……所有这些，都是很好的现象。
但是我们还是有缺点的，而且还有很大的缺点。……

3.5　单位问题小结（69—73）

(69)

[原文] 词可以分为单语素词和多语素词。(**P25—L21**)

[问] 单语素词和多语素词能各自再分出一些小类吗？

[答] 单语素词即由一个语素组成的词。这类词从所包含的音节多少来看，可以有单音词与多音词之别。因汉语中语素和汉字大多是一对一的关系，所以单语素词大多是一个字、一个音节。也就是说，从语音上讲，单语素词多数为单音词。如：人、口、手、刀、跑、美、三、个、我等等。

多语素词即由两个或两个以上的语素组成的词。这类词从语素的自由形式和黏着形式来看，可以分成三类：

（1）都是自由语素：牛肉、铁路、火车
（2）都是黏附（着）语素：研究、语言、牺牲

（3）一个自由、一个黏着：人民、学习

(70)

［原文］又如一个字的地名，一个字的姓，一个字的名字，一般不能单说，必得凑上一个字：比较大兴和通县，欧阳和小杨，秀芳和阿秀。还有许多别的事例。(**P25—L23**)

［问］（1）这几个事例的比较怎样说明一个字的地名、姓、名字一般不能单说，必得凑上一个字？（2）还有许多什么事例呢？

［答］单语素词的活动要受到一些限制。《分析》16节所举的例子说明，能否单用受到不同场合的限制。本节又举例说明，由于双音化的趋势影响到语法，不但单说受到限制，在句子里也受些限制。比较"欧阳"和"小杨"，说明单音的姓要在姓上加个"老"或"小"（否则就连姓带名说），而双音的姓就可以光说姓。比较"秀芳"与"阿秀"，说明熟人间可只称名，如叫"秀芳"或"秀芳同志"；单名的，多熟的人也只能连姓带名地叫或加个语缀，如叫"阿秀"或"陈秀""陈秀同志"。比较"大兴"和"通县（通州）"，说明两个字的县（区）名可以不带"县（区）"字，一个字的必得带"县（区）"字。

类似的现象，吕先生在《现代汉语单双音节问题初探》里还举过山名、国名及数目字等方面的事例。例如：

"峨眉""普陀"，不带"山"字也可以说；"泰山""华山"，必得带"山"字。

"英国""法国"，单说非带"国"字不可；"印度""哥伦比亚"，难得听见带"国"字。

数目字方面，一位数和多位数的活动力也不一样。一个月的头十天必得说"一号……十号"，阴历是"初一……初十"；"十一"以后光说数目也行。

"三岁""十岁"没有第二种说法;"十三岁""三十岁"也可说"十三""三十"。

数目前面加"第"字,如果是一位数,"第"字一般不能省,例如"第三页第五行";但"第十三页第十五行"的"第"字就完全可以不说。

"十八尊罗汉"可以说"十八罗汉";"三尊菩萨"不能说"三菩萨"。最有意思的是,不说"四天王""四金刚"而说"四大天王""四大金刚";可是不带数目的时候,只有"天王"和"金刚",没有什么大的和小的。

(71)

[原文]在词和短语的划分上,语法原则和词汇原则有时候有矛盾。**(P26—L2)**

[问]怎样才能妥善解决在词和短语的划分上,语法原则和词汇原则之间的矛盾呢?

[答]怎样才能妥善解决这个矛盾呢?在本节的下文里,吕先生实际上已经提出了解决矛盾的建议。第一个设想是,如果能用不同的名称来称呼"语法的词"和"词汇的词",这个矛盾就可以解决了,但是现在还没能做到,还不能不共用一个名称。第二,"在还不能不共用一个名称"的情况下,对一些用语法原则和词汇原则划分词和短语有矛盾的组合,提出具体的应该归属词或短语的处理意见:(a)类——语法上可以认为是一个词,而词汇上宁可认为是一个短语的,亦即上文所讨论的形名、形动或副动、动形、动趋等组合所形成的一种词和短语的中间物,可以称为基本短语或短语词。(b)类——词汇上可以认为是一个词,而语法上宁可认为是一个短语的,亦即上文所讨论的动名组合

（离合词），最好还是归入短语。对此，有人认为与其把形名、形动或副动、动形组合中的介乎词和短语之间的中间物归入词，称作短语词，不如归入短语，称作基本短语，这样也可以同对动名组合的处理一致，减少语法词和词汇词的矛盾。（参见方经民《〈关于语素、词和短语〉一文读后》）

(72)

[原文] 这些例子形成一种词和短语的中间物，可以称为基本短语或短语词。(P26—L14)

[问]（1）这几类组合究竟叫词好还是叫短语好？（2）《分析》第21节说"袖珍"等是一个词汇词，也是一个语法词，此处又把"袖珍英汉词典"当为语法词，不矛盾吗？

[答]（1）吕先生的意见已如上题所述。其他学者的意见，有的认为《分析》第33节举的那些例子，从结构看，这些项目都是内中心（endocentric）的，有人叫"偏正词组"。在语义上，都有两个独立成分。在语法上，都是修饰语加被修饰语。在语音上，"老实 | 人，干净 | 衣服，袖珍 | 英汉 | 词典，老实 | 说，超额 | 完成，仔细 | 检查"，当中可以有个音渡（juncture），只有"大树，大干"贴得很紧。主张把它们看做短语。（参见王宗炎《关于语素、词和短语》）

（2）不矛盾。《分析》第21节的意思是："袖珍英汉词典"等组合，从语法理论讲，当为一个词（即所谓"语法的词"），没有什么不可以，但是一般人不会同意。一般人心目中的词，大致跟词典里的词目差不多（即所谓"词汇的词"）。第33节把"袖珍英汉词典"作为例子，说明"语法上可以认为是一个词，而词汇上宁可认为是一个短语"。这前后不是完全一致的吗？至于"袖珍""英汉"等组合，情况显然不同，都可以算是词汇词,语法上是不是也可以承认是词,要找根据也不难。在一个比较长、比较复杂的"语法的词"(或称基本短语、短语词)里包含着比较短比较简单的词(词汇的,乃至语法的)是没有什么矛盾的。

(73)

[原文](b)词汇上可以认为是一个词,而语法上宁可认为是一个短语:

走路 | 打仗 | 睡觉

这种例子最好还是归入短语。**(P26—L16)**

[问]为什么把它们归入短语为最好呢?

[答]"走路""打仗""睡觉"从词汇原则说,这类组合不太长,有比较统一的意义,可以认为是一个词,但按语法原则,这类组合与一般的动名组合又没什么两样,两个组合成分之间能插入一般动词常带的时态助词(了、着、过等)或可能式补语("得了""不了"等),或者能插入修饰语("走长路""打胜仗""睡午觉"),所以不能认为它们是已经完成了向词的过渡,仍应作"短语"对待。它们与"动员、出席、得罪、润色、结果、认真、怀疑"等动宾式构词法的组合不同,这些动宾式组合已经取得了某一词类的基本特征,被承认是词。

四 分类部分的问题解答

4.1 词语分类的目的和标准 (74—91)

(74)

[原文]回答是主要为了讲语句结构:不同类的词或短语在

语句结构里有不同的活动方式。(P27—L2)

[问](1)什么叫"活动方式"呢?(2)不同类的词在语句结构里有什么不同的活动方式呢?(3)不同类的短语在语句结构里有什么不同的活动方式呢?

[答](1)这里所讲的"活动方式"应该是指词或短语的组合搭配及其在句子里的地位和作用,即它们的语法功能。

(2)不同类的词在语句结构里有什么不同的活动方式,下边40—52节将有具体讨论,这里先举例子说明。比如说,形容词在语句结构里的活动方式有:①前加"很"。②后加"的"。③后加"了"。④作谓语。⑤作定语。其中①③④几项是名词所不具备的,如可以说"他很勇敢",不能说*"他很勇气"(换成"他很有勇气"则可以);①项是动词所不具备的,有一类动词虽然也可前加"很",但它能带宾语,与受"很"修饰而不能带宾语的形容词仍然不同,如动词"喜欢"可以说"很喜欢""很喜欢他",形容词"漂亮",可以说"很漂亮",不能说*"很漂亮他"。这样,依靠不同的"活动方式"就可以把形容词和名词、动词区别开来。

(3)不同类的短语在语句结构里有什么不同的活动方式,下边57—60节还将讨论。短语由词组合而成,因此词的语法功能也在短语中反映出来。一般说来,短语的语法功能是和它的主体词的语法功能一致的。比如说,名词作中心语的主从短语用如名词,动词作中心语的主从短语用如动词。动宾短语的动词具有中心语的性质,因此动宾短语用如动词。并列式短语可以是种种词类组成的,其中的各项不分主次,因此它的语法功能和它的各个组成部分的词的语法功能基本一致,如由名词组成的,就用如名词,由动词组成的,就用如动词。例如:

  a. 全校正在开展大抓教学、提高教学质量的运动。
 *b. 全校正在开展大抓教学、提高教学质量。

a 句中"大抓教学、提高教学质量的运动"是个名词性短语，作述语"开展"的宾语是合适的。b 句中"大抓教学、提高教学质量"是由两个述宾短语组成的并列式短语，是动词性短语，不能作"开展"这个述语的宾语，所以这句话语法上有毛病。

(75)

[原文] 有发达的形态的语言，不同词类有不同的形态变化，甚至同一词类的形态变化还分类型，哪些词属 A 型，哪些词属 B 型，一点儿错不得，分了类才好记好查；汉语没这种问题。**(P27—L6)**

[问]（1）同一词类的形态变化还怎样分类型呢？请举例说明。（2）哪些词属 A 型，哪些词属 B 型？请举些例子。

[答] 有发达的形态的语言，甚至同一词类的形态变化还分类型，如俄语，动词的变位有第一变化法和第二变化法两套，如下表：

第一变化法			第二变化法		
人称	单数	复数	人称	单数	复数
1	-у, -ю	-ем	1	-ю, -у	-им
2	-ещь	-ете	2	-ишь	-ите
3	-ет	-ут, -ют	3	-ит	-ят, -ат

哪些词属 A 型，哪些词属 B 型，一点儿错不得。如 читáть（读）、нести（带）是按第一变化法变位的，而просить（请）、точить（吃）得按第二变化法变位。其变化情况如下：

第一变化法				第二变化法			
原词	人称	单数	复数	原词	人称	单数	复数
чита́ть	1	чита́ю	чнта́ем	проси́ть	1	прощу́	про́сим
	2	чита́ещь	чита́ете		2	про́сищь	про́сите
	3	чита́ет	чита́ют		3	про́сит	про́сят
нести́	1	несу́	несём	точи́ть	1	точу́	то́чим
	2	несёщь	несёте		2	то́чищь	то́чите
	3	несёт	несу́т		3	то́чит	то́чат

名词变格也有三类。

英语动词变过去式和过去分词,也分有规则的一类和不规则的一类。不规则动词从词形变化来看,可以分为下列四类:

(一)内部元音改变,如:

break   broke   broken
get   got   got

(二)末尾辅音改变,如:

burn   burnt   burnt
make   made   made

(三)词形没有改变,如:

let   let   let
put   put   put

(四)词形完全改变,如:

go   went   gone

从变化形式异同来看,也可分为四类:

（一）三种形式完全不同，如：

do　　　　　did　　　　　done
begin　　　 began　　　 begun

（二）过去式与过去分词形式相同，如：

buy　　　　 bought　　　 bought
sit　　　　 sat　　　　　sat

（三）动词原形和过去分词形式相同，如：

come　　　　came　　　　come
run　　　　 ran　　　　 run

（四）三种形式完全相同，如：

let　　　　　let　　　　　let
spread　　　spread　　　spread

哪些词属于哪一类型的变化，一点儿也错不得。

(76)

［原文］'向下看'的意思是看这个单位是怎样由下级单位组成的，例如把词分成简单词，复合词，又把复合词分成并列式，主从式等等。(P27—L15)

［问］请详细介绍词的"按结构分类"。

［答］按结构给词分类，虽然各家所分的类别及其名称不尽相同，但是大体可以归纳如下表：

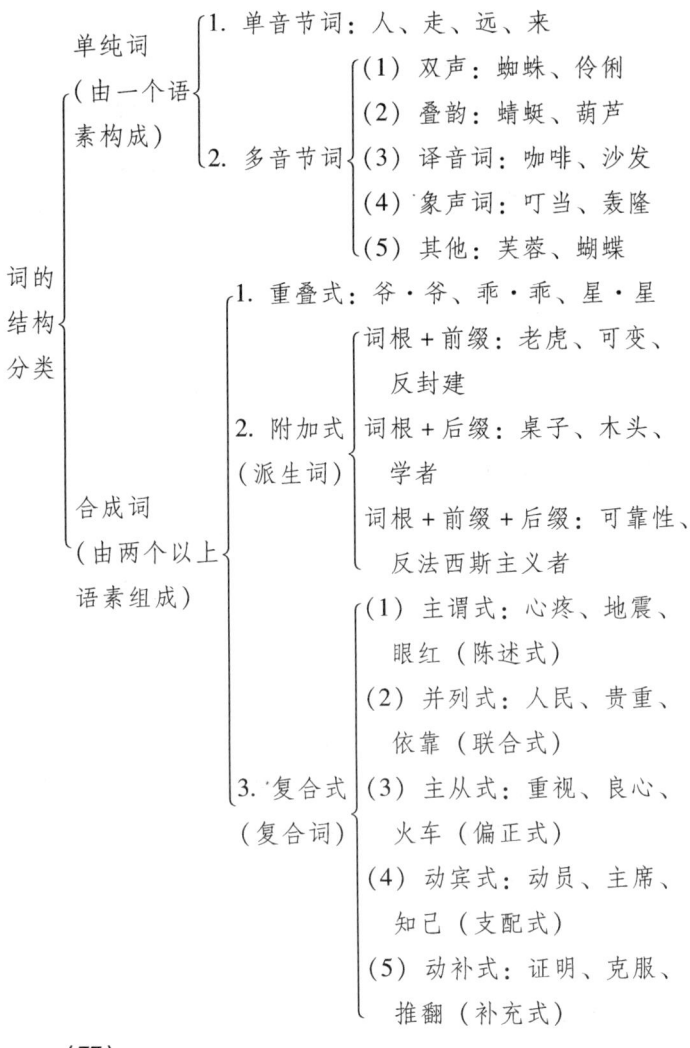

(77)

[原文] 例如有一些词经常在句子里做谓语,算是一个类,称为动词;另有一些词经常跟动词发生施事、受事以及别种关

系,算是另一个类,称为名词。(P27—L19)

[问] 请详细谈谈"别种关系"都是些什么关系。

[答] 名词和动词的语义关系是多种多样的,不限于施事和受事。《分析》第82节举了一些例子,说明句子里边的名词,除了代表施事或受事外,有的代表工具,有的代表原因,有的代表比较的对象,有的代表变化的结果,有的代表受到有利或不利影响的人物,等等。

丁声树等的《现代汉语语法讲话》在讨论主语和谓语、动词和宾语的各种不同关系时,间接涉及了名词和动词的语义关系。其中有些关系就可以用来说明名词和动词之间存在施受以外的"别种关系"。例如:

(1) 动词如果不表示动作,名词自然就无所谓施、受。如:

谁是我们的敌人?谁是我们的朋友?这个问题是革命的首要问题。

文艺批评有两个标准,一个是政治标准,一个是艺术标准。

旧历的年底毕竟是像年底。

(2) 动词表示的动作既不是从名词发出来的,也不是名词所承受的,所以名词也无所谓施、受。如:

北屋东屋都点着灯。

城头上飘扬着鲜亮的红旗。

大字笔写大字,小字笔写小字。

王冕七岁上死了父亲。

(3) 有的名词表示动作行为的处所。如:

他俩过了滏河,到了河西村。

(4) 有的名词表示存在的事物。如:

阎家山有个李有才，外号叫"气不死"。

公所的房子都漏了，炕上地上尽是水。

(5) 有的名词是由动词行为产生的结果。如：

去年他家盖了五间房子。

眉头骨上打了老大一个青疙瘩。

墙上挖个窟窿，地上打个洞儿。

朱德熙先生的《语法讲义》在论述主语和谓语时也指出："从语义上看，主语和谓语的关系是很复杂的。拿动词组成的谓语来说，主语所指的事物跟动词所表示的动作之间的关系是各种各样的。有的主语指的事物是动作的发出者，即所谓施事；有的是受动作影响的事物，即所谓受事；有的是施事、受事以外的另一方，可以称为'与事'；有的是动作凭借的工具；有的主语表示动作发生的时间或处所。"其中后三种关系，实际上也是名词和动词在施受以外的"别种关系"。例如：

(1) 名词作与事主语，如：

小王我也给他写了一封信。

这个学生我教过他数学。

(2) 名词主语是动作凭借的工具，如：

这支笔只能写小楷。

这支笔我用来写小楷。

(3) 名词主语表示动作发生的时间或处所，如：

明天他们上广州。

墙上挂着一幅画。

在谈到述语和宾语时，朱先生也指出："述语和宾语之间意义上的联系是各种各样的。"其中有几种关系也同样反映了名词和动词在施受之外，还有"别种关系"。例如：

(1) 名词宾语是动作凭借的工具，如：
    洗冷水   抽烟斗
(2) 名词宾语是动作产生的结果，如：
    盖房子   写信
(3) 名词宾语是运动的终点，如：
    上广州   进医院
(4) 名词宾语表示动作延续的时间，如：
    住三天   等一会儿
（以上例句中加着重号者是所要考察的名词或名词及其连带成分。）

(78)

［原文］语素是最低一级的单位，只能按功能分类。（**P28—L2**）

［问］请介绍语素的功能分类。

［答］关于语素的功能分类，《分析》在第54节、55节还将继续讨论。大体情况如下表：

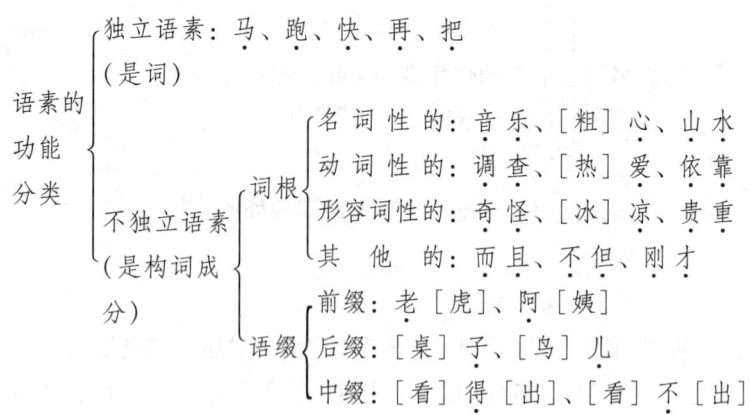

(79)

［原文］句子一般说是最高一级的单位,只能按结构分类,其实也还可以按功能分类,不过这方面过去不怎么理会。**(P28—L3)**

［问］请介绍句子的结构分类和功能分类。

［答］

句子的结构分类
- 主谓句
  - 动词谓语句(包括"把"字句、"被"字句以及连动式、兼语式等特殊句式):你学过英语吗?/你把介绍信带在身边!/衣服全被露水浸透了。
  - 形容词谓语句:天气很好。/他的衣服干净。
  - 名词谓语句(包括与几种句式有交叉的"是"字句):今天十月一日。/那个人黄头发。/我是北京人。
  - 主谓谓语句:这一次分配来的知识青年,上海的最多。/这个问题他心里已经有底。
- 非主谓句
  - 无主句:有没有人不同意?/是谁告诉你的?
  - 存现句:门口站着一位红军战士。/墙上挂着一幅世界地图。
  - 名词句:我的帽子呢?/喏,你的帽子!/好大的雨!

关于句子的功能分类,请参看《分析》第63节。吕先生着重指出,一般讲语法,到句子为止,句子是最大的语法单位,因此句子只有结构分类,没有功能分类。其实,按句子在段落里的功能来分类,不是不可能。要是按一个句子在一组句子里的地位和作用,也就是按功能来分类,可以分为始发句和后续句。如:

你是哪国人?(始发句)

我是日本人。(后续句)

首先，要弄清事实；其次，要冷静分析。(后续句)

(80)

[原文] 作为分类的依据，形态变化比句法功能更可靠，因为词在语句里的用法有固有的、转变的、活用的各种情况，而形态变化是'说一不二'的。**(P28—L9)**

[问] (1) 一般说句法功能指什么？(2) 请举例说明"词在语句里的用法有固有的、转变的、活用的各种情况"。

[答] (1) 广义的句法功能，指词在语言结构中的活动能力，具体表现为词与词相结合的能力和词在句子里担任一定职务的能力。例如，我们可以说"很红""很喜欢""好得很""怕得很"，不能说"很花红""喜欢很"，便是"很"在语言结构中有组合在形容词和某类动词前后（在后必须带"得"）的能力，没有直接组合在名词前和形容词、动词后的能力，有在句中充当状语、补语的能力，而没有充当其他成分的能力。词的句法功能，总是在结构中表现出来的。也有人用功能来单指词与词相结合的能力，或者单指词在句中充当一定职务的能力，这是狭义的用法。

(2) 词在语句里的固有用法指词类的主要功能。比如说，名词一般不同副词组合，多数名词有同数量词组合的功能，在句中主要充当主语、宾语和定语。动词能够同副词组合，一般能够重叠，可加"了、着"，在句中的主要功能是作谓语。形容词可以同副词组合，有的可以重叠，常作谓语、定语、状语和补语等等。

所谓"转变的"用法，也就是指词类转变。《分析》在下文53节里谈到："语义有明显的变化，同类的词不能随意仿效，是词类转变。"举的例子是"锁门"的"锁"是由名词转变成动词,"一挑柴"的"挑"是由动词转变成量词。

所谓词的活用,指一个甲类词,临时当乙类词用一下。《分析》第53节里也谈到:"语义的变化比较特殊,只是偶尔这样用,没有经常化,这算是临时'活用',不同于永久性的词类转变。"书上举了两个例子,其他再如:"我是喝黄酒的,可如果你们一定要喝白干,我也可以白干一下。"这里的白干是名词临时借用为动词(前面有可以,后面有一下)。"老栓,就是运气了你!"(鲁迅《药》)"咱们朱家门里穷倒是真的,可也志气了几辈子。"(梁斌《红旗谱》)这里的"运气""志气"是名词临时借用为动词(它带宾语"你""几辈子")。"这一切等等,确是十分堂·吉诃德的了。"(鲁迅《中华民国的新"堂·吉诃德"们》)这是名词活用为形容词,"堂·吉诃德"是"跟堂·吉诃德一样"的意思。

有形态变化的语言,如英语,名词有复数变形(a boy-boys, woman-women)。名词可作主语(Workers build factories and houses.)、作宾语(Have you finished the exercise?)、作表语(Comrade Wang is a scientist.)、作宾语的补足语(Everybody called him Uncle Zhang.)、作定语(China's industry)等等。动词、形容词等也跟名词一样,它们在语句里各有自己固有的用法。

英语里也有词类转变的现象,吕叔湘先生在《中国人学英语》中谈到:

形容词转成动词,如:

He used to clean his shoes himself.

The clothes are drying in the sun.

名词转成动词,如:

to eye a man（睨视）

to face a situation（应付）

所谓活用,都是比较特别的,词典里没有这样的说法而你的文章中用了。假如已见于词典了那不算活用,那算本用或转类。例如:这些东西我不用,我把它扔到字纸篓里去,英语可以说:"I'll waste-paper-basket it",如果说我已经扔到字纸篓里头去了,那可以说"I have waste-paper-basketed it",这"waste-paper-basket"三个词中间各加一短横连起来,作为一个动词用,这就叫活用。

在英语里,作为分类的依据,形态变化比句法功能更可靠。例如英语的派生词多数是由词根加后缀构成,各类词都有常用的后缀:

名词后缀	例 词	动词后缀	例 词
-er	backer flyer	-ize	fractionize realize
-ment	complement government	-ify	fortify magnify
-ese	Chinese Japanese	-en	hasten lengthen

形容词后缀	例 词	副词后缀	例 词
-ful	forceful useful	-ly	inconstantly lightly
-less	faultless homeless	-ward	backward homeward
-able	creditable comfortable	-wise	clockwise likewise

英语里,主语、宾语多由名词、代词担任,谓语一般由动词担任,定语常由形容词担任,状语常由副词担任。同样意思的词,充当不同的句法成分,形态就不一样:

His efforts were crowned with success.

他的努力获得了成功。(名词作宾语)
I'm sure we'll succed.
肯定我们会成功。(动词作谓语)
It was a successful experiment.
这是一个成功的试验。(形容词作定语)
We successfully finished the dyke.
我们成功地筑成了堤坝。(副词作状语)

因此,我们可以看到有发达形态变化的语言,类与类之间都有明显的区别性的形态标志,有这样的形态标志的是一类,有那样形态标志的是另一类。

(81)

[原文] 在有形态变化的语言里,词性的转变或活用也在形态上表示出来,而汉语则没有这种标志,因而在处理词性转变问题上常常会出现不同的意见,底下再谈。(P28—L12)

[问] (1) 在有形态变化的语言里,词性的转变也在形态上表示出来。请举个例子说明。(2) 在处理词性转变问题上会出现什么不同的意见呢?

[答] 关于在处理词性转变问题上出现什么不同意见,请参阅原书53节,具体情况等学习那一节时再介绍。

在有形态变化的语言里,词性转变也在形态上表现出来,比如形容词转成名词,判断一个形容词是否已经转成名词,大致可用有无复数形式或能否加不定冠词 a (an) 或定冠词 the 做标准,例如:

blacks (黑人)   whites (白人)
sweets (糖果)   shorts (短裤)
a social (社交集会,茶会)

an offensive（一场攻势）

the International（国际歌）

一般说来，同一词根，不同词类有不同的形态标志，如：形容词 tired（累），加名词后缀 -ness，变成名词 tiredness；加副词后缀 -ly，变成副词 tiredly。动词 write（写）、think（想），加名词后缀 -er，变成名词 writer（作者）、thinker（思想家），如此等等。

(82)

[原文] 同时我们也不要忘了，就是有形态变化的语言，也少不了有一些没有形态变化的'小词'，要给它们分类也得依靠句法功能。(**P28—L15**)

[问]（1）"小词"都指哪些呢？为什么叫"小词"呢？（2）有形态变化的语言里的小词靠什么句法功能来给它们分类呢？

[答] 有形态变化的语言里，"小词"是没有形态变化的，比如英语，"小词"指冠词（the、a、an）、介词（in、at、of、with、on、about、behind、below、between、by、during、for、from、into、before、over、since …）、连词（and、both … and、not only … but also、neither … nor、as … as …）、感叹词（oh、ah、well、hello、alas、aha…）等等。这些词一般形式比较简单，意义较为空灵，不单独作句子成分，像个"小东西""小零碎儿"，所以叫"小词"或叫"小品词"。

"小词"各有自己的句法功能，可以根据它们不同的句法功能把它们分类，比如：

放名词之前，用来说明名词所指的人或事物，一般无句子重音的小词，划归冠词。

一般无句子重音，不单独作句子成分，必须与在它后面的名词或代词（或相当于名词的其他词类、短语或从句）构成介词短语，才能在句中充当一个成分的小词划归介词。

在句中不重读，也不能在句中单独作句子成分，连接词、短语、从句或句子的小词，划归连词。

常置句首，后有逗号，用以表示喜怒哀乐等感情的词可划归感叹词，它在意义上与句子有所关联，但在结构上，它常被当做独立成分看待。

（83）

[原文]理想的标准应该是对内有普遍性，对外有排他性（不开放性），也就是说，用这个标准划定的一类词确实是'应有尽有，应无尽无'，否则就有'失入'或者'失出'的毛病。

（P28—L19）

[问]（1）划分词类的时候好像没有理想的标准。如果有理想的标准的话请介绍一下。有没有接近理想的标准？（2）划分词类的时候有怎样的"失入""失出"的毛病？

[答]（1）要回答这个问题，最好把本节的内容和吕先生的《关于汉语词类的一些原则性问题》一文结合起来领会。

什么是划分词类的理想标准？本节说："理想的标准应该是对内有普遍性，对外有排他性（不开放性），也就是说，用这个标准划定的一类词确实是'应有尽有，应无尽无'，否则就有'失入'或者'失出'的毛病。"《关于汉语词类的一些原则性问题》就划分词类的标准提出三条要求（亦即"理想的目的"）：（1）能照顾词的各方面的特点，不偏重某一特点而抹杀其他特点。换句话说，使这一类和那一类有尽可能多的特点互相区别。（2）基本上词有定类，类有定词。说"基本上"，意思是，有兼属两类或三类的词,但只占极少数。(3)分得干净利落,没有或者很少两可或两难的情形。

划分汉语的词类有没有这样的理想标准呢?《关于汉语词类的一些原则性问题》指出:"要用一个标准划分一切词类,事实上恐怕难于办到。"(这里的"一个标准"指"按照句子成分决定词类""按照各种结构关系划定词类""用'鉴定字'划分词类""用重叠形式来区别词类"等各种划分词类的标准。)本节指出,用句法功能做划分词类的依据,"单一标准当然最好,但是往往找不着理想的标准"。

没有理想的单一标准,就不得不采用多重(或叫多种)标准。各种标准怎样配合,各人的看法不同,结果总是参差的,这样就有协调的问题。

如何综合利用多种标准(也许可以说是为了寻找汉语的词类划分的理想标准或接近理想的标准),吕先生的主要意见是:结构关系,"鉴定字",能否重叠以及用什么方法重叠——这些都可以用来划分词类。结构关系能照顾的面最大,宜于用来做主要的分类标准。结构关系指一个词的全面的、可能有的结构关系,不是指它进入句子以后的一种结构关系(词在句子里的"职务"),不是"依句辨品"。

吕先生举过例子说明,拿全面的结构关系做主要标准,可以照顾到所谓形态,照顾到词义,也适当地照顾到句子成分。比如,照陆志韦先生的说法,能放在名词前面限制它,能放在名词后面说明它,但是不能放在名词前面支配它的是形容词。这样规定的形容词,一般是能按"好好儿"或"热热闹闹"的形式重叠,能在前面加"很"或"比……"或是在后面加"得很",也都是表示一种性质或状态的。

关于结构关系，吕先生特别引方光焘先生的说法来强调"不限于句子成分关系"。方先生说："词性却不必一定要在句中才能辨别出来。从词与词的互相关系上，词与词的结合上（结合不必一定是句子），也可以认清词的性质。譬如说，'一块墨，一块铁'，墨与铁既然都可以和一块相结合，当然可以列入同一范畴。"

关于"鉴定字"，吕先生认为虽然用来做划分词类的主要根据都有缺点（其中比较可靠的是"不"字可以用来划分名词和非名词），用来做辅助手段或是划分小类却大有用处。"鉴定字"实际上就代表结构关系，和"结构关系"难于分开。

关于重叠形式，吕先生认为它不失为分辨动词和形容词的一个好办法，虽然在这方面也还有点限制；别的词类有的用不着，有的用不上。

（2）理想的标准，应该是对内有普遍性，对外有排他性（不开放性），应该归入这类词的都适用（"应有尽有"），不该归入这类词的都不适用（"应无尽无"）。如果有例外，最好能说出条件，或是为数不多，可以列举。以"鉴定字"为例，吕先生指出用"不"字来划分名词和非名词比较可靠。但也有一个"对内有普遍性，对外无开放性"的要求问题。如用对"不"字的负反应规定名词（即说实词里面不能加"不"字的是名词）。但是名词前面有加"不"字的，如"不道德、不规则、不法"。（有人认为"道德""规则"等是兼类词——笔者注）我们说这些都是单词，这里的"不"只是构词成分，并且是不能产的。还有"不三不四""不人不鬼""管他星期天不星期天"等等，那是特殊格式，必须连说，不能单说"不三""不人"或"不星期天"。但不能用对"不"字的正反应规定动词，否则对外就有开放性，因形容词"大、小、好、坏"等也都能加"不"。动词只有一个例外："有"的否定形式不是"不有"，而是"没有"。

如果达不到这个要求，例外很多，没有条件，也不能列举，就可能有"失入"或"失出"的毛病。所谓"失出"就是不能"应有尽有"，所谓"失入"就是不能"应无尽无"。比如说，吕先生剖析过作为形容词的"鉴定字"，"很"字的普遍性是很大的。可也不是一个例外也没有，像"正、负、反、副、真、假、整、绝对、相对、唯一、无限"这些都是不能加"很"的，可似乎该列入形容词（从别的结构关系考虑）。应该划归形容词而未划入，这应该算是"失出"。反过来，"很"字对于动词有相当大的开放性。"能、会、该"等助动词都能加"很"。"很说了几句话""很做了几件事""很认得一些人""很念了几年书"，动词后面带数量就都能加"很"。咱们可以说这就是一个条件，并且这种场合只能加"很"，不能加"十分、非常或得很"。可是不带这个条件的也很多，如"我很想念你们，我想念你们得很""我很感谢，感谢得很""我很赞成，赞成得很""我们很需要这种材料，需要得很""他很推崇你，他对你推崇极了""这孩子很懂道理""这句话很解决问题"。不应该划归形容词而划入，这应该算是"失入"。由此可见，以"很"这个"鉴定字"划定的形容词，不能做到"应有尽有，应无尽无"，难免有"失入"或"失出"的毛病。也就是说，以"很"作为划分形容词的单一标准还不是完全可靠的，当然也就不是理想的标准。

又比如说，对于重叠形式（如说双音动词重叠是 xyxy 式，双音形容词重叠是 xxyy 式）来区别词类，吕先生一方面肯定"这一着实在高，用来划分动词和形容词真是泾渭分明，一点儿不混";另一方面也指出:"就只可惜普遍性还差点儿。"例如,凡是不能加"很"的形容词也就不能重叠(上边提到的"唯一""无限"等,就属这种情况),不能或难于加"了"加"过"的动词也多数不能或难于重叠。像"获得、丧失、诞生、死亡、腐烂、成熟、议决、责成、给予、包含、实现、制定、完成、达到、超过、过渡、放弃、优越、卓越、先进、落后、基本、根本、严重、尖锐、巨大、伟大、强大、弱小、藐小、微小、必要、可能"等等全都不能重叠。那么怎么样去辨别它们是动词还是形容词呢?这说明用重叠式做单一标准来区别动词和形容词也不能做到"应有尽有",同样会有"失出"的毛病。

(84)

[原文]指别词和代词是合成一类好呢,还是分做两类好?(P29—L12)

[问]指别词、代词、指代词有什么不同?请举例说明。

[答]《分析》第38节提到"指别词"和"代词",第39节提到"指代词"。这些不同的名称,反映了对一般人叫做"代词"这类词的分合处理。合成一类叫"指代词",分做两类叫"指别词"和"代词"。

一般语法著作把"代词"作为一个词类,代词又可以分为三个小类:代替人或者事物的名称的叫做"人称代词",用来区别人或者事物的叫做"指示代词",用来提出问题的叫做"疑问代词"。

吕叔湘主编的《现代汉语八百词》把这类词叫"指代词"。指代词包括"指别词"(作用类似形容词)和"称代词"(作用类似名词,即《分析》称为"代词"的)两类。因为有很多词兼属这两类,所以《现代汉语八百词》认为也可以把这两类

合成一类。它又把指代词分成四小类:

(1) 人称代词。"你,我,他,自己,大家"等。只有称代作用,没有指别作用。

(2) 定指指代词。由"这,那"单独或加其他成分构成。

(3) 不定指指代词。除"谁,什么"外,由"哪,多,怎[么]"单独或加其他成分构成。多用于疑问,也可以用于虚指或泛指。

定指指代词和不定指指代词里边都有三种情况:或者只有指别作用,或者只有称代作用,或者兼有这两种作用。

(4) 其他指别词。"某,每,各,另外,其余,其他"等。

《分析》第49节经过进一步讨论,认为"把代词分成代词和指别词两类(一部分兼属两类),也许更合理些。如果仍然合为一类,也是把名称改为指代词较好"。

(85)

[原文] 这一切都反映在语词的形式上,反映在语词的用法上,光是分成十个八个类是不够说明问题的。(P29—L14)

[问] "词语"和"语词"有什么不同呢?分成十个类的话,这十个类都是哪些类?分成八个类的话,这八个类都是哪些类?

[答] "词语"和"语词",一般都是用来指词和短语一类的语言成分。《分析》第38节讲的是词类的划分,所用"语词",从上下文看,即指词。

"分成十个八个类"这是泛指并非确指,意即分成若干类。汉语口语中常说"买十斤八斤水果放着","买十斤八斤肉放冰箱里","到娘家住上十天八天就回来","每节课都得提十个八个问题",都是一种大概的说法。

词类的划分是我国语法学界争论最久的问题之一。自《马氏文通》以来辑录成书或散见报章杂志的语法论著不少,任何一本书或一篇文章似乎都各有一套分类办法:有的名称相同而内容各异,有的内容相同而名称不同。至于类目,少的八类、九类,多的竟至二十三类。例如:

《马氏文通》把字(词)分为九类:名字、代字、静字、动字、状字、介字、连字、助字和叹字。

黎锦熙《新著国语文法》把词分九品,约为五类:(一)实体词——名词、代名词(附量词);(二)述说词——动词;(三)区别词——形容词(附数词)、副词;(四)关系词——介词、连词;(五)情态词——助词、叹词。

吕叔湘《中国文法要略》分:名词、动词、形容词、限制词(副词)、指称词(称代词)、关系词、语气词以及方所词、时间词。

吕叔湘、朱德熙《语法修辞讲话》把词分八类:名词(附副名词);(二)动词(附副动词);(三)形容词(附数词);(四)代词;(五)副词;(六)连接词;(七)语气词;(八)象声词(包括叹词、问答词、狭义的象声词)。

丁声树等《现代汉语语法讲话》分十类:名词、代词、数词、量词、动词(附助动词、次动词)、形容词、副词、连词、语助词、象声词。

王力的《汉语的词类》(《语文学习》1952年第4期)分为九类:名词、动词、形容词、副词、代词、介词、连词、语气词、感叹词。

赵元任《汉语口语语法》分十五类:名词、专有名词、处所词、时间词、D—M复合词、区别词、量词、方位词、代名词、动词（包括形容词）、介词、副词、连词、助词、叹词。

高名凯《汉语的语词（下）》（《语文学习》1952年第3期）分为二十三类：

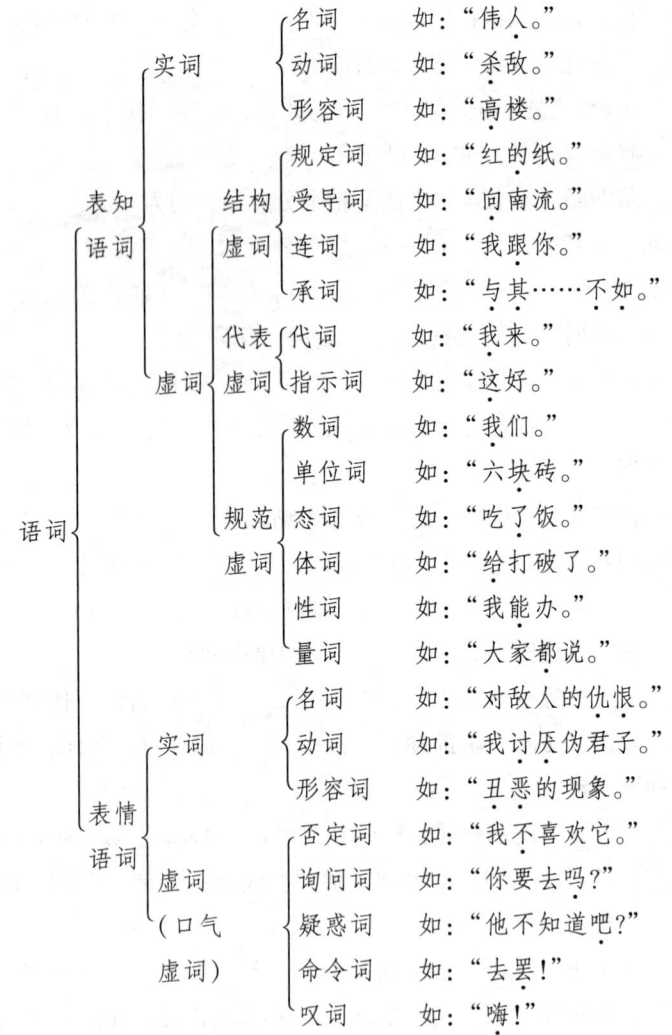

朱德熙《语法讲义》分十七类：名词、处所词、方位词、时间词、区别词、数词、量词、代词、动词、形容词、副词、介词、连词、助词、语气词、拟声词、感叹词。

(86)

[原文] 语词的分类（语法上的分类，不是语义上的分类）……（P29—L16）

[问]（1）为什么说语词的分类呢？这里说的分类不是词类吗？（2）语词在语法上有什么分类呢？举例说明。（3）语词还有别的什么分类呢？举例说明。

[答] 上面说过，"语词"一般泛指词和短语一类的语言成分，在这里实际上即指词。所以语词的语法分类说的就是词类。

给词分类，可以根据不同的目的，采用不同的标准。比如可以把词分为天文类、地理类、时令类、动物类、植物类、人伦类……或者分为单音词、多音词，单纯词、合成词；或者分为古词、新词、方言词、外来词、同义词、反义词、褒义词、贬义词……这些或是从意义上分，或是从语音上分，或是从语素构成情况分，或是按词的来历分，显然都不是词的语法分类。

词的语法分类主要是根据词的语法功能划分的，分类的结果就是词类，如分成名词、动词、形容词等等。

(87)

[原文]……但是有的类分个两次三次还是有用处的，例如动词就很有细分的需要。（P29—L18）

[问] 动词为什么很有细分的需要呢？请举例说明动词可以分个两次三次。

[答] 动词很有细分的需要，主要是"因为动词是一般句子里的最重要的部分，动词问题是语法研究中最复杂的问题"。

（见《动词用法词典》吕叔湘序）

　　动词是一个大类，语法功能并不完全一致，所以可以根据不同的情况，根据动词内部的差别，以语法功能的异同为标准把它分成不同层次的许多类别。例如，最常见的是根据能否带由表示承受动作的事物的名词充任的宾语即受事宾语，可以把动词分为及物动词和不及物动词两类："及物动词"能带受事宾语，也还能带非受事宾语，"不及物动词"只能带非受事宾语。再比如，朱德熙先生在《语法讲义》一书中，根据宾语的性质，把动词分为"体宾动词"和"谓宾动词"两大类："体宾动词"只能带体词性的宾语（如"骑〔马〕""驾驶〔汽车〕"），不能带谓词性的宾语；"谓宾动词"能带谓词性宾语（如"会〔写〕""喜欢〔说话〕"），有的也能带体词性宾语（如"喜欢〔孩子〕"）。"谓宾动词"还可以根据宾语不同分为"真谓宾动词"和"准谓宾动词"两类。第一类真谓宾动词，如"同意、觉得、希望、赞成、打算、以为、认为、感到、能、应该"等，它的宾语可以是单个的动词或形容词（如"同意〔参加〕"），也可以是主谓结构（如"同意〔大家都去〕"）、述宾结构（如"同意〔参加这次会〕"）、连谓结构（如"同意〔坐火车去〕"），或由副词充任修饰语的偏正结构（如"同意〔立刻参加〕"）等。第二类准谓宾动词，它的宾语不能是主谓、述宾、连谓等结构，只能是某些双音节名动词（如"进行〔调查〕"），或由体词、形容词充当修饰语的偏正结构（如"进行〔农村调查〕""进行〔周密的调查〕"）。又比如，朱先生还指出，根据种种细微的差别，还可以把动词分成许多小类。例如有的动词能加后缀"了"，有的不能（如"是、在、认为"）；有的动词能加后缀"着"，有的不能（如"是、在、姓、同意"）；有的动词能重叠，有的不能

（如"是、姓、包括、成功"）；有的能带双宾语（如"借、教、送、给"），有的不能；有的动词能放在"～给你"的格式里（如"送给你""交给你"），有的不能（如*"走给你"*"唱给你"）。

正因为如此，吕先生十分强调动词很有细分的需要，认为这也是推进语法研究的途径之一。《分析》46节、96节等还将对动词的分类作详细探讨。

(88)

[原文]副词呢，从句法功能看，也应当归入实词，可是它们的意义有比较实的，也有比较虚的，少数是虚而又虚……（P29—L25）

[问]从句法功能看，副词为什么应当归入实词呢？请举例。

[答]分别实字和虚字是我国语法学的传统理论。马建忠的《马氏文通》把词分实字（词）、虚字（词）。其界说是："凡字有事理可解者，曰实字，无解而唯以助实字之情态者，曰虚字。实字之类五，虚字之类四。"实字有：名字、代字、动字、静字、状字。虚字有：介字、连字、助字、叹字。以上状字即副词，马氏认为属"有事理可解"的实字。现代学者划分实词和虚词，跟传统的办法有些不同。一般是说，实词的意义比较具体，能够单独成句；虚词没有具体的意义，不能单独成句。还有一个没有明确说出来的标准，能作句子成分（主、谓、宾、补、定、状）的是实词，其余是虚词。可见，用来划分虚实的依据一般有：（1）能否单独作句子成分；（2）能否单说；（3）意义的虚实。前两条都是从句法功能说的。

副词归入实词还是虚词，之所以成为问题，是因为上述几个标准不能得出一致的结果。从句法功能看,副词的主要语法特点是作状语(个别的如"很、极",可以作补语),既然可以充当句子成分,应该归入实词。但是,在能否单说(单独成句)这一点上,副词与其他虚词又有相同之处,情况比较复杂。对此,语法学界的认识实际上有个不断深入的过程。早先,认为副词不能单说(即单独成句),也不能单独作谓语;后来,在能否单说这一点上,承认有个别例外,如"不、没有、也许"等。《现代汉语八百词》开始注意到个别副词能单独作谓语,如"别、何必、一定"等。又如本书第 37 题谈到陆俭明先生的《现代汉语副词独用刍议》及附录"六十五个能独用的副词"是专门对现代汉语副词单说和单用作谓语的实际情况所作的考察。

对副词的这种句法功能的进一步认识,更能支持把副词归入实词。

还应该指出,在实词里头也有不能单说的,整个大类或小类不能单说的如量词、单音方位词和部分代词(它、大家、人家、自己、这、那、哪、几、多),名词、动词和形容词也都有不能单说的例子。这一点似乎可以说明,不要把能否单说看成划分实词和虚词的绝对标准。

(89)

[原文]看来光在'虚、实'二字上琢磨,不会有明确的结论;虚、实二类的分别,实用意义也不很大。(**P30—L7**)

[问]吕先生为什么说"实用意义也不很大"呢?

[答]这个问题恐怕要从整句话,甚至从这一节的总的精神来理解。根本问题是对于实词和虚词的分别,看来光在"虚、实"二字上琢磨,不会有明确的结论。这节里已经以代词和副词为例说明虚词和实词难于截然划分。我们从汉语语法史上可以

知道:古代学者对于这两类字没有明确的界说。现代学者对于怎样划分有不同的主张。同一位学者在不同时期写的语法著作也有作不同处理的。例如吕叔湘和朱德熙的《语法修辞讲话》,把一般名词、一般动词、一般形容词以外的词都划为虚字,其中包括代词和副词。朱德熙的《语法讲义》把代词(包括体词性和谓词性)归实词,副词归虚词。有的著作,如王力的《中国现代语法》,虽然把代词和副词都列在"语法成分"也就是广义的虚词之下,但把副词定为"半实词",即实多于虚,把代词定为"半虚词",即虚多于实。为什么"光在'虚、实'二字上琢磨,不会有明确的结论"呢?赵元任的《中国话的文法》(吕叔湘译为《汉语口语语法》)有一段话可以作参考。那里边说,汉语里实词和虚词的分别,实素和虚素的分别,在一定的范围内是个程度问题。"的""着""儿""子"等后缀显然是虚素,"嘿""呐""啊"等助词也显然是虚素。"有""在""还"等词是中间性质。程度副词"好""那么",时间量词"天",方位词"里""边儿",除结构意义外也有相当确定的实质意义。

　　由于上面的根本问题,就连带提出,"虚、实"二类的分别,实用意义也不很大。实词和虚词的区别,虽然可以从意义上说:实词的意义比较实在;虚词的意义没有实词的实在,有的只起语法作用(如"的、把、被、所、呢、吗"等),有的表示某种逻辑概念(如"因为、而且、和、或"等)。但是,现代学者划分虚词和实词,实际上除了拿意义作参考外,主要是根据:(1)能作句子成分,充任主语、谓语、宾语、补语、定语、状语的是实词,不能充任这些成分的是虚词。(2)实词绝大部分是自由的(即能单独成句),虚词绝大部分是黏着的(不能单独成句)。(3)绝大部分实词在句法结构里的位置是不固定的,可以前置，也可以后置。绝大部分虚词在句法结构里的位置是固定的，例如"吗""的"总是后置的，"也""被"总是前置的。(4)实词是开放类（指难于在语法书里一一列举其成员的大类），虚词是封闭类（指可以穷尽地列举其成员的不很大的类）。大概正是因为这种情况，所以《分析》说："虚、实"二类的分别，实用意义也不很大。倒是可列举的词类（又叫封闭的类）和不能列举的词类（又叫开放的类）的分别，它的用处还大些。赵元任《汉语口语语法》也指出："在讨论语法的时候，重要的问题不是某一形式是关乎内容的啊还是关乎形式的，是实的啊还是虚的，而是另一个问题：它是不是某一个不太长的名单里的一员，它是不是频频出现。我们将会发现，这两方面的互关度是相当高的。有两个类型：（1）实词，内容词，属于开放的类，出现频率低或者中等，大多数有固定声调，例如'猪'，'蓝'，'跑'，'快'；（2）虚词，功能词，属于可列举的类，出现频率高，大多数没有固定声调（轻声），例如'是'，'的'，'在'，'吧'。"吕叔湘在《说"自由"和"黏着"》一文中，还根据古代学者所说的虚字（范围比较宽，代词、助动词、副词都包括在内），考察它的特征，并给它下一个定义："属于成员少而开放性小的那些类的词。"

（90）

[原文]倒是可列举的词类（又叫封闭的类）和不能列举的词类（又叫开放的类）的分别，它的用处还大些。(P30—L10)

[问]（1）为什么称之为可列举的词类（又叫封闭的类）呢？（2）为什么称之为不可列举的词类（又叫开放的类）呢？

[答]所谓"可列举的词类"，也叫封闭的类，是指可以在语法书中穷尽地列举其成员的不很大的类，如指代词、方位词、

数词、量词、趋向动词、助动词、介词、连词、助词等。这类词能用短短的一个名单把它的成员全部无遗地列举出来。

所谓"不可列举的词类",也叫开放的类,指的是难于在语法书里一一列举其成员的大类。如名词、一般动词、形容词等。这类词,不能在一本语法书的范围之内列举,得靠词典。

(91)

[原文] 指代词,方位词,数词,量词,趋向动词,助动词(范围有问题),介词,连词,助词是可列举的词类……(P30—L11)

[问] 助动词现在还有范围的问题吗?哪个地方有问题呢?请举例。

[答] 这个问题请参看《分析》第47节。

助动词虽然是可列举的词类,但它的范围至今还有问题,不同的语法著作所列举的成员并不一致。比如说丁声树等的《现代汉语语法讲话》把助动词分成三组,具体包括:

1. 表示可能的:能、能够、会、可以、可能、得（dé）
2. 表示意志的:敢、肯、愿、愿意、要得（děi）
3. 表示情理上、习惯上或事实上的需要的:应、应该、应当、该

朱德熙《语法讲义》所讲的助动词,虽然基本上包含了这三组词（只是第二组少"愿、得（děi）",多"情愿、乐意、想"）,但是增加了另外的几种词:

4. 表示允许、许可的:许、准
5. 表示估价的:值得、(不)配
6. 表示劝阻或禁止的:别、甭
7. 形容词"好"的助动词用法:打扫干净好过年。

8. "难、容易、好意思"等形容词的助动词用法:日语容易学,阿拉伯语难学。你好意思不唱一个?

赵元任《汉语口语语法》所列举的助动词,比朱德熙《语法讲义》还要多,新增加的如:

"爱":这孩子净爱摔跤。

"不用":用不用写个收条?

"高兴":高兴不高兴出去野餐去?

"怕":怕伤了风。

"省得":那我就省得自己去了。

"乐得":横是不要钱,咱们乐得拿几个。

"不便":你不便问他太太还在不在吧?

"不要":你不要来?

"没(有)":我没(有)看见他。

另外,还有"想要、要想、乐意、喜欢、该当、须得、必得、须要、必须、懒得"等等。

《分析》47节还提出除了"可以""应该""愿意""会"之外,"高兴""懒得""乐得""好意思""好""容易""难""够""来得及、免不了、不至于、便于、敢于、勇于"等等也都像助动词。

马庆株《能愿动词的连用》(《语言研究》1988年第1期)还增加了"犯得着、犯不着、得以、来得及、希望、企图、乐于、甘于、苦于、忍心、有助于、难于、易于、善于、适于、宜于、准许、许可、容许、允许"等共58个,限制范围是"只能后加谓词性成分的非自主动词"才是能愿动词(即助动词)。有的学者还开列了七八十个。

以上各家所列助动词范围,不包括兼类词,如"想来"(助动词),"我想你"(及物动词,用名词作宾语),"我想你应该来"(及物动词,用小句作宾语),有些成员接近副词,有些成员在标注词性的词典中列为动词,有些成员有"词"的资格问题的争议。因此《分析》指出,助动词"范围有问题","助动词是个有问题的类"。助动词的范围问题远未解决。

4.2 词的分类和词类转变(92—139)

(92)

[原文] 名词这个类里边最困难的问题还是怎样区别哪些动词已经转变成名词(兼属两类),哪些动词只是可以'名用',还没有转变成名词。(**P31—L3**)

[问](1)请举些兼属动词和名词两类的例子。(2)请举些动词名用的例子。

[答](1)兼属动词、名词两类的如:

动词	名词
希望参加	有一线希望
爱好文学	有很多爱好
帮助我	很有帮助
回答问题	很好的一种回答
安排在甲班	有新的安排

(2)动词名用的如:

挨批评	进行批评	予以批评
给以解决	进行改装	予以回击

(93)

[原文] 有的语法著作里把量词也作为名词的一个附类,但是从句法功能看,量词比方位词更有理由独立成为一类。

（P31—L17）

［问］从句法功能看，方位词和量词都有什么理由独立成为一类呢？

［答］有的语法著作，如吕叔湘、朱德熙的《语法修辞讲话》把词分为八类，副名词（即量词）是作为名词的附类；王力的《中国语法理论》，也把单位名词（即量词）作为名词的附类。

有数量相当多的语法著作，把时间词、方位词、处所词都作为名词的附类。

方位词虽然有名词的特点（如能跟介词组成介词结构），但是它经常修饰动词，这就是它不同于一般名词的地方。双音方位词可以加在别的词（主要是名词）或短语后边，组成方位短语，也可以作为一个词单独用（除少数例外）。单音的方位词主要是加在名词或别的词语后边，一般不单独用。方位词表示事物的位置（包括时间上的），本身是体词性，但是翻成外语往往跟一个介词相当。英语的"in the room"，汉语的说法是"在屋子里"。方位词与名词在句法功能上已有明显的分化。基于上述原因，有些语法著作，如赵元任的《汉语口语语法》、吕叔湘先生主编的《现代汉语八百词》，就把方位词单独列出，作为与名词并立的一类词。

多数的语法著作，是把量词分立一类。从句法功能上看，比起方位词来，量词与名词的特点相去更远。量词、名词各有自己的活动方式，差别是很大的。例如：

名词可以作主语、宾语，如"花开了""我吃苹果"。量词不作主语、宾语，如不说"朵开了""我吃个"。

名词可受数量词修饰，如"一本书""三句话"。量词却不再受数量词修饰。

量词可与数词直接结合,如"三个""五本"。名词一般都不能直接跟数词结合,如不说"三书""五苹果"。

朱德熙的《语法讲义》说:"量词是能够放在数词后头的黏着词。"从这个定义,可以看出量词有它自己的用法特点:一般不单用,经常用在数词(或指示代词)的后边,组成量词短语。量词短语的主要语法功能是修饰名词。如"五本书""这位老师"等。这当中,量词直接连接数词,很可以区别于名词。

(94)

[原文] 当然,在有些特点上,二者有区别,例如动词多数能用没否定,能带了,不少能带着,过,双音动词很多能整个重叠(ABAB),形容词能这样用的不是很多。(**P32—L8**)

[问] 双音形容词也有能整个重叠(ABAB)的吗?请举些例子。

[答] 有一类状态形容词能整个重叠,即双音节形容词的重叠式为ABAB,如:

雪白:雪白雪白	笔直:笔直笔直
魆黑:魆黑魆黑	鲜红:鲜红鲜红
透亮:透亮透亮	喷香:喷香喷香
焦黄:焦黄焦黄	嫩绿:嫩绿嫩绿
干冷:干冷干冷	煞白:煞白煞白
精白:精白精白	干瘦:干瘦干瘦
漆黑:漆黑漆黑	油绿:油绿油绿
瓦蓝:瓦蓝瓦蓝	稀烂:稀烂稀烂
贼亮:贼亮贼亮	蜡黄:蜡黄蜡黄
乌亮:乌亮乌亮	酸痛:酸痛酸痛

滚烫:滚烫滚烫　　通红:通红通红
冰凉:冰凉冰凉　　精光:精光精光

(95)

[原文] 而且一般承认是动词的词里边，也有不少是动作的意味比较弱，也就往往不完全具备这些特点，本来就难以跟形容词划分清楚的。(**P32—L11**)

[问] 有哪些动词动作意味比较弱，也就往往不能用"没"否定，不能带"了""着""过"呢？

[答] 不能带"了"的动词如：隶属、类似、含有、过渡、牵涉、需要、交替，等等。相反，有不少形容词跟多数动词一样可以带"了"，如"亮了一会儿（又不亮了）""才凉快了几天（又热起来）""积极了一阵""沉默了一个时期"，等等。

不能带"着"的动词比较多，如：怕、知道、忘记、重视、轻视、承认、否认、肯定、否定、相信、佩服、加、减、乘、除、隶属、区别、需要、解决、抵消、消除、遗漏、遗失、放弃、归纳、合并、撤销、通过、否决、出发、到达、终止、停止，等等。可见，能带"着"的动词，并不是很普遍的。

不能带"过"的动词也不少，如：含有、过渡、类似、交替、知道、认识、适合、符合、具备、充满、巩固、加强、消失、死亡、拉倒，等等。有些形容词也能带"过"，我们可以说，"这东西一直是这个价钱，从来没有贵过，也从来没有便宜过"；"体温一直维持三十八度五，没有高过，也没有低过"；"我从前胖过，现在瘦了"。

大部分动词可以用"没"否定。知道、需要、含有、适合、缺乏等用"不"而不用"没"来否定。也有一些动词如隶属、号称、类似等没有否定形式。形容词用"没"来否定是比较少的，如"你的表慢了"——"没慢"。

以上不完全具备能用"没"否定、能带"了""着""过"特点的动词，一般说动作意味是比较弱的。

从能否单说，可以把动词分为自由动词和黏着动词两个大类。黏着动词通常都是非动作动词，自然"动作的意味比较弱，也就往往不完全具备"一般动作动词的那些语法特点。尹士超的《试论黏着动词》(《中国语文》1991 年第 6 期) 一文考察了黏着动词，指出：1. 黏着动词一般不能重叠；2. 绝大多数黏着动词不能"了、着、过"都带；3. 多数黏着动词不能带结果补语、趋向补语、动量词、时量词；4. 不少黏着动词必带且仅带宾语（或兼语）；5. 不能带工具、方式等类名词性宾语，绝大多数黏着动词所带名词性宾语类型较单一，等等。

(96)

[原文] 只有一件事为难：一般所说形容词，其中有的只能修饰名词，不能做谓语，如果形容词并入动词，这一部分是带不过去的。(P32—L14)

[问] 这是一些什么样的词呢？有什么办法处理呢？

[答] 这类形容词单语素的不多，常见的有：男、女（~医生）；金、银（~戒指）；雌、雄（~鸡）；公、母（~羊）；正、副（~局长）；正、负（~数）；单、双（~眼皮）；棉、夹（~大衣）；本、分（~校）；总、分（~队）；新、老（~朋友）；别（~的事情）；旁（~的地方）；青、紫、粉、灰（~的）。

多数是多语素的，特别是双语素的数量比较大，例如：彩色、袖珍、野生、法定、国产、外来、大型、小型、重型、微型、慢性、良性、上等、初级、新式、西式、双边、任何、额外、公共，等等。

　　这类词就是"非谓形容词"，它像名词（如中式、新型）、像动词（如孪生、特约）、像形容词（如椭圆、次要），但又不同于名词也不同于动词、形容词，它在词类系统中的地位非常特殊，处在名、动、形三大词类的交界处，与这三大词类有这样那样的纠葛。

　　动词、形容词有很多共同特点，其中最主要的共同特征是它们都能作谓语。但是这类词却只能修饰名词，不能作谓语。所以不论是把形容词合并于动词，还是动词形容词分立，这类词都很难归类。动词最重要的特点是除了作谓语外，它有时间性。而非谓形容词除不能作谓语外也不具有时间性。如果要把它安置在现有的传统的词类框架里，放在动词类最难。吕叔湘先生在《试论非谓形容词》（与饶长溶合作，《中国语文》1981年第2期）中谈到，怎样处理"小型、慢性、现行、亲生、上好、首要"这些词的归类问题？一个办法是另立一个词类。这样的词不仅是大量存在，而且是不断产生，其增殖率仅次于名词，让它们单独成为一类也还是值得的。它们表示的是事物的性质，可以管它们叫做属性词。另一个办法是，不另立一个词类。如果要把它们暂时安顿在一个现成的词类里，那么把它们放在形容词里边比较合适，一般也都是这样处理的。但是，为了跟一般形容词有所区别，可以称为非谓形容词。朱德熙《语法讲义》把这类词单立为一类，叫做区别词，属于实体词里的体词这一大类。

(97)

　　[原文] 这种形容词，单语素的不多，只有男，女，雌，雄，正，副，横，竖，青，紫，单，夹等。多数是双语素的，如个别，共同，主要，新生，慢性等；还有一些是三语素的，如多

年生，无记名等。(P32—L17)

[问]非谓形容词有哪些特点，如何识别它？

[答]《试论非谓形容词》一文曾提出识别非谓形容词的七点特征：(1) 都可以直接修饰名词，例如"小型水库""上好衣料"；(2) 绝大多数可以加"的"修饰名词，例如"小型的水库""上好的衣料"；(3) 大多数可以加"的"用在"是"字后面，例如"这个水库是小型的"，或者代替名词，例如"大型的不如小型的"；(4) 不能充当一般性的主语和宾语；(5) 不能作谓语；(6) 不能在前边加"很"；(7) 否定用"非"，不用"不"。

以上七点是非谓形容词的共同性质，看前三点，似乎跟名词、动词、形容词不易区别，看后四点，就可以跟名词、动词、形容词区别开来。"小型"和"慢性"，构词上很像名词，但是，却不能说"改买一个小型"，"得了个慢性"；"现行"和"亲生"，构词上很像动词，但是，不能说"现行了制度""曾经亲生一男一女"；"上好"和"首要"，构词上很像形容词，但是，不能说"这种衣料上好""这个问题首要"。

朱德熙的《语法讲义》把吕先生叫做非谓形容词或属性词的这类词称为区别词，并给它定义为："区别词是只能在名词或助词'的'前边出现的黏着词。"根据这类词的特征，可以识别。

"金"和"金子"不同："金子"是名词，"金"是非谓形容词。"金"不受数量词修饰（*一块金），也不能作主语和宾语，只能修饰名词（金镯子、金房子）或在"的"字前头出现（金的镯子，这只镯子是金的）。

"金、银"与"铜、铁、锡"不同："铜、铁、锡"是金属的名称,是名词,可以说"这是铜""那是铁(或锡)";"金、银"是一种分类标准,是非谓形容词,不能说"这是金""那是银",只能说"金镯子""银镯子"(给镯子分类),"金葫芦""银葫芦"(给葫芦分类)。

"慢性"和"慢"不同:"慢"是形容词,"慢性"是非谓形容词。"慢性"不受"很"修饰,也不能作谓语,只能修饰名词(慢性病,慢性气管炎)或在"的"字前头出现(慢性的难治)。

"慢性""良性"和"酸性""弹性"不同:"慢性""良性"是非谓形容词;"酸性""弹性"是名词,因为可以作主语、宾语(带酸性、有弹性)。

"初级"和"高级""低级"不同:"初级"是非谓形容词;"高级""低级"是形容词,因为能受"很"修饰。

"黄色"和"金黄色"不同:"金黄色"是名词(可以说"露出一线金黄色");"黄色"是非谓形容词(不说"露出一线黄色",只说"露出一线黄颜色")。

由于意义上或用法上的差别,有的词可以认为有同形的两个词,例如:

"意外":一个非谓形容词("意外的收获"),一个名词("免得发生意外")。"国际":一个非谓形容词("国际组织"),一个名词("第三国际")。"专业":一个非谓形容词("专业剧团"),一个名词("电子学专业")。"高度":一个非谓形容词("高度责任感"),一个名词("飞行的高度")。

"共同、自动、长期、局部"除了修饰名词和组成"的"字结构以外,还能作状语,例如:共同协商、自动进行、长期相处、局部解决。可以说这些词兼属非谓形容词和副词两类。

(98)

[原文] 这些词修饰名词的时候一般不加的,也有必须加的和必不加的的。(P32—L22)

[问] 哪些非谓形容词修饰名词的时候一般不加"的"、必须加"的"、必不加"的"呢?为什么会有这些不同?

[答] 非谓形容词都可以直接修饰名词。这类词修饰名词的时候一般不加"的",有时也可以加"的"。其中有一部分词,跟一般情况不太一样,在加不加"的"上有倾向性的要求。例如:

1. 有少数非谓形容词修饰名词的时候差不多必须带"的"。例如:

  有益的 无益的 加倍的 成批的 心爱的 辩证的

2. 有不少非谓形容词修饰名词的时候必不带"的"。例如:

重型(~机械)	微型(~胶卷)
高等(~学校)	初等(~教育)
多级(~火箭)	五金(~商店)
单性(~生殖)	医务(~工作)
常务(~委员)	上位(~概念)
上水(~行船)	学龄(~儿童)
小农(~经济)	短途(~运输)
长途(~汽车)	母系(~社会)
袖珍(~辞典)	人工(~湖泊)
同一(~目标)	高秆(~水稻)
良种(~奶牛)	特种(~钢材)
拔丝(~山药)	棉纺(~织品)
毛纺(~织品)	函授(~学校)

临界（~点）　　勘误（~表）
攻坚（~战）　　中华（~民族）
封建（~社会）　医疗（~事故）
医务（~人员）　机电（~设备）
工矿（~企业）　排灌（~机械）
中小（~城市）　黑白（~片）
高低（~杠）　　京广（~铁路）
汉英（~词典）　有色（~金属）
有声（~电影）　有线（~广播）
有轨（~电车）　有生（~力量）
有期（~徒刑）　无声（~电影）
无轨（~电车）　无期（~徒刑）
无烟（~煤）　　无记名（~投票）
不良（~分子）　不锈（~钢）
不碎（~玻璃）　不设防（~城市）
非婚生（~子女）法西斯（~分子）

3. 有一些非谓形容词修饰名词的时候一般都带"的"，不带"的"也可以，不过风格上近于文言。例如：

最初（~的方案、~方案）
唯一（~的标准、~标准）
莫大（~的耻辱、~耻辱）
相应（~的措施、~措施）.
其余（~的事项、~事项）
连年（~的灾害、~灾害）
半旧（~的设备、~设备）
非法（~的行为、~行为）

无辜（～的百姓、～百姓）

历年（～的情况、～情况）

为什么有的不能带"的"，有的必须带"的"，往往由多种因素决定，情况很复杂。譬如，在"微型胶卷""多级火箭""汉英词典"里，用了"微型""多级""汉英"这些属性来限制"胶卷、火箭、词典"这些类名；加上限制之后，就出现了新的类名"微型胶卷""多级火箭""汉英词典"。"微型、多级、汉英"是给"胶卷、火箭、词典"分类的根据，说"微型胶卷""多级火箭""汉英词典"时，确定所说的是这个类，而不是别的类（如区别于"普通胶卷""登月火箭""日汉词典"等等）。而必须带"的"的，如"心爱的礼物""辩证的观点""成批的货物"里，定语不是作为分类的根据，而是用来描写所论及的事物的状况或情态的。但"的"字加不加的问题，在实际的语言里情况很复杂，有约定俗成的历史原因，也有的甚至不易说出理性的道理。

(99)

[原文] 这些词可以放在是字后边做谓语，一般要加的字，也有可以不要的字的。(**P32—L23**)

[问] 请举例（用词例造句）说明非谓形容词放在"是"字后边做谓语，有加"的"和不加"的"两种情况。

[答] 非谓形容词可以放在"是"字后边做谓语，一般要加"的"字，也有可以不要加"的"字的。

要加"的"字的是大多数，例如：

这个水库是小型的。

这点心是西式的。

这是国产的。

这种皮革是人造的。

　　这鞋是女式的。

　　这次会晤是非正式的。

可以不要加"的"字的,如:

　　这枝是 101 型。

　　这种是二级。

　　只有一位是专职。

　　这辆车是东方红型。

(100)

　[原文] 除不能直接做谓语外,它们还在一个重要特点上跟一般形容词不同:否定形式不是加不,而是加非(有的没有否定形式),在这一点上接近名词,名词也是否定用非。(P32—L24)

　[问] 请举例说明非谓形容词的否定形式以及没有否定形式的非谓形容词。

　[答] 非谓形容词表示的是一种分类标准,往往成对或成组出现,因此有的相反或相对意义就可以用词汇手段(即成对的非谓形容词)来表达。例如:

　　男:女　　金:银　　雌:雄　　公:母　　正:副

　　正:负　　单:双　　新:老　　棉:夹:单

　　中式:西式　良性:恶性　急性:慢性

　　双边:多边　专职:兼职　专业:业余

　　军用:民用　彩色:黑白　国营:私营

　　直接:间接　首要:次要　绝对:相对

　　有限:无限　长期:短期　阴性:阳性:中性

　　上等:中等:下等　大型:中型:小型:微型

单方面：多方面　一年生：多年生

当需要用语法手段表达不属于某个分类范围时，其否定形式是加"非"而不是加"不"。例如：

正式：非正式　主要：非主要　个别：非个别

硬性：非硬性　医护：非医护　直属：非直属

永久：非永久　必需：非必需

综合性：非综合性

非谓形容词"男""女"的否定形式加"不"，这是比较特殊的。这与名词"人""鬼"说成"不人不鬼"的道理一样。"男""女"受"不"修饰时，必须连用，说成"不男不女"（意即"男不像男，女不像女"），不能单用，不能说成"这个人不男（或不女）"。

有的非谓形容词没有否定形式，例如：

正：*非正　副：*非副　首先：*非首先

前任：*非前任　白色：*非白色　黑色：*非黑色

有的非谓形容词既有表示相反或相对的成对词语，又有表示不属于某个分类范围的否定形式，例如：

专职：兼职/非专职　专业：业余/非专业

军用：民用/非军用　内服：外敷/非内服

国营：私营/非国营　急性：慢性/非急性

这与有些形容词既有反义词又有否定形式"不"的情形是一样的，例如：

美：丑/不美　好：坏/不好　高：低/不高

虚心：骄傲/不虚心　坚定：动摇/不坚定

(101)

[原文] 把它们归入形容词，实在勉强得很。(**P33—L4**)

[问] 把这些词归入形容词为什么勉强得很呢？

[答]《分析》已经指出，这些词在词类系统中的地位非常特殊，它们跟实词里边的两大类都有距离：既不具备名词的主要特征（作主语，作宾语），又不具备谓词即动词和一般形容词的主要特征（作谓语）。这类词的语法功能上的特点是只能修饰名词或者在"的"字前头出现，既不同于名词，跟典型的形容词的共同点也少，所以把这些词归入形容词也勉强得很。

(102)

[原文] 是不是有与此相反的'唯谓形容词'呢？难，容易，多，少，对，错等等有点像。（P33—L6）

[问]"唯谓形容词"有什么特点？"难，容易，多，少，对，错"等等怎么有点像"唯谓形容词"呢？这些词不能当主语、宾语、定语吗？

[答] 一般形容词通常可以作定语、谓语、状语、补语以及主语、宾语。"非谓形容词"只能修饰名词（一般不加"的"），不能充任谓语、补语等；"唯谓形容词"与此相反，其特点该是不能单独作定语修饰名词，一般只作谓语、补语等。主要区别在于充任定语和谓语的比较上。先从"多"和"少"的用法来看，它们的特点是：

1. 不能单独作定语，如不能说"多人""少书"；"多""少"与副词"很""不"结合才能直接（即不必加"的"）作定语，如可以说"很多人""不少书"。

2. 能作谓语（如"人多""书少"）、状语（如"多想想""少出去"）和补语（如"说得多""做得少"）。

"多"和"少"都表示数，也有人叫它们为数量形容词。

再如"难"这个词，一般用作谓语（如"这道题难，那道题容易""说起来容易，做起来难"）、状语（如"这道题难做，那道题容易做""法国话难学，日本话容易学"）、补语（如"这题出得太难了"）。用作宾语只有极个别的例子（如"不怕难""要知难而进，不要知难而退"）。需要用作主语、宾语的时候用"困难"，如说"困难不少""克服困难"。"难"直接修饰名词作定语（不能带"的"），只限于极少数单音节名词（如"难字""难题""把水引上山是一件难事"）；修饰双音节名词要改用"难+动+的"的形式（如"难做的题目"）或改用"困难［的］""艰难［的］"等词语。

又如"容易"这个词，一般用作谓语（如"这件事容易"）、状语（如"这个道理容易懂"）和补语（如"你别把这件事看得太容易了""胜利来得不容易啊"）。"容易"修饰名词要带"的"（如"容易的事先做，难的后做""这可不是一件容易的事情"）；或者改为"容易+动+的"再修饰名词（如"容易做的题先做""容易断裂的地方要加固"）。

又如"对"，在现代汉语里有量词（如"一对男女"）、形容词（如"说对了"）、动词（如"对事不对人"）、介词（如"对大伙儿说一说"）等不同词性。形容词"对"，一般用作谓语（如"这个意见很对""这话对一半，错一半"）和补语（如"你们做得对""这步棋走对了"），不能单独作定语修饰名词。

"错"也有形容词和动词（如"学术活动和政治学习错开进行"）的不同用法。形容词"错"，一般用作谓语（如"你对，我错""这话对一半，错一半""你错就错在用人不当"）、状语（如"错认了人"）和补语（如"看错人，说错话，做错事"）。"错"修饰名词要带"的"（如"有什么错的地方，请指出来"），或用"很（相当）+不+错+的"的形式（如"这是一本很不错的书""这是一个相当不错的方案")。

(103)

[原文] 可是怎样区别于表示状态的不及物动词又是个问题。(P33—L8)

[问](1) 所谓"表示状态的不及物动词"指哪类词呢?请举例说明。(2)"唯谓形容词"和"表示状态的不及物动词"的区别又怎样成为一个问题呢?

[答](1) 关于"表示状态的不及物动词",未见吕先生在别处另作更为详细具体的说明。他翻译的赵元任《汉语口语语法》第八章把动词(包括形容词)按照它们出现的环境分为九类,其中有一类叫"不及物状态动词"。如果《分析》所讲的"表示状态的不及物动词"就是《汉语口语语法》这一类"不及物状态动词",那么,指的是下边这些词:饿、饱、疼、醒、疯、哑、醉、病、迷、皮、乏、麻、僵、通、塞、皱、绉、散、漏、脆、糊,等等。

赵先生指出,状态动词与形容词相近而又不同。"因为状态动词常常含有从另一状态进入这状态的意思,所以常常跟着助词'了'。"如"我饿了""现在饱了""管子塞(住)了""现在通了",等等。

(2) 这类"不及物状态动词"和上面所说的"唯谓形容词"的区别又怎样成为一个问题呢?就《汉语口语语法》所列举的词例和提供的例句看,它们的用法大致相同,特点很相近。一是"不及物状态动词"作修饰语,虽然也有可以不加"的"就直接修饰名词的例子(如"饿虎""绉绸""散沙"),但这种结构在词汇上受限制,超出这些就得加"的"(如"别用那个疼的指头""他挑了两块脆的饼干""漏的房顶挡不了雨")。二是

"不及物状态动词"也是一般用作谓语、补语,特别适宜作补语。用作谓语的如"你的小手要僵了""这料子洗了不会皱""腿麻了好几回""我从来没醉过""鼻子不通""我今天乏了""他病了""饭糊了"等。用作补语的如"急疯了""哭哑了""睡醒了""吃饱了""玩儿迷了""打通了""骂皮了"等。

赵先生的书关于形容词的分类有一项是"修饰形容词和表述形容词"。他指出:"[多数形容词可以修饰名词,也可以作谓语。]只能修饰名词,不能作谓语的形容词,严格说,没有。有少数形容词只能,或主要,作谓语。"他所说的"表述形容词"即只能或主要作谓语的少数形容词,举的例子是"够(我们人多茶碗少,茶够了碗不够),行,成,对,悬(=险),乏,诡(=鬼)"等。

如果赵先生的"表述形容词"也相当于吕先生的"唯谓形容词",那么其中的"通"这个词就是"唯谓"和"状态动词"的跨类词:"我鼻子不通"(状态动词),"这个句子不通"(形容词)。这似乎也可以说明"唯谓形容词"和表示状态的不及物动词的区别确实是个问题。

(104)

[原文]这个话有一定的道理,汉语里的介词的确跟西方语言里的介词不一样,几乎全部是由动词变来的。(P33—L11)

[问]除了由动词变来的以外,还有由别的词类变来的介词吗?

[答]关于汉语里的介词的来源,《分析》指出"几乎全部是由动词变来的";朱德熙先生在《语法讲义》里也说:"现代汉语里的介词都是从动词演变来的。"

要问汉语里有没有不是由动词变来的介词,恐怕得从古汉语介词（或现代汉语沿用古汉语的介词）里去找。譬如汉语史告诉我们"于""於""乎""诸"四个词，从先秦时代起就是介词（"诸"有人归入兼词），其用法如：

  王访于箕子。(《书经·洪范》)

  自朝至于日中昃不遑暇食。(《书经·无逸》)

  青取之於蓝，而青於蓝；冰水为之，而寒於水。(《荀子·劝学》)

  辨莫大於分，分莫大於礼，礼莫大於圣王。(《荀子·非相》)

  故人莫贵乎生，莫乐乎安；所以养生安乐者莫大乎礼义。(《荀子·强国》)

  失之己而反诸人，岂不亦迂哉？(《荀子·法行》)

又如，王力先生认为"介词'之'字和代词'之'字同出一源"。他在《汉语史稿》中指出："在最初的时候，指示代词'之'字放在名词后面复指，表示领有。'麟之趾'的原始意义是'麟它趾'，'公侯之事'的原始意义是'公侯他们事情'。这种解释可以拿两件事实来证明：第一，上古人称代词后面不能加'之'，先秦没有'吾之''我之''余之''汝之''尔之'等；第二，在先秦史料中，'之'字作为名词定语的介词的占大多数。"

又如"以"的介词用法，也是从上古一直沿用到现代汉语书面语的。先秦的用例如：

  博我以文，约我以礼。(《论语·子罕》)

  以羊易之。(《孟子·梁惠王上》)

  斧斤以时入山林。(《孟子·梁惠王上》)

现代的用例如：

我以老朋友的身份劝你不要这样固执。

以学术水平而论,这篇论文评为优秀科研成果是理所当然的。

客观规律不以人们意志为转移。

福建漳州以盛产香蕉和水仙花著名。

(105)

[原文]有时候一个介词带上一个名词可以做谓语(有是或者没有是),如:'这样处理是按照党的政策|成与不成就凭这一招了|我这是冲老梁。冲你,什么都不给。'(**P33—L14**)

[问]这些句子里的介词用法和介词的一般用法有什么不同?

[答]介词和一般动词不同,它一般已经丧失做谓语的能力。介词的一个重要特征是大都不做谓语里的主要成分,难得作为谓语中心。如"我从家里来",光说"我从家里"就不成话。"我比你高"也不能只说"我比你"。赵元任《汉语口语语法》指出,像"你为谁呐?""我谁也不为",是极少见的。像"你得从这儿走"在合适的场合说成"你得从这儿",也是不多见的。

地道的介词,不能单独做谓语,要跟它的宾语结合起来(即介词结构),做连谓结构的前一个直接成分。它只能是状语性质(如"对他提意见")或定语性质(有时加个"的",如"对他的意见")。如介词"从"与它的宾语"家里"组成介词结构"从家里",做连谓结构"从家里来"的前一个直接成分。在《分析》这段话所举的几个例句中的介词用法与介词的一般用法显然不同。在这些句子里,介词带上一个名词就做了谓语,而不是做连谓结构的前一个直接成分。"这样处理是按照党的政策"这句话,如果说成"这样处理是按照党的政策办事"那就是介词的一般用法。

(106)

［原文］可是能这样用的介词不多，而且就是在这种场合，介词也跟动词不同，多数动词可以在一定条件下甩开宾语，例如'我已经买了一个，你买不买？'介词办不到，例如不能说'党的政策摆在这里，你按照不按照？'**(P33—L16)**

［问］（1）这也是介词和动词的一个不同点吗？除此之外，还有没有别的标准可以用来区分介词和动词呢？（2）多数动词在什么样的条件下能甩开宾语呢？除了"V+不+V"的提问式以外，还有其他的条件吗？（3）有没有不能甩开宾语的动词呢？

［答］（1）是的。介词后面总要带宾语，而且一般都是名词性宾语。"我跟他说话"不能说"我跟说话"。"我比你高"不能说"我比高"。只有"被""给"这样的介词有时候可以不带宾语，例如可以说"信被烧了""家给砸了"，这是特殊情况。至于动词，虽然说能带名词性宾语也是一般动词的性质，但是动词带不带宾语，带什么样的宾语，情况就比较复杂。比如说，动词有及物动词和不及物动词之分。及物动词后边可以带表示承受动作的事物的名词作宾语，可称为受事宾语，如"洗衣服""学语法"；不及物动词不能带受事宾语，但是可以带跟它发生别种关系的名词，如"去一次""休息三天"。及物动词也能带这类名词性成分，如"吃一顿""打了三天三夜"。及物动词在句子里也不一定老带着宾语。介词和一般动词的这个不同点，就使得介词不能像多数动词那样，可以在一定条件下甩开宾语。

关于介词的特征，除了已经谈到的两点（介词一般不作谓语的中心；介词后面总要带宾语）之外，还有很重要的一点，就是没有态的变化。具体说是：没有表尝试的重叠；不能带表开始的"起来";不能带表不定过去的"过";很少带完成态的"了";少数带进行态的"着"。(有些介词的后缀,如"为着、为了",可以认为是它固有的,不是临时加上去表示动态的。)有些词兼属动词和介词两类,就可以采用这个特征来作为区分的标准:作为动词,有的可以重叠,可以带"了、着、过"等后缀;作为介词不能重叠,也不能带"了、着、过"。例如,可以说"咱们比比"或"咱们比一比",不能说:"我比比你高"或"我比一比你高";可以说"到了车站了",不能说"到了车站去";可以说"给过他一个电话号码",不能说"给过他打电话";可以说"你跟着他",不能说"你跟着他说话"。

关于介词的特征以及介词和动词的区分,赵元任《汉语口语语法》中有句话值得注意。他说:"由于汉语介词,无论在分类上或是在历史上,都有一种过渡的性质,所以上面所说的特征只能大致地这样说,不能作为严格的定义。"因此,一般不带动态后缀的介词在一定场合也可以带上这种后缀。如史振晔在《也谈关于介词结构做谓语》里就举过这样的例子:"风向标的箭头正朝着南呢。""风向标的箭头已经朝了南。""这家的大门以前朝过南,后来朝了北。"

(2) 多数动词可以在一定条件下甩开宾语,介词办不到。这"一定条件"除了"V 不 V"之外,也许还有别的形式,譬如说:

动词带疑问语气词可以甩开宾语:(动词)"我已经买了一个,你买吗?"(介词)*"党的政策摆在这里,你按照吗?"

动词可以在后续句(即答话)中甩开宾语:(动词)"我已经买了一个,你买吗?""我也买。""我看完了报了,你要看吗?""看。"(介词)"你把他当自己的亲生儿子看待吗?"*"我把。""你从不从檀香山走?"*"我从。"

上面曾谈到及物动词虽然都能带宾语,但在句子里出现的时候也可以不带宾语,这种例子是很多的,如:(动词)"我买(书)了""你切(菜)吧";(介词)*"我凭了""我按照了"*"我冲(chòng)了"。

(3)有一部分及物动词后头经常带宾语,一般是不能甩开的,例如:

我姓林
具有伟大意义
发现问题要及时加以解决.
敌人企图逃跑
含有某种意思
成为一名企业家
属于人类

在具体的句子里,由于受语境条件的影响(比如问题是对着宾语提问的),有的本来可以不带宾语的动词也甩不开宾语。请比较:

你看不看语法书?——看。
你看什么书?——看语法书/*语法书看。

(107)

[原文]当然,兼属动词和介词两类的词是有的,也还不是很少。**(P33—L19)**

[问]这是什么样的动词呢?请举些例子说明这些词怎样兼有动词和介词两种用法。有纯介词吗?

[答]由于现代汉语里的介词几乎全都是由动词变来的,大部分介词都还保留着动词的功能,所以跨类词也还不是很少。下

边举些兼属动词和介词两类的例子：

动词	介词
在家	在黑板上写字
这窗户朝北	朝南走
跟他比过本事	他比你高
这是为孩子	为孩子服务
全部按照当时的样儿	按照他的话做
面向东	向前看
依了我	依我看
通过大桥	通过了解
给酒线	给他打酒

有一部分介词，如"于、由、从、自从、对、对于、关于、至于、以、由于"等是比较单纯的，还有像"连、替、把、被、同"等介词特性也比较明显，可以看成是纯介词。有写法与之相同，但意义没有任何联系的，不是兼类词，而是同形词。

(108)

[原文] 把和被跟其余的不同，只有句法功能……（P33—L21）

[问] "把"和"被"的句法功能是什么？请解释。

[答] "把"字原来是个动词，有"把握"的意思。但在现代汉语里，除了"把门"的"把"（意为"看守"）是动词，"把"字的主要用法是介词，如"把门打开"的"把"。这个"把"同其他介词一样，主要句法功能是，跟名词组合成介名短语，用在动词前头起修饰动词的作用。"把"后的名词多半是后边动词的受事，由"把"字提到动词前。"把"字的作用，有的语法著作认为在于把动词后头的宾语提前；有的认为在于引出

受事。

介词"被"的句法功能是用于被动句,引进动作的施动者。前面的主语是动作的受动者。如"碗被他打破了""我被他骗了""歌本儿被人借走了"。跟"把"字及其他介词不同,"被"后头有时不带宾语,如"衣服被撕破了""全身都被淋湿了"等,这是因为动作的施事不可知或者不必说出来的缘故。"被"字虽然原来也是动词,但在现代汉语里不兼属动词。

(109)

[原文]给字兼有这两类的性质,有时候有'给与'的意思,有时候意思空泛,接近把、被。(**P33—L24**)

[问](1)"给"字怎样用才有"给予"的意思呢?举例说明。(2)"给"字怎样用意思空泛呢?也请举例说明。

[答]"给"字兼有动词和介词两类性质,作为动词,它的意义比较实在,有"给与"的意思,例如:

他给我一本书。

我曾经给过他不少钱。

作为介词,"给"字的意思空泛,主要有两种用法。一种是引进动作的接受者以及受益者或受损者,例如:

给我来封信。(用在动词前,引进交付、传递的接受者"我")

交给他一封信。(用在动词后,引进交付、传递的接受者"他")

我给你当翻译。(引进动作的受益者"你")

别给人家捣乱。(引进动作的受损者"人家")

另一种用法是表示被动,在受事主语句里引出施事来,作用与"被、叫、让"相似,例如:

门给风吹开了。

他给人骗了。

衣服给雨水淋湿了。

(110)

[原文]动词分成**及物**(外动、他动)和**不及物**(内动、自动),是很有用的分类,可也是个界限不清的分类。按定义,能带宾语的是及物动词,不能带宾语的是不及物动词;一个动词有几个义项,有的能带宾语,有的不能,这个动词就兼属及物和不及物两类。问题在于'宾语'的范围。(**P34—L3**)

[问](1)把能不能带宾语作为划分及物动词和不及物动词的界限,问题在于"宾语"的范围,这怎么理解呢?请举例说明。(2)请举例说明一个动词兼属及物和不及物两类。

[答](1)当我们说能带宾语的是及物动词(如"说""唱""想""爱"等),不能带宾语的是不及物动词(如"跑""躺""醒""死""休息"等)的时候,这个"宾语"的范围是有一定的限制。宾语有各种不同的类型,有的语法书根据不同的类型分为一般宾语(或叫真宾语)和准宾语。所谓准宾语,通常包括:

①表示时量或动量的宾语,如:

休息半个钟头

躺了三天三夜

醒了两回

跑了一趟

②表示运动终点的处所宾语,如:

去上海

飞广州

来北京

③表示存在、出现或消失的存现宾语，如：

(床上) 躺着一个孩子

来了个客人

到了一批货

死了一个人

以上可以看出，如果对"宾语"的范围不加限制，那么不仅及物动词可以带宾语，不及物动词也能够带宾语。《分析》以能不能带宾语作为划分及物动词和不及物动词的界限，给及物动词和不及物动词所下的定义里所说的"宾语"应该理解为一般宾语或真宾语，不包括"准宾语"。如果包括"准宾语"在内，及物动词和不及物动词的区别就不在于能否带宾语，而在于带什么类型的宾语。如朱德熙《语法讲义》所下的定义是："不及物动词只能带准宾语，及物动词除了准宾语之外，还能带真宾语。"《现代汉语八百词·现代汉语语法要点》说："及物动词后边可以带一个表示承受动作的事物的名词，称为宾语。不及物动词不能带这样的名词，但是可以带跟它发生别的关系的名词，一般也叫做宾语。"该书因此有受事宾语和非受事宾语之分。

(2) 兼属及物和不及物两类的动词，例如"我笑了"的"笑"是不及物动词，"我笑他""我笑他那个样子"的"笑"是及物动词，两者在意义上有差别。再如"我这就去""我明天去上海"的"去"是不及物动词，"苹果去皮好吃""这句话去几个字就简洁了"的"去"是及物动词，两者的意义也不相同。其他又如：

不及物	及物
坐一会儿	坐飞机去

车来了　　　　　　来一盘棋
病人已经清醒过来　　该清醒清醒头脑了

(111)

[原文] 如果把'宾语'限于代表受事者的名词，那么及物不及物的分别还有点用处，虽然'受事'的范围也还需要进一步规定。(P34—L9)

[问]"受事"的范围为什么还要进一步规定呢？"受事"的范围也很复杂吗？

[答]"受事"的范围为什么还要进一步规定呢？《分析》紧接下去所说的"事实上及物动词内部的情况仍然很不单纯"应该就是对这个问题的具体说明。除此之外，下面这种情况或许也有助于理解"受事"的范围还要进一步规定。如果把"宾语"限于代表受事者的名词，有些动词能带受事宾语是很清楚的，肯定是及物动词，如"吃、喝、说、看、买、讨论、分析、想、爱、相信、认识"等。可是，有些动词如"属于、像、叫、姓、兼、号称、等于、成为、不及、不如、不比、具有"等，虽然一般也划归及物动词，但它们的宾语并不是严格意义的受动者，在句子里其主语也不是严格意义的施动者。如"他姓王""金门岛属于福建省""晚上不如早晨""你已经具有大专毕业的文化水平"，等等。

(112)

[原文] 从一个角度看，有一般的及物，有使动性的及物，如'上漆｜平地｜斗鸡'，有容许性的及物，如'桥上走火车，桥下过汽车'。(P34—L11)

[问]（1）"上漆，平地，斗鸡"等为什么叫做使动性的及物？（2）"桥上走火车，桥下过汽车"等为什么叫做容许性及

物呢?

[答]"上漆""平地""斗鸡"中的"上""平""斗"都是使动性及物动词,因为它带上宾语后表示使动意义。"上漆"是使漆涂在家具等器物上的意思,"平地"是使地平坦的意思,"斗鸡"是使鸡斗起来的意思。还有像"上螺丝"(使螺丝安装到器物上)、"起螺丝"(使螺丝离开所固定的器物)、"跑马"(使马跑)、"去皮"(使皮去掉)等等,也是使动性用法。

"桥上走火车,桥下过汽车"是桥上只容许火车通过,桥下只容许汽车通过的意思。所以这种用法的"走""过"是容许性及物动词。类似的用法如"上游走木船,下游走轮船"(意为上游可以供木船走,下游可以供轮船通航),"里屋住人,外屋放东西"(意为里屋供人住,容许人住)。

(113)

[原文]从另一个角度看,动词的宾语可以是名词,也可以是动词,还可以是主谓短语,有的动词只能带其中的一种,有的能带其中的两种或三种,有的动词能带两个名词宾语,有的动词能带一个名词宾语和一个动词宾语,有的动词允许或者要求在所带名词宾语之后续上一个语义上属于宾语的动词,如此等等。
(P34—L13)

[问]请举出这段话所说的各种动词宾语的例子。

[答]各种动词宾语举例如下表:

	主语	状语	动词	宾语					助词及其他
				名	动	主谓短语	宾$_1$	宾$_2$	
A	他	已经	写了	一篇					

（续表）

B(1) (2)	你 机器	正在	喜欢 进行	唱歌 改装			吗
C(1) (2)	我们 你们	正在	研究 希望		工程从哪 儿开始 谁当代表		呢
D(1) (2) (3) (4)	张老师 我 他 大家	以前 都	教过 求 借了 称		我 你 你 他	数学 一件事 一本字典 大老李	吗
E	他		问		我	去不去	
F	我 他		找 允许		个人 我	教（你） 另写一篇	

说明：

（1）"动词的宾语可以是名词，也可以是动词，还可以是主谓短语"：如 A 类宾语是名词，B 类宾语是动词，C 类宾语是主谓短语。

（2）"有的动词只能带其中的一种"：如：$B_{(2)}$类动词只能带动词宾语。这类动词只有"予以、进行、从事、给以"等少数几个，而且作宾语的动词不能再带宾语。

（3）"有的能带其中的两种或三种"：如 $B_{(1)}$ 类动词带的是动词宾语，也可以带名词宾语，如"我喜欢他"。$C_{(1)}$ 类动词带的是主谓短语的宾语，也可以带名词作宾语，如"我们正在研究语法问题"。这类动词常见的还有"看见、知道、庆祝、听见、报导、相信、记得、考虑、高呼"等。$C_{(2)}$类带的是主谓短语，也可以带动词短语作宾语，如"我希望学汉语"。这类动词常见的有"断定、声明、以为、主张、提议、认为"等。能带其中三种的如："他正在研究汉语语法"，宾语是名词；"他们正在研究怎么开始""研究到哪里去玩儿",宾语是动词;"研究工程从哪儿开始""研究她怎么变成狼孩儿",宾语是主谓短语。

(4)"有的动词能带两个名词宾语":如 D 类。$D_{(1)}$ 类光有宾语$_1$,或光有宾语$_2$ 都行;$D_{(2)}$ 类光有宾语$_1$ 行,光有宾语$_2$ 不行;$D_{(3)}$ 类光有宾语$_2$ 行,光有宾语$_1$ 不行;$D_{(4)}$ 类表示称谓,光有宾语$_1$ 或光有宾语$_2$ 都不行。

(5)"有的动词能带一个名词宾语和一个动词宾语":如 E 类。

(6)"有的动词允许或者要求在所带名词宾语之后续上一个语义上属于宾语的动词":如 F 类。

动词的后续词语很复杂,《分析》第 96 节还有详细的讨论。

(114)

[原文]另外一个动词有,也可以自成一个小类,它的句法功能也很有特殊之处。(P34—L25)

[问]请介绍"有"的句法功能。

[答]大部分动词是表示动作的,"有"是表示存在的动词,不表示什么动作。"有"的用法比较特殊,其主要句法功能(指它和其他词的结合能力,在句子里的语法位置)是:

(1)动词的否定式一般用否定副词"不","有"的否定式是"没有"或"没",后者不用在末了,如:

你有没有字典?

有他没他都是一样。

这么办,一点儿好处也没有。

(2)能受"很""挺""最"等程度副词的修饰(修饰的是整个"有+宾语"),如:

他很有才干。

你挺有办法的。

我最有耐性。

（3）大多数助动词可以用在"有"的前头，"肯""甭"等助动词除外，如：

那还能有错吗？

把所有的证件都带齐了就不会有麻烦了。

提高要有一个基础。

干什么工作都得有毅力。

（4）"有"没有重叠式。

（5）"有"没有直接的命令式。命令式得用助动词。如：

你得有信心！

（6）"有"不适用于"V不V"的问话形式，只能是"有没有"，如：

你有没有字典？

你字典有没有？

"有"的主要用途是：（1）表示"领有""具有"；（2）表示存在。

(115)

[原文] 助动词这个名称是从英语语法引进来的，原文的意思是'辅助性的动词'。很多人以为是'辅助动词的词'，那是误会。**(P35—L2)**

[问] "辅助性的动词"和"辅助动词的词"有何不同？叫"辅助动词的词"为何不可？

[答] 助动词这个术语本身有歧义，是辅助性的动词还是辅助动词的词，不明确。《分析》指出，助动词这个名称是从英语语法引进来的，原文 auxiliary verb 的意思应是"辅助性的动词"，

那种以为是"辅助动词的词",是误解。

把助动词理解为"辅助性的动词",即表明它是一种动词,只是跟一般动词的用法有差别,其意义也比较空灵,不如一般动词那样实在。把助动词理解为"辅助动词的词",即认为它是辅助动词的词,至于它属于什么词类,比如是动词、副词,还是单立一类,未予说明。

除了根据英语原文正确理解助动词的含义之外,从汉语的实际看,助动词不好看做"辅助动词的词"。助动词通常放在动词前头(或者说通常拿别的动词作宾语),但它并不一定非附在动词前头不可。第一,助动词一般可以单独作谓语用,如:"这些习题你今天能不能做完?——能,一定能。""你会唱这首歌吗?——会。"第二,助动词也可以放在形容词的前头,如"学习应该认真""遇事应该冷静""我愿意安静一点儿"。

(116)

[原文]助动词是个有问题的类。助动词里边有一部分是表示可能与必要的,有一部分是表示愿望之类的意思的,所以又叫做'能愿动词'。前一种接近副词,后一种接近一般要求带动词做宾语的动词,这两方面的界限都很不容易划清。**(P35—L5)**

[问](1)为什么"助动词"是个有问题的类?(2)它的语法特点是哪些?(3)表示可能与必要的助动词为什么说接近副词呢?能有什么办法区分?(4)表示愿望类的助动词为什么说接近一般要求带动词做宾语的动词呢?能有什么办法区分?

[答](1)说"助动词是个有问题的类",可以举三个方面的例子说明:

a. 助动词与副词和要求带动词作宾语的动词,从句法位置看,它们都可以出现在动词前面,从语义方面看,表示可能、必要的与副词的界限，表示愿望之类的与要求带动词做宾语的动词的界限，都不易划清，加上一部分同形同义近义或异义的词，情况就更加复杂。如：

这么说她准哭。

此处不准抽烟。

第一句的"准"，有人划为副词，有人划为助动词。第二句的"准"，有人划归动词，有人划为助动词。

b. 对于助动词的性质（应算哪一类词）和范围（宽窄），各家的意见不很一致。有的语法书不区分助动词和副词，有的语法书加以区别。有的语法书把助动词算做动词的附类，有的书却不这么看。

早期的语法著作一般不大注重助动词和副词的区分，吕先生的《中国文法要略》就曾把"能、得、会、可、必、足"划归"限制词"里的"判断限制"类（即副词）。王力先生的《中国语法理论》也把"能、可、必、该、要、欲、肯、敢"看做"能愿末品"，他的"末品"是指副词性的词语。在《语法学习》中，不列助动词类，把"能、为"划为动词。

c. 现在一般的语法书列有助动词或叫能愿动词，但究竟具体包括哪些词，还没有一个十分确定、一致的答案。各种著作所列的词往往有出入。如本书第90题所讨论的情况。

（2）一般认为助动词作为一个类主要有以下几个语法特点：

①只能带谓词性宾语，不能带体词性宾语。

②不能重叠。

③不能带词尾"了、着、过"。

④可以放在"X 不 X"的格式里。

⑤可以单独做谓语。

(3) 助动词和副词都可以放在动词前头,有的副词也有表示可能、必要的意思,如:

能说　　　还说
会说　　　刚说
应该说　　必须说
可能说　　也许说
可以说　　未必说
应当说　　一定说

有的学者认为可以用来区分助动词和副词的标准如:

　　①根据能不能单独作谓语的原则,可以把助动词和单音副词区分开(否定副词"不"例外)。如"你能说吗?"回答可以单用"能"字;"你还说吗?"回答却不能单用"还"字。但双音副词有不少可以单用,如"你一定去吗?"可以回答"一定"。所以双音副词和助动词的区分不能用这条标准。

　　②根据能不能放入"不 X 不"这个格式中,来区分助动词和大部分副词。有的语法教材还用这一条标准给助动词下定义,说"助动词是指动词中能放在'不 X 不'(不敢不)格式里的词"。如可以说"不能不去、不会不去、不敢不去、不应该不去",而不能说"不才不去、不还不去、不就不去、不又不去"。副词"再""一定""都"也可以说成"不再不去、不一定不去、不都不去",所以这条标准也有局限。而且,内部的结构层次未必是"不 X 不",如"不能不去"应该是"不能→不去","不都不去"应是"不→都不去"。

　　③副词一般不受其他词类的修饰。根据能不能用"很"来修饰,可以把副词"再、一定"等跟动词区分开来。如可以说"很应该去、很可能去",不能说"很再去、很一定去",等等。

（4）助动词一般可以单独作谓语，通常放在动词前，构成"助动词+动词"的结构，跟要求带动词做宾语的动词的界限不易划清。虽然可用是否能重叠、是否可带词尾"了、着、过"等来鉴别，但并不是所有的动词都能重叠（如"掉、懂、死"等动词也不能重叠）、都能带词尾"了、着、过"（如动词"在"就不能说"我在了家""我在着家""我在过家"）。

有的学者指出可以用问话的标准把"助动词+动词"和"动词+动词"的结构区分开。"助动词+动词"可以用"X怎么样"来问，不能用"X什么"来问。如：

能怎么样？——能去。

"动词+动词"可以用"X什么？"来问，不能用"X怎么样？"来问。如：

怕什么？——怕去。

惦记什么？——惦记吃。

忘记什么？——忘记问了。

知道什么？——知道怎么走。

这个标准（参见刘坚《论助动词》，载《中国语文》1960年第1期）可以帮助区分助动词与既能带名词性宾语又能带动词性宾语那一类的动词。但是带非名词宾语的动词，如"X到"类、"X得"都可以用"X怎么样"提问，如"遭到怎么样？——遭到严厉批评""觉得怎么样？——觉得好多了"。所以，有的学者把助动词界定为"只能后加谓词性成分的非自主动词"，即不能自由构成肯定祈使句，不能带名词性宾语。但是"只能后加谓词性成分的非自主动词"，如"挨、觉得、显得"等却是动词并非助动词，如何与助动词划界也很不容易。

助动词和动词的界限不容易划清还表现在助动词跟动词的跨

类情况比较多，如：

助动词	动词
会说俄语	会俄语
要喝水	要点儿开水
该走了	该他多少钱
想去留学	我想他会来的
得（děi）费三天工夫	得三天工夫

《分析》用助动词和副词、一般动词并用的例子，进一步揭示这两方面的界限，的确很不容易。

（117）

[原文] 另外有几个词，单独说的时候不像动词，可是在一定的格式里，最恰当的解释是把它们当做助动词，例如：你高兴参加就参加得了｜我也懒得去找他｜反正没事儿，乐得去走走｜人家这么求你，你好意思不答应？｜你快决定，我好去回报｜这个问题好（容易，难）解决｜这一间就够住五个人。（P35—L14）

[问] 请举例比较这几个词为什么在一定的格式里最恰当的解释是把它们当做助动词。

[答] 有人①以能否重叠、能否带词尾"了、着、过"、能否带名词性宾语、是否只带动词性宾语、能否用"X什么""X怎么样"提问等作为动词与助动词的区别性特征：

---

① 详见刘坚的《论助动词》，《中国语文》1960年第1期。

区别性特征 \ 词类	动词	助动词
重叠	+	−
带词尾"了"	+	−
带"着"	+	−
带"过"	+	−
带名词性宾语	+	−
只带动词性宾语	−	+
用"X什么"提问	+	−
用"X怎么样"提问	−	+

从上表所见,动词与助动词的区别性特征具有对立性,吕著所举的"高兴、懒得、乐得、好意思、好、够"等在例句所举的格式的用法与助动词的语法特征相符,此外,它们位置上和助动词相近,意义上也多可与助动词替换,所以,最恰当的解释是把它们当做助动词:

你高兴参加就参加得了。
你愿意参加就参加得了。

人家这么求你,你好意思不答应?
人家这么求你,你能不答应?

这一间就够住五个人。
这一间就可以住五个人。

为了便于理解,我们可再举几个词当做助动词的用例,如:

高兴不高兴出去野餐去?
谁高兴谁去。
太累了,连水也懒得烧。
懒得动笔。
懒得管那些闲事。
横是不要钱,咱们乐得拿几个。
他不来,我也乐得清静。
你好意思不借给她?
他有些为难,就没好意思再追问。
我开着门,你们好进来。
你留个电话,有事好通知你。
打扫干净好过年。
那篇文章好懂。
这条路还算好走。
这点儿地方只够盖一间房子。
每月挣的钱够花了。

(118)

[原文] 来得及,免不了,不至于,便于,敢于,勇于等等也都像助动词。(P35—L18)

[问] 它们为什么像助动词呢?请举例说明。

[答] 这几个词,以上一题所列的动词与助动词的不同的语法特征衡量,它们当然也都像助动词。

在这几个词语中,说"敢于"像助动词恐怕是最容易理解的。因为"敢于"同表示有勇气做某事的助动词"敢"用法相同,只是"敢于"多用于书面,一般不用在单音动词前。如"敢于提出不同意见""敢于斗争,敢于胜利""因为有领导和群众支持，我们才敢于这么办"。

"勇于"是不退缩、不推诿的意思，后面跟动词，用法与"敢于"差不多。如"勇于挑重担""勇于负责""勇于承认错误""勇于自我批评"。

"便于"是比较容易做某事的意思，用法与"敢于""勇于"相似。如"便于携带""便于查阅"。但是"便于"后面还可以跟小句作宾语，如"便于读者查阅""为了便于青少年学习，他们编了一套《自然科学小丛书》"。这一点与"敢于""勇于"不同。

"不至于"表示不会达到某种程度，后面跟动词，作为后续句，也可以单独作谓语，如"他不至于连这一点道理也不明白""这些话他不至于听不懂""他学习成绩不太好，将来恐怕连普通大学也考不上。——不至于吧！"这些用法都像助动词。

"来得及"表示还有时间，能够顾到或赶上，后面只能带动词，也可以单独作谓语，如"这些问题都来得及处理""不要着急，还来得及讲""七点开会，你现在去还来得及""来得及吗？——来得及。"

"免不了"是不能避免的意思，可带动词、小句作宾语，也可单独做谓语用，如"要学会游泳，就免不了喝几口水""刚会走的孩子，免不了要摔跤""在前进的道路上，困难是免不了的""这种事儿免不了"。

(119)

[原文] 副词这个类的大问题是形容词修饰动词的时候要不要划入副词。……现在通行的说法是形容词可以修饰动词，只有在语义有明显分别的场合才算是同形的副词…… (P35—L20)

[问] 什么叫"同形的副词"？请举例说明它与可以修饰动

词的形容词有何区别。

[答]所谓"同形的副词"就是与形容词同形(写法相同)的副词。把修饰动词作状语的划归副词。有的语法学者(如朱德熙先生)宁愿把修饰动词(包括形容词)作为形容词的正常功能之一,除非意义改变。也就是说,如果意义基本上未变,修饰动词作状语的形容词,与修饰名词作定语、谓语、补语的形容词一样,都是形容词。例如"偶然"这个词,修饰动词作状语(如"偶然发生""偶然相遇""偶然发现一两个错字"等)同修饰名词作定语、谓语等(如"偶然现象""偶然事件""这件事太偶然了""出现这种问题绝不是偶然的"),都是表示"不是必然"的意思,应该都看为形容词。如果语义有明显差别,修饰动词作状语的形容词就可以划入副词,即形容词的"同形副词"。这时候一个词也就分化为两个词了——一个形容词,一个副词。例如"白"字,在"白衬衣"和"小萝卜,皮红肚里白"里,作定语或谓语,表示和"黑"相对的一种颜色;在"白跑一趟"里,作状语,是"徒劳"的意思。前者是形容词,后者是副词。

按照这种说法,与形容词同形的副词就不那么多了。常见的例子再如:

形容词	副词
好人	好厉害　挨了好一通骂
光纸	光说不做
老话	老说话
直路	直哭
硬脾气	硬要去
快马	快到

早点儿起来　　我早起来了

《分析》说这是现在通行的说法。实际上并不是所有著作都遵照这个说法，即使赞同这个说法，到了具体的某个词，各家的处理也可能并不一致。例如上面谈到"偶然"一词，《现代汉语八百词》就处理为一个形容词，一个副词。

(120)

[原文] 像突然和忽然，都是修饰动词的，但是突然间或也修饰名词，如'突然事故'，要照上面的原则处理，突然是形容词，忽然是副词，是不是也有点别扭？**(P36—L1)**

[问]（1）请分析说明，如照上面的原则处理"突然"怎么是形容词，"忽然"怎么是副词，这样处理的结果在什么地方可能有点别扭。（2）"突然"和"忽然"这两个词还有可能作别的处理吗？

[答]"忽然"只能修饰动词（包括形容词）作状语（如"窗外忽然传来一阵笑声""病忽然就好了"等），不能作定语、谓语和补语，是副词。"突然"除了修饰动词（包括形容词）作状语（如"天气突然变冷了""电灯突然亮起来了"等），还能作定语（修饰名词）、谓语和补语（如"突然事件""这个消息实在太突然了""情况来得突然"等）。"突然"不论是作状语还是作定语，都是表示情况发生急促而且出人意料。按照上面所说的现在通行的说法是形容词可以修饰动词，只有在语义有明显分别的场合，才算是同形的副词，"突然"应该处理为形容词。

要说这样处理有点别扭，恐怕就在于：作状语用的"突然"和"忽然"，意义相近，用法相同，甚至一般可以换用，可是一个当为形容词，一个是副词。

跟这种原则不同的处理办法是，把"突然"当做兼类词，作定语、谓语、补语用的划入形容词，作状语用的划入副词。这样，"突然"这个词，当它的用法与"忽然"相当的时候，就跟"忽然"划为同样的词类。《现代汉语八百词》正是这样处理的。

(121)

[原文] 此外，还有全速，高价，稳步，大力等等，从结构上看，很像前面说过的非谓形容词，但是经常修饰动词，很难得修饰名词，是不是该归入副词？(**P36—L3**)

[问] 这些词到底能不能归入副词，能找到修饰名词的个别例子吗？

[答] 在这几个词中，"稳步""大力""全速"只能修饰动词作状语，如"稳步前进""稳步上升""大力宣传""大力推广""全速前进"等，划入副词应该是可以的。"大力士"是偏正式的名词，"大力"与"士"的关系属构词法的问题，不是"大力"修饰名词"士"。但如果有"大力水手"，那就该是修饰名词了。"高价"的情况有点不同，除了修饰动词作状语（如"高价收买""高价出售"）外，还可以修饰名词作定语（如"高价商品""高价粮""高价油"）。有的工具书（如北京语言学院《简明汉英词典》）把"高价"的词性注为"名词"，我们认为划入形容词似更合理。

(122)

[原文] 论句法功能，代词有的跟名词相当，有的跟形容词相当，有的跟副词相当，个别的跟动词相当，跟数词相当。(**P36—L10**)

[问] 从句法功能看，什么样的代词跟名词、形容词、副词、动词以及数词相当，请分别加以说明。

[答] 从句法功能看，与名词相当的代词有：人称代词如

"我、咱、你、您、他、我们、咱们、你们、他们、人家、别人、大家、大伙儿",指示代词如"这、那",疑问代词如"谁、什么"等。它们是体词性的代词,语法功能和名词相似:能作主语、宾语、定语,不能作谓语、状语,不受副词修饰等等。例如:

你们找谁?我们找他的爱人。
那是什么?这是微型电视机。
你看,那是谁?
我也不知道谁是谁,谁跟谁好,谁是谁的朋友。
你听!什么响?
你在那儿想什么?
什么的速度比光的速度快?

与形容词相当的代词,常见的有指示代词"那个"和"这(那)么(样儿的)"等,例如:

这位先生有点儿那个。
你刚才的态度真有点儿太那个了。
老陈呢,人倒是好人,就是脾气那个一点。
他弟弟很奸诈,可是他自己一点儿不那个(那样)。
他就是这么样儿的一个人。
完全不是那么一回事儿。
他就说了这么一句话。
他老有那么一股劲儿。
他不是那样的人。
我们从来没有碰到这么样的天气。

与副词相当的代词,有指示代词和疑问代词"这么、那么、哪么、怎么"等,例如:

这么做你也不要,那么做你也不要,你要哪么做呐?

这么写比那么写好。
你这么说话不合适。
长了这么大没过过一天好日子。
没那么远。

与动词相当的代词，常见的如指示代词和疑问代词"这么、那么、怎么、这样、那样、这么样、那么样、怎么样"等。作为动词的用法，这些代词可以在前头加助动词，在后头加后缀或者带宾语。例如：

那就这样吧？
下回别这么样了。
别那么呀！你得这么着才行。
他要怎么你就怎么你，你能把他怎么样？

与数词相当的代词如疑问代词"几、多少"等，都是用来询问数量的。例如：

你到中国几天了？
他走了多少天了？
你读了几本书？
他读了多少（本）书？
这个学校有几千个学生？
这个城市有多少万人？
你喜欢哪几首歌？

(123)

［原文］不但是'无定'代词像谁，什么所指无定，就是与无定代词相对的'有定'代词像我，这，其实也是无定的，谁说话，谁就是我，手指着什么，什么就是这，其余可以类推。

(P36—L13)

《汉语语法分析问题》各部分的问题解答

[问]（1）代词如何分成有定无定两大类？（2）为什么说"我""这"也是无定的？"我""这"是具体的，不能说是无定的吧。

[答]代词之分成无定有定两大类，是吕叔湘先生提出的一种分类法。它是根据代词和所代事物的关系的确定或不确定来划分的。在《语法学习》一书中具体列出了这两类代词互相配合的情况：

无定	有定
（人）谁？	我，你，他
（物）什么？	这（个）；那（个）
（人物属性）什么……？（什么花？）	（名词或形容词：菊花，野花）
（选择人物）哪个？	这个；那个
哪些（个）？	这些（个）；那些（个）
（属性、状态、方式）怎么？怎么样？怎样？	这么，这么样，这样；那么，那么样，那样
（处所）哪里？哪儿？	这里，这儿；那里，那儿
（时间）多咱？多会儿？几时？什么时候？	这咱，这会儿，这个时候；那会儿，那个时候
（数量）多少？几？	这么些；那么些（数词）
（程度）多……？（多大？多高？）	这么……（这么大）；那么……（那么高）

可见，无定代词相当于一般所说的疑问代词，有定代词里，包括一般所说的人称代词和指示代词。

无定代词"谁""什么"等，指的是未知的人和物，自然所指无定。就是与无定代词相对的有定代词像"我""你""这""那",其实也是无定的。这一点《语法学习》的解释是:代词跟别的词类不同,就在于它本身没有明确的内容,它的意义跟着环境变化。在我嘴里,"我"是我,"你"是你;在你嘴里,"我"就是你,"你"就是我。指着笔说"这个","这个"是笔;指着墨水说"这个","这个"又成了墨水。

(124)

[原文] 换句话说,如果别的词类是竖的分出来的,代词就是横切一刀切下来的。(P36—L15)

[问] 为什么说代词就是横切一刀切下来的?

[答] 划分词类是以句法功能作为依据的。如《分析》第35节中所说:"有一些词经常在句子里做谓语,算是一个类,称为动词;另有一些词经常跟动词发生施事、受事以及别种关系,算是另一个类,称为名词。这叫做按功能分类,也就是一般所说的分词类。"但是代词跟别的词类不同,它不是按照句法功能分出来的类。它的自成一类是因为有一个共同的特征叫做"代"。从代替的功能看,代词代替的不止一类词。它可以分别与名词、形容词、副词、动词、数词相当。所以说代词是横切一刀切下来的,即,它是由横切别的有关词类组成的,示意图如下:

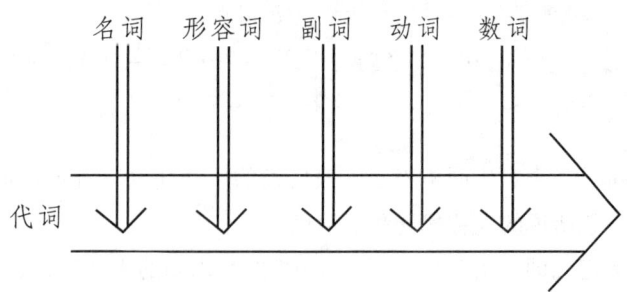

(125)

[原文]指别和称代是不同的句法功能,代词之中兼有这两种功能的固然不少,而只有一种功能的似乎更多。(P37—L1)

[问]什么样的代词兼有指别和称代这两种功能,什么样的代词只有一种功能,请举例说明。

[答]代词有指别和称代两种作用。人称代词只有称代作用,没有指别作用。指示代词和疑问代词都有三种情况:或者只有指别作用(如"哪些"),或者只有称代作用(如"谁""这会儿""那会儿""这里(儿)""那里(儿)""这阵儿""那阵儿""哪里(儿)""多会儿"),或者兼有这两种作用(如"什么""这""那""这么""那么""这样""那样""这么样""那么样""哪""怎""怎样""怎么样"等)。譬如,问人的疑问代词"谁",跟"我、你、他"等人称代词相配,只有称代作用,如说"谁是你们的老师?——他是我们的老师";"你们的老师是谁?——我们的老师是他"。问事物或问人、物属性的疑问代词"什么"以及指示代词"这(个)、那(个)",有指别和称代两种作用。称代的时候同时也指别,指别的时候可不一定也称代。后面省掉名词的时候,同时兼有指别和称代两种作用:

单纯指别作用	称代兼指别作用
这是什么花?	这是什么?
(这是菊花。)	(这是花。)
我认得这个字	我不认得那个
我不要这个杯子	我要那个

(126)

[原文]如果仍然合为一类,也是把名称改为指代词较好,

因为指别是这类词不同于他类词的主要特征,至于称代,反而不是这类词独有的功能,数量词组合也可以代替名词,的字短语也可以代替名词。(P37—L3)

[问](1)除了代词还有哪类词具有称代功能呢?(2)请举数量词组合代替名词的例子。(3)请举些"的"字短语代替名词的例子。

[答]《分析》指出,除了代词,数量词组合和"的"字短语也具有称代功能。

数量词组合代替名词的例子,如:

我们上街买衣服,他买三件,我买两件。
走了一个,还剩五个。
我要一双。
喝了一杯。
吃了三碗。

数量词的主要语法功能是修饰名词。由数量词充任的修饰语和中心语之间有同位关系,因此在一定的语言环境里修饰语可以代替整个偏正结构。上面的例子中,"三件、两件"等于"三件衣服、两件衣服","一个、五个"等于"一个人、五个人","一双""一杯""三碗"也都代替了要的、喝的、吃的等具体东西。

"的"字短语代替名词的例子,如:

我的笔忘带了,借你的使使。
他的行李多,我的很少。
两个小孩,大的八岁,小的三岁。
你用这个杯子,那个是吃药的。

去参观的[同志]在门口集合。

二车间的［工人］来了没有？

给你一朵粉红的［花儿］。

他说的［话］我没听清。

修饰名词的"的"字短语，在句子里往往可以代替整个组合。有的是名词已见于上文，避免重复；有的虽然不见于上文，但可以意会。

(127)

［原文］这五个介词里边倒有一个半现在的语法书里不认为是介词了。(P37—L9)

［问］这五个介词里边，哪一个半现在的语法书里不认为是介词了？为什么？

［答］马建忠的《马氏文通》说："凡虚字用以连实字相关之义者，曰介字。""介字云者，犹为实字之介绍耳。""介字习见者，曰'之'，曰'於'，曰'以'，曰'与'，曰'为'，共五字。"

这五个介词里边有一个半现在的语法书里不认为是介词了，指的是一个"之"字和半个"与"字。

在古代汉语中，"之"字有代词、动词等实词用法和虚词用法。虚词用法如"人之患在好为人师""皮之不存，毛将安傅？""前事之不忘，后事之师"等。这种用法遗留到现代汉语，大致与现代"的"字相当，例如"赤子之心""这次运动规模之大，范围之广，参加人数之多，都是空前的"。对于"之"字的这种虚词用法，《马氏文通》叫做"介字"，现在的语法书里不认为是介词了，而当为助词（结构助词）。

"与"字也有动词和虚词等不同用法。虚词用法《马氏文通》叫做"介字"，现在的语法书进一步根据语法功能的异同，分为介词和连词两种用法。介词用法如"今子与我取之，而不与我治之；与我置之，而不与我祀之，焉可？""卫鞅复见孝公。公与语，不自知膝之前于席也"等。连词用法如"知可以战与不可以战者，胜""夫子之言性与天道，不可得而闻也"等。"与"字沿用到现代汉语也同样兼属介词和连词两类。介词用法如"与此事有关""与时间赛跑"等。连词用法如"中央与地方""批评与自我批评""兴奋与激动"等。

（128）

[原文] 现代汉语里跟之字大体上相当的的，也曾经被认为是'领摄介词'，但是现在多数语法著作里已经把它划归助词。（P37—L10）

[问]（1）"的"字是"领摄介词"，这是谁说的呢？在什么书里说的？（2）还有少数语法著作把"的"字划归于什么词类呢？

[答] 把现代汉语里跟"之"字大体上相当的"的"字当为"领摄介词"的，如黎锦熙的《新著国语文法》。

现在一般语法著作如《暂拟汉语教学语法系统》《现代汉语八百词》、朱德熙《语法讲义》把"的"字划归助词。也有些语法著作划归连接词、后缀（词尾）、连词、关联词、记号等等，例如：

丁声树等的《现代汉语语法讲话》把"的"字看为类似词尾的附加成分（包括"词的尾"和"词组的尾"）。

赵元任《汉语口语语法》认为，"虽然'我的''你的'的'的'像是代词的领格后缀，'送信的''要饭的'的'的'像是表示行为主体的名词的后缀，可是大多数情况下 de 字前边是一个短语，这就使 de 成为一个短语的后附，换句话说是一个助词。这就是为什么中国语法学家常常把'的'以及与之相当的文言虚字'之'定为介词的缘故"（见该书 P131），"有跨类情况，如'他的书'，'的'是后缀；'他看的书'，'的'是助词"（见该书 P353）。

吕叔湘、朱德熙《语法修辞讲话》认为："……'的'，原来是个连接词，但是在'我的''红的''慢慢的'里头，也许可以算词尾（尤其是后面不跟别的词的时候，如'这是我的''这是红的''慢慢的！'）。但是在'我看的报'里面，'的'还是一个连接词。"（见该书 P12）

吕叔湘《语法三问》（见《语文学习》1953 年第 8 期）认为："说它是连词，它并不是连接句子，也并不是连接并列的成分，而是连接附加语和被附加语。"

王力在《中国现代语法》中，把这类"的"看做记号。是"修饰品的后附号"。

张静主编的《新编现代汉语》把"的"划归连词。书中说："'的、地、得'一般都叫结构助词，跟'吗、呢、吧'等语气助词合成一类，我们把它们看做专门连接附加成分和中心语的偏正连词。"（见该书上册 P111 注①）

(129)

[原文] 按照这种划分法，凡是连接小句和小句的，不论是并列关系还是主从关系，都是连词；至于连接词和词的，就得看是哪一种关系，表示并列关系的还是连词，只有表示词和词之间的主从关系的才是介词。(**P37—L14**)

[问] 请举例说明"连接小句和小句"与"连接词和词"的并列关系和主从关系的情况。

[答] 下面这一张图表可以从连接的成分和连接的方式说明

介词和连词的划分法。

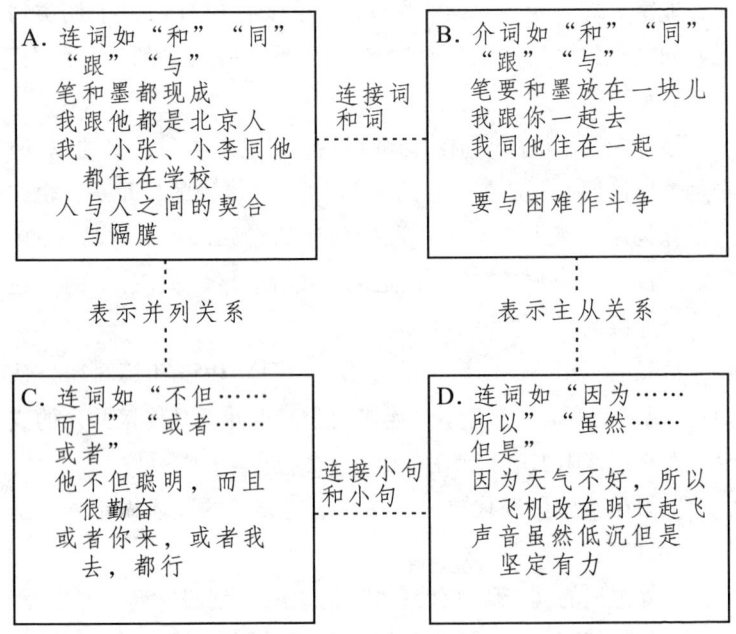

表中横向 A、B 都是连接词和词的，C、D 都是连接小句与小句的；竖向 A、C 都是表示并列关系，B、D 都是表示主从关系。其中 A、C、D 均为连词，只有连接词和词并表示主从关系的 B 是介词。所以《分析》说："四分天下而连词有其三，介词只有其一。"

(130)

[原文] 可以出现在主语前边，也可以出现在主语后边的是连词，如虽然，如果等；不能出现在主语前边（指没有停顿的），只能出现在主语后边的是副词，如又，越，就，才等。
(P38—L7)

［问］"指没有停顿的"是什么意思，还有另外一种"有停顿的"吗？

［答］这句话提出了给连词跟有关联作用的副词划界的标准。从能否在主语前后的角度来观察，可以看出连词和副词的区别。

有的连词只能出现在主语前边，如：

这种服装现在很流行，但是我不喜欢。

*这种服装现在很流行，我但是不喜欢。

有的连词可以出现在主语前边，也可以出现在主语后边，如：

虽然我很喜欢唱歌，可是唱得并不好。

我虽然很喜欢唱歌，可是唱得并不好。

如果你不来，那么谁来？

你如果不来，那么谁来？

跟连词相反，副词不能出现在主语前边，只能出现在主语后边，如：

你又生我的气了。

*又你生我的气了。

大家越讨论，问题就越明确。

*越大家讨论，越问题就明确。

你等会儿，他就回来。

*你等会儿，就他回来。

他才走。
*才他走。

根据这个标准，如果一个表示小句和小句之间的关系的词不能搁在主语之后，必须搁在主语之前，那就必须承认它是连词。例如：

他来了，但是他太太没来。
*他来了，他太太但是没来。

那么，谈到副词不能出现在主语前边时，为什么要加注说明"指没有停顿的"呢？这里包含什么意思？据我们的体会，有些副词（如"就"）情况比较复杂，或者有同形的兼类用法，可以出现在主语前边，需要加以分辨；或者有特殊例外，不好说绝对不能出现在主语前边。

一种情况是，"就"引进动作的对象或范围，可以出现在主语前边，有停顿。如"大家就当前的改革问题进行了热烈的讨论"这句话，也可以说成：

就当前的改革问题，大家进行了热烈的讨论。

这种用法的"就"是介词，不能和副词"就"混淆。

再一种情况是，副词"就"不出现在主语前边，有例外。赵元任《汉语口语语法》曾经举过一个句子：

要是两个包，就一个是你们的，一个是他们的；要是一个包，就全是你们的。

赵先生指出，第一个"就"是在主语之前，但是它修饰的是 S—P 谓语（即整句谓语）"一个是你们的，一个是他们的"。

另外一种比较普遍的用法是，副词"就"加在小句之前，表示排除主语所指以外的事物，如：

就我一个人去行了。（别人都不必去。）

昨天就他没来。(别人都来了。)

有些句子,因为副词"就"的位置不同意思不一样。比较:

他就讲了两小时,别人都没时间谈了。

就他讲了两小时,别人都没有发言。

他就要了三张票,没多要。

就他要了三张票,别人都是一人一张。

(131)

[原文]比如动词后边的了和着,赞成把它们作为动词后缀的恐怕会比赞成作为单词的多。(**P38—L14**)

[问](1)哪些语法著作把"了"和"着"看成动词后缀?(2)赞成把"了"和"着"作为单词的划归什么词类?(3)为什么赞成把它们作为动词后缀的比较多呢?

[答]关于"了"和"着"(还有"过"),是词或者不是词,是什么样的性质,在语法学者中意见分歧,处理很不一致。有人把它们归入助词,如现在大家比较熟悉的张志公的《汉语语法常识》及《暂拟汉语教学语法系统》,早期的代表是赵元任的《北京、苏州、常州语助词的研究》(1926年)和《现代吴语的研究》(1928年)。吕叔湘的《现代汉语八百词》也这样处理。有人把它们归入词头、词尾,如陆宗达和俞敏的《现代汉语语法》。有人把它们分别安插到现成的词类里,如黎锦熙的《新著国语文法》定"了""着"为后附助动词,"过"为后附副词。他把附着在动词后面的"了"叫做后附助动词,把附着在句末表语气的"了"叫助词。陆志韦的《北京话单音词词汇》则把这三个字都定为后附副词。现在比较通行的说法是把它们当做词尾。王力在早期的《中国现代语法》和《中国

语法理论》里定"了""着"为情貌记号,在后来写的《汉语的词类》(《语文学习》1952年第4期)里定"着"为词尾,"了"分别定为词尾和语气词。吕叔湘和朱德熙的《语法修辞讲话》把"了""着"当为动词词尾,句末"了"划归语气词。丁声树、吕叔湘等的《现代汉语语法讲话》也作了同样的处理。此外赵元任的《汉语口语语法》和朱德熙的《语法讲义》都是认"了""着""过"为动词后缀,把句末"了"划归语气词。

吕叔湘在《助词说略》(与孙德宣合写)里说:"这三个字的作用在于表示变化的过程,即所谓'时态',语法意义重于词汇意义,而且附着性很强,与其说是副词,毋宁说是词尾。"也就是说,这些字有一个共同的特点,就是附着性很强。附着性是附加成分(词头、词尾、词嵌)的特征,所以这些字常常被认为附加成分。这些分析可以帮助理解为什么赞成把它们作为动词后缀的越来越多。应该注意,吕叔湘先生在分析中同时指出:"但是只有着字不能离开被附着的词,了和过都能让别的成分隔开。也就是说,只有着字是只附着于一个词,了和过都有时候附着于一组词。所以如果要承认它们是词尾,就得把词尾的定义修改一下。"也就是说,需要改变词尾的定义:凡是附着在别的语言单位后的,不管所附的是一个词还是一组词,都是词尾。吕先生认为,这样做未尝不好,不过"词尾"最好改称"语尾"。《分析》第55节在讨论语缀问题时说:"汉语语缀的第二个特点是有些语缀(主要是后缀)的附着对象可以不仅是词根或词,还可以是短语。例如……还有划入助词的了、过、的等,……不把前缀、后缀总称为词缀而总称为'语缀',就可以概括不仅是词的而且是短语的接头接尾成分,连那些不安于位的助词也不愁没有地方收容了。"由此可见，吕先生对这个问题的看法——注意"了""着"等的附着性特征，修改词尾（词缀）的定义，改称"词尾""词缀"为"语尾""语缀"，是经过长期考虑的结果。

（132）

[原文]有一种简单的，也可以说是简单化的办法：把词类跟句子成分的关系固定下来：甲类词做 A 成分，乙类词做 B 成分，甲类词做了 B 成分就不再是甲类词而是乙类词了。（P38—L23）

[问]这段话对我们外国人是抽象了些，"把词类跟句子成分的关系固定下来"是哪位先生的主张呢？怎样才叫做"甲类词做了 B 成分就不再是甲类词而是乙类词了"呢？为什么把这种办法批评为简单化的办法？请用实例加以说明。

[答]主张"把词类跟句子成分的关系固定下来"的代表性著作是黎锦熙先生的《新著国语文法》。该书认为，凡是作主语宾语的词都是名词（如"'坐、立'都不是"，其中的"坐、立"已由动词转成名词；"坐也不是，不坐也不是"，其中的"坐"是抽象名词，"不坐"就只是名词语，不再追究这里面"不"和"坐"的词类了）；凡是作定语的词都是形容词（如"来的人是谁"其中"来"已由动词转成形容词）；凡是修饰动词、形容词的都是副词（如"他笑着说"其中"笑"已由动词转成副词）等等。

黎先生说单个儿的动词形容词作主语宾语时（如上例的"坐""立"）"就干脆当做主语名词，没有问题"（见《新著国语文法》1955 年校订本第 79 页），如果前后带着状语、宾语、补语等等，那么，整个词组是名词性的，其中的动词和形容词的语法性质不变，仍然是动词形容词。（见黎锦熙、刘世儒《语法再研讨——词类区分和名词问题》，《中国语文》1960年12月号）。按照这种说法，不但谓语位置上的动词和形容词跟主语宾语位置上的动词和形容词性质不同，就是主语宾语位置上的动词形容词性质也是不确定的，也要转类，而且转得非常厉害。朱德熙先生在《关于动词形容词"名物化"的问题》一文中列举了几个有趣的例子作了比较：

(1) 去是有道理的。
(2) 不去是有道理的。
(3) 暂时不去是有道理的。
(4) 他暂时不去是有道理的。
(5) 他的去是有道理的。
(6) 他的不去是有道理的。
(7) 他的暂时不去是有道理的。

朱德熙先生批评说："动词'去'在（1）里转成了名词，在（2）（3）（4）（6）（7）里又还原为动词，在（5）里又变成了名词。动词性词组'不去'在（2）里转成了名词性词组，在（3）（4）（7）里又还原成为动词性词组，在（6）里又变成了名词性词组。动词性词组'暂时不去'在（3）里转成了名词性词组，在（4）里又还原为动词性词组，在（7）里又变成了名词性词组。这样绕来绕去，不但从理论上说是缺乏根据的，而且对于学习的人来说，更是难于理解和掌握的。"

(133)

[原文] 名词的主要功能是做句子的主语和动词的宾语，但是也能修饰别的名词，不说是变成形容词。(P39—L9)

[问] 请举些实例，并说明为什么"不说是变成形容词"。

[答] 名词的主要功能是做句子的主语和动词的宾语，但也可以修饰别的名词。如"玻璃黑板""木头房子""塑料杯子""铁罐子""尼龙纱窗"中的"玻璃""木头""塑料""铁""尼龙"等名词都是别的名词的修饰语，不说是变成形容词。

《分析》在这一节讨论"词类转变"四种情况中第一条就谈到："在一定的条件下，同类的词都能这样用，因而这种用法可以列入这类词的功能之内"不作为"兼类"。名词既然具有与形容词一样的当别的名词的修饰语的功能，那么"可以修饰别的名词"就应列入名词的功能之一，而不能说是转成形容词。

这也就是说，不同类词具有部分相同的语法功能时不应看做兼类。这在动形之间的情形也一样。比如，动词后能加助词"了"和表示动作行为开始进行的"起来"，但"了、起来"对于形容词有很大的开放性，比如"才凉快了几天又热起来了""灯暗了半小时又亮起来了""去年他瘦了现在又胖起来了"其中的"凉快、热、暗、亮、瘦、胖"都仍是形容词。

(134)

[原文] 同样，形容词修饰动词的时候，如果语义没有明显的变化，不算转变成副词。(P39—L11)

[问] 请举些形容词修饰动词的时候，语义不变和语义有明显变化的例子。

[答] 形容词修饰动词时算不算已经转变成副词，这要看它的语义有没有明显的变化。这个问题上边48节讨论形容词修饰动词要不要划入副词时已经说明过，下边再举几个例子作比较：

修饰名词	修饰动词，语义没有明显变化，仍是形容词		修饰动词、语义有了明显变化，算转成副词
	形容词 + 动词		
形容词 + 名词	直接修饰动词	全部或局部重叠之后修饰动词	副词 + 动词
直心眼儿	直走（不拐弯）	直挺挺地站着	直哭
怪脾气	怪叫		怪难看的
快马	快跑	快快儿走	快到站了
好书	好吃（味道鲜美）	好好地说	原来你在这儿，让我们好找

又如：

　　　　螃蟹好吃，好久没吃了，买它十斤来，好让大伙儿开开斋！

这个句子中第一个"好"指味道鲜美，形容词；第二个"好"，相当于"很"，副词；第三个"好"是"以便于"的意思，相当于助动词。

(135)

［原文］又如双音动词都可以放在进行或予以后头做宾语，不因此就变成名词。(**P39—L12**)

［问］请举些放在"进行""予以"之后做宾语的双音动词的例子。

［答］可以放在"进行"后头做宾语的双音动词如：

~批评　~解决　~比较　~研究
~分析　~调查　~改进　~教育
~讨论　~调整　~动员　~工作

可以放在"予以"后头做宾语的双音动词如：

~批评　~研究　~解决　~帮助
~调解　~协助　~说明　~更正
~考虑　~落实　~照顾

(136)

［原文］语义的变化比较特殊，只是偶尔这样用，没有经常化，这算是临时'活用'，不同于永久性的词类转变。**(P39—L15)**

［问］（1）什么是"临时'活用'"？请多举些例子。（2）词性的转换、词类转变、兼类、一词多类以及同形同音词是一回事吗？

［答］（1）这个问题我们在回答第36节的问题时已经涉及了。所谓"临时'活用'"是指甲类词临时当乙类词用一下，偶尔地这样用，"难得这么用一回"。这主要是非动词做动词用，还有非形容词做形容词用。这不算兼类现象。如本节吕先生所举例句中的"好了""好不上""近视眼"，是形容词、名词临时活用作动词。除了本书第80题已举过的例子，吕先生等还曾举过一些例子，如：

……或者因为高等动物了的缘故罢，黄牛水牛都欺生，敢于欺侮我……（鲁迅《社戏》）

末了，他还少不得认真地"马列"了"保长"几句。（叶之蓁《红白喜事》，《人民文学》1982年第5期）

"他也怪凄惶的。"——"你凄惶他,谁凄惶我?"(韩石山《画虎的人》,《小说选刊》1981年第7期)
　　我们的头儿死要面子……这回,他把我编外了。(《人民日报》1989年4月18日)
　　你越劝,娘不越伤心吗?哑巴着点儿,过了这一阵就好了。
　　要讲洋,咱都洋!你东洋,我西洋!看谁洋得过谁!(张晓东《内应力》,《小说月报》1982年第10期)
　　走正步,比军队还军队。
　　什么全齐了,比香港人还"港"哪!
　　这个连长太"军阀"了!年纪不大,脾气可不小!(曲波《山呼海啸》)

以上九例带点的词均为非动词,但有的前加副词"还""太",有的后加动态助词"了、着、过"或后带宾语,都是活用作动词的例子。

　　(2)同形同音词是指写法一样语音形式相同,但语义毫无联系、语法功能也不相同的词,如"会(助动词)唱歌""开个会(名词)""白(形容词)头发""白(副词)跑一趟""花(动词)了一大笔钱""一朵花(名词)"等等,这不是兼类现象,因为它们不是同一个词。

　　词类与词性的问题,词类是词的语法分类,吕叔湘说:"就许多词来说,哪些词属于一类,这是'词类';就一个词来说,它属于哪一类,这是这个词的'词性'。"(见《语法修辞讲话》)

　　"词性的转换"(或"词类转变")和"一词多类"(或"兼类")是一个问题的两个方面,只有"一词多类"的词,才谈得上"词性的转换",只有词性可以转换的词,才是"一词多类"或"兼类"。

"兼类"也就是一个词同时属于两个或更多的词类,也就是"一词多类"。"一词多类"(或"兼类")是"词类转变"的结果。

吕叔湘先生在《关于汉语词类的一些原则性问题》一文中谈到,"一个词在一种场合具有甲类词的特点,在另一种场合具有乙类词的特点,那它自然属于甲类,也属于乙类。举个实例,'拿把锁把门锁上'。这句话里有两个'锁'字,前面的'锁'可以有'一把锁''两把锁'的格式,后面的锁可以有'锁门、锁着、锁了、锁起来'的格式。……那么,前一个'锁'字就是名词,后一个'锁'字就是动词。这是真正的一词多类,就认为是两个词也不为过分,也许更好"。此处看出吕先生认为"锁"可以看成动名兼类词,也可以看成两个不同的词,后者"也许更好"。

在《分析》中吕先生也以"锁"为例,说明"语义有明显的变化,同类的词不能随意仿效,是词类转变",认为"'锁门'的'锁'是由名词转变成动词"。

为了解释汉语中"一词多类"的现象,吕叔湘先生在《语法修辞讲话》中提出了"词性转换"这一理论,他说:"一个词原来属于甲类,这是它的本性,在某种场合又属于乙类,这是它的变性,这叫做'词性的转换。'"用这种理论解释"一词多类"现象是比较方便的,语法学界一般也采用了这一说法。但是难于把握的是它们到底是不是同一个词,即"词的同一性"问题颇难确定,这跟如何分析词义有关系。

(137)

〔原文〕又如'看远些！别这么近视眼！'里边的近视眼也是临时活用作动词。这种活用如果经常化了，就成为词类转变了。（P39—L19）

〔问〕用什么标准来衡量经常化不经常化呢？

〔答〕所谓经常化应该指在全社会得到相当的承认，不论书面的还是口头的，人们都这么用的，不是偶尔一见、难得这么用一回的。临时活用的，许多是修辞上的需要，或说句俏皮话，与众不同，大家觉得新鲜，也就达到了作者的目的了。这种"活用"可能找不出第二个人有与此相同的用法，甚至同一个作者也难得这么用一回，很难由此推而广之的，当然就不算经常化。

(138)

〔原文〕这个问题主要发生在'动词名用'上，情况相当复杂，需要专门研究。（P40—L3）

〔问〕（1）什么叫"动词名用"？（2）"情况相当复杂"，目前中国语法学界对词类转变问题研究得怎么样了？（3）兼类词会不会很多？不算兼类词的话，那同音词会不会又膨胀起来？

〔答〕（1）"动词名用"指一些动词，如"批评"，它可以带宾语，说成"批评他"，它可以受副词的修饰，说成"又批评他"，这个"批评"具有动词的语法特点，当然是动词。但当它做另一个动词的宾语时，它丧失了动词的部分功能，它不能再受副词修饰也不能再带宾语，如"挨批评"的"批评"，不能说成"挨了又批评"或"挨批评他"。这种用法的"批评"与"批评他"的"批评""语义上没有明显的变化，但是语法特点有不同程度的改变"，不过还没有"转变成表示动作的真正名词"，只是"甲类词乙类用"，这就是"动词名用"。

（2）汉语词类转变的确是个"相当复杂而争论也比较多的问题"。比如动词（或形容词）作主语或宾语时，黎锦熙在《新著国语文法》中认为这是"当名词用的"，黎锦熙、刘世儒在《语法再研讨——词类区分和名词问题》中认为这是已经转变成表示动作的真正名词，《"暂拟汉语教学语法系统"简述》认为这是动词、形容词的"名物化"，史振晔的《试论汉语动词、形容词的名词化》认为这是动词、形容词的"名词化"。

吕叔湘在《分析》第53节谈到："凡是在相同的条件下，同类的词都可以这样用的，不算词类转变；凡是在相同的条件下，同类的词不是都能这样用，而是决定于习惯的，是词类转变。"比如名词做修饰语，不说是变成形容词；形容词修饰动词，只要语义没有明显变化，不算转变成副词；做"进行""予以"等动词的宾语的动词，不因此变成名词。他在《关于汉语词类的一些原则性问题》中还谈到："如果一个词的用法有了变化，就要看它这个变化是一般的还是特殊的：是一般的（比如形容词后面加了），这个词所属的类没有变；是特殊的（比如形容词后面加宾语），那就可能属于另外一类。"

《分析》第53节分四种情况详细深入地讨论了"词类转变"问题，代表了他在这方面的看法。

朱德熙先生在《关于动词形容词"名物化"的问题》一文中明确表示"不同意名物化的说法"，认为"希望、困难"等跟名词的语法性质有某些共同点，而跟一般的动词形容词之间有某些对立。以能否做"有"的宾语、能否受数量词和表示事物的性质数量的形容词"多、大"的修饰、能否带宾语等，对它们进行考察，如：

	a	b	c	d	e	f
希望	有希望	一线希望	很多希望	很大希望	希望参加	不希望
爱惜	—	—	—	—	爱惜时间	不爱惜
汽车	有汽车	一辆汽车	很多汽车	大汽车	—	—
困难	有困难	一层困难	很多困难	很大困难	很困难	这个事困难
干净	—	—	—	—	很干净	这件衣服干净
汽车	有汽车	一辆汽车	很多汽车	大汽车	—	—

从上表看出，动词"希望"，形容词"困难"，它们跟名词相同的地方（如 a、b、c、d）正是它们跟一般的动词形容词不同的地方（如 e、f）。主张把这一类的具有名词语法性质的动词、形容词仍划归动词、形容词，但为它们另立一个次范畴，称之为"名动词""名形词"。

近几年，有的学者把语法学界争论比较多的词分成八组，认为"他代表我们发言"与"他是人民的代表"，"现在报告大家一个好消息"与"听了一个报告"中的两个"代表"两个"报告"不同义，根据同音同义这一同一性原则，认为它们不是"一个"概括词。同一个词才有兼类的问题，不同的词，按语法功能，符合动词的是动词，符合名词的是名词，不存在兼类问题。有的学者按词的分布、语法功能，采用统计法通过定量分析作定性分析研究词类的划界问题。有的学者运用 Ross（1972）给出的英语"动/名连续统"（verb/noun continuum）模式，分析现代汉语动词、名词的分界问题，等等。

词类问题讨论了几十年,至今尚未彻底解决,具体问题还不少。许多人都看到了汉语词类的多功能性,词类与句法成分之间不存在一一对应关系,动词形容词也可以出现在主语宾语的位置上。但对处理词的同一性问题、划分词类的标准问题、如何判断二者之间语义有没有联系的问题、语义没有明显的变化但语法特点改变到什么程度才算词类已经转变的问题,意见还不很一致,因为客观的语言事实本身很难断定。

(3)关于兼类词所占的比例的问题,吕叔湘在《关于汉语词类的一些原则性问题》一文中谈到,"'一词多类'的情形是会有的,但是不应该有大量的'跨类'的词","这是可以靠选择分类标准来掌握的"。他曾举例说,"锁这个词又属于名词,又属于动词,那是因为有时候能在前面加数量词、有时候又能在后面加宾语加了、着的词不多;用这两套格式来区别,能管住多数名词和动词,那少数能适用两套格式的就承认它们属于两类"。吕先生图示如下:

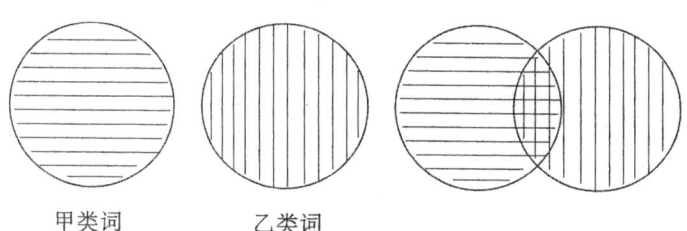

甲类词　　乙类词

交叉部分即兼类词,应是少数。如果事实证明能适用这两套格式的是多数,比方说可以任意比照"拿把锁把门锁上"说"用笔把它笔下来""拿火把它火了"等等,只能适用一套格式的反而是少数,那么这个标准就应该重新考虑。比如下图,兼类的太多,就应当另选分类标准:

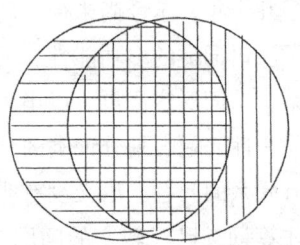

总之,要建立一个词类,不能让甲类里的词有全部或大部兼属另一类的可能。

如果以能否带宾语、能否受数量词修饰、能否做主语宾语以及二者是否同义,把"代表、编辑、导演、翻译、参谋、裁判"等以及"报告、汇报、申请、通知、计划、报导"等看成同音词,那同音词的成员自然就有所增加。

关于词类转变的问题可以参阅吕叔湘《关于汉语词类的一些原则性问题》(《中国语文》1954年9、10月号)、朱德熙《语法讲义》(商务印书馆,1982年)、朱德熙、卢甲文、马真《关于动词形容词"名物化"的问题》(《北京大学学报·人文科学版》,1961年第4期)、徐枢《兼类与处理兼类时遇到的一些问题》(《语法研究和探索》(五),语文出版社,1991年)、邢福义《词类问题的思考》(《语法研究和探索》(五),语文出版社,1991年)、沈开木《名、动、形分类问题未能解决的原因》(《语法研究和探索》(五),语文出版社,1991年)、胡明扬《现代汉语词类问题考察》(《中国语文》1995年第5期)、杨成凯《词类的划分原则和谓词"名物化"》(《语法研究和探索》(五),语文出版社,1991年)、陈宁萍《现代汉语名词类的扩大》(《中国语文》1987年第5期)。

(139)

［原文］如'挨了批评'里边的批评不受副词修饰，只能说'又挨了批评'，不能说'挨了又批评'。(P40—L8)

［问］"挨了批评"里边的"批评"是动词名用的话，"进行"或"予以"加双音动词时，后边的双音动词为什么不说是动词名用呢？

［答］《分析》第53节只说"双音动词都可以放在进行或予以后头做宾语，不因此就变成名词"。"不因此变成名词"不意味着不能"名用"。"进行""予以"等少数动词只能带动词宾语，这些做宾语的动词不能再带宾语。这些动词宾语如"进行批评""予以批评"中的"批评"，以及本书第135题所例举的宾语，其语法特点跟"挨了批评"中的"批评"相似，都是动词名用。

也许可以这样说，凡是做"只能带非名词性宾语"的动词的宾语的，这做宾语的动词都是动词名用。

有的动词比如"喜欢"，它可以带动词做宾语，如"喜欢看、喜欢说、喜欢吃"，这时，做宾语的动词"看、说、吃"不具有名词的句法特征，它的语义及分布范围跟一般动词没有对立，比如它仍可带宾语，如"喜欢看小说、喜欢说汉语、喜欢吃烤鸭"，这些做宾语的动词不算"动词名用"。

4.3　词根和语缀 (140—145)

(140)

［原文］词根可以分为名词性的，动词性的，形容词性的和其他的。(P40—L15)

［问］请介绍名词性词根，动词性词根，形容词性词根以及

其他词根。

　　[答] 名词性词根如：

　　　　前缀+词根：老虎　老师　老婆　老李
　　　　　　　　　　阿姨　阿哥　阿毛　阿宝
　　　　词根+后缀：桌子　帘子　刀子　瓶子
　　　　　　　　　　石头　舌头　木头　骨头
　　　　　　　　　　棍儿　字儿　碟儿　铃儿
　　　　　　　　　　歌手　号手　水手　舵手
　　　　词根+词根：人民　皮球　脚印　领袖

　　动词性词根如：

　　　　前缀+词根：可观　可恨　可靠　可疑
　　　　词根+后缀：作者　读者　学者　记者
　　　　　　　　　　吃头　看头　搞头　盼头
　　　　　　　　　　教员　演员　雇员　学员
　　　　词根+词根：学习　捕捉　呼吸　买卖
　　　　　　　　　　捏造　偷袭　合唱　补考
　　　　　　　　　　促进　打倒　戳穿　说服

　　形容词性词根如：

　　　　词根+后缀：胖子　瘦子　矮子　麻子
　　　　　　　　　　苦头　甜头
　　　　　　　　　　强者　弱者　老者　长者
　　　　　　　　　　酸性　良性　恶性　慢性
　　　　　　　　　　美化　丑化　绿化　深化
　　　　词根+词根：严寒　暗淡　鲜艳　美满

　　其他词根如：

　　　　副词性词根如：再现　更加　曾经　仍旧

介词性词根如：被告　被动　于今　从此

(141)

[原文] 词根的分类没法子从构词方式中归纳。比如说，前加式复合名词的主体词根是名词性的，这一条似乎可以成立，事实上却很多例外，如'位置，助教，蛋白，冬青，土方，银圆，特长，误差，豆腐干，糖稀'等等。(P40—L16)

[问] 请具体说明词根的分类与构词方式的关系，词根的分类没法子从构词方式中归纳。

[答] 如上题所说，词根可以分为名词性的、动词性的、形容词性的和其他的。构词方式可以分为重叠、附加、复合等几大类。重叠式指的是像"妈妈、个个"一类词的构造方式。附加式指的是词缀黏附在词根上的构词方式，如"老大、孩子"等等。复合式指的是把两个或两个以上的词根成分组成合成词的构词方式。用复合式构成的合成词叫复合词。汉语复合词按照其组成成分之间的结构关系又可以分为主谓式、述宾式、偏正式（或称主从式、前加式）、述补式、联合式（或称并列式）等五种方式。

词根的分类没法子从构词方式中归纳。名词不一定都由名词性词根组成，动词、形容词也不一定都由动词性词根和形容词性词根组成。同样的构词方式可以构成名词也可以构成动词、形容词。比如，前加式可以构成名词，也可以构成动词、形容词，联合式可以构成名词，也可以构成动词、形容词，如此等等。就以《分析》所提到的前加式复合名词来说，情况也很复杂的。前加式复合名词从它的组成成分——词根的性质看，有以名词性词根为主体的，也有以形容词性词根和动词性词根为主体的。

（一）以名词性词根为主体的：

（1）名词性词根＋名词性词根：鞋面　猪肝　桃花　鸭蛋　海水　菜园　稻田　粉笔　冰箱　酒壶　水缸　布店　板凳　衣柜

（2）形容词性词根＋名词性词根：白露　青梅　红杏　短裤　真理　温泉　良心　坏蛋　细胞　秀才　静脉　黄牛　高原　红旗　绿茶

（3）动词性词根＋名词性词根：刨床　熨斗　烧饼　挂面　烙铁　联邦　走兽　飞禽　飞机　爱人　分号　问号　讲台　睡衣　剪刀　跳板　染坊

（二）以形容词性词根为主体的：

（1）形容词性词根＋形容词性词根：长短　误差　大寒　小满　平方　白干　阔少　大捷　粗细　真空　小丑

（2）名词性词根＋形容词性词根：蛋白　冬青　土方　银圆　豆腐干　糖稀　天青　桂圆　肉松　血清　笋干　笔尖

（三）以动词性词根为主体的：

（1）形容词性词根＋动词性词根：新闻　小说　小偷　速写　冷战　清谈　短跑　快感

（2）名词性词根＋动词性词根：位置　电视　球拍　手套　簿记　牙刷　口罩　书夹

（3）动词性词根＋动词性词根：助教　布告

由此可见，虽然一般地说，前加式复合名词的词性和复合词的主体词根的性质多数一致，但是词性和主体词根不一致的情况也不少。因此，一方面辨认词性不能简单地依靠主体词根的性质，另一方面词根的分类也没法子从构词方式中归纳。

除了前加式，其他方式的复合名词也有类似情形。例如并列式复合名词有许多是由名词性词根和名词性词根用并列方式构成的,如书信、人民、道路、朋友、矛盾、牺牲等等("矛盾"也可当形容词用,如说"内心很矛盾";"牺牲"也可当动词用,如说"牺牲生命")。但是形容词性词根和形容词性词根并列起来,动词性词根和动词性词根并列起来,也能构成并列式复合名词。例如:

(1) 形容词性词根+形容词性词根:远近　深浅　轻重　高低　方圆　大小　长短　英雄　和平

(2) 动词性词根+动词性词根:问答　思想　裁缝　缺陷　开关　写照　破绽　布告　战争　买办　告示　买卖

这种复合词有兼类现象,例如"健康、幼稚"兼有名词和形容词的词性,"教育、阅读"兼有名词和动词的词性。

(142)

[原文] 动词、形容词也都有这种情形。(P40—L19)

[问] 动词、形容词也都有什么样的类似情形呢?

[答] 就前加式复合词来说,前加式复合形容词一般以形容词性词根为主体,例如:

(1) 名词性词根+形容词性词根:火热　冰冷　风凉　笔直　血红　漆黑　天大　米黄　草绿

(2) 形容词性词根+形容词性词根:狂热　严寒　鲜红

(3) 动词性词根+形容词性词根:飞快　滚热

(4) 副词性词根+形容词性词根:崭新

但是也有例外,少数前加式复合形容词以动词性词根甚至是名词性词根为主体:

(1) 形容词性词根+动词性词根:健忘　好看　难看　美观

（2）动词性词根+动词性词根：反动　合算　反感　管用

（3）形容词性词根+名词性词根：高级　低能　阔气　狠心

前加式不仅可以构成名词、形容词，也可以构成动词。前加式复合动词以动词性词根为主体，难得发现例外。但其词根的分类依然没法子从构词方式中归纳，构成情况如：

（1）动词性词根+动词性词根：补考　转送　默认　合唱　捏造　死守

（2）副词性词根+动词性词根：再见　再会　没有

（3）形容词性词根+动词性词根：假装　清算　高涨　直说　迟到　早退　闲扯　急救　难说　静养

（4）名词性词根+动词性词根：笔谈　口试　瓜分　蚕食　瓦解　腰斩　眼见　火葬　冬眠　波及

又如，主谓式可以构成名词（如名词性词根+动词性词根→日蚀），也可以构成动词（如名词性词根+动词性词根→心疼）、形容词（如名词性词根+形容词性词根→眼红）。述宾式可以构成名词（如动词性词根+名词性词根→干事），也可以构成动词（如动词性词根+名词性词根→出席）、形容词（如动词性词根+形容词性词根→吃香）。

（143）

[原文] 因此，词根的分类主要还得看它在古汉语里的用法。(P40—L20)

[问] 请举例说明词根的分类主要还得看它在古汉语里的用法。

[答] 词根是意义比较实在、表示最基本的词汇意义的语素，它在古代汉语里往往是独立的词，在现代汉语的复合词里虽

然不是独立成词,但仍然保留着原来的词汇意义,所以词根的分类才能够根据它在古代汉语里的用法。例如"经济",在现代汉语里是一个并列式的复合名词(或形容词,是形名兼类),由"经"和"济"两个词根组成。虽然这类名词许多是名词性词根加名词性词根构成的,但也可以由形容词性词根加形容词性词根或动词性词根加动词性词根构成。所以,"经""济"这两个词根的性质不能从并列式的复合名词中加以确认。而"经济"在古代汉语里是"经世济民"的意思,据此可以知道"经"和"济"是动词性的词根。又如,"动员"的"员",为什么说它是名词性的词根呢?还是因为它在古汉语里是名词,在现代汉语里,它是量词。

(144)

[原文]汉语里地道的语缀不很多,……**中缀**只有得,不(看得出、看不出)。(**P40—L21**)

[问]汉语里的中缀只有"得""不"吗?"看得出""看不出"中的"得""不"在语义上完全虚化了吗,怎么理解它们是地道的语缀呢?

[答]汉语里中缀很少。除了《分析》讲到的这类"得"和"不"之外,赵元任的《汉语口语语法》还举过另一种类型——嵌在生动重叠式中的"里"("糊里糊涂")和"不"("酸不溜溜(儿)")。

由这类中缀构成的词,还可以再举出一些例子,如:

傻·里傻气	滑·不唧唧
疙·里疙瘩	黑·不溜秋
叽·里呱啦	花·不棱登
滴·里嘟噜	白·不呲咧

这里边的"里"和"不"要读轻声,没有实在意义("里"完全不同于量词的"里"和方位词的"里","不"完全不同于副词"不"),作为语缀应该是可以的。

关于嵌在动补式复合词的中缀"得"和"不",《分析》举的例子是"看得出""看不出",属于动趋式;《汉语口语语法》举的例子是"看得见""看不见"(见该书133页),属于动结式。它们的共同点是表示可能或不可能,带"得"的是肯定可能式,带"不"的是否定可能式,可以合称为可能式。在语义上好像还没有完全虚化。但是把它们当为中缀还是有道理的。《汉语口语语法》曾经指出,虚素和实素的分别是程度问题。该书在讨论"复合和加语缀"时把语缀分为两种:一是虚语素,即典型的前缀后缀;一是较实在的语素,一般也称之为前缀后缀,而实际是复合词中有广泛结合力的成分。带中缀"得""不"的动补式复合词是一种非常能产的形式,类比的势力有时使得原来不是动补式的复合词也变得可以插入"得""不",如"完成""超过"原为并列式,现在可以说"完不成""超不过"。所以说,"得""不"是结合面很宽的中缀。

当然,可带"得"或"不"的动补式复合词,是介乎凝固的和可扩展的中间形式。其中的插入成分"得"和"不",有的语法著作(如《现代汉语八百词》)把它们当为助词。语义上虚化程度的问题也是难于一刀切的。

(145)

[原文]汉语语缀的第二个特点是有些语缀(主要是后缀)的附着对象可以不仅是词根或词,还可以是短语。例如:世界战争不可避免论者 | 战斗英雄、劳动模范们 | 第三百二十四号;还有划入助词的了、过、的等,还有一般语法书里没有明确其性质

的似的，的话等。(**P41—L9**)

[问]关于"似的""的话"的性质，一般语法书是怎么看的，和这里的看法有何不同，为什么？

[答]"似的"和"的话"，一般书里把它们当为助词。工具书如《现代汉语词典》和《简明汉英词典》（北京语言学院编）都是这样标注的。语法著作如《现代汉语八百词》也是这样处理。又如朱德熙《语法讲义》把"似(shì)的"列为助词（见3.6词类表），认为其中的"的"才是状态形容词的后缀（10.12.3），赵元任《汉语口语语法》也把"的话"当助词（8.5）。同样划归助词，说法也不尽相同，如"似的"，《现代汉语八百词》列入语气助词（语助词）（见该书正文前之《现代汉语语法要点》），陆俭明《析"像……似的"》说它是个结构助词。

那么"似的""的话"的性质究竟是助词还是语缀呢，这实质上是一个助词和语缀的划界问题，是由助词和语缀本身的范围和性质不明确（各家说法不一）而引起的。先看看"似的"和"的话"的实际用法。

"似的"，读 shìde，也作"是的"，总是附着在词或短语之后，表示跟某种事物或情况相似。它所附着的成分通常是名词（如"一粒珍珠似的露珠""这孩子木头似的，真不讨人喜欢"）、代词（如"他乐得什么似的"）、动词（如"那匹马飞似的朝远处跑去"）或短语（如"猫抓似的"，"狗啃似的"）。

"的话"，读 dehuà，用在假设小句（表示假设的分句）的末尾，引起下文或承接上文。例如：

你能来的话，我一定陪你游览北京的名胜。
如果你有事的话，就不要来了。

假如临时有事的话,可以打个电话来。

要是你对这个问题有兴趣的话,欢迎你参加我们的讨论。

再让我试试,如果可以的话。

必须进一步调查了解,不然的话,情况无法核实。

从上面举例介绍的实际用法看,"似的""的话"总是作词或比词大的单位的附属成分,表示某种语法意义。认为它们的性质是助词而不是词缀的,恐怕主要就是根据这一条。正如赵元任在《汉语口语语法》中说的:"助词跟后缀一样,总是轻声。助词和后缀都是附着于前边的成分,但是后缀属于词,助词属于短语或句子。"(8.5)如果把词缀只看为形态标志,限定为只能黏附在词根成分上头的语素,它们就不能算词缀(只有"似的"中的"的"可以算后缀)。相反,《分析》把它们当为语缀是基于承认语缀(主要是后缀)的附着对象不仅是词根或词,还可以是短语,并且认为这是汉语语缀的一个特点。从这里可以看出《分析》对语缀有一整套的考虑,包括改换了名称(不把前缀、后缀总称为"词缀"而总称为"语缀"),修改了定义,处理了跟动词的划界问题。当然对"似的""的话"的性质之所以会有不同的看法,也是跟这类成分本身的特点有关系的。如上所述,《现代汉语八百词》是把它们当助词的,但在《现代汉语语法要点》中指出:"助词是独立性最差的一类词,它们的作用有一部分相当于别的语言里的形态变化。"

4.4 短语的分类(146—150)

(146)

[原文]所以 D_2 短语可以包括省去的字的,只是有的不能

省就是了。(P42—L22)

[问] 什么样的 D_2 短语不能省去"的"呢？

[答] 什么样的 D_2 短语不能省去"的"（包括书面上写作"的"和"地"的）呢？要科学地系统地回答这个问题目前恐怕做不到，还有待于深入调查和研究。只能举例说明《分析》这句话所指的语言现象确实存在。

比如说，"形容词重叠式＋的＋名词"这样的"的字短语"，一般不能省去"的"字。例如：

高高的屋顶（*高高屋顶）

蓝蓝的天（*蓝蓝天）

亮堂堂的店铺（*亮堂堂店铺）

雄赳赳的队伍（*雄赳赳队伍）

普普通通的学生（*普普通通学生）

老老实实的态度（*老老实实态度）

形容词重叠式加动词，中间带不带"的"，各种重叠方式有所不同：AA 式、AABB 式，带不带"的"都有，可能不带"的"形式更多。只有 ABB 式，好像不怎么能省去"的"，如：

羞答答地说（*羞答答说）

火辣辣地痛（*火辣辣痛）

笑眯眯地坐了一会儿（*笑眯眯坐了一会儿）

朱德熙先生在《说"的"》一文中根据与"的"结合的情形把单音节形容词重叠式（记作 R，R＝$AA_儿$）分为两类：

第一类（记作 R_a）永远在"的"字前头出现，即这一类重叠式不出现则已，只要出现，后头一定带"的"。例如：

绿绿的　新新的　长长的　瘦瘦的

扁扁的　香香的　凉凉的　热热的

软软的　脆脆的　酸酸的　烫烫的
甜甜的　傻傻的　胖胖的　嫩嫩的

第二类（记作 R_b）可以在"的"字前头出现，但不是只在"的"字前头出现。这一类数量不如前一类多，常见的有"好好、慢慢、快快、远远、早早、细细、满满、小小、大大、紧紧"等。这一类不带"的"字的重叠式单独出现在两种位置上：

1. 修饰谓词性成分。朱先生文章引老舍《骆驼祥子》的例子，如：

他倒希望虎姑娘快快进屋去。
街上慢慢有些年下的气象了。
好好拿着，丢了可别赖我。
为的是好早早买上自己的车。
他细细看了看。

吕叔湘先生在《形容词使用情况的一个考察》一文中对杨朔《海市》出现的形容词做了分析，提供了不少用例，如：

细细看着
轻轻放下（爬上来、问、叹口气）
紧紧握住（搂着）
早早睡下
慢慢说（爬、落、消、熏烤）
远远传来
暗暗骂（叫）
好好读（上山）
白白带在我的身边
整整有三十一年
足足等了两小时

2. 修饰数量结构或"数·量·名"结构,如:

满满一车人

好好一本书

小小一间屋子

由上述两类单音形容词重叠式构成的格式中,第二类中的"的"字一般说来可省可加,如"慢慢说""好好一本书",也可以说成"慢慢地说""好好的一本书"。第一类就可以算是不能省去"的"字的"的字短语"了,如:

胖胖的两只小手(*胖胖两只小手)

嫩嫩的炖了一碗鸡蛋(*嫩嫩炖了一碗鸡蛋)

酽酽的沏了碗茶(*酽酽沏了碗茶)

辣辣的做了一碗汤(*辣辣做一碗汤)

圆圆的排成一个圈(*圆圆排成一个圈)

(147)

[原文]形容词加的构成的短语,性质介乎二者之间,有的没的都可以修饰名词,可是不跟是字配合不能做谓语。(**P42—L24**)

[问](1)上文所说的 D_2 短语如"高高的、亮堂堂的、仔仔细细的"等不也是形容词加"的"吗?跟这里边所讲的"形容词加的构成的短语"有什么不同?(2)形容词加"的"构成的短语做谓语时,一定要跟"是"字配合吗?

[答]上面所说的"高高的、亮堂堂的、仔仔细细的"等 D_2 短语是一种形容词的重叠式;这里所说的"形容词加的构成的短语"看来是指一般的单、双音节形容词加"的"。有的语法学家把后面这种形容词叫性质形容词,把前面那种形容词的重叠式叫状态形容词。如朱德熙《语法讲义》就是把形容词分为性

质形容词和状态形容词两类。性质形容词包括单音节形容词（大、红、快、好）和一般的双音节形容词（大方、干净、规矩、伟大）。状态形容词包括：（1）单音节形容词重叠式：小小儿的。（2）双音节形容词重叠式：干干净净（的）。（3）"煞白、冰凉、通红、喷香、粉碎、稀烂、精光"等，其重叠式是ABAB。（4）带后缀的形容词，包括ABB式（"黑乎乎、绿油油、慢腾腾、硬邦邦"）等。（5）"f＋形容词＋的"形式的合成词（f代表"很、挺"一类程度副词）：挺好的、很小的、怪可怜的。

　　如果这里所说的"形容词加的构成的短语"就是指一般的单双音节形容词（或叫性质形容词）加"的"，因为性质形容词加"的"后为名词性的，而名词一般不单独做谓语的，那么这种短语要做谓语一般是必须跟"是"字配合的，例如：

　　　　这是大的，那是小的。
　　　　衣服是旧的。
　　　　算式是对的，可是答数错了。

　　有没有不跟"是"字配合而单独做谓语的呢？有的，如：

　　　　这杯水凉的。
　　　　那间屋子空的。
　　　　这个办法好的。

这种用法的"的"，有些语法学者说是语气词。

　　至于由形容词重叠形式或形容词前有修饰语（即性质形容词）所构成的 D_2 短语，单独作谓语就自由得多了，如下面例句中"的字短语"前边的"是"字，通常可以省略：

　　　　里面外面全［是］闹哄哄的。
　　　　天空［是］湛蓝湛蓝的。

鱼［是］挺新鲜的。

他的手艺［是］很高明的。

(148)

［原文］其他性质的短语：如介名短语，主要附属于动词，也可以附属于形容词，如'［他］比你［小］'。(**P43—L12**)

［问］"其他性质的短语"除介名短语外还有哪些短语呢？

［答］按照功能分类，短语一般可分为名词性短语和动词性短语两类（也有分为名词性短语、动词性短语、形容词性短语等三类的）：凡是同名词性质相同，经常充当主语、宾语的短语是名词性短语；凡是同动词、形容词性质相同，经常充当谓语的短语是动词性短语。此外，有的短语比较特殊，不好归入名词性短语或动词性短语。例如介名短语，一般不能充当主语、宾语，也不能充当谓语，只能充当状语。再如主谓短语既能充当主语、宾语、修饰语（如"成渝铁路通车充分表示中国人民的力量""全国人民庆贺成渝铁路通车""成渝铁路通车那天，重庆、成都、内江等地都开会庆祝"等），也能充当谓语（即一般所说"主谓谓语句"，如"这个人心眼儿好""那个人眼光短浅"等）。

《分析》把短语分为三类：名词性短语、动词性短语和其他性质的短语。讲到"其他性质的短语"，仅以介名短语为例。至于主谓短语则另立一节讨论。在第60节里作者认为："主谓短语在句子里主要是用来做主语或宾语，是名词性短语。"但又指出："主谓短语和动词短语，孤立地看是显然不同，一个有主语，一个没有主语。可是用在句子里边，主谓短语可以省略主语，形式上就跟动词短语没什么两样，这是常常被忽略、值得引起注意的一种现象。例如：会不长，话不多，大家觉得解决问题。这句话乍一看是动词短语解决问题做动词觉得的宾语，……可是解决问题不是'大家'解决问题，是'会'和'话'解决问题。"考虑到主谓短语是一种多功能的短语，做谓语已不是个别现象，把它也列入"其他性质的短语"也许没有什么不可。进一步说，主谓短语中的谓语是整个短语的主体，它表示陈述，而其中的主语从对象方面来修饰限制陈述的内容，使所陈述的内容更加具体化。例如"脸红"的"红"，就不是一般的"红"，也不是其他东西的"红"，而是"脸"的"红"；由此可见，由于有了主语"脸"，谓语"红"所陈述的内容才具体化起来。短语的语法功能一般是和它的主体词的语法功能一致的。既然这一类主谓短语的谓语具有中心语的性质，主谓短语的语法功能也就和谓语一致。假如有人把主谓短语看做是谓词性（动词性）短语，也有一定的道理。另外，"的字短语"，《分析》已将 D_1 短语和 D_2 短语分别划给名词性短语和动词性短语。如果作为一个整体，也是一种比较特殊的、不好用动词性或名词性来说明其语法功能的短语，可以归到"其他性质"这一类。

另外，像"高一脚，低一脚""深一脚，浅一脚"，这类短语很难归类，既不是名词短语、动词短语，也不是介名短语。而且这种短语很特别，总是配对儿的，两个小的短语合成一个短语。这个短语从整体来看，一般说它是副词性的，也可以归入"其他性质"一类。

(149)

[原文]现代汉语里有大量的四字语，这是一种特殊的短语，它的结构上的特点是：一，分前后两段，两段的结构相同；二，前后两段的意思或者平行，或者对称；三，一般不能单用的语素在四字语里当单词用。至于每个两字段的内部结构，那是各

种类型都有。这是大多数四字语的情况,有少数不分前后段,或者分段而不对称。(**P44—L2**)

[问](1)四字语分不分前后两段怎么区别呢?(2)请介绍"每个两字段的内部结构"的"各种类型"。

[答](1)四字语以分前后两段为最普通的格式,但不分前后两段的也不少。分不分两段怎么看出来呢?一般教科书是从整个四字语的结构来看,即从吕先生说的"分前后两段",两段之间(即(A+B)与(B+C)之间)的结构关系看,四字语的结构类型有下列五种。

①并列式,如:

  山清水秀 人强马壮 铜墙铁壁
  粗眉大眼 千锤百炼 前思后想
  欢天喜地 彻头彻尾 颠来倒去
  吃饱喝足 千真万确 大同小异

②偏正式,如:

  不速之客 无名小卒 赫赫有名
  世外桃源 勃然大怒 轩然大波
  黔驴之技 瓮中之鳖 亡命之徒
  顺藤摸瓜 扪心自问 顺流而下

③述宾式,如:

  大兴土木 粉饰太平 独辟蹊径
  固执己见 莫名其妙 不分好歹
  正中下怀 别树一帜 成人之美
  饱经风霜 别有天地 不省人事

④述补式,如:

  赞不绝口 惨不忍睹 惨无人道

　　　　严于律己　　操之过急
　⑤主谓式，如：
　　　　人心大快　　老马识途　　百川归海
　　　　枯木逢春　　才高八斗　　天下太平
　　　　木已成舟　　唇齿相依　　破绽百出
　　从以上各种类型的四字语的结构特点可以看出，并列式的四字语一般是可以清楚地分为前后两段，一般是"分段并前后平行或对称"的。其余各式四字语有许多就属吕先生所说的另外两种情形："前后非对称"和"前后不分段"的。
　　（2）所谓"每个两字段的内部结构"是指四个字可以分成二二这样两个两字段，比如可以分成"山清"和"水秀"，其中"山"和"清"、"水"和"秀"的关系就是每个两字段的内部结构关系。
　　吕先生对"分段并前后平行或对称"这一类四字语的内部结构作了详细的分析，举了"主谓""主从"两类。主从关系中又以主体词类划分为"主体是名词""主体是动词""主体是形容词"三类讨论。对主体是动词的，又下分"动词在后"和"动词在前"两小类，"动词在前"又分"从属是名词"和"从属是形、动"两类讨论。
　　"前后非对称"还比如：
　　　　面｜不改色　　瑕｜不掩瑜　　木｜已成舟
　　　　掩｜人耳目　　打｜退堂鼓　　一衣带｜水
　　　　自｜以为｜是　曾｜几何｜时
　　"前后不分段"比如：
　　　　锦上添花　　乱七八糟　　零七八碎
　　有的四字语可分前后两个两字段，但两字段的内部结构不对称，如：

    老马｜识途（偏正｜述宾）

    大兴｜土木（偏正｜并列）

    鸡犬｜不宁（并列｜偏正）

    门庭｜若市（并列｜述宾）

    居心｜叵测（述宾｜偏正）

四字语不能分为前后两段的情况还如"桌椅板凳""牛羊马匹""坐卧行走"等，用四个字说三样东西或三件事，若要分段，只得分为三段——两个一字段加一个两字段。又如"妖魔鬼怪""多快好省"等，是四个成分并列，应分为四个一字段。

(150)

    [原文]四字语的特殊形式也影响它的句法功能。第一，它很容易加的字构成的字短语，尤其是 D_2 短语。(**P44—L20**)

    [问]请举些四字语加"的"构成"的"字短语的例子。

    [答]四字语很容易加"的"构成 D_2 短语做谓语，如：

    桌上乱七八糟的。

    大伙儿有说有笑的。

    你看这个地方好不好哇，山清水秀的。

    这孩子粗眉大眼的，顶俊的。

四字语加"的"还可以修饰动词、形容词：

    自言自语地说

    情不自禁地跳起来

"四字语＋的"还可以用在"动＋得"之后，表示结果的状态，即吕著说的做后置状语：

    笑得前仰后合的

    搞得晕头转向的

"四字语+的"构成 D_1 短语情况比 D_2 短语少。D_1 短语是要能当名词用的,如,"大同小异的(两篇文章)""不劳而获的是剥削阶级""破铜烂铁的,堆了一屋子"等。

4.5 句子的分类 (151—155)

(151)

[原文] 形容词作谓语跟不及物动词作谓语几乎没有什么不同,也可以不另作一类。(P45—L4)

[问](1)这里说的不及物动词的范围是怎么样的呢?除了宾语是动词的承受者以外都是不及物动词吗?(2)如何理解形容词作谓语跟不及物动词作谓语"几乎没有什么不同"?

[答](1)这个问题在吕著第46节已经讨论过。一般说来,及物动词后边可以带一个表示承受动作的事物的名词宾语,不及物动词不能带这样的宾语。但是,"像、叫、姓、兼、号称、等于、成为、不及、不如、不比、具有"等一类动词,所带宾语不是严格意义的受动者,也还算及物动词。另外,如《分析》第46节指出:"事实上及物动词内部的情况仍然很不单纯。从一个角度看,有一般的及物,有使动性的及物,如上漆,平地,斗鸡,有容许性的及物,如桥上走火车,桥下过汽车。"

形容词作谓语跟不及物动词作谓语的最主要共同点是不能带一般宾语,只能带准宾语(或叫自身宾语)。根据这一条就可以把形容词、不及物动词跟及物动词区别开来。此外形容词和不及物动词(以及大部分及物动词)还有许多共同点,如都能受副词"不"和"没"的修饰,都能用肯定否定并列形式表示疑问等等。正因为形容词作谓语跟不及物动词作谓语几乎没有什么不同，跟整类动词也有许多共同点，所以有的语法著作如赵元任《汉语口语语法》就用广义的动词（即任何可以受"不"或"没"修饰，可以作谓语或谓语中心成分的词，也可以称为谓词）包括狭义的动词和形容词。在动词的分类中，把形容词称为不及物性质动词，和不及物动作动词（如"来""走""歇""休息""死"等）、不及物状态动词（如"病""醒"等）一起统称为不及物动词。

当然，说形容词作谓语跟不及物动词作谓语"几乎没有什么不同"，也不等于说二者一点儿差别也没有。比如，不及物动词不能受程度副词"很"的修饰，如不说"很来、很走、很歇、很休息"等，但形容词却可以。按照能否受"很"修饰这一条，可以把它们区别开来。

(152)

[原文]是字句是一种特殊的句式，动词谓语句和主谓谓语句也都可以加进是字去。(P45—L6)

[问]请介绍动词谓语句和主谓谓语句加"是"的例句。

[答]动词谓语句加进"是"字的如：

动词谓语句	动词谓语句加进"是"字
我现在说话	我现在是说话（不是打架）
我不知道	我是不知道（不是故意的）
他去接人	他是去接人（不是去送人）
你母亲在楼上	你母亲是在楼上（不是在花园里）

主谓谓语句加进"是"字的如：

主谓谓语句	主谓谓语句加进"是"字
他胆儿小	他是胆儿小
这个人心眼儿直	这个人是心眼儿直

朋友旧的好，衣　　朋友是旧的好，衣裳是
裳新的好　　　　　新的好

(153)

[原文] 无主句指真正没有主语的句子，如：'有没有人不同意？｜还没有轮到你呢'。(P45—L9)

[问] 除了上面的两个用"有"字的例子以外，还有典型的无主句吗？

[答] 无主句是比主谓宾式少了主语部分（即一般只有谓语和宾语，或者再带附加成分）的一种句型。一般无主句除了《分析》举的这种用"有"（说明事物的存在）或"没有"（对存在的否定，即表示不存在）起头的句子外，还有一些其他的类型。如果根据表达的内容来分类，常见的无主句还有下边几种。

(1) 说明自然现象或者生活、活动情况的，如：

下雨了　　下雪了　　刮风了
结冰了　　起浪了　　出太阳了
散会了　　下课了　　升旗了
开学了　　开饭了　　放暑假了

(2) 表示一般的要求或者禁止的标语、口号等，如：

随手关门　　爱护花木　　欢迎选购
谢绝参观　　禁止张贴　　不准吸烟
反对霸权主义

(3) 一部分格言、谚语，如：

要想生活，就得劳动。
不经一事，不长一智。
留得青山在，不怕没柴烧。

吃过黄连苦,才知蜜糖甜。

存现句也是一种无主句,因为跟一般的无主句有所不同,结构比较特别,《分析》把它抽出来作为和无主句、名词句并列的句型。它的特点下边还将讨论。

(154)

[原文] 省略主语的句子不算无主句。(**P45—L10**)

[问] 请举些省略主语的句子,并说明省略主语的句子跟无主句有何不同。

[答] 主语的省略常常出现在对话、上下文或祈使句中。

(1) 对话省略,如:

 小刚上哪儿去了?　　[小刚]上公园了。
 你们准备好了没有?　[我们]正在准备。

(2) 承前省略,如:

 粉色荷花箭高高挺出来,[荷花箭]是监视白洋淀的哨兵吧。
 这回想出来的是桂生,[桂生]说是罗汉豆正旺相,柴火又现成,我们可以偷一点来煮吃的。

(3) 蒙后省略,如:

 [我们]回顾过去,[我们]展望未来,我们对明天充满了信心。
 [老通宝]看着人家那样辛苦的劳动,老通宝觉得身上更加热了。
 [他]在医院里疗养了三个月,他渐渐恢复了健康。

(4) 祈使句,如:

 [我们]一齐走吧!
 [你]去叫小刚!

有时候，一个句子可以同时省略主语和其他成分，特别是在对话的答话中，如：

小刚吃过饭了吗？
［小刚］吃过［饭］了。
［小刚］没有［吃饭］。

你们学校什么时候开学？
［我们学校］九月一日［开学］。

你会讲汉语吗？
［我］会［讲汉语］。

今天晚上你去看电影吗？
［今天晚上我］去［看电影］。

你喜欢什么颜色的花？
［我喜欢］红的［花］。

从上一题和这一题所举的例子可以看出，无主句和省略主语的句子各有不同的特点，它们的区别是：（1）省略主语的句子要靠一定的语言环境才能够表达意思，没有一定的语言环境就不能省略；无主句不论有没有具体的语言环境，向来是不需要主语的。在任何情况下说"下雨了""随手关门"，都能使人听懂，听的人决不追问。（2）省略主语的句子，省略的部分可以肯定地补出来（当然，补齐后可能不如省略句简洁明快，甚至显得啰唆）；无主句是自足的，并不缺什么成分，因此很难补出主语，有的不知道补哪一个合适。事实上很少说"天下雨了"，也不说"我们(或者'你们'或者'大家')随手关门"。虽然可以说"我们上课了"(主谓句),但是"上课了"还是应该看成无主句。因为"上课了"不靠具体语言环境就能够表达意思,尽管形式上像省略主语,也不是省略句。

(155)

[原文]存现句其实也是一种无主句,不过它有个假主语在头里。(P45—L13)

[问]请举例介绍存现句,并说明什么是假主语,为什么叫假主语。

[答]存现句是一种表示事物存在、出现或消失的句子,包括存在句,以及跟存在句性质相近、表示事物出现或消失的句子(这种句子里的动词一般是动趋式复合动词)。

(1) 表示存在的句子,如:

屋里有许多人。

桌子上有两本画报。

古时候有个鲁班。

古代曾经有过这么一个勇士。

台上坐着主席团。

门口站着一位红军战士。

水渠里卧着一头大水牛。

天空中挂着一轮明月。

公路旁边栽着两排法国梧桐。

屋子中间摆着一张方桌子。

东屋里靠墙放着各种农具。

黑板上写着五个字母。

(2) 表示出现或消失的句子,如:

水面激起一片波纹。
树林里跳出来一只老虎。
天上飘过几朵白云。
树上掉下来一个苹果。
胡同里忽然跑出一群小孩儿来。
村子里呈现出一片新气象。
院子里种上了许多瓜果。
窗户缝儿里塞进一个字条儿来。
班上走了一个同学。
鸡窝里少了三只鸡。

　　从上边的例句可以看出：在一般句子的主语的位置上，存现句里是一个处所词或时间词；在一般句子的宾语的位置上，存现句里是一个代表存在、出现或者消失的事物的名词性词语。对于存现句句首的处所词或时间词，语法学界有不同的看法：有人认为这是状语，有人认为是主语。处理为状语，存现句就解释为非主谓句的无主句；处理为主语，存现句就解释为主谓句的动词谓语句。与此相关，对动词后边的名词语也有不同的处理：有人认为它是倒装的主语，有人认为它是一种特殊的宾语。

　　《分析》认为存现句也是一种无主句，它和一般无主句不同的地方在于"有个假主语在里头"。所谓"假主语"指的就是存现句句首的处所词或时间词。"假主语"大概就是处于主语位置而又不是真正的主语的意思。

　　这是一个长期争论的棘手问题。吕先生主编的《现代汉语八百词》，在《现代汉语语法要点》里把存现句列入动词谓语句，跟《分析》的处理有所不同，内部也不太一致。"动词谓语句式表"里讲"存在句"句式，称句首成分为"处所（时间）

词语",不明说是不是主语;称动词后的成分为"名词",不明说是不是宾语。"动趋式动词有关句式表"讲"主语(处所)+动趋+宾语(事物)"句式(即指表示事物的出现或消失的句子),把句首处所词明确地称为主语,把动趋式复合动词后边的名词性词语明确地称为"宾语"。朱德熙的《语法讲义》对于"时间主语和处所主语"有比较详细的论述(7.2)。

五 结构部分的问题解答

5.1 结构层次和结构关系(156—171)

(156)

[原文]这种分析法叫做**直接成分分析法**(非正式的名称叫做'二分法',其实也不一定是二分,比如遇到并列的三项,那就只能三分了)。(**P47—L7**)

[问]请举例说明直接成分分析法如何对语言结构进行"二分"或"三分"。

[答]直接成分分析法是从美国结构主义语言学中借鉴来的。在我国的汉语语法研究中,最先采用直接成分分析法的是以"中国科学院语言研究所语法小组"名义发表的《语法讲话》(从1952年7月起到1953年11月止曾在《中国语文》上连载。1961年经修订并更名为《现代汉语语法讲话》,改由丁声树等人署名)。这个《讲话》以文字说明的方式,通过两个例句,对"分析句子的方法"作了简单的介绍。从中可以了解所采取的分析句子方法的要领:我们语言的构造特点是,一个结构套着另外一个,或是这个结构跟那个并列。并列结构可以由两个以上的成

分组成,其他四种结构(主谓结构、补充结构、动宾结构、偏正结构)是由两个成分组成的。因此规定了分析句子的步骤,对并列结构采取"多分法",其他四种结构用"二分法"。

"二分"的例子是:

> 帝国主义的侵略打破了中国人学西方的迷梦。

这句话可以先分析成主语谓语两部分,主语是"帝国主义的侵略",谓语是"打破了中国人学西方的迷梦"。主语是偏正结构,可以再分析成修饰语和中心语两部分,修饰语是"帝国主义的",中心语是"侵略"。谓语是动宾结构,也可以再一分为二,"打破了"是动补结构,"中国人学西方的迷梦"是偏正结构当宾语用。

"三分"的例子是:

> 东方红,太阳升,中国出了个毛泽东。

这句话由三个并列的主谓结构组成,得先把它分成三部分,然后一个一个地分析。

《讲话》所用的"分析句子的方法"和《分析》这里所讲的"直接成分分析法"是一样的。

(157)

[原文] 这种分析法可以用图形来表示。图形有好几种画法:图形里面的 A,B,C,D 代表基层单位:语素(或者词,如果不需要分析到语素)。X,Y,Z 代表较大的单位,如名词,名词短语,句子,等。**(P47—L10)**

[问](1)A、B、C、D 代表语素和代表词有什么不同?(2)请举例说明 X、Y、Z 代表名词、名词短语、句子等。(3)下边的(a)(b)(c)(d)四个图形表示什么?

[答] A、B、C、D 代表语素,说明对语言片段的分析到语

素为止；A、B、C、D代表词，说明对语言片段的分析到词为止。例如"红铅笔好"这个语言片段，如果分析到语素，A、B、C、D就代表"红""铅""笔""好"等基层单位；如果只需要分析到词，而不需要分析到语素，那么，"红""铅笔""好"就是三个基层单位（其中"铅笔"是双语素词，"红"和"好"是单语素词）。任何一个语言片段都是由若干语素组成的。一个语言片段可以一层层分下去，分到全都是单个语素为止。如果不需要分析到语素，比如说作一般的句法分析，就只分析到词。

如果A、B、C、D代表语素，Z代表名词，Y代表名词短语，X代表句子，那么在"红铅笔好"这句话中，Z代表"铅笔"，Y代表"红铅笔"，X代表整个句子。

（a）（b）（c）（d）四个图形说明直接成分分析法可以用图形来表示，而图形有好几种画法。例如"红铅笔好"这句话就可以有四种画法：

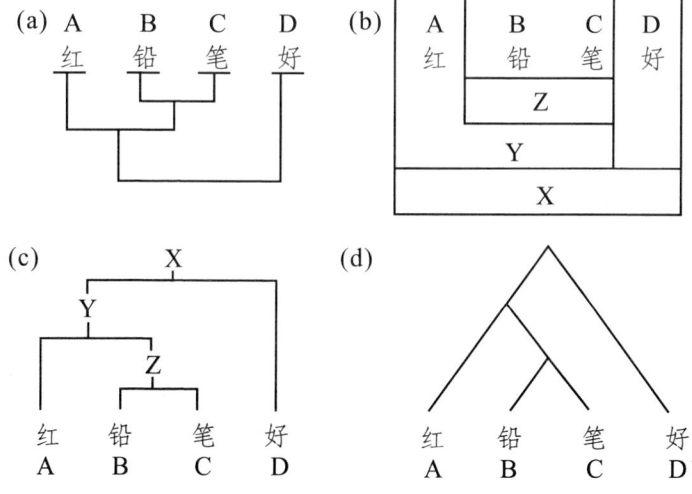

(158)

[原文] 两句里面都有'不适当地灌水施肥'这八个字,可是意思大不相同,就因为结构层次不同……(P48—L4)

[问] 两个句子里的"不适当地灌水施肥"意思如何"大不相同"?

[答] 这两个句子中都有"不适当地灌水施肥"八个字。这是个有歧义的片段,其中的"不适当地"作不同的结构层次分析,可以表示不同的意思。通过层次分析可以说明歧义,理解词语:

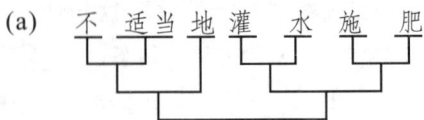

切分为这样的结构层次,表示这时候灌水施肥不合时宜。可以补出后半句,如"会使作物因水分或养料过多而死亡"。

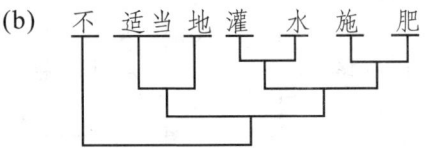

切分为这样的结构层次,表示这时候非适当地灌水施肥不可。可以补出后半句,如"作物会枯萎"。

(159)

[原文] 一般说,两个直接成分总是紧挨着的,但也有被另一层次的成分隔开的情况。(P48—L7)

[问] (1)什么关系才可以说两个直接成分呢?(2)两个直接成分在什么样的情况下才可能被另一层次的成分隔开呢?请举些例子分析说明。

[答] 直接成分分析法简单地说就是用二分法（遇到并列的多项才用多分法）把语言片段切分，一直分到语素或词为止。这种分析法认为，同一层次的两个部分互为"直接成分"。赵元任的《汉语口语语法》指出："当一个复杂的形式分割成若干成分的时候，第一次分割的结果是它的直接成分（immediate constituent，简写为IC）。""以大多数情况而论，一个复杂形式分为两个直接成分，如主语和谓语，动词和宾语，修饰语和被修饰语，词根和后缀，短语和助词。有少数情况有两个以上的直接成分。最常见的是并列结构，如'他不抽烟，不喝酒，不打牌'。"（1.1.2）例如，在"说中国话"这个语言片段里，直接成分是"说"和"中国话"；后者又是由直接成分"中国"和"话"组成；"中国"的直接成分是"中"和"国"。整个的直接成分层次可以图解如下：

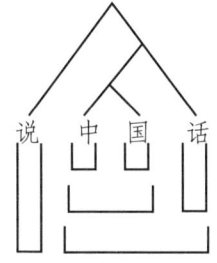

又如：

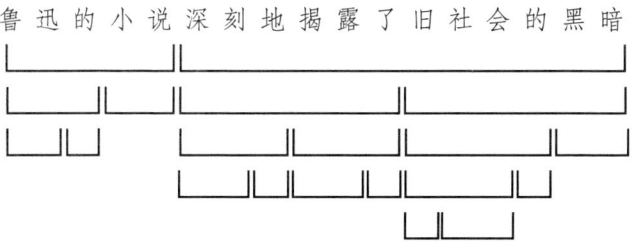

对这句话的第一次切分的结果是把整个句子分割成"鲁迅的小说"和"深刻地揭露了旧社会的黑暗"两个直接成分。第二次切分把这两个直接成分分别再一分为二,得出各自的直接成分:"鲁迅的"和"小说","深刻地揭露了"和"旧社会的黑暗"(也可切分为"深刻地"和"揭露了旧社会的黑暗"为两个直接成分)。第三次切分分别把"鲁迅的"分割成"鲁迅"和"的"两个直接成分;把"深刻地揭露了"分割成"深刻地"和"揭露了"两个直接成分;把"旧社会的黑暗"分割成"旧社会的"和"黑暗"两个直接成分。第四次切分分别把"深刻地"分割成"深刻"和"地"两个直接成分;把"揭露了"分割成"揭露"和"了"两个直接成分;把"旧社会的"分割成"旧社会"和"的"两个直接成分。第五次切分把"旧社会"分割成"旧"和"社会"两个直接成分。这五次切分已经把这个句子分析到全部都是单个的词了。如果不需要分析到语素,分析就可以结束。由此可见,直接成分分析法一层层地分析一个语言片段,每一层次上的每一次切分总要分割出两个直接成分。

上边的例子都是两个直接成分紧挨着的。但两个直接成分也有被另一层次的成分隔开的。先看《分析》举过的例子:

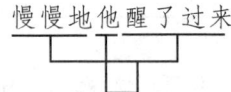

这个例子说明:"慢慢地"本是"醒了过来"的修饰语(状语),现在这两个直接成分被另一层次的成分"他"隔开了。这个句子如果分析成下面这个样子显然是不合理的。

吕冀平的《句法分析和句法教学》(见《中国语文》1982年第1期)举过另一例子:"极快的他想出个道理来:炮声是由

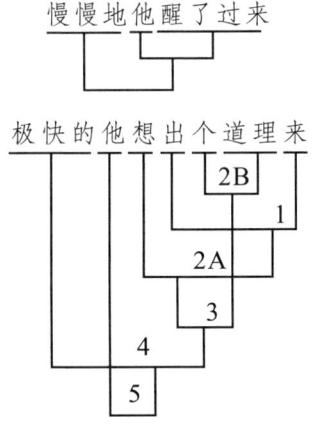

南边来的。"(老舍《骆驼祥子》)他举这个例子说明:"极快的"在层次上不能跟"他"属于同级,尽管它们紧挨着。同样"来"虽然紧接在"道理"之后,也不能跟"道理"属于同级。如果把最低的层次定为1,那么"极快的"实际上属第4个层次,"来"属于第1个层次。

廖序东的《论句子结构的分析法》(见《中国语文》1981年第3期)谈到:"词的排列不按照层次的结构。例如'他们完成了自己的任务,出色地。''出色地'本是'完成'的状语,现在倒置在句尾了,不好一分为二了。"他认为"不好一分为二"的,实际上就是非连续的直接成分。

卞觉非的《汉语语法分析方法初议》(见《中国语文》1981年第3期)也举了两个例句("难道你同意这个意见吗?""他拿出一本书来。"),认为其中的"难道……吗"和"拿出……来"可以看做非连续的直接成分,在作业时先进行切分。

从《分析》及其后其他学者所举的例子来看,两个直接成分被另外的成分隔开是在结构层次跟语素或词排列不一致的情况之下发生的。

(160)

[原文] 一系列语素在语音上形成一定的段落。结构层次跟语素排列不一致,往往使得它跟语音段落也不一致,而词和短语的划分又往往偏重语音段落,因此会产生层次跨越词的界限的情况。(P48—L9)

[问] 请通过实际例子的具体分析说明:结构层次跟语素排列不一致,使得它跟语音段落也不一致,并因此产生层次跨越词的界限的情况。

[答] 试以《分析》所举的"新闻电影制片厂"为例来说明。假设这个语言片段的结构层次跟语素排列不一致,比照"制药厂"看成为"制新闻电影片厂":

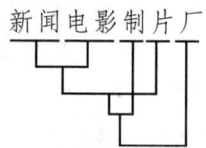

这个片段的语音段落仍按语素排列读为(横线表示语音段落):

新闻——电影——制片厂

显然,结构层次跟语音段落也不一致了。而词和短语的划分又往往偏重语音段落,这个片段的词的界限是(竖线表示词的界限):

新闻 | 电影 | 制片厂

这样一来就出现层次跨越词的界限的情况。

当然,这个语言片段也有人把它分析为:

(161)

[原文]上面是语素的排列次序不按结构层次的例子；有时候语素排列跟结构层次一致，但是语音段落跟它们不一致，也会引起对结构的错觉。(P49—L2)

[问]语音段落跟语素排列和结构层次不一致，怎么会引起对结构的错觉呢？请举例说明。

[答]试以《分析》所举的"贫下中农"和"大型车道"为例来说明。这两个语言片段的结构层次跟语素排列一致，应分析为：

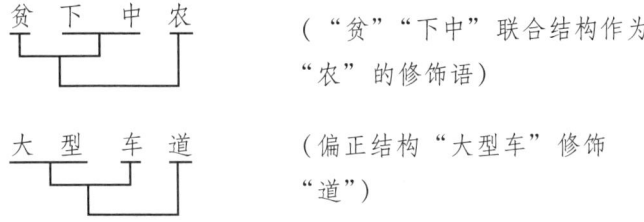

可是语音段落跟结构层次不一致，读的时候在"贫下"与"中农"、"大型"与"车道"之间停顿：

贫下——中农
大型——车道

这种不一致会引起对结构的错觉，令人误以为是这样的结构层次：

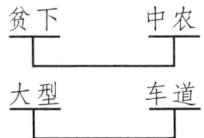

(162)

〔原文〕这样的问题不少,而且是看起来两种分析法都有理。既然如此,是不是可以不在这种地方纠缠,只要一本书或一篇文章前后一致就行?(**P49—L6**)

〔问〕同一个语言结构为什么可以作不同的分析呢?对这样的问题,语法学者们有些什么意见及处理办法?

〔答〕语言现象极其复杂,对语言的分析不论用什么方法都很难做到说一不二。这里所谈的分析结构层次所遇到的疑难问题,说明同样的语言结构(甚至是同一语言片段),不同的人可能有不同的认识,做出不同的层次切分。这种不同分析,有时可以通过比较,看出优劣,进行取舍,有时看起来都有一定的道理。对于都有道理的不同分析法,《分析》实事求是地提出可以不在这种地方纠缠,只要一本书或一篇文章前后一致就行。当然对类似的疑难问题,语法学者也都还在继续进行探索。《中国语文》从1981年第2期至1982年第3期就现代汉语析句方法问题开展的讨论,就有几篇文章涉及"赶紧写了一封信"这一类型的语言结构及其层次问题。作为举例之用的有三个语言片段:

(1) 赶紧写了一封信
(2) 明年试制新产品
(3) 认真地学习科学技术

它们的构成都可以分为三个部分:(A)修饰限定;(B)动作;(C)受事。对这类语言结构的层次分析可以有两种切分法:

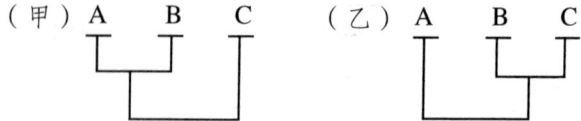

对此语法学家们是怎样认识和对待的呢？

吕叔湘先生的意见如上所述，认为（甲）式可以，（乙）式也行。

华萍先生认为只有（乙）式合理。他在《评"暂拟汉语教学语法系统"》（载《中国语文》1981年第2期）中说："应该首先分割为'明年/试制新产品'，即'偏/正'；而不应该首先分割为'明年试制/新产品'，即'动/宾'。"

廖序东先生认为只有（甲）式合理。他在《论句子结构的分析法》（载《中国语文》1981年第3期）中谈到"认真地学习科学技术"这种动词前有状语、后有宾语的结构时，一方面指出，从哪儿切分没有定准儿。这个人可以这样切分，那个人又可以那样切分，谁也说服不了谁。"认真地学习"什么呢？"科学技术"。这样地分析，这个语言片段的基本结构是动宾结构。"认真地"干什么？"学习科学技术"。这样地分析，这个语言片段的基本结构，就是偏正结构。另一方面强调，"我个人同意第一种切分法，因为'认真地'只依附于动词'学习'。没有'科学技术'，'认真地学习'仍旧能成立"。

吕冀平先生认为，还是吕叔湘先生的意见谈得全面。他在《句法分析和句法教学》（载《中国语文》1982年第1期）中说："这种类型的结构，其内部层次大概是依据语言环境而有所不同的。'新产品什么时候试制？——明年试制'，在这个意义上的'明年试制新产品'就未尝不可以在'新产品'之前切第一刀。'认真地干什么？——学习科学技术'，这时候在'认真地'之后切第一刀就较在'学习'之后切第一刀更为合理。"至于廖先生说"没有'科学技术'，'认真地学习'仍旧能成立"，吕冀平先生又指出："那同样地，没有'认真地'，

'学习科学技术'也可以成立，因此不能作为只有一种切分的根据。"

(163)

[原文] 联合关系。成分的功能相同，整体和成分的功能相同。(P50—L10)

[问] 请举例说明联合关系中"成分的功能相同，整体和成分的功能相同"。

[答] 联合关系中，成分的功能相同，整体和成分的功能相同。先以联合关系中的并列关系的例子说明：

粉碎了敌人的阴谋和幻想，扩大并巩固了根据地

全句是由两个并列的动宾结构组成的。其中"阴谋和幻想"是两个名词并列，"扩大并巩固"是两个动词并列，"和"字和"并"字是连词（并列结构的成分之间可以有连词，也可以没有连词）。在"阴谋和幻想""扩大并巩固"这两个并列关系的结构中，"阴谋"和"幻想"两个成分都是做宾语的中心语，"扩大"和"巩固"两个成分都是谓语动词，这是"成分的功能相同"；"阴谋和幻想"跟"阴谋"或"幻想"都同样做宾语的中心语，"扩大并巩固"跟"扩大"或"巩固"都同样是谓语的主要动词，这是"整体和成分的功能相同"。

再以联合关系中的连续关系为例说明：

左先生去打电话叫车。

在这句话中，三个表示连续关系的动词或动词短语功能相同，整体和三个并列成分的功能也相同，我们还可以说"左先生去"，"左先生打电话"，"左先生叫车"。

(164)

[原文] (1) 并列关系。(2) 连续关系。(3) 复指关系。

（P50—L11）

［问］请分别举例说明"并列关系""连续关系"和"复指关系"。

［答］（1）并列关系指由两个或两个以上的并列成分组成的结构关系。并列关系中的成分是平等的，没有从属关系。例如"英雄模范""调查研究""英勇机智"是并列结构，其中"英雄"和"模范"，"调查"和"研究"，"英勇"和"机智"，每一个成分对另一个成分都没有说明或者修饰的作用。

并列关系的成分词性往往相同。"英雄""模范"同是名词，"调查""研究"同是动词，"英勇""机智"同是形容词。

并列关系成分之间有时不用表示关联的词语（如上面所举的例子）；有时有语音停顿，如"伟大、光荣、正确"，"最正确、最勇敢、最坚决、最忠实、最热忱"等；有时可以用"和、并、而、或、又"等表示关联的词，如"阴谋和幻想""扩大并巩固""伟大而质朴""前进或后退""又快又好"等。

（2）连续关系。《分析》没有举例说明"连续关系"，按我们的理解，应该是指一般所说的连动句里的几个谓语动词之间的关系。例如"他<u>推开门</u><u>大踏步走进去</u>"是个连动句。在这个句子里，前后两个动词短语"推开门"和"大踏步走进去"同属于一个主语"他"，表示先后连续发生的动作。连续关系的项目也不限于两个，如"<u>打电话</u> <u>叫汽车</u> <u>上医院</u> <u>看病</u>"前后共有四个动词短语。

连续关系和并列关系同属联合关系，结构上都可以多分。但连续关系又不同于并列关系。并列关系的成分是平等的，次序比较自由。例如说"人每天都要吃饭睡觉"，"吃饭睡觉"是并列关系，也可以说成"人每天都要睡觉吃饭"。连续关系里的几个谓语动词，结构次序是固定的，语义关系也比较复杂。

(3) 复指关系。《分析》也没有举例说明"复指关系"，按我们的理解，应该是指一般所说的"复指成分"之间的结构关系。什么是"复指成分"呢？照《暂拟汉语教学语法系统》的说法，"两个成分同指一件事物的是复指成分"。例如：

<u>司机</u> <u>老李</u>累得满头大汗。

我回到<u>故乡</u> <u>北京</u>。

我们要在<u>端午节</u> <u>那天</u>吃一条黄鱼。

晨光照耀着<u>刘伯承</u> <u>将军</u>的高大身躯。

他就是<u>余子清</u> <u>老师</u>。

从这些例句可以看出，复指关系的两个成分同指一样的事物："司机"和"老李"，"刘伯承"和"将军"，"余子清"和"老师"都分别同指一个人；"故乡"和"北京"同指一个地方；"端午节"和"那天"同指一天。在句法功能上，复指关系的前后两个成分互相说明，具有同等的价值，要做什么句子成分就都做什么句子成分。

复指关系的成分也有两个以上的，如：

<u>她们</u> <u>母女</u> 两个勤勤恳恳地干活。

<u>你</u> <u>这个</u> <u>老教师</u>当然没有问题。

(165)

〔原文〕主从关系。成分的功能不同，整体的功能和主要成分的功能相同。(P50—L14)

〔问〕请举例说明主从关系中"成分的功能不同，整体的功能和主要成分的功能相同"。

〔答〕以修饰关系为例来说明。在"各级干部都必须参加集体生产劳动"和"热烈欢迎新来的伙伴"这两个句子中，"各级干部"和"新来的伙伴"都是名词作中心语的偏正结构。"各级"和"新来的"是修饰成分（或叫修饰语、定语），"干部"和"伙伴"是主要成分（或叫中心语），这两种成分的功能不同。而主要成分"干部"和"伙伴"是名词，整个结构"各级干部"和"新来的伙伴"句法功能相当于一个名词，在句子里头分别做主语和宾语。可见在这种结构关系中，主要成分是整个结构的主体，结构的语法功能是和它的主体成分的语法功能相一致的。

(166)

[原文]这里讲的修饰关系和补足关系跟一般讲法稍有出入，详见下文。(**P50—L20**)

[问]请举例说明"修饰关系"和"补足关系"，并说明这里讲的"修饰关系"和"补足关系"跟一般讲法有何出入。

[答]什么样的结构属于"修饰关系"和"补足关系"，《分析》没有举例说明。这里讲的"修饰关系"和"补足关系"跟一般讲法有何出入，详细情况需要参考下文第85节"宾语还是补语"、第86节"补语"、第87节"状语"等部分。从本节所述及下节（第69节）标示层次和关系的综合举例也可以有所了解。

比如，一般讲修饰关系指偏正结构中修饰语和中心语的结构关系。修饰语在前，中心语在后，修饰语的语法意义在于限制或描写中心语。根据中心语的不同性质，修饰语又可以分为定语和状语两种。一般说来，定语修饰用名词或名词性成分充当的中心语，状语修饰用动词、形容词或动词性、形容词性成分充当的中心语。

《分析》用">""<"表示修饰关系。其中">"表示修饰成分在前，所指应该就是定语和状语修饰语，如：

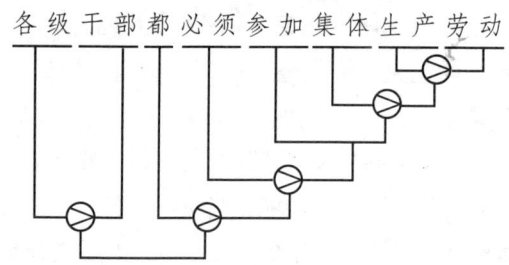

"＜"表示修饰成分在后，如：

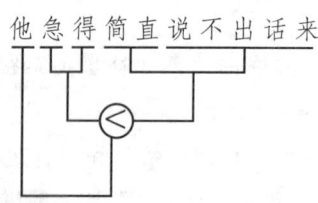

动词或形容词加"得"之后的词语，一般认为是结果或程度补语，跟动词或形容词中心语是补充关系。这里把它看成是修饰性质的后置状语，跟中心语的关系属于修饰关系，这点和一般讲法有些出入。

再如，《分析》用"⊣""⊢"表示补足关系。其中"⊣"表示补足成分在后，"⊢"表示补足成分在前。从综合举例的图示来看，指的是下面这种结构关系。

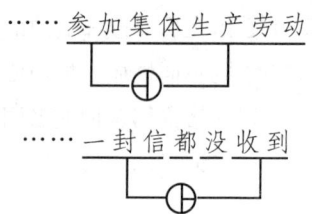

显而易见，这里讲的"补足关系"是一般所讲的述宾关系，包括宾语前置的结构关系。

(167)

[原文]表述关系。成分的功能不同,整体的功能又和任何一个成分不同。(P50—L22)

[问]请举例说明表述关系(主谓关系)中"成分的功能不同,整体的功能又和任何一个成分不同"。

[答]《分析》第69节综合举例中有三个表述关系(主谓关系)的例子(用":"表示),如:

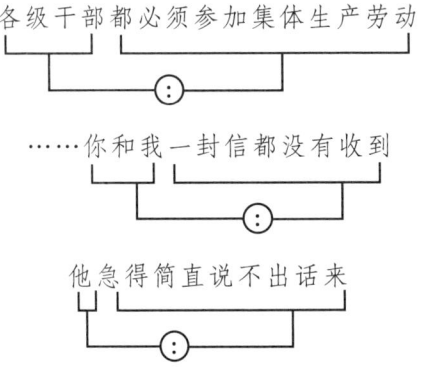

从这些例子可以看出,表述关系的结构之间有陈述和被陈述的关系。一般的情况是,前一个成分表示后一个成分所陈述的对象是谁或什么,后一个成分对前一个成分加以陈述,说明前一个成分怎么样或者是什么。前一个成分叫做"主语",后一个成分叫做"谓语"。这是成分的功能不同。这种结构关系的整体表示谁(或什么)怎么样(或是什么)的完整意思,它的功能和任何一个成分不同。任何一个成分,不论是主语还是谓语,都只能代表整个表述关系的一个方面,或者是陈述或者是被陈述。

(168)

[原文]提挈关系。介词和所介名词之间,连词和所连词句

之间。（假定用'；'表示）(**P51—L3**)

［问］请举例说明"提挈关系"。

［答］《分析》所讲的"提挈关系"包括"介词和所介名词之间"及"连词和所连词句之间"两种具体的结构关系。

"介词和所介名词之间"的关系即一般语法书所讲的介宾关系。在汉语里，实词要和实词发生某种修饰关系，这个作为修饰的成分有时需要先构成介宾结构，然后和另一个实词去组合。介词对于所介名词起带领、携带的作用。例如："为人民服务"中的介词"为"和所介名词"人民"之间是提挈关系，"为人民"修饰"服务"，表示目的。"从北京出发"中的介词"从"和所介名词"北京"之间是提挈关系，"从北京"修饰"出发"，表示处所。"人们对于这种制度非常欢迎"中的介词"对于"和所介名词性成分"这种制度"之间是提挈关系，"对于这种制度"修饰"欢迎"，表示对象。"你比我高"中的介词"比"和所介名词性成分"我"之间是提挈关系，"比我"修饰"高"，表示比较。"我被他批评了"中的介词"被"和所介名词性成分"他"之间是提挈关系，"被他"修饰"批评"，表示被动。"我们把敌人打败了"中的介词"把"和所介名词"敌人"之间是提挈关系，"把敌人"修饰"打败"，表示处置或对象。跟别的介词比较，"把"有更明显的提挈作用，即把动词支配的对象提到动词前边。

"连词和所连词句之间"也是一种提挈关系。连词的作用是连接，每个连词必定连接一定的成分并表示一定的关系。从连接的成分来看，有的是词或短语，有的是分句。从连接的方式来看，有的表示联合关系，有的表示主从关系。例如："李白和杜甫"中的连词"和"，连接的是两个名词，表示联合关系。"目前的形势和我们的任务"中的连词"和",连接的是两个短语,也表示联合关系。"聪明而勇敢"中的连词"而",连接的是两个形容词,表示联合关系。"为推广普通话而努力"中的连词"而",连接的前一个成分是介词结构,后一个成分是动词,表示主从关系。"他不但自己学习很认真,而且能够帮助别人"中的连词"不但……而且",连接的是两个分句,表示联合关系。"因为天气太冷,所以一直没有出门"中的连词"因为……所以",连接的是两个分句,表示主从关系。

《分析》第69节综合举例中有一个地方的结构关系应该是提挈关系(用";"表示):

怎么你和我一封信都没有收到?

(169)

[原文] 衬附关系。衬附成分在前:前缀;衬附成分在后:后缀,语助词;衬附成分在中间:中缀,衬字。(**P51—L5**)

[问] 请举例说明"衬附关系"的各种具体内容。

[答]《分析》没有举例说明"衬附关系"的具体内容,根据所列的项目试举例如下:

衬附成分在前(前缀):<u>第</u>三百二十四<u>号</u>

衬附成分在后 { 后缀:同志<u>们</u>
　　　　　　　　世界战争不可避免<u>论者</u>
　　　　　　语助词:谁<u>啊</u>　好<u>啊</u>

衬附成分在中间 { 中缀:看<u>得</u>出　看<u>不</u>如
　　　　　　　　衬字:糊<u>里</u>糊涂　酸<u>不溜溜</u>儿

《分析》第69节综合举例中在一个例句里有两个地方的结

构关系是衬附关系(用","表示):

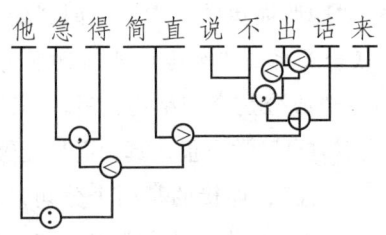

(170)

[原文] 这四大类八小类也还都是带点概括性的,每一种关系里边还可能包括一些不同的情况,参看75节。(P51—L8)

[问] 每一种关系里边有什么样的一些不同的情况呢?

[答] 吕先生这句话是不难理解的,他讲的四大类八小类实际上只开列了名目,连举例都没有,其中每一类包含了哪些具体内容都没有展开谈,实际上每一类都可以作为一个专题论述。我们上边举例说明时有些就谈到更具体的情况,吕书75节又举例说明其中的微妙差别,但也不是全面论述这个问题。

我们再举些例子加以说明:

1. 并列关系

是一种有两个或更多中心的内中心结构,每个中心都有大致跟整个结构相同的功能。对这种关系可以从不同角度加以研究,以弄清它的具体情况,比如:

(1) 功能上并列结构可以做句子的各种成分

　　　长江、黄河是我国最大的河流。(并列主语)

　　　他们卖桌子椅子。(并列宾语)

　　　他有时候哭,有时候笑。(并列谓语)

　　　甜酸苦辣的东西他都吃。(并列修饰语)

这菜炒得又香又脆。（并列补语）
(2) 并列成分一般得是词类相同
　　语言文字（同是名词）
　　宣传教育（同是动词）
　　多、快、好、省（同是形容词）
(3) 并列标记
　　语言文字（标记是零，即简单地一个一个摆出来，连停顿都没有）
　　语言、文字（语音停顿）
　　花呀，草啊，猫啊，狗啊，什么都有（助词隔离）
　　语言和文字（并列名词）　⎫
　　讨论并通过（并列动词）　⎬（连词标记）
　　光荣而艰巨（并列形容词）⎭

　　工人、农民和知识分子　　　　　⎫（停顿和连词
　　工厂、商店和农场、牧场　　　　⎬　连用做标记）
　　进与退、攻与守，他都胸有成竹　⎭

如果细细研究下去，每个连词、关联词都有不同用法，而同一个连词也有不同用法，如：
　　我和你（连接并列代词）
　　<u>宣传</u>和<u>贯彻</u>各项方针政策（"和"连接动词，共管一个宾语）
　　意义十分<u>伟大</u>和<u>深远</u>（"和"连接形容词，有共同的修饰语）
(4) 并列结构的次序和可逆性
并列结构中的项目的次序，语法上是比较自由的，如：
　　买了些又酸又苦又涩的沙果儿。

三个形容词先后次序可逆，可以改为"又涩又酸又苦""又苦又涩又酸"等。但许多并列结构习惯上又常是不可逆的、不自由的，往往只有一种次序合乎习惯，如：

  新的旧的 有说有笑 笔墨纸砚
  老的少的 大风大浪 吃喝玩乐

两个单音词组成的并列结构，习惯的次序不能逆转，除非用上停顿或标记词，比较：

  快慢都一样。   饭菜都够吃。
  *慢快都一样。   *菜饭都够吃。
  慢啊，快啊，都一样。 菜啊，饭啊，都够吃。
  慢跟快都一样。   菜跟饭都够吃。

（5）吕先生在75节里对并列关系又分加合和交替两类，加合关系又分加而不合和加而且合两种，交替关系又分互相排斥和不互相排斥两种。列表简述如下，详细情况留75节讨论：

并列关系（意义：和/或）
- 加合关系（A和B）
  - 加而且合："王英和李丽是同窗"
  - 加而不合："王英和李丽是大学生"
- 交替（替换）关系（A或B）
  - 互相排斥："会期选在10月1日或者10月7日。"
  - 不互相排斥："去上海或者去北京都可以办签证。"

赵元任还指出："跟加合关系一样，选择或替换关系也常常用零标记。"加合关系用零标记如上述的例子"他们卖桌子椅子"；替换关系用零标记的如："你吃饭吃面？""吃饭吃面没关系。"前一句可以在并列结构中间插入"还是"，后一句可以在并列结构中间插入"还是"或"或者"。

2. 连续关系

这是一种构造复杂的结构，共同特点是：谓语是由两个或两个以上的动词或动词短语组成，它们同属于一个主语，中间不能停顿。各动词或动词短语之间的意念关系（所表达的意义）有各种各样的，例如：

（1）表示先后连续发生的动作，如：

他打电话叫汽车上医院看病。

他推开门大踏步走进去。

（2）后一个动词（或短语）表示前一个动作的目的，如：

我已经打电话通知他们了。

他去邮局寄信。

（3）前一个动作表示后一个动作的方式，如：

他们坐船去日本。

她笑着点了点头。

（4）前一个动词（或短语）表示肯定，后一个动词（或短语）表示否定，从正反两方面说明事实，如：

孩子拉着妈妈的手不放。

看样子连动式怕是要终于赖着不走了。

（5）两个动词（或短语）重复，前一个动词含有"即使、无论、要讲"等假设兼让步的意思，如：

我们走也走到北京。

我怎么赶也没赶上。

（6）前后是同一个动词，后一个动词是动结式复合动词或带"得"加补语，如：

他吃水果吃饱了。

他管孩子管得很严。

(7) 前一个动词的受动者同时是第二个动词的受动者，如：

你抓几服中药吃吃。

我找个人问问。

关于连续关系里边还有一些什么不同的情况，究竟还有哪些格式是连续关系，吕著没有展开介绍。语法学界对什么样的格式是连续关系，各家看法不很一致。对诸如带"着"的动词结构、带关联词语的动词结构或前带介词结构的动词结构，比较吕先生的《语法学习》、吕叔湘与丁声树等合著的《现代汉语语法讲话》、吕叔湘主编的《现代汉语八百词》，可以看到其中看法上也有一些变化，列表比较如下：

	《现代汉语语法讲话》	《现代汉语八百词》	《语法学习》
+着	坐着喝水（连动式） +	她笑着答应了一声"是"（连动式） +	躺着看书（附加语） -
带关联词	吃过饭丢下饭碗就出去玩去了（连动式） +	你吃亏就吃亏在这一点上（连动式） +	他端起碗来就喝（复合句） -
拿+	拿眼直瞅他（连动式） +	拿老眼光来观察新事物（修饰语） -	拿什么谢他（动词的前附加语） -

（续表）

从 +	从高粱地里钻出来（连动式）	从南方来（修饰语）	从家里来（动词的前附加语）
	+	−	−
为 +	为人民服务（连动式）	为人民服务（修饰语）	为人民服务（动词的前附加语）
	+	−	−

关于连动式，还有一个问题可以研究，吕叔湘先生在《分析》里把它归为联合关系的一种，"成分的功能相同，整体和成分的功能相同"。而赵元任先生认为"连动式是介乎并列结构和主从结构之间的一种结构，但更接近后者"，"连动式类似主从结构在于第二部分大体上跟整个结构的功能相同，因而是中心，而第一部分是修饰它的（翻译成外语往往是一个介词短语），'拿笔写字''在屋里睡觉'"。从以上意见和所举的例子看，他们对什么是连动式的认识也不尽相同。

3. 复指关系

《分析》未举例说明。过去有的讲语法的，讲到复指成分，就其内部彼此所发生的关系，分成三种格式：

一、叠用式：两个名词（或一个是代词）叠用，可以分别：一个是"主名"（就是两名比较，它是主要的），一个是"加名"（就是修饰或注释主名的）。分三组举例：

（1）加名在前，主名在后的。

<u>日本留学生</u><u>神田</u>说……（同为主语）

我找到了我家的小花猫咪乐。（同为宾语）
这是外语系专家麦克的汽车。（同为定语）
系主任正跟昨天刚来那位外教约翰谈话。（同用在介词"跟"后边，跟它构成介词结构）

(2) 主名在前，加名在后的。
这位就是张立大夫。
他对咱们老百姓可真好。
陈先生这个人真厚道。
他叫丁一，丁校长的儿子，师大中文系的学生。

(3) 主名前后都有加名的。
国际主义战士白求恩大夫
我的伯父鲁迅先生

二、分总式
有先分后总的，也有先总后分的，统叫"分总式"。
(1) 先分提后总提的，总括的就是"加名"。
他去年出访美、英、法、日四国。
(2) 先总提而后分承的。分承的是"加名"，总提的是"主名"。
他从图书馆借了两本书：精装的古典小说《红楼梦》和外国名著《战争与和平》。

三、重指式
先说出一个或几个词或词组，然后再用代词把它重指一下，例如：
耳朵聋的人他自己也很苦。
说老实话办老实事，这是做人的起码标准。

此外，有的复指成分常被拆开：

一、注释性的：一句话说完了，觉得其中某个词还有注释一下的必要，就用复指成分的形式，在句尾给以注释或补充：

有博士学位的就他们<u>三人</u>：<u>吕江、李平和新来的张新</u>。

二、重指性的：把说话人所要加强的那个词或词组提到句首，在它的原位上用代词重指一下：

<u>这碗参汤</u>，你喝了<u>它</u>。

(171)

[原文] 也有这种情形：论结构关系，A 应该属于 B，但是在语义上 A 指向 C，例如：（a）'圆圆的排成一个圈'（圆的圈）｜（b）'走了一大截冤枉路'（走得冤枉）｜（c）'几个大商场我都跑了'（都总括几个）。**(P52—L1)**

[问] 请解释这句话的意思。

[答] 这句话的意思联系《分析》所举的三个例句来体会就会明白。

（a）圆圆的 排成 一个圈
　　　　A　　　B　　　C

论结构关系，"圆圆的"是"排成"的修饰语；但是在语义上"圆圆的"修饰"圈"（圆的圈）。

（b）走了一大截 冤枉 路
　　　　　C　　　A　B

论结构关系，"冤枉"是"路"的修饰语，但是在语义上"冤枉"修饰"走"（走得冤枉）。

（c）几个大商场 我 都 跑了
　　　　　C　　　　A　B

论结构关系，"都"是"跑"的修饰语；但是在语义上"都"总括"几个大商场"。

5.2 句子成分分析法与层次分析法（172—191）

（172）

［原文］传统语法分析句子是把构成句子的成分分为若干种，然后按照这些成分搭配的情况说明句子的各种'格局'，或者叫做'句型'。这种分析法可以叫做**句子成分分析法**。（P52—L6）

［问］（1）什么是格局呢？请举例说明。（2）请举例介绍句子成分分析法。

［答］"格局"就是结构和格式，这里所说的"句子的各种'格局'"也就是指"句型"。这点我们结合介绍句子成分分析法就可明白。

句子成分分析法也叫中心词分析法。这是在传统语法理论指导下用以分析汉语语法结构的方法，简称成分分析法，非正式的名称叫多分法。

在汉语语法研究中，黎锦熙先生在《新著国语文法》中使用的图解法实际上就是句子成分分析法，张拱贵、廖序东先生的《文章的语法分析》中的加线法也是根据图解法加以简化的，"暂拟汉语教学语法系统"和《汉语知识》（1959年根据1955年至1957年陆续出版的初级中学《汉语》课本改编而成）现在一般被看成句子成分分析法的代表。

句子成分分析法是根据中心词确定句子成分的，其特点和原则是：1. 认定一个单句可以有六种句子成分（主语、谓语、宾语、补语、定语、状语），分析时要求先一举找出全句的中心词，作为句子的主要成分——主语和谓语，让其他成分分别依附于它们，作为次要成分——宾语、补语、定语、状语。2. 把词作为划分成分的基本单位，一个句子成分原则上应当由一个词充当，词组，比如偏正词组和动宾词组不能充当句子成分，必须再找中心词，才算找到了句子成分。例如：

帝国主义的侵略 打 破了 中国 人 学 西方的梦想。
　定　　　主　谓 补　定　主 谓　宾　　　宾

这种分析法比较通行的线条、符号是：＝主语的标志，—谓语的标志，～～宾语的标志，（ ）定语的标志，〔 〕状语的标志，〈 〉补语的标志；有些著作还用 ≃ 作兼语的标志；⌞ ⌝某些词组作句子成分的标志，△独立语的标志，∧介词的标志，·连词的标志；"‖"是主谓两部分的分界。其分析步骤例如：

（山西）（农村）的孩子‖〔根本〕听〔不〕〈懂〉（白求恩）的话。

（广大）（群众）的支持‖使他有了克服困难的决心。

第一步，一般主谓句先分两大部分：主语部分和谓语部分（主语部分、谓语部分不算句子成分）。

第二步，在主语部分找出中心词，这是主语；在谓语部分找出中心词，这是谓语。主语和谓语这是句子的主要成分，基本成分。

第三步，在主语、谓语的前后找出次要成分、连带成分：定语、状语、补语和宾语。

第四步，如果定语、状语、补语和宾语本身是个短语（词组），那么还要找出连带成分的连带成分。

有的句子更复杂一些，还可以有第五步、第六步，一直分析到词为止。

从上面这两个例句的分析过程来看，成分分析法的核心是找中心词。凡是偏正词组、动宾词组都不能作句子成分,一定要找出中心词来。除了联合词组、主谓词组、"的"字结构、介词结构、方位结构外,析句一律要分析到词,即找出词与句子成分的对应关系。从上面这些例句的分析结果来看,分主要成分、次要成分并不是"层次"。各种不同层次的句子成分是出现在一个平面上的。一个句子最后分析成许多个成分,所以成分分析法又叫多分法。

(173)

〔原文〕这种分析法有提纲挈领的好处,不仅对于语言教学有用,对于科学地理解一种语言也是不可少的。(P52—L9)

〔问〕(1)怎么理解"这种分析法有提纲挈领的好处"?(2)这种分析法对于语言教学和科学地理解一种语言有什么作用呢?(3)这种分析法的局限性何在?

〔答〕(1)一般认为成分分析法的优点是:它能够用句子成分的组合来显示句型,反映句子的格局。我们找出了句子成分,也就看清了一种句型,如:

(乌鸦)的 翅膀 ‖〔绝〕遮〔不〕〈住〉(太阳)的 光辉。
　定语　　主语　状语 谓语 状语 补语　定语　　宾语

分析结果,各种不同层次的句子成分都展现在一个平面上,一看就知道这是一个主谓宾型的句子。主语、宾语前都有定语,谓语动词前有状语,后有补语。从句子成分的搭配看清各种句子的格局——句型,从而掌握各种句子的构造规律,这就是这种析句法的"提纲挈领"作用的优点。

根据"暂拟系统"编写的《汉语知识》(人民教育出版社)列举了17种一般单句的最基本的句型(详见该书182—185页),这些句型都是用句子成分的不同组合形式来表示的。例如:

主‖谓—宾—补

徐琴‖教过我〈三次〉了。

定—主‖谓—定—宾

(方言区的)人‖要学习(北京)语音。

(2)一般认为成分分析法对于教学上和科学地理解一种语言方面的用处是：

a. 句子成分分析法把一个句子的成分分成若干种，并用符号标记标明这些句子成分的功能类目：主语、谓语、宾语、补语、定语、状语。它试图把抽象的语法形象化，使之符合直观教学的原理，尤其是加线法，比图解法简单易学、好用，可以在原读物上作业，横行竖行都可以，不必另行抄写，这比任何文字说明都要简明、清晰，在语法教学中，尤其对于初学者更显方便。

b. 句子成分分析法可以使人们对句子的面貌有一个整体的认识，它着重抓句子的各种成分，可以帮助人们鉴别某个句子结构是否完整，是否合乎规范；句子成分的多余或残缺，这个句子成分同那个句子成分的搭配有无毛病是比较容易发现的。好比一棵树有主干，有枝叶。枝叶茂盛，会不容易看清主干。句子的基本成分也好比主干，次要成分好比枝叶。用紧缩法即抓住主干，句子的基本结构就显示出来，例如：

(参加研究、发射人造卫星的)工人、解放军、革命干部和科学技术人员，‖〔在伟大领袖毛主席的号召下，〕〔在党和全国人民的关怀和支持下，〕〔经过紧张的劳动，〕〔于一九七〇年四月二十四日，〕我国第一颗人造地球卫星发射成功。

这个句子很长，主要是因为谓语部分包含"在……号召下""在……关怀和支持下""经过……""于……"四个长状语。

如果我们把这些"枝叶"——状语部分去掉,就可以看出这个句子的"主干"——主要成分,其基本结构是:"工人、解放军、革命干部和科学技术人员,我国第一颗人造地球卫星发射成功",这显然不成话,主谓不搭配。原句"我国第一颗人造地球卫星……"应改为"成功地发射了我国第一颗人造地球卫星"。

(3) 句子成分分析法是建立在以句法为中心的学说之上的,它比起"讲语法总是以'词法'(形态)为主,句法不受重视"的古老传统是一种进步。句子成分分析法是我国语法学史上第一个用图解和符号标记分析汉语语法的方法,它的"有提纲挈领的好处",它对于语言教学及科学理解一种语言的积极作用是肯定的。但一般人认为它也存在着明显的局限性:

a. 忽视句子的语法结构的层次性。这种分析法要求一举找出全句的中心词,把句子的六个成分看成是同平面的加合物,这不符合客观的语言事实,例如:

(这项)(工人)的<u>建议</u> ‖ 是可行的。

(这位)(工人)的<u>建议</u> ‖ 是可行的。

以上两个例句的主语部分,都分析为"定—定—主",事实上,第一个例句的定语"这项"是修饰"工人的建议",而第二个例句的定语"这位"只是修饰"工人",但用句子成分分析法无法表示这种语法结构的层次性。

b. 句法研究的主要目的在于全面、深入地揭示语言的组词造句的内在规律,而这种分析法难以帮助人们达到这个目的,例如:

<u>他</u> ‖〔很〕看了(几本)<u>书</u>。

(她)的<u>头发</u> ‖ 剪〈短〉了。

以上第一个例句中的"很"的这种用法,是修饰述宾短语"看了几本书";第二个例句的谓语部分是一个歧义结构,因此全句可以有两个意思,可以是"她的头发剪了以后比以前短了",也可以是"她的头发剪得太短了"。这两个例句中组词造句的内在规律,用句子成分分析法无法表示。

c. 句子成分分析法的先抓主干的分析手续,常常不能表示句子的基本意思,甚至表示的是跟原义相反的意思。例如:

我‖从前不喜欢喝酒,现在还是不喜欢喝酒,将来大概仍然不喜欢喝酒。

你‖可便宜他了。

王冕‖七岁上死了父亲。

无原则的团结‖对革命事业有害。

以上例句,提出主要成分——主语谓语,意思与原句正相反。有人提出把宾语也归入主干中去的修正意见,依然无法解决这种分析法的弊病,例如:

老妈妈‖哭瞎了眼睛。

我们‖必须尽最大的努力。

"眼睛"不能做"哭"的宾语,只能做"哭瞎"的宾语;"尽"不能拿"努力"为宾语,因为不说"尽努力",只能以"最大的努力"为宾语。这是吕先生在54页第8行至14行谈到的情况。

(174)

[原文]句子结构的分析,用传统的术语叫做'句法',是现代语法学的中心。这个地位是近百年来取得的。在这以前,讲语法总是以'词法'(形态)为主,句法不受重视,许多句法现象都放在词法里讲。这是个古老的传统,从古代的希腊语法、拉丁语法就是如此。(**P52—L11**)

[问]以前,有什么样的句法现象放在词法里讲呢?

[答]语法学最早产生于富于形态的印欧语。早在公元前4世纪古代印度就出现了波尼尼(Panini)的《梵语语法》。在公元前2世纪古代希腊的狄奥尼修斯(Dionysius)在他的书中就把希腊语的词类定为八类。古罗马的瓦罗(Varro)在《拉丁语研究》中也把拉丁语的词类定为四类:第一类是有"格"变化的叫做名词,第二类是有"时"变化的叫做动词,第三类是有"格"变化也有"时"变化的叫做分词,第四类是没有"格"变化也没有"时"变化的叫做虚词。这是纯粹以形态的有无来作为区分词类的标准的。这些显露在表面的复杂的词性变化,最容易引起人们的注意,因此,印欧语的语法研究必然先由词法开始,并长期居于主要地位。而句法处于中心地位,是20世纪初才取得的。

　　印欧语的实词如名词、代词、动词、形容词、副词等类,都有词形变化,像拉丁语,名词有六个格:主格、属格、与格、宾格、呼格、离格。每个格都有一个特殊的词尾为标志。例如:petrum-宾格,petrus-主格,petri-属格。"Liber petri",即"彼得的书"的意思,"彼得"和"书"之间的领属关系,靠petri的词尾-i表示。印欧语的动词、形容词与名词、代词之间靠形态所表示的照应一致(agreement or concord)关系和格支配(government of case)关系就是结构关系,由于形态表示了结构关系,这就必然会引导出句法来。例如名词和动词之间的照应一致关系就必然会引导出主谓关系来,形容词和名词之间的照应一致关系就必然会引导出限定关系或表述关系来。就格支配来看,名词、代词采取了主格(nominative case)的形式,它必然就是主语;采取了领格(genitive case)的形式,它必然就是定语,如此等等。这样,句法现象就都放在词法中讲了。

(175)

[原文] 希腊语、拉丁语都是形态繁复而语序活动，讲语法以词法为主是很自然的，后来西方的语法著作却一直维持这个传统。(P52—L15)

[问] 请介绍希腊语或拉丁语的形态怎么复杂而语序怎样活动。

[答] 印欧系的古代语言如梵语、希腊语、拉丁语的名词、形容词和动词都有复杂的词形变化。比如"人"，拉丁语有 homo, hominem, homini, homine 等好几个形式，而法语只有 homme，意大利语只有 uomo 一种形式。在古英语里，表示"好"这个意思的有 god, godne, gode, godum, godes, godre, godra, goda, godan, godena 等形式，各有各的用途，现在都已变成一个简单的 good 了。

在这些古代语言里，因为每个名词都有一定的词尾表示它在一句中的功能，是具有相当完备的格变的语言，对于语序就不很拘泥，例如拉丁语的 Paulus amat Petrum（保罗爱彼得），Paulus 的 -us 表示主格，Petrum 的 -um 表示宾格，宾主既定，所以这几个词我们无论把它们排成 Paulus amat Petrum, Petrum amat Paulus 或 Petrum Paulus amat，意思都是一样；又如"女见男"这句话，拉丁语就可以有 Hominem femina videt 或 Femina hominem videt 或 Hominem videt femina 或 Videt femina hominem 种种说法。到了一些现代语言如英语、法语等词形变化已经变得非常简单，上面这两句话必须把它说成 Paul loves Peter 和 Paul aime Pierre, A woman meets a man 和 une femme rencontre un homme。因为动词前后这两个名词已经没有任何的变格形式了。这样就把语法研究的重心逐渐转移到句法上去。

(176)

[原文] 此后不久,美国的布龙菲尔德学派兴起,又换了个方向,讲语法着重讲层次分析,对句子格局的研究不免草草了事。(P52—L18)

[问] (1) 请举例介绍这个学派的层次分析。(2) 讲语法着重层次分析,为什么说对句子格局的研究草草了事呢?

[答] 列昂纳德·布龙菲尔德(Leonard Bloomfield, 1887—1949)是美国描写语言学派的奠基人,这个学派被看成是结构主义语法的主要代表。布龙菲尔德最有影响的著作是《语言论》(Language, 1933)。在这本书里,他制定了描写语言结构的基本原则和方法,他从行为主义的立场出发,把语言看成是一系列刺激和反应的行为,他主张通过形式特征来描写语言结构,反对用非语言的标准(特别是心理因素)来分析语言。

结构主义的句子分析法即直接成分分析法,也就是用二分法把句子逐步切分,一直分到最小单位——语素为止,从而发现各单位之间的结构关系——线性关系和层次关系。例如发现Poor John ran away.(可怜的约翰走开了。)这个句子是由四个语素构成的。这四个单位前后相继依次排列成线性关系的序列,而且发现poor和John是结构poor John的直接组成成分,ran和away是另一个结构ran away的直接组成成分,而poor John和ran away这两个结构,是最高层结构——句子本身的直接组成成分。句子各单位之间存在着层次关系。布龙菲尔德学派的直接成分分析法可用若干种方式图解式地表现出来。比如可用括号:[(poor John)(ran away)]。也可用一种树形图表示,如

其中——表示最终成分（语素），└┘里的竖线指示直接成分，横线表示结构体；相属的结构体表示不同的层次。也可用另一种树形图表示，例如：

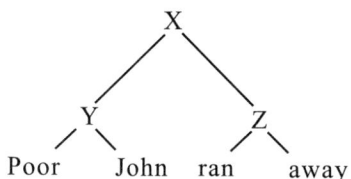

布龙菲尔德学派讲语法着重层次分析，各种图解都能清楚地表示各句子单位的层次关系，但不能反映这些成分性质的功能类目，比如句子的直接组成成分不论是由括号表示的，还是由同等价值的树形图表示的，我们知道的是：poor 是个形容词，poor John 是个名词短语；ran 是动词，away 是副词，ran away 是一个动词短语。但是对句子格局的研究草草了事，这里，既没有标明 poor John 是主语，ran away 是谓语的事实，也没有考虑到 away 对 ran 的修饰作用的概念。

(177)

[原文] 五十年代后期转换生成语法学派崛起，又把重点移到句法上，可是着重讲句子结构的变化，对于句子的静态分析并没有什么独创之处，也不采用传统语法里各种句子成分的名称。
(P53—L1)

[问] 请介绍他们讲的句子结构的变化。

[答] 转换语法学派的代表人物是美国的语言学家乔姆斯基（Avram Noam Chomsky）。1957年乔姆斯基出版了他的《句法结构》（Syntactic Structures），这标志了转换—生成语法的诞生。布龙菲尔德学派以分布和替代的原则和方法对语言结构进行切分和

分类。这种"分类主义"(taxonomism)的方法虽然对语言结构的表面现象作了一定的分析,如分出了"直接成分",但是对语言结构的很多现象,特别是"同形异构"(即 homotaxis 或 ambiguity)现象解释不了,于是,乔姆斯基企图另找一条路子。他首先区分了"语言能力"(linguistic competence)和"语言行为"(linguistic perfomance)。他认为语言能力是说话人和听话人对语言的全部知识,它是先天的、内在的,而语言行为是语言能力的具体运用,它是后天的、外在的。他主张语言学研究的对象应该是能力而不是运用,他说:"生成语法就是研究说话人语言能力的理论。"乔姆斯基还区分了"深层结构"(deep structure)和"表层结构"(surface structure)。他认为我们实际说出来的和听到的话语是表层结构。语言学家应该说明"表层结构"是怎样从"深层结构"转换来的。他还构拟了语言结构模式,如下图:

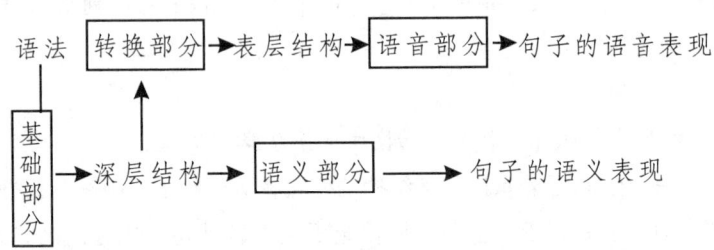

乔姆斯基认为语言学家就是要制定上图中方框里的四部分规则。语法包括基础部分和转换部分。基础部分生成深层结构,深层结构通过转换部分得出表层结构。语义部分属深层结构,它给深层结构作出语义解释。语音部分属表层结构,它给表层结构作出语音解释。这就是这个语法学派的转换生成语法的全部内容。

据说，乔姆斯基的《句法结构》出版之后，美国汉学界第一个响应的是王世元。他之后，第一个应用转换语法研究汉语的是 Anne Yue（安妮·Y. 桥本），原名余霭芹，著名语言学家桥本万太郎（Hashimoto）的夫人。她曾写过一篇八万字的长文《普通话句法结构》，发表在美国《麒麟》（1973年改名《中国语言学报》）杂志1971年8期上（范继淹译述，发表在《语言学动态》1978年2期），该文采用转换生成语法理论，设立了一套现代汉语句法的基本规则系统，广泛地讨论了现代汉语的各种句式。下面用余霭芹举过的例子加以说明：

汉语里常常有两个谓词连用的情况，一个表示行动，一个表示结果。比如"吃完"和"吃饱"，虽然都是动补结构，但实际上不一样。我们可以说"他吃完饭了"，也可以说"他吃饱饭了"，可是前一句可以用"把"字，说"我把饭吃完了"，后一句却不能用"把"，不能说"我把饭吃饱了"。所以，她认为这两句话不应该视为一样，应该想办法把它们区别开来。她的办法就是用转换规则。她的转换办法是这样：

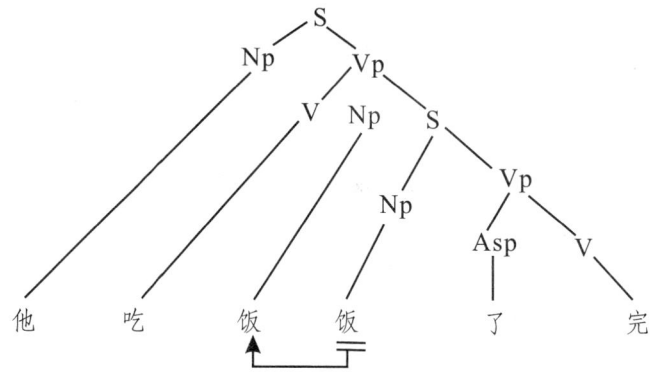

"他吃完饭了"，深层结构是"他吃饭"，然后说明吃饭的结果是"饭完了"（实际上应是"吃"的动作结束了——笔者按），后面的主语就是前面的宾语，两个"饭"字一样。

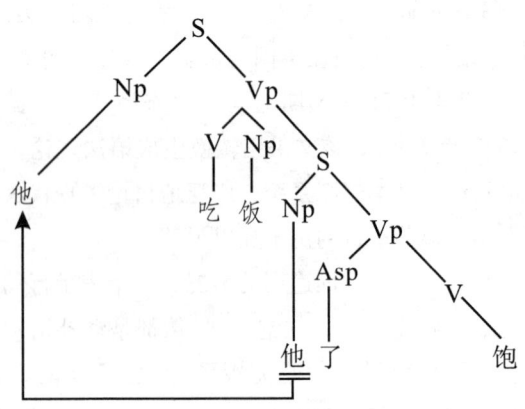

"他吃饭"的结果是"他饱了"。前后的主语一个样，都是"他"字，所以就得不出"他把饭吃饱了"的转换形式。

在这里，用的是 identity deletion（同一成分省略），因此可用转换语法来解释。当后面的主词相当于前面的宾语时，可用"把"或"被"，说成"他把饭吃完了"或"饭被他吃完了"。如果不相当就不行，不可以说"他把饭吃饱了""饭被他吃饱了"。

又如可以用来解释歧义现象。汉语里"鸡不吃了"是个歧义结构，"鸡"可以是施事（意思是"鸡不吃食了"），也可以是受事（意思是"我不吃鸡了"）。它们的表层结构相同，而深层结构各异。"鸡不吃食了"这个意思的深层结构是：

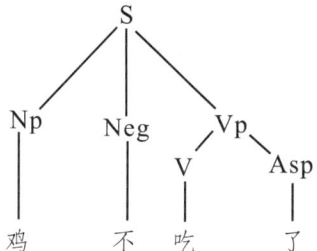

(其中 Neg 表示"否定成分",Asp 表示"体")因它没有另加转换规则,所以表层结构与深层结构相同。"我不吃鸡了"这个意思的深层结构是:

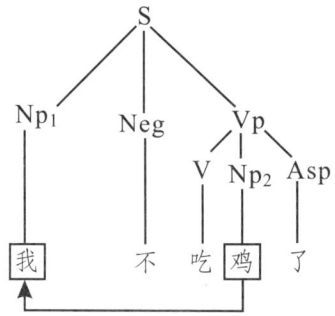

通过转换部分,先运用省略规则把 Np_1 的"我"省略,后用移位规则把 Np_2 的"鸡"移至 Np_1 位置,这样就得出了表层结构"鸡不吃了"。(详见赵世开《传统语法、结构主义语法、转换生成语法》)

(178)

[原文]学校里的语法教材基本上还是以句子格局的分析为主,不过吸收了层次分析的优点(以及语法的语音背景)。(P53—L5)

[问](1)学校里的语法教材吸收了层次分析的怎么样的优

点呢?(2)能否以汉语为例说说语法的语音背景问题呢?

[答](1)这句话从上下文体会,讲的是国外语言学。国外的语法教材情况我们不很了解。

据王宗炎《语法学说和英语教学》(《国外语言学》1980年第2期)介绍:

随着语言研究的发展,讲传统语法的人也努力改进。例如C. E. Eckersley父子合编的A Comprehensive English Grammar(1961)虽然是讲传统语法的,可是已多多少少地吸收了C. C. Fries[①]和Hornby的意见和材料,从术语定义,语法规则乃至例句的选择和说明都可以看出来。

如果要以汉语语法研究来说,可以举胡裕树主编的《现代汉语》教材为例,该教材在"暂拟系统"的基础上加以改良,改良的目标尽可能向层次分析靠拢,改良的要点是:

①句子先分析主语部分和谓语部分。主语部分的中心词是主语,谓语部分的中心词是谓语。谓语部分如果是动宾结构,则动词是谓语,受动词支配的是宾语部分,宾语部分的中心词是宾语。

②主语部分、谓语部分或宾语部分如果是一个词组,但不是偏正词组,则不去找中心词,分析它们的内部结构比照词组分析的办法。

③定语、状语、补语在词组中对中心词而言,在句子分析中则对主语、谓语、宾语而言。例如"这位工人的建议是可行

---

① Fries是萨丕尔(美国描写语言学派的代表人物之一)学派的继承人,后来也接受布龙菲尔德的观点。他写过《英语结构》(The Structure of English, 1952)一书,采用结构主义的方法对英语句子进行结构分析,同时保存了传统语法中有价值的东西。

的","建议"是主语,"这位工人"是定语,这个定语对主语而言,是句子成分。"这位工人"可以分析,不过这种分析是词组内部的分析,而不属句子成分的分析。可图示如下:

句子成分分析法：<u>这位</u> <u>工人</u> 的<u>建议</u> ‖ 是可行的。
　　　　　　　　定语　定语　　主语

层次分析法：这　位　工　　人的建　议（是可行的）
　　　　　　　　　　修饰语　　　中心语
　　　　　　修饰语 中心语

改良：<u>这位工人</u>的<u>建议</u> ‖ 是可行的。
　　　　定语　　　主语
　　　偏　正

（2）语法的语音背景问题,比如兼语句同主谓词组作宾语的句子的界限主要依据停顿来区别。像"我希望大家来"和"我请大家来"这两句,形式上很相似,谓语都是"动词＋人称代词＋动词"。但前一句可以在第一个动词后停顿,说成"我希望——大家来",而后一句却不能在第一个动词后停顿。我们可以依据语音停顿判断第一句是主谓词组作宾语句,第二句则是兼语句。当然,它们的区别也表现在别的方面,如:

a."希望"不含使令意义;"请"含使令意义。

b."希望"和"来"没有因果关系,大家来不来不是希望不希望的结果。"请"和"来"有因果关系,因为请,所以才来。

c."我希望大家来"可以改说成"我希望的是大家来"或"大家来是我希望的";"我请大家来"不能这么改变说法。

（179）

[原文] 我国最早的讲汉语语法的书《马氏文通》是以词类

为纲的,十卷里边只有一卷'论句读',许多句法问题都分散在各个词类里讲。(L53—L8)

[问](1)请介绍各个词类里讲的一些句法问题。(2)怎么看出许多句法问题都分散在各个词类里讲呢?

[答](1)《马氏文通》全书共分十卷。大致可分为四个部分。第一部分卷一是正名,即对各种语法术语下定义,通过23个"界说",就字类、句、读作了简要的论述。第二部分卷二至卷六,谈实字(实词),共分五类:名字、代字、动字、静字(形容词)、状字(副词)。第三部分卷七至卷九,谈虚字(虚词),分四类:介字、连字、助字、叹字。第四部分卷十,论句读。

《文通》分析句子成分,应用了"词"和"次"两个概念,"词"是主要的,"次"是辅助的。《文通》的"词"相当于句子成分。"词"有七个:起词(主语)、止词(及物动词的宾语)、语词(谓语)、表词(形容词谓语及名、代作谓语)、转词(自动词转及的宾语,外动词后由介词转及的类似宾语的成分)、司词(介词的宾语)、加词(介词结构充当状语或补语,同位语)。《文通》分句法结构为"句""读"(主谓词组)"顿"(非主谓词组)三种。

从上面介绍的《文通》的主要内容看,用八卷讲词类(实字和虚字),所占篇幅最大,十卷书只有一卷"论句读"(即句法),但这不能说《文通》不重视句法。因为马氏在"例言"中说:"是书本旨,专论句读;而句读集字所成者也,惟字之在句读也,必有其所,而字字相配,必从其类,类别而后进论夫句读焉。"

可见,他之所以讲词类,是为讲句读服务的,并不是不重视句法而偏重于词类。这与西洋语法一般分音韵、形态、句法三部分，而以形态部分为主，似乎不同。当然，详于词类，略于语句的结构，这不能不看成马氏狃于西方传统语法在《文通》命篇方面的缺憾。

（2）《文通》从卷二至卷九详细论述各类字的功能和作用，实字部分着重论述充当什么句子成分，虚字部分着重论述怎样配合实字造字，所作的分析都是围绕着"句""读"必备的起词、语词来进行的。

《文通》比照西方语法"格"的概念，为汉语立了六个"次"作为分析句子的一套辅助性术语，在卷一中给"次"下的定义是："凡名代诸字在句读中，所序之位，曰次。"卷三专门论述"次"，分主次、宾次、偏次、正次、同次、前次。《文通》给各次所下的定义是：

"凡名、代诸字为句读之起词者，其所处位曰主次。"

"凡名、代诸字为止词者，其所处位曰宾次。"

"凡数名连用而意有偏正者，则正者后置，谓之正次；而偏者先置，谓之偏次。"如：

　　君行周公之事（《霍光传》）
　　主次―――宾次
　　　　偏次―正次

"凡名、代诸字所指同而先后并置者，则先者曰前次，后者曰同次。"如：

　　足下中国人（《陆贾传》）
　　前次 同次

以上这些内容都是属于句法分析的范围，而这些句法问题都分散在词类里讲的。

(180)

[原文] 层次分析法的理论也曾经渗入我国语言学界，但是目前通行的语法教材受它的影响还是微小。**(P53—L11)**

[问] 中国"目前通行的语法教材"里有哪些地方受层次分析法的影响呢？

[答] 目前，是指 70 年代末。当时，中国通行的语法教材，还是采用如本书第 172 题所介绍的句子成分分析法，但这些教材均受层次分析法的影响，我们以三本高校《现代汉语》教材（兰州本、郑州本、上海本）来看。

黄伯荣、廖序东主编《现代汉语》（兰州本）析句法，据黄伯荣《谈句法分析——介绍一部〈现代汉语〉的句子分析法》（《中国语文》1981 年第 5 期）所归纳的 16 个字为："从大到小，基本二分；寻枝求干，最后多分。"

1. "从大到小"是说，分析句子时要综观全局，从大处着眼，考虑把一个片段分成两个尽可能大的片段，一直分到最小的句法单位（词）。其次考虑片段之间的关系时，要先考虑大关系，然后到中、小关系。大关系指陈述（主谓）关系，中关系指关涉（动宾）关系，小关系指修饰、补充、并列、同位等关系。这是因为由陈述关系形成的句子最多（包括省略句），由关涉关系形成的次之，由其他关系形成的句子较少。

2. "基本二分"是说，分析时基本上像二分法那样，把一个片段分成有意义而且能搭配的直接组成成分，难于二分的就多分。如：

《汉语语法分析问题》各部分的问题解答 **279**

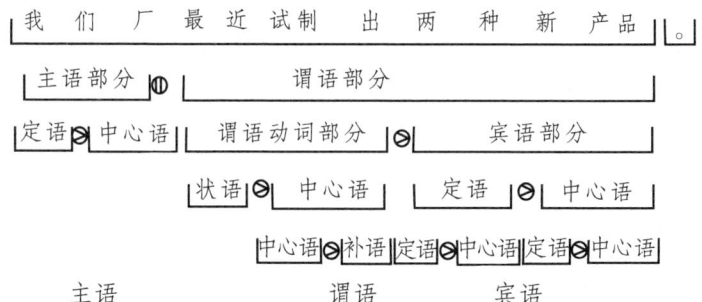

3. "寻枝求干"是说,要从句子中找出附加成分(定语、状语、补语)和主要成分(主语、谓语、宾语)。

4. "最后多分"是说,最后把切分出的组成成分(词)配上多分法的术语,如主语部分里的主要成分叫主语等。

这部教材还介绍说,为了简化分析手续和符号,教学时通常不必写出"层次符号",而用"成分符号"(线条和括号)表示最后分析的结果。就是说,可以采用"从大到小,寻枝求干"的简易办法。先找出被陈述部分(主语部分)与陈述部分(谓语部分),然后在主语部分里找定语、主语,在谓语部分里找状语、谓语和补语,如果谓语是及物动词,就在后头找定语和宾语。把上面例句的"定语""主语""状语""谓语""补语""定语""定语""宾语"用成分符号表示出来,这样就算找出句型(主谓宾式)和它内部的句子成分了。如:

(我们)厂‖[最近]试制〈出〉|(两种)(新)产品。
　定语　主语　　状语　谓语　补语　　定语　　定语　宾语

从以上说明看出这部教材采用层次分析法与成分分析法相结合的综合分析法。这种分析法,既反映了语法结构的层次,又反映了句法结构的格局。分析开头几层用的是层次分析法,揭示出一个语言片段和一个语言片段的层次和语法关系。然后用成分分析法,指出主语部分的主要成分。最后指出这个句子是属于主谓宾式的句型。

张静主编的《新编现代汉语》(郑州本)的析句方法,据他自己介绍是:从语法意义和语法形式相结合的方法论总原则出发,本着扬长避短的精神,尽量吸收层次分析法和中心词分析法的长处,使用了一种意义和形式相结合的析句方法——"结构中心分析法"。

这种方法认为,句子的结构是有层次的,析句时必须突出这种客观存在的层次,而层次又是有中心的,必须紧紧抓住这种客观存在的中心。换句话说,句子的模式是按层次组织起来的,而这种层次是建立在以逻辑为基础的语法关系之上的——没有这种语法关系,就谈不上层次,没有层次,语法关系也无从表达。

基于这种认识,《新编》所规定的具体析句方法有一条——承认句子有六个成分,但六个成分不能各自独立,而是分为两个层次。主语、谓语、宾语是基本成分,是第一个层次里的三个互为中心的平行成分;定语、状语、补语分别包括在主语、谓语、宾语里,是基本成分的"二级机构",也可叫附加成分,分别跟基本成分的中心语构成一对矛盾。连词、介词等虚词不充当句子成分,在作句法分析时,划在线外,下面加圆点。如:

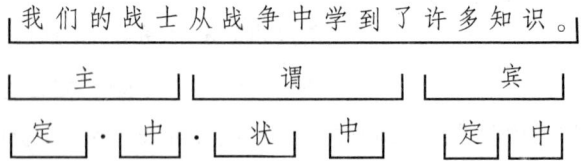

基本成分中心语是句子的骨干，既跟第一个层次里的平行成分有直接联系，又跟第二个层次里的附加成分有直接联系。从这种联系中，可以看出整个结构的层次性，也可以看出各成分之间的关系意义。

这种析句法与中心词分析法区别在于：中心词分析法遇到句子先摘出主语和谓语，然后再根据词性分出宾语、定语、状语、补语，虽然承认句子有六个成分，但这六个成分各自独立，没有一层套一层的从属关系，看不出句子成分的层次性。

这种析句法与层次分析法也不同，表现在：严格的层次分析法根本不用句子成分的概念，遇到句子，一刀两断，分出的是"1""2"两部分；不彻底的层次分析法虽然引进了句子成分的概念，也只承认"1"是主语，"2"是谓语。这两个成分如果各是一个词组，再往下分，第二层的"1""2"就都是词组成分了，而不是句子成分，因而取消了句子次要成分的分析。

《新编》称其分析单句的方法是：以中心成分分析法为基础，兼顾层次分析法。

胡裕树主编《现代汉语》如何吸收层次分析法，在本书第179题中已作过介绍。此外，我们注意《修订》版，可以看出教材的析句方法是句型分析法。这种分析法认为，句子分析是以全句为对象，目的是确定句型。另外，还辅之以句法分析。句法分析是以句子中的一部分（如全句修饰语、主语、谓语）为对象，也就是以一组词为对象，目的是确定一组词内部的结构层次和结构关系。可见句法关系是句子分析的补充。例如对"我们学校的老师很多。"和"我们的数学老师很多。"这样两个句子。第

一步,划出主语、谓语(不论词或者词组,都可以充当主语、谓语):

　　　　我们学校的老师 ‖ 很多。
　　　　我们的数学老师 ‖ 很多。

　　谓语"很多"是以形容词为中心的偏正词组,从而可以确定这两句都是形容词性谓语句。谓语比较简单,不必再作句法分析。两句主语相似而不相同,为了弄清楚不同的结构层次和结构关系,可以抽出来进行句法分析。

　　第二步,主语的句法分析(即层次分析):

　　吕先生所说的"目前通行的语法教材受它的影响还是微小"是指 1979 年以前的情况。1979 年以后,吕叔湘的《汉语语法分析问题》(1979 年)和朱德熙的《现代汉语语法研究》(1980 年)和《语法讲义》(1982 年)发表以来,80 年代汉语语法研究以词组本位、词的功能分类以及层次分析、变换分析等为主流。运用的层次分析法也兼顾结构关系,除分析语句的句法层次外也讲结构类型。层次分析法已被广泛使用,并已深入到语法教学领域。

　　《中国语文》从 1981 年第 2 期起,组织了汉语析句方法问题的讨论,历时一年多。《汉语析句方法讨论集》(上海教育出版社 1984 年出版)反映了这场讨论的概貌,所收论文在学术观点上具有一定的代表性。

(181)

〔原文〕现在大多数讲汉语语法的著作,尽管在体系上有这样那样的分歧,方向还是一个——句子格局的分析。(P53—L13)

〔问〕(1)请介绍语法体系的分歧。(2)请介绍代表性的句子格局的分析。

〔答〕(1)语法体系是指采用一定的分析格局和一定的语法术语来表述语法分析结果的体系。现在大多数讲汉语语法的著作,体系上存在这样那样的分歧。正如廖序东先生(1981年)讲到的,以三本高校《现代汉语》教材(上海本、兰州本、郑州本)而论,它们一方面同《汉语》课本不一致,一方面彼此也不一致。它们都把副词归入实词,都把三个合成谓语作了另外的处理,析句都基本上采用了层次分析法。(按:应是有的基本上采用了层次分析法,有的虽然以中心成分分析法为基础,但也兼顾层次分析法,尽量向层次分析法靠拢,如上海本、郑州本。)这都同《汉语》课本不一致。它们彼此也不一致的,如上海本、兰州本在助词中保留了时态助词和结构助词,而郑州本则把时态助词列入词的后缀,结构助词并入连词。上海本、兰州本保留了连动式和兼语式两种结构,而郑州本则作了另外的处理。又如兰州本、郑州本取消了复指成分,而上海本则保留了一部分复指成分(改称提示成分)。在析句方面可用"各级干部都必须参加集体生产劳动"一句为例,对他们析句方法的异同作个简略的比较:

各级干部都必须参加集体生产劳动。

上海本：｜ 主语 ｜   谓语   ｜

兰州本：｜主语部分｜   谓语部分   ｜
　　　　　　　｜主语｜动词部分｜宾语部分｜
　　　　　　　　　　　｜谓语｜

郑州本：｜ 主语 ｜ 谓语 ｜ 宾语 ｜

从以上的示意图我们可以看出，"各级干部"上海本和郑州本都说是"主语"。但郑州本主张这类句子一开始就三分为"主语""谓语""宾语"三个部分，与上海本也不尽相同。兰州本则认为"各级干部"为"主语部分"，"都必须参加集体生产劳动"，为"谓语部分"；"主语部分"的中心语"干部"才是"主语"；"谓语部分"再分为"动词部分"和"宾语部分"，"动词部分"的中心语才是"谓语"。

（2）句子格局的分析问题在本书第171题中已有所涉及。汉语句子可以分析出六种句子成分：主语、谓语、宾语、定语、状语、补语；还可能有两种特殊的句子成分：同位语、独立语。主、谓、宾、补、定、状这些句子成分互相配合，产生多种多样的句子的格式。根据句子成分的运用情况确定句子的格局，即句型。只有一套基本成分的是单句，两套或几套基本成分的是复句。

根据"暂拟系统"编写的《汉语》课本，是用句子成分分析法作句子格局的分析的例子。把一般单句的格式分17种，可参看该书第49页至第54页。

用二分法讲句型的例子，如吕叔湘先生主编的《现代汉语

《汉语语法分析问题》各部分的问题解答

八百词》,正文之前有一篇《现代汉语语法要点》。其中讲到"句法",指出,谓语有三个类型:(a)动词(形容词)谓语;(b)名词谓语,附"是"字句;(c)小句作谓语。

在三个类型中,"动词谓语句是最占优势的句子类型,它的内部情况也最复杂"。因此文后特别附了一个"动词谓语句式表"和一个"动趋式复合动词有关句式表"。这两个表是区分句型的一个尝试,也可以说在语法著作中,讨论句型是最详细的。动词谓语句式又包括:1.及物动词句;2.不及物动词句;3.双宾句;4.动词做宾语句;5.小句作宾语句;6.数量宾语句;7.宾语前置句;8.把字句;9.被动句;10.补语句;11.存在句;12.连动句;13.兼语句。各种句式又分A、B等类。

(182)

[原文]要按直接成分分析法来看,一个句子首先应该分成两部分:(a)构成句子的词语,和(b)语调;再拿(a)来看,又可以分成(aa)句子本身,和(ab)挂在句子身上的'零碎',包括连词和其他关联词语,评注性的词语,语助词,以及叹词、呼语等;然后才能就句子本身来分析,分成主语和谓语。
(P53—L18)

[问](1)怎样分析一个句子,才能分成词语和语调?(2)什么是句子本身?(3)其他关联词语包括什么样的词语?(4)怎样的词语才可以说是评注性的词语?它的作用是什么?(5)怎样的词语才可以说是语助词?它的作用是什么?(6)怎样的词语才可以说是叹词?(7)怎样的词语才可以说是呼语?(8)除了这些词语以外,还有句子身上的"零碎"吗?这些词语为什么说是句子本身的"零碎"?

[答](1)句子有语音的标志:第一,有一定的语调——陈

述的语调、疑问的语调、请求命令的语调、感叹的语调;第二,在连续说话中,句子与句子中间有一个较大的停顿。在书面形式上,句子的语调和停顿用一定的标点(句号、问号、叹号)表示出来。

　　他去。(陈述)　他去?(疑问)　他去!(请求命令)
　　⌒⌒　　　　　　⌒⌒　　　　　　⌒⌒

　　(2)"句子本身"是与"零碎"相对的,指参加句子的组织,在结构上发生直接关系,即充当句子的六个成分的词语。

　　(3)连词和有连接作用的副词和短语可以统称为关联词语。例如(加点的是连词,加圈的是副词,无标志的为短语):

　　　　因为……所以　不但……而且　既然……就　即使……也

　　　　才……就　越……越　一边……一边　首先……其次　一方面……另一方面

　　(4)评注性词语是类似按语、注释或解说性的词语,表示说话人的一些主观上的想法,包括说话时的某种态度或某种感觉,如下列例句中加点部分的那些词语:

　　　　我们的儿童作家——可以说是儿童的灵魂工程师吧——的心胸和视野,在某些方面,甚至是不及儿童来得广阔和热情的。(评注)

　　　　我们在这方面使用的方法,是民主的即说服的方法。(评注)

　　　　中国有许多妖魔鬼怪,专喜欢杀害有出息的人,尤其是孩子。(解说)

　　(5)语助词就是一般语法书所说的语气助词。语气可以用语调表示,也可以用语助词表示。同一种语气可以用不同的语助词来表示，一个语助词也可以表示各种不同的语气。丁声树、吕叔湘等合著的《现代汉语语法讲话》以语气为纲，把重要的语助词分成五类：（一）疑问：吗、呢、啊；（二）祈使、禁止：吧、了、啊；（三）测度、商量：吧；（四）陈述：的、了、呢、罢了、么、啊；（五）停顿：吧、么、呢、啊。

（6）叹词包括感叹和应答的词，如啊（ā á ǎ à）、唉、哦、喔、嚄、呀、哟、哎、喂、嗯、唔等等。叹词是不参加句子组织的词，它在句子当中的位置比较灵活，一般出现在句子的前头，有时候也插入句中或在句末。如：

啊？你说什么？

爸爸，我也去，啊？

（7）呼语是对别人的称呼或招呼之类的词语，也是一种独立成分。通常由指人的名词或词组充当。呼语的语序比较灵活，一般放在句首，有的也可以放在句末，个别的还可以放在句中。呼语和句子之间有语音停顿，书面上用逗号或感叹号表示。如：

爸，我走啦。

你呀，孩子，什么时候才能懂事呀！

您放心吧，刘师傅。

（8）可能还可以包括独立成分中的一类插入语。如：a. 表示引起对方注意的"你看、你看看、你看你、看你、你瞧、你想、你听"等等；b. 表示对情况的推测和估计的，"看来、看起来、想来、看样子、说不定、充其量、大不了、少说、往少里说、少说一点"；c. 表示特定口气的"毫无疑问、没问题、不用说、不可否认、说真的、说实在的、老实说、不错"等；d. 表示某一消息或情况的来源的"听说、据说、相传、据报道"等；e. 表示总括的"总之、总而言之、总的说来、一句话"

等；f. 表示对某一问题的意见和看法的"我想、我看、依我看"等。

吕先生之所以叫"挂在句子身上的'零碎'",据我们看是这些词语不参加句子的组织,在结构上和句子中的其他成分不发生直接的关系,不充当一般的句子成分。

(183)

[原文]主谓短语可以看做潜在的句子,也可以看做一种动词短语,即动词带施事补语,参看31,60,91节。**(P54—L2)**

[问](1)主谓短语为什么说可以看做潜在的句子呢?一般的句子和潜在的句子有什么区别呢?(2)主谓短语为什么可以看做一种动词短语?请举例说明"动词带施事补语"。

[答](1)以前吕书已经讲过:句子是一个小句或几个小句组成的。一个小句一般是一个主谓短语;也常常是一个动词短语(包括只有一个动词);在少数情况下是一个名词短语(包括只有一个名词)。

其中,句子的基本类型是主谓句,即包括主语和谓语的句子。是主谓短语(潜在的句子),还是主谓句(一般的句子),其重要区别是:主谓短语是静态单位、备用单位,句子则是语言的动态单位、使用单位。(句子说出来必得有语调,并且可以用不同的语调表示不同的意义;而短语,如果不单独作为一句话来说,则只有一种念法,没有几种语调。)一个主谓短语,只要用某种语调说出来,就是句子,所以说是"潜在的句子"。比如"他不来""我不去"这两个语言片断,作为静态单位、备用单位,是主谓短语。如果中间停顿,各自用某种语调说出来,就是两个句子:"他不来。""我不去。"如果中间不停顿,连起来读,就组成一个紧缩复句"他不来我不去"(意思是如果他不来,我就不去）。

（2）吕书60节讲到，主谓短语和动词短语，孤立地看是显然不同，一个有主语，一个没有主语。可是用在句子里边，主谓短语可以省略主语，形式上就跟动词短语没什么两样，这是常常被忽略、值得引起注意的一种现象。例如："会不长，话不多，大家觉得解决问题。"这句话乍一看是拿动词短语"解决问题"做动词"觉得"的宾语，可是解决问题不是"大家"解决的，是"会"和"话"解决问题。

吕书91节讲到，动词之前除主语外还允许出现补语，形成"主—补—动"的句式。如"这些书他全看过"，这是受事作主语，而施事补语在动词之前的句子。类似句子如："战士们头淋着雨，脚踩着烂泥。""这种人手不能提篮，肩不能担担。""他一只手牵着一个孩子。"

当然吕先生在这儿也是在讨论问题，也认为这类句式不好划分。

(184)

[原文] 它拿过来一个句子，先摘出两个词，说这是主语，那是谓语，然后把这个那个连带成分，这个那个附加成分，一个一个加上去。(**P54—L5**)

[问]（1）请介绍"这个那个连带成分"。（2）请介绍"这个那个附加成分"。（3）请举几个例句。

[答] 关于"连带成分""附加成分"这两个术语，我们考察了成分分析法的主要的语法著作，大致情况如下：

《"暂拟汉语教学语法系统"简述》（收入《语法和语法教学》，人民教育出版社1956年出版）：主语和谓语是句子的主要成分，定语是修饰或者限制名词的成分，宾语是动词的连带成分,补语是动词或形容词的补充成分,状语是修饰动词或者形容词的成分。

《语法和语法教学》一书中《句子的基本成分》一文说,句子成分共有六种:主语和谓语是句子中的主要成分,一般的句子都具备这两个成分。宾语、补语、定语、状语是句子的次要成分。宾语是动词的连带成分,补语是动词或者形容词的补充成分,定语和状语都是修饰成分。

《汉语》(人民教育出版社1956年出版):宾语是动词后面的连带成分,补语是动词或形容词后边的连带成分,定语是名词前面的连带成分,状语是动词或形容词前边的连带成分。

可见,用句子成分分析法的语法著作,用"连带成分"和"附加成分"这两个术语并不十分统一和明确,共同点是不外指主语谓语两种主要成分以外的宾、定、状、补四种句子成分。例如:

我妈被他气得直掉眼泪。

妈‖气(先摘出主语、谓语)

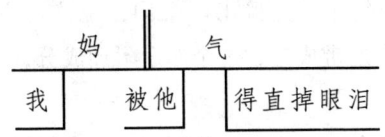

我从前不喜欢喝酒,现在还是不喜欢喝酒,将来大概仍然不喜欢喝酒。

我‖喜欢,喜欢,喜欢(先摘出主语、谓语)

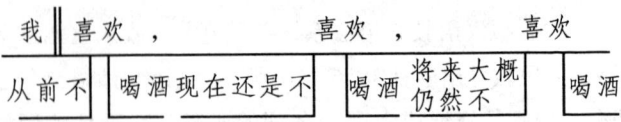

(185)

[原文] 这些例子说明，句子成分分析法有必要吸收层次分析法的长处，借以丰富自己。(P54—L14)

[问] 句子成分分析法怎样吸收层次分析法的长处，才能丰富自己呢？

[答] 1981年7月2日至12日在哈尔滨市举行了"全国语法和语法教学讨论会"，会议的一个成果是产生了《〈暂拟汉语教学语法系统〉修订说明和修订要点》（以下简称《要点》）。

从50年代制定的"暂拟系统"到80年代的"修订要点"可以直接看出采用句子成分分析法的语法学家们，怎样吸收层次分析法的长处以丰富自己。

比如50年代主编介绍"暂拟汉语教学语法系统"的著作《语法和语法教学》的张志公，在《语言教学与研究》1981年4期，发表了《谈汉语的语素——并略介绍哈尔滨语法教学讨论会》，其中谈到：关于分析句子，《要点》的路子是把句子成分分析和层次分析结合起来，灵活运用。很简单的句子可以不作层次分析，容许一举就把它分解开，指出它包含哪些成分，不必拘泥哪个成分是在哪个层次。复杂些的句子就作层次分析，并指出切分出的成分间的关系，即要指出宾、定、状、补这些成分。

《要点》一文（《中国语文》1981年第6期）谈到关于分析句子时，只要不是由一个词构成的句子，任何句子都是用词和词组一层一层地组成的。分析句子的时候，可以根据句子的繁简，有的把句子的各个组成部分一次分解开，或者按照构成主语、谓语两个部分的各种词组，一步一步、一层一层地分析下来。文中建议选择如下三种图解法：

全体代表热烈讨论教学语法体系问题。

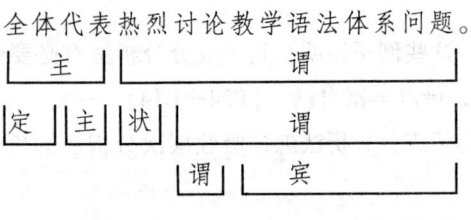

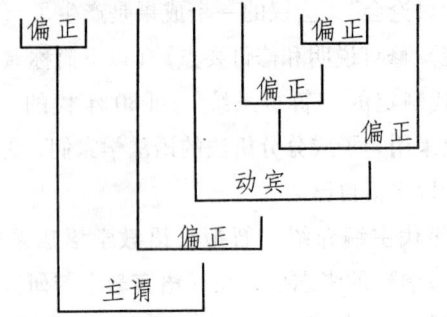

（全体）代表‖〔热烈〕讨论（教学语法体系）问题。

(186)

[原文] 我国语法学界目前比较通行的分析法是先把一个句子分成主语和谓语。**(P55—L3)**

[问] 请举一个同样的句子介绍句子成分分析法和层次分析法。

[答] 以"我们厂最近试制出几种新产品"为例：

1. 句子成分分析法：

（我们）厂 ‖〔最近〕试制〈出〉（几种）（新）产品
　定语　主语　　状语　谓语补语　定语　定语宾语

句子成分分析法又叫中心词分析法、多分法。多分法主张一个词充当一个成分，一个成分由一个词充当，分析句子时往往一次就得把句子的各种成分并排罗列出来。黎锦熙的《新著国语文法》是最早采用这种分析法的。现在一般以中学课本《汉语》作为这种分析法的代表。这种分析法把这个句子"一分为八",并给各个词以相应的句法名称。

2. 层次分析法:

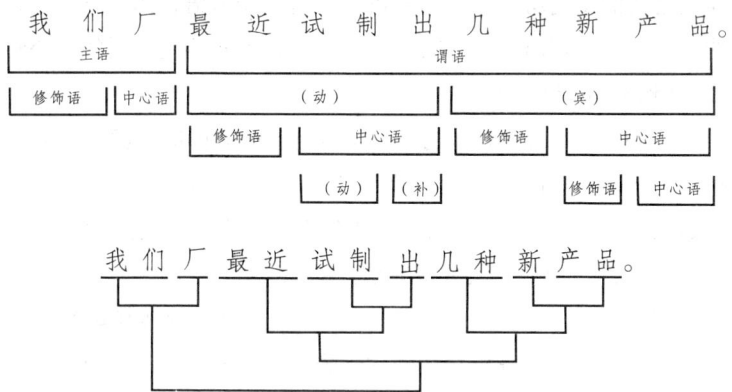

层次分析法又叫直接成分分析法、二分法。二分法认为所有的词组(结构)都可以充当句子成分,在分析句子时,往往把一个语言片段"一分为二",分成两个直接组成成分。这种分析法通常以丁声树、吕叔湘等著的《现代汉语语法讲话》为代表。该书既分析结构层次又讲结构关系,书中没有图形分析的例子。为便于对比,我们根据文字说明类推,作如上第一种图解。这种分析法的表示法有好几种,画法详见吕著第64节。这种分析法作业程序有从大到小(如上第一图)和从小到大(如上第二图)两种。吕著第73节说的"按层次分析,但是不抛弃句子成分"以及吕著69节说的"把层次和关系都标出来"都是说明这种分析法的特点。60年代初,朱德熙先生的许多论文都已系统地运用了直接成分分析法。吕叔湘《汉语语法分析问题》可以看成对这种分析法讨论得最多最详细的语法论著。

(187)

[原文] 还可以有一种分析法就是分阶层,设定短语是句子和词之间的中间层。一个句子可以只有一个短语,例如只有谓语的句子;一个短语可以只有一个词,这样的短语是短语的最小形式。(P55—L21)

[问] (1) 请举具体例子说明分阶层的分析法。(2) 这种分析法怎样设定短语呢？(3) 介绍"一个句子可以只有一个短语,例如只有谓语的句子"。(4) "只有一个词"还能叫短语吗？(5) 怎样用这种分析法分析兼语式的句子呢？

[答] (1)(2) 分阶层分析法即下文提及的转换语法分析句子的方法。这种分析法认为句子成分一般是由短语来充当,短语是句法的基本单位。从词到短语,从短语到句子一般只有一个层次,短语是句子和词之间的中间层,例如：

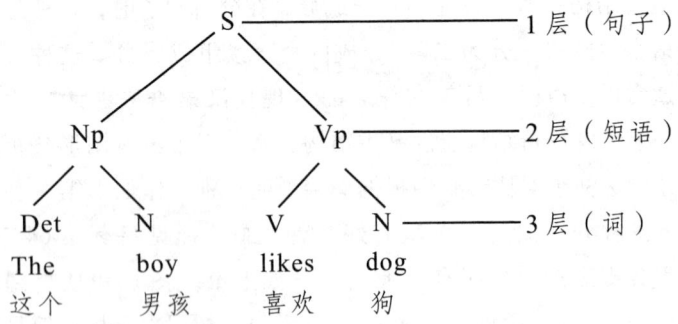

但在短语内部可能有若干层次,例如：

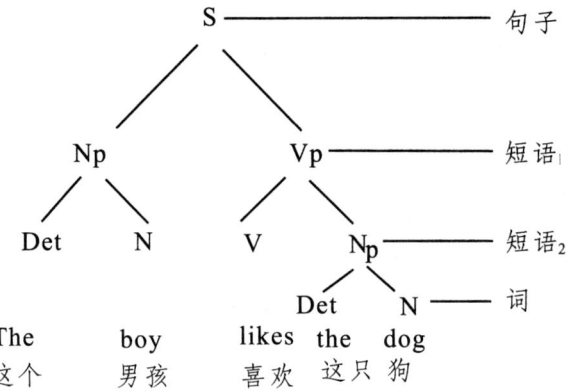

上两例中 S 代表句子（sentence），Np 代表名词短语（noun phrase），Vp 代表动词短语（verb phrase），Det 代表限定成分（determinant），N 代表名词（noun），V 代表动词（verb）。

（3）有的时候，一个句子可以只有一个短语，例如只有谓语的句子：

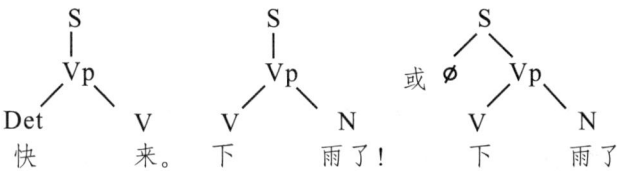

（4）吕先生说"一个短语可以只有一个词，这样的短语是短语的最小形式"，这正如吕先生在下文谈到的"转换语法分析句子是先分成一个名词短语和一个动词短语"，这是这种分析法的作业原则。这也就是通常说的句子先分主语和谓语两个部分。名词短语和动词短语内部，可能复杂到若干层次，例如带修饰成分（Det）或补充成分（Comp）等；也可能简单到只包含一个词。只有一个词充当 Np、Vp 的，当然就是 Np、Vp 的最小形式了。

（5）兼语式的句子，如"我叫他来"，可分析为：

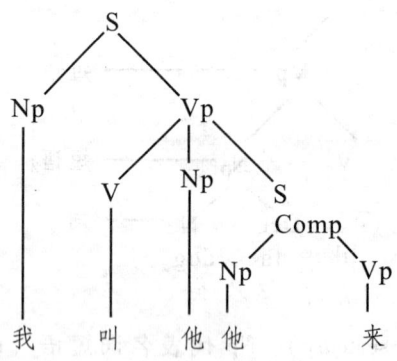

一般认为"我叫他来"，实际上有两个句子，第一个句子"我叫他"，我叫他做什么？我叫他来。谁来？不是我来，是"他来"，这是第二个句子。因为两个"他"一样，就把其中一个省掉了。省略是有条件的，即省略的成分在前面句子中可以找到。"他"在前面出现过，所以可以省略。

（188）

［原文］转换生成语法分析句子就是先分成一个名词短语和一个动词短语，二者都有可能只是一个词。这个学派之外也还有些语法学者采用这种阶层分析法，但不一定限于一分为二，也可以是一次分出三个或四个成分。(**P55—L25**)

［问］（1）请举例分析名词短语或动词短语都有可能只是一个词。（2）转换语法学派之外，哪些语法学者采用这种阶层分析法？（3）请举一次分出多个层次的例子。

［答］（1）名词短语 Np 只是一个词的，如：

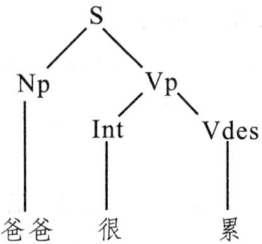

其中的名词短语 Np 是一个名词"爸爸"。上例中"Int"表示程度,"Vdes"表示描写动词。

动词短语 Vp 只是一个词的,如:

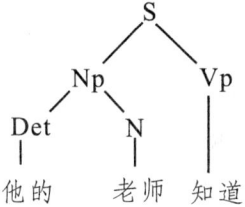

名词短语 Np 和动词短语 Vp 都是一个词的,如:

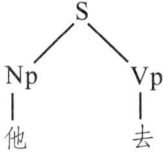

(2)吕先生这里说的是国外现代语言学派的分析法。他说的这个学派之外采用"阶层分析法"的语法学者不知是否指后来美国颇为风行的一个流派——层次语法(Stratificational Grammar)的那些学者。

如果是指"层次语法"的那些学者的话,这一理论是美国耶鲁大学教授西德尼·M.兰姆(Lamb)在 1966 年《层次语法纲要》(An Outline of Stratificational Grammar)中系统提出来的。

他采纳了丹麦哥本哈根学派路易斯·叶姆斯列夫（Louis Hjelmslev）的语言理论，提出了认知—层次语言学理论，强调语言内部的结构是由语言的各种关系组合而成的，语言可以分成若干层次，各层次之间是互相关联着的。

层次语法的图式近似转换语法的树形图，但它更强调各成分之间的关系。例如对"People moved to the cities. Especially was this the case in England"（现在人们都往城里迁移，这种情况在英格兰尤其这样）的分析是：

People moved to the cities. Especially was this the case in England.

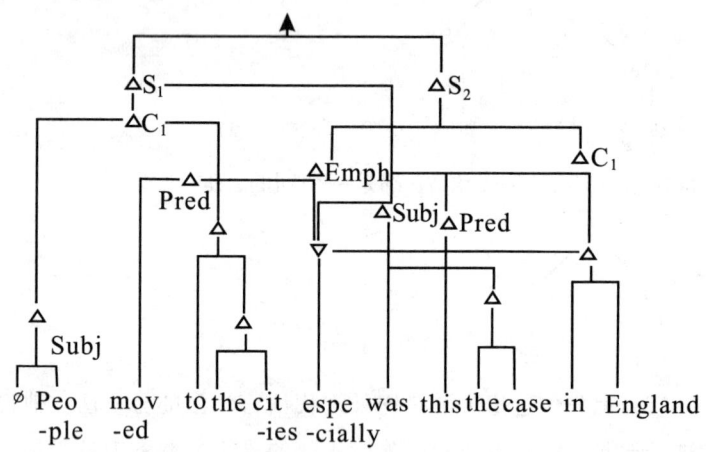

此外，乔姆斯基的学生菲尔摩（Fillmore）1968年在《格的问题》(The Case for Case) 中提出"格的语法"，也是脱胎于转换语法。

（3）阶层分析法也可以一分为多，如：

以下"Aux"代表助动词（auxiliary verb），"Neg"表示否定

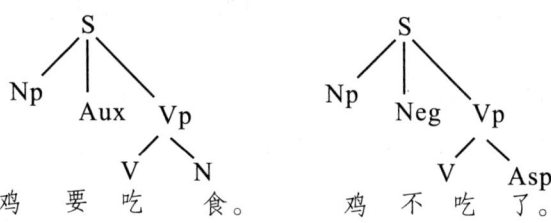

成分（negate），"Asp"代表体（aspect）。

(189)

[原文] 这样划分，对于某些近代西方语言已经不太合适，对于汉语就更不合适了。(P56—L9)

[问]（1）"这样划分"什么意思？（2）为什么这样划分对于近代西方语言已经不太合适？（3）近代西方语言的情况怎样？（4）为什么说对于汉语就更不合适了？

[答]（1）吕先生所谓"这样划分"，指传统语法分析句子是从词到句，短语没有正式地位。词是天然的句法单位。以词为界，把语法分成两部分，讲词的内部情况的是词法，讲词和句之间的情况的是句法。

（2）吕叔湘曾说："西方古代语言有发达的形态变化，借以表达各种语法范畴，形态变化附丽于词，词在句子里的位置比较自由。这样，词就是天然的句法单位。"（吕著56页）"希腊语、拉丁语都是形态繁复而语序活动，讲语法以词法为主是很自然的。"（吕著52页）这也是受当时整个科学水平所限。但是，近代西方语言的形态变化已经由繁而简，上述的划分理论已与西方语言的实际不大相符，并早为西方许多语法学家所修正。20世纪初有些语法学家在论述形态不太繁琐的语言如英语的著作里，已经开始把句法提到重要的位置上了。

(3)西方语言,因为较比汉语有发达的形态变化,所以词在句子里的位置比较灵活、自由。比如西班牙文,对"王平买了一本西班牙文的书"这么个句子,可以有四种语序而句义不变(西班牙语句子主要成分为主语、谓语,次要成分统称为补语):

①主语—谓语—补语

Wáng Píng compró un libro en español.
王　平　买（了）一本书　西班牙文(的)。

②谓语—主语—补语

Cornpró Wáng Píng un libro en español.
买（了）　王　平　一本书　西班牙文(的)。

③补语—谓语—主语

Un libro en español compró Wáng Píng.
一本书 西班牙文(的) 买（了）　王　平。

④谓语—补语—主语

Compró un libro en español Wáng Píng.
买（了）一本书 西班牙文(的)　王　平。

而汉语则不然,它没有严格意义的形态变化,词在句子里的位置比较固定,语序一变,其基本意义往往也就改变,所以那种划分法对于汉语就更不合适了。

(4)汉语里句子成分一般是由短语来充当,短语是汉语句法的基本单位,短语内部的次序比较固定,不大能改变,句子内部的次序比较灵活。比如吕书下文所举的例子中"没有看""我""第一本"这三大块,它们成块儿地互换位置,可得到(a)(b)(c)三个实际上容许的句式。但每块内部的次序,则是不大能变动的,如不可能出现"看有没""本第一"等这样的结合顺序。与这一点相关的一个现象是,一些在短语中不存在的结合顺序,在句子中却可以存在,如没有"第一本我"这样的语言片段,但却有"第一本我没有看"这样的语言片段。所以吕先生说:"从语素到句子,如果说有一个中间站,那绝不是一般所说的词,而是一般所说的短语。""把短语定为词(或者语素)和句子之间的中间站,对于汉语好像特别合适。"短语在汉语句法中应有特殊的地位。

(190)

[原文]汉语里语法范畴主要依靠大小语言单位互相结合的次序和层次来表达。(**P56—L11**)

[问]请解释汉语里语法范畴如何靠大小语言单位互相结合的次序和层次来表达。

[答]吕先生在74节末所举的四组例子,都说明了汉语里大小语言单位互相结合的次序和层次是重要的语法手段。"花纸"是有花纹的纸,"纸花"是纸做的花;"半斤"是250克,"斤半"是750克。语序变了,意思都完全改变了。

有的语言片段次序一样,层次切分不同意思也会完全不同。比如:"我们‖三个一组",是回答"你们几个一组"的问题;而"我们三个‖一组"则是回答"你跟谁一组"的问题。"咬死了‖猎人的狗",述宾关系,是狗死了;"咬死了猎人的‖狗",偏正关系,是猎人死了。"他‖同意这一点很重要"意思是有人认为这一点很重要,他表示同意;"他同意‖这一点很重要",意思是取得他的同意,这一点很重要;"他同意这一点‖很重要",意思是他对这一点表示同意,是很重要的。

有的语言片段,次序一样,层次结构也相同,由于这个片段中有多义成分引起了不同结构,比如"鸡‖不吃了",一是"不吃鸡了"的意思,一是"鸡不吃食了"的意思。"补充材料"这四个字放在"还需要再"后头，"材料"是"补充"的宾语；放在"这里还有点"后头，"补充"是"材料"的定语。

关于这方面的问题，赵元任先生的 Ambiguity in Chinese 一文（见 Aspects of Chinese Socio-linguistics）、吕叔湘先生的《歧义类例》（见《中国语文》1984 年第 5 期）、朱德熙先生的《汉语句法里的歧义现象》（见《中国语文》1980 年第 2 期）中都有精彩的论述。

(191)

[原文] 句子可以不改变其基本意义而改变其内部次序，短语很少能够这样。(P56—L14)

[问] 请介绍可以不改变其基本意义而改变其内部次序的短语。

[答] "技术开发"和"开发技术"，"书画展览"和"展览书画"，"体格检查"和"检查体格"，"句法分析"和"分析句法"，"人口普查"和"普查人口"，"听力训练"和"训练听力"等一个偏正结构一个动宾结构，都与"方言调查""调查方言"的情况类似。

联合结构的组合，一般是可以颠倒次序而基本意思不变。如"光明正大"与"正大光明"，"天翻地覆"和"地覆天翻"，"千言万语"和"万语千言"等等。

此外，有些述宾结构与主谓结构次序颠倒，基本意义不变。例如"吃饭"与"饭吃（了）"。有的其中有一义项基本意义不变。如"高一丈"和"一丈高"。"高一丈"有两个意思：(a)（比原来）高出一丈；(b) 高是一丈。(b) 义与"一丈高"同义。又如"没找到小王"和"小王没找到"。"小王没找到"可有两个意思：(a) 小王没找到（某物、某人）；(b) 没找到小王。(b) 义的"小王没找到"与"没找到小王"同义。

5.3 句子成分和结构关系（192—203）

(192)

[原文] 句子成分和句子成分之间有一定的结构关系，这不用多说。**(P56—L21)**

[问] 请举例说明这里说的结构关系指什么关系。

[答] 应该是指68节所讲的四大类八小类等等，例子再见下题。

(193)

[原文] ……句子里边一个成分和另一个成分之间的关系，一方面需要用一个名目或者一句简单的话来概括，另一方面又需要作进一步的分析，看它包括哪些具体内容。**(P56—L24)**

[问] （1）一个名目和一句简单的话指什么？（2）这是词法问题还是句法问题？

[答]（1）所谓"用一个名目或者一句简单的话来概括"，比如对于句子里边一个成分和另一个成分之间的结构关系，我们可以用"联合关系""主从关系""表述关系""附属关系"等名目来表示，这是最高度的概括。"联合关系"还分"并列""连续""复指"等关系，"主从关系"还分"修饰""补足"等关系，这也是"名目"。还可用"一句简单的话"来概括，如说"联合关系"是成分功能相同，整体和成分的功能相同；"主从关系"是成分的功能不同，整体的功能和主要成分的功能相同，等等。这对于"名目"来说，已经带点解释了，但这种解释对于如同下文所讨论的各种复杂的关系的具体内容来说，也仅仅是"一句简单的话"的概括。

(2)词法一般讲词的构造、词的变化、词的分类等内容。句法一般讲短语的构成、句子的构造、句子成分和句子类型等内容。研究句子里边一个成分和另一个成分之间的关系的,当然属句法问题,短语结构也是句法。

(194)

〔原文〕比如动词谓语句里出现一个或几个名词,它们跟动词的语义联系是多种多样的,这种语义联系决定它们在句子里的活动方式。**(P57—L1)**

〔问〕(1)名词和动词有什么样的语义联系呢?(2)请举些例子说明名词和动词的语义联系怎样决定名词在句子里的活动方式?

〔答〕(1)动词谓语句里出现一个或几个名词,它们跟动词的语义关系是很复杂的。拿动词前的名词来说,它所指的事物跟动词所表示的动作之间的语义联系是多种多样的。有的名词指的事物是动作的发出者,即所谓施事,有的是受动作支配、影响的事物,即所谓受事;有的是施事、受事以外的另一方,有人称为当事或与事;有的是动作凭借的工具;有的名词表示动作发生的时间或处所等等。例如:

阿Q一把抓住了笔。(施事)

信已经写好了。(受事)

这个学生我教过他数学。(当事/与事)

这支笔只能写小楷。(工具)

明天他们上广州。(时间)

墙上挂着一幅画。(处所)

拿动词后的名词来说,它所指的事物跟动词所表示的动词之间的语义联系更是多种多样的。有的名词是动作的受事,有的名词是动作的施事，有的名词表示动作凭借的工具，有的表示动作产生的结果，有的表示运动的终点，有的表示动作延续的时间等，例如：

小王吃苹果。（受事）
他家来客人了。（施事）
老汉抽烟斗。（工具）
工人盖房子。（结果）
他上广州了。（处所）
你等一会儿。（时间）

（2）以受事名词为例。受事名词通常是在动词的后边。受事名词出现在动词前边有一定的条件：这些名词是周遍性的，往往含有"无论"或"一切"的意思，或是定指的；动词前常有副词"都""也"等。这类句子否定的比肯定的多。如：

我们什么工作都认真干。
你一样东西也没买吗？
我哪儿都没去。

又比如谓语里包含"把"字结构的动词谓语句，即"把"字句，它一般的语序是"主语+状语+把+宾$_1$+状语+动词+宾$_2$+宾$_数$+助词及其他"。如：

你把介绍信带在身边。
我已经把这本书看了三遍了。
你把写好的稿子都给我吧。

动词前的名词性成分充当"把"的宾语，这个宾语总是代表有定的事物，而且常是后边动词的受事。动词一般不是一个简单的动词，而是复合动词或动词短语。

再如，代表受动者的名词有时候也放在主语的位置上，这是被动句,代表施事者的名词用"被"把它引进来。它一般的语序是"主语+状语+被+名$_{施}$+状语+动词+宾语$_{受}$+宾语$_{数}$+助词及其他"。如:

　　衣服全被露水浸透了。

　　这些珍贵的艺术品被他随随便便送了人。

代表施动者的名词也可以不出现,如:

　　敌人被彻底消灭了。

　　庄稼被淹了。

　　又比如,强调事物的周遍性的时候,往往把名词放在主语的位置上,即便在意义上是受事的名词也一样。如:

　　一切办法都试过了。

　　什么东西也不想吃。

量词重叠式也可表周遍性,也是在主语的位置上出现而不在句尾出现:

　　样样都会。

　　本本都经过严格的检查。

(195)

［原文］比如所谓双宾语,进一步研究就会发现有三种情况。(P57—L8)

［问］(1)这三种情况前边儿的动词是怎样的呢?现在已经有名称了吗?(2)请再举些三种情况的例子。还有其他情况吗?

［答］(1)不是任何动词都可以带双宾语。一般是含有给予、取得、告知、称叫等意义的动词能带双宾语。这些动词常见的有:给、送、赠、赔、教、交、还、拿、收、输、赢、问、赚、欠、借、卖、买、偷、娶、告诉、请教、通知、称、叫、骂等等。这些动词的宾语,前一个大都指人,后一个大都指物。

关于带双宾语的动词的情况，赵元任《北京口语语法》中还分为：a. 带间接宾语时必须带"给"的动词：传、交、递、许、寄、卖、输；b. 带间接宾语时可带可不带"给"的动词：送、教、赏、托（付）、告送、还；c. 带间接宾语时从来不带"给"的动词：请教、（麻）烦、吃、喝、抽、收、用、赚、赢、抱、偷、占、罚、骗；d. 用不用"给"跟动作方向有关的动词：拿、租、借、分。

（2）关于双宾语的三种情况还可举些例子。

两个宾语可以同时出现，也可以只出现其中一个：

　　王老师以前教过我汉语。
　　王老师以前教过我。
　　王老师以前教过汉语。

　　他问我明天去不去。
　　他问我。
　　他问明天去不去。

　　我请教你一个问题好不好？
　　我请教你好不好？
　　我请教一个问题好不好？

两个宾语可以同时出现，也可以单独出现指人的宾语，但不能单独出现指物的宾语：

　　我求你一件事。
　　我求你。
　　*我求一件事。

他刚才告诉我一个消息。
他刚才告诉我。
*他刚才告诉一个消息。

两个宾语可以同时出现，也可以单独出现指物的宾语，但不能单独出现指人的宾语：

他借了你一本词典吗？
他借了一本词典吗？
*他借了你吗？

这课费了我不少时间。
这课费了不少时间。
*这课费了我。

除了以上三种情况，还有第四种情况：表示称叫类的、间接宾语也是指人而不是指事件或事情的动词，必须两个宾语同时出现，单独出现直接宾语或间接宾语都不行：

大家都称他大力士。
*大家都称他。
*大家都称大力士。

人们叫她祥林嫂。
*人们叫她。
*人们叫祥林嫂。

我们都骂他傻瓜。
?我们都骂他。（非双宾语句）
*我们都骂傻瓜。

对双宾语作如此深入研究,除吕著和《现代汉语八百词》外不多见。至于这三种情况与动词之间的关系,有什么样的动词可以出现这几种情况,有待进一步研究。

(196)

[原文] 又比如一个动词拿另一个动词做它的宾语,有三种情况。(P57—L14)

[问](1) 三种情况之中的前边的动词有范围吗?(2) 三种情况之中的后边的动词有范围吗?

[答] 要求带动词宾语的动词有一定的范围:

比如吕叔湘、朱德熙《语法修辞讲话》中指出"遭受、受到"这两个动词"后面只能跟及物动词"作宾语。

比如上海本《现代汉语》谈到,少数动词要求带非名词性宾语。例如:主张、禁止、受到、严加、予以、加以、引起、甘心、渴望。极少数表示开始、停止或心理活动的动词以及动词"有",兼有两种动词的特性,即既可以带名词性宾语,又可以带非名词性宾语。例如:开始、停止、爱、怕、喜欢。我们既可以说"开始比赛""停止讨论""爱清洁""不怕累""喜欢打乒乓",又可以说"开始一天的工作""停止职务""爱科学""不怕鬼""喜欢这本书"。

《现代汉语八百词》谈到,动词可以带动词宾语,也可以带名词宾语的举了三个词:"喜欢""表示""开始",如"你喜欢看小说吗?""大家一致表示拥护""第四生产队明天开始播种小麦"。动词只能带动词宾语,"只有'进行、从事、给、以、予以、给予、装作'少数几个",举了"机器正在进行改装""我们已经予以坚决回击"为例。

兰州本《现代汉语》讲到句子成分宾语时指出,谓词性的词语做宾语是有条件的。动词、形容词和谓词性词组充当宾语的句子，它对谓语动词是有选择的。能带这种宾语的动词还不少，下面只讲四种：

第一，动词"是"。如："我们的任务是打扫教室。"

第二，表心理活动或感知性的动词。如："我认为做得好。""我知道他明天会来。"

第三，表示动作始终、继续的动词。如："大会开始讨论""进行调查""结束工作"。

第四，表示对待、处理等的动词，如："问题必须尽快地加以解决""给予适当的奖励""予以表扬""文字必须在一定的条件下加以改革"。

郑州本《新编现代汉语》的说明还谈到，动词、形容词指称一种行为、性状，或者表示一种抽象事物时，也可以作宾语（即后边的动词）。动词、形容词作宾语，谓语（即前边的动词）一般表示心理活动或使令意义的动词，如"喜欢、表示、认为、想、感觉、知道、命令、要求、禁止"等；或者是表示学习、过程、处理的动词，如"演习、研究、开始、进行、继续、结束、给予"等。例如："他特别喜欢游泳，不大喜欢跳舞。""禁止喧哗""孩子们都要求上学""领导机关应该对这个事件进行调查""咱们演习了防守，也演习了追击，现在咱们演习一下冲锋，好不好？"

吴为章的《与非名词性宾语有关的几个问题》（《中国语文》1981年第1期）一文，从构词、形态和功能方面，把能带非名词性宾语的动词分为四类：甲，支配式合成动词，如"成心、疑心、担心"等；乙，述介式合成动词，如"敢于、勇于、遭到、受到"等；丙，"V得"类后补式合成词，如"觉得、值得、使得"等；丁，表心理活动或主观感受类，如"希望、以为、后悔"等。

蔡文兰的《带非名词性宾语的动词》（《中国语文》1986年第4期）对四百多个经常带非名词性宾语的动词逐一作了考察，分成"只要求带非名词性宾语的动词"和"既能带名词性宾语又能带非名词性宾语的动词"两大类。前一大类动词大多数都是非动作动词，无重叠式，多数不能单独作谓语，一般也不能带时态助词。下分九个小类：①表处置义，用"以"字构成的合成词，如"加以、致以"等；②表否定义，用"不"字构成的合成词，如"不堪、不宜"等；③表准许义动词，如"允许、准许"等；④表建议、主张类，如"提议、主张"等；⑤表心理活动的动词，如"渴望、以为"等；⑥表能愿类，如"愿意、应该"等；⑦带"于"字后缀的动词，如"敢于、便于"等；⑧带"得"字后缀的动词，如"乐得、懒得"等；⑨杂类，如"据说、预言"等。后一大类动词不少可单独作谓语，可带时态助词，许多不能自由扩展，但可重叠，有的所带宾语必含疑问词。下分九类：①表遭受、获得义动词，如"遭到、受到、得到"等；②表结果义，如"抓紧、听见"等；③表凭借义的，如"利用、凭借"等；④表发生、变化义的，如"产生、加快"等；⑤表呈现义的，如"表示、反映"等；⑥表侧重某方面义的，如"致力、擅长"等；⑦表判断分类的，如"作为、好像"等；⑧表思想、感受的，如"考虑、贪图"等；⑨表行为动作的，这类量最大。

该文并从宾语动词只能是单一动词或能否扩展成偏正短语、动宾短语，分为六类：

形式 类	单一动词	偏正短语	动宾短语
1	学游泳	学怎么修车	学打枪
2	发动进攻	发动猛烈的进攻	
3		查查怎么念	查查念什么
4			算算还有多少钱
5		反映农村的变化	
6	贪吃		

此外,徐枢的《宾语和补语》(黑龙江人民出版社 1985 年出版)、黄盛璋的《动词带宾语问题研究》(《东北人民大学人文科学学报》1956 年第 3 期)都是很值得一读的成果。

(197)

[原文] 有的动词后边的动词必须带疑问词,如:'研究怎样加快进程丨讨论在哪里修大坝。'(**P57—L20**)

[问] "我们研究加快进程""我们讨论修大坝"这两个句子能成立吗?

[答] 吕先生在这几个部分考察到的现象很少有人讲到。吕先生所举的动词"研究""讨论",拿动词做宾语时,宾语必须带疑问代词,否则不能成立。

蔡文兰《带非名词性宾语的动词》(1986)一文,讨论与非名词性宾语相关的动词类时谈到,既能带名词性宾语又能带非名词性宾语的动词当它带非名词性宾语时,宾语中必含疑问词,并指出这类动词(开列 48 个)多是表示比较具体的行为动作,所以一般都有重叠形式。

(198)

［原文］又比如并列成分之间的关系包括加合（A 和 B）和交替（A 或 B）两类，这是语法书上都讲的，可是加合关系里边又可以分为加而不合和加而且合两种，这就很少讲到了。（P57—L25）

［问］（1）什么是加合关系呢？（2）什么是交替关系呢？（3）谁写的语法书上谈到这个问题呢？（4）"这就很少讲到了"，谁的书谈到这个问题呢？

［答］（1）（2）加合关系和交替关系是并列成分之间的两种关系。我们知道，联合结构是由两个或更多的并列成分组成的。这些并列成分一般是同类性质的，彼此在语法上地位平等。其形式标志是"和/或"。表示"和"的意义的是加合关系，表示"或"的意义的是交替关系。如"老师和学生都去长城了""今天或明天去报名都可以"。但最简单最常见的标记是零。如"桌子椅子都没有""甜酸苦辣的东西他都吃""你吃饭吃面？吃饭吃面都可以"。

（3）赵元任《汉语口语语法》（商务印书馆1979年出版）第138页讲到"加合关系"和"替换关系"这两个术语。吕叔湘《语法学习》第83页讲到"联合"和"交替"这两个术语。举了"看报和写信是个个人都应该学会的"说明"看报"和"写信"之间有联合关系。举了"每天（或是早晨或是晚间）总要做一会体操"，说是"早晨或晚间"之间有交替关系。

我们体会吕先生这句话是指各种语法书都要讲到这两种关系，并不一定指用这两个术语。如"暂拟系统"讲到"连词"说："连词表示的联合关系有几种，如：并列的（和），选择的（或者）……"又如《现代汉语八百词》第247页至248页讲到

"或""或者"作"连词"时说，表示选择，如男同志或女同志，表示几种交替的情况，如每天清晨都有许多人在公园里锻炼，或者跑步，或者打拳，或者做操。第232页谈到"和"做连词时说，表示平等的联合关系，如"工人和农民"。表示选择，相当于"或"，如"去和不去，由你自己决定"。此外，像黄伯荣、廖序东主编的《现代汉语》讲到连词的运用时也说，"或"跟"和"用法不同。"或"表示选择，或甲或乙，二者选一；"和"表示联合，甲乙兼有。

（4）除了吕叔湘的这本书，别的书没有印象。这也是吕先生的创见。在这之后，1982年出版的朱德熙《语法讲义》有很精到的论述。

(199)

[原文] 这个分别，比较这两个句子就可以知道：（a）'老张和老李是山东人'（加而不合。＝老张是山东人，老李是山东人）；（b）'老张和老李是同乡'（加而且合。不能说：'老张是同乡，老李也是同乡'必须'老张和老李才是同乡'）。
(P58—L2)

[问]（1）"加而不合"，这是什么意思呢？请解释一下。（2）"加而且合"，这是什么意思呢？请解释一下。

[答]（1）所谓"加而不合"就是并列成分可以拆开分说，而不改变原句的意思，"老张和老李"，加在一起是山东人，拆开分说，每人也都是山东人。又如：

　　研究他的诗和小说（＝研究他的诗，研究他的小说）
　　不让抽烟喝酒（＝不让抽烟，不让喝酒）

所谓"加而且合"是指并列成分不能拆开分说，"老张和老李"合起来才算是同乡，分开来无所谓同乡。又如：

（青铜是）铜和锡的合金（≠铜的合金和锡的合金）
上海和南京的距离（≠上海的距离和南京的距离）

（2）同样是"A和B是C"之所以会有"加而不合"与"加而且合"这两种逻辑意义，是因为"加而且合"中的C蕴含着关系的概念，例如"合金"蕴含着两种金属的关系，"距离"蕴含着两个地点之间的关系，"同乡""兄弟""姐妹""一家人"都蕴含着甲乙两方之间的关系，都不能拆开分说。

（200）

[原文] 同样，交替关系也有互相排斥和不互相排斥两种，后者跟加而不合的加合关系没有实质性的区别。（**P58—L6**）

[问] 什么叫"互相排斥"？什么叫"不互相排斥"？请解释一下。

[答] "互相排斥"即二者不能兼有。"重音落在第一个音节或是第二个音节上"是说"重音不是落在第一个音节上就是落在第二个音节上"，落在了第一个音节上就不能落在第二个音节上。相似的例子如"大水把铁路冲坏了，你只能坐飞机或者坐船去""升学或者参加工作，由你自己决定"。

"不互相排斥"，比如"动词或者形容词都可以做谓语"，指的是动词、形容词两项中任何一项都可以做谓语，把"或者"改成"和"，说成"动词和形容词都可以做谓语"，全句的意思不变。所以吕先生说这和"加而不合"的加合关系没有实质性的区别。

朱德熙在《语法讲义》中，把前者叫"互斥性的选择关系"，把后者叫"相容性选择关系"。朱先生还提出"A或（或者、或是）B"表示选择，即A和B里头有一个；"A和（跟、同、与、及）B"表示兼有，即A和B二者都包括在里头。

例如：

　　凡来本校游泳者，须持单位介绍信或（和）本人工作证。

用"或"字是说介绍信和工作证两样里有一样就行，用"和"字是说两样都要，缺一不可。"或、或者、或是"表示选择关系，但也不排斥兼有，例如：

　　你上这家铺子去，总能买着牛肉或者羊肉。

这是说两种肉里总能买着一种：有时能买着牛肉，有时能买着羊肉。但也不排斥有时候两种肉都能买到。又把交替关系的语法现象的研究深入了一步。

(201)

　　[原文] 从逻辑上看，涉及全体和个别的问题，这里只是就或者的用法说。(P58—L10)

　　[问] 互相排斥和不互相排斥以及全体和个别的问题是怎样的关系呢？

　　[答] 就吕先生所举例子看，互相排斥的交替关系，与"个别"相对应，"或者"的前后两项，不能共同形成一个整体。不互相排斥的交替关系，与"全体"相对应，"或者"的前后两项可以相加而不互斥。

(202)

　　[原文] 总之，不联系结构关系来研究，光划分句子成分，问题还比较简单；进一步研究结构关系，就大有文章可做。(P58—L12)

　　[问] 吕先生所说的结构关系是句子成分里的结构关系，还是句子成分之间的结构关系呢？或者是两者都包括呢？

[答]本节讲的是"句子成分和结构关系",主要讲的是"句子成分和句子成分之间有一定的结构关系",讲到双宾语、动词宾语等问题,都是属于句子成分之间的结构关系。

　　但是讲到并列成分的加合和交替关系,又是句子成分里的结构关系。

(203)

　　[原文]……就会导致"依句辨品,离句无品"的词类理论……(P58—L19)

　　[问]吕叔湘在别的文章中还谈到过这个问题吗?这句话,黎锦熙先生在什么书里第几页谈到的呢?

　　[答]这个问题可以看吕叔湘先生的《关于汉语词类的一些原则性问题》第四节"按照句子成分决定词类",其中谈到:"这就是有名的'依句辨品,离句无品'说。《马氏文通》卷一说:'字无定义,故无定类,而欲知其类,当先知上下之文义何如耳',已经反映这个观点。但是马氏只说上下文义,没有说句子成分,可以包括较广。到了黎锦熙先生,就说得更加确定了:'国语的词类,在词的本身上无从分别;必须看他在句中的位置、职务,才能认定这一个词属于何种词类……国语的九种词类,随他们在句中的位置或职务而变更,没有严格的分业。'"

　　"依句辨品,离句无品"是句本位学说,最早见于1924年初版《新著国语文法》第29页第10个注解里:"但是'就图解辨别词品'的方法,却是本书所特创的,因为国语本有这个'凡词,依句辨品,离句无品'的特质。"1954年出版第19版重印本,改为"凡词,依靠句型,显示词类"。

5.4 省略、倒装（204—206）

(204)

[原文]另一个问题是如何看待某些句法变化手段的问题，其中最容易引起争论的是省略和倒装。(P58—L21)

[问]（1）除了省略和倒装以外，某些句法变化有些什么问题呢？（2）关于句法变化还有些什么文章可以参考呢？

[答]（1）汉语句式变化可以多样化。出于表达的需要，可以改变句式。句法变化的手段很多，除省略和倒装外，还有复指、插说，以及单句与复句之间的变换、复句与句组之间的变换、主动句与被动句之间的变换、陈述句与反问句之间的变换、肯定句与否定句之间的变换等等。其中省略与倒装是语言学界争论最多的。

（2）关于句法变化问题，可以结合吕著第99节的问题，以及吕叔湘主编的《现代汉语八百词》第21—25页学习。此外还可以看徐重人《变式句与句子形式作谓语》（收入中国语文丛书《汉语的主语宾语问题》）、王泗原《倒装句和非倒装句》（《语文学习》1953年第2期）、黎锦熙《变式句的图解》（《语文学习》1953年第3期）、洪心衡《汉语词法句法阐要·句式的变化及同异》（吉林人民出版社1980年出版）、高名凯《省略句和绝对句子》（《语文学习》1952年第10期）、洪笃仁《从现代汉语的词序看所谓"倒装"》（《厦门大学学报·社科版》1955年第4期）、丁勉哉《论句子成分倒装的语法特点》（《华东师大学报·人文科学版》1957年第4期）、胡竹安《谈词序的变化》（《语文学习》1959年第9期）、王力《中国语法纲要》第十五章、朱德熙《语法讲义》第十八章、张志公主编《现代汉语》第二章

第六节。还有近十几年的这方面的研究成果如：傅雨贤《被动句式与主动句式的变换问题》(《汉语学习》1986 年第 2 期)、周荐《并列结构内词语的顺序问题》(《天津大学学报》1986 年第 5 期)、晓珑《汉语语序研究述评》(《语文导报》1986 年第 9 期)、胡壮麟《语义功能与汉语的语序和词序》(《湖北大学学报·哲学社会科学版》1986 年第 4 期)、宋玉柱《关于存在句的变换方式》(《天津师专学报·社科》1987 年第 1 期)、邵敬敏《从语序的三个平面看定语的移位》(《华东师范大学学报·哲学社会科学》1987 年第 4 期)、戴浩一《时间顺序和汉语的语序》(《国外语言学》1988 年第 1 期)、李临定《汉语比较变换语法》(《语文研究》1988 年第 2 期)、范开泰《省略·隐含·暗示》(《语言教学与研究》1990 年第 2 期) 等等。

(205)

［原文］关于**省略**，从前有些语法学家喜欢从逻辑命题出发讲句子结构，不免滥用"省略"说，引起别的语法学家的反感，走向另外一个极端，说是只要说出来的话能让人懂，其中就没有任何省略。(P58—L22)

［问］(1) 请举例来解释"从逻辑命题出发"这句话的意思。(2) 请介绍这些语法学家及其主要观点。(3) 有没有语法学家不谈省略？

［答］(1)(2) 比如"今天端午""我中国人"，从逻辑上讲前后两项是判断关系，即等于"今天是端午""我是中国人"。那么从逻辑命题出发讲句子结构的语法学家认为这种句子是省略了"是"字的判断句。"请坐！""请"和"坐"不可能是同一个人的行为，"请"的是"我"，"坐"的是"你"，是"我请你坐"的意思。从逻辑命题出发，就认为这个句子省略了"我"

"你"。

　　黎锦熙《新著国语文法》《中国语法教材》都认为"我中国人"之类的句子是省略了"是"字的判断句，也就是不承认名词可以做谓语。黎在《中国语法教材》中说："'判断句'不用'是'字，是在很少数的场合偶然不用的，除了'我中国人''今天端午'一类的句子外，再也不好找出更多的例子来，如：'这是书'，能说成'这书'吗？'力量是钢'，能说成'力量钢'吗？用'是'字是常规，不用是特别。因此，判断句不用'是'字，我们没有理由不把它看成是'省略'。"

　　吕叔湘、朱德熙《语法修辞讲话》、吕叔湘《语法学习》、王力《中国语法纲要》《中国语法理论》、丁声树等《现代汉语语法讲话》等，都认为这种句子，不是省略了"是"字，而是名词直接做谓语的句子。

　　王力先生在《中国语言学史》（山西人民出版社 1981 年出版，第 181—182 页）中曾说："黎氏的主要缺点是先有理，后有法。他在《新著国语文法》引论中说：'思想底规律，并不因民族而区分，句子底"逻辑的分析"，而不因语言而别异。'他这句话的前半句说对了，后半句却说错了。各个语言中的句子结构，不可能有先验的'逻辑的分析'。黎氏所谓'逻辑的分析'往往是以英语的造句法为标准。……黎氏又常常谈省略，也是因为他心目中有一个先验的理。例如在分析'这座铁桥，[　] 今年秋季完工'的时候，他说：'这句话若是冬季说，就属过去，[　] 中可以说是省了一个"当"字，若是春夏季说的，就属将来，[　] 中也可以说是省了一个介词"到"字。这样任意谈省略，主观地填充一个所谓被省略了的词，而且这个词可以随季节而异，显然是研究方法上的缺点。"王力《中国语法纲要》第

187页讲到"主语的省略"时指出:"咱们应该把'不用'和'省略'分别清楚。像'下雨了'和'不怕慢,只怕站'一类的句子,只是不用主语,不是省略。"

朱德熙《语法讲义》对省略提出三点看法:①所谓省略指的是结构上必不可少的成分在一定的语法条件下没有出现。②省略的说法不宜滥用,特别是不能因为一个句子意义上不自足就主观地说它省略了什么成分。……我们不能因为这句话(按:指公共汽车上乘客对售票员说"一张动物园")离开了具体的语言环境意义不明确,就硬说它是"我要买一张上动物园去的票"之类说法的省略。③从原则上说,省略了的成分应该是可以补出来的。关于省略的条件,还应详读吕著第77节的有关论述。吕先生提出两条:"第一,如果一句话离开上下文或者说话的环境意思就不清楚,必须添补一定的词语意思才清楚;第二,经过添补的话是实际上可以有的,并且添补的词语只有一种可能,这样才能说是省略了这个词语。"这部分,吕先生还提出了关于区别省略问题的很好的意见,他说:"'隐含'这个概念很有用,'隐含'不同于'省略'。"

(3) 赵元任《汉语口语语法》、丁声树等《现代汉语语法讲话》等都不持省略说。

《汉语口语语法》提出零句的概念。认为句子可以从结构上分为整句和零句。["零"是畸零,零碎的意思。]整句有主语、谓语两部分,是连续话语中最常见的句型。零句没有主语—谓语形式。它最常见于对话以及说话和行动掺杂的场合。大多数零句是动词性词语或是名词性词语。叹词是最地道的零句。动词性词语可以作为陈述句、命令句或是问话和答话,如:"对!""行!""来!""请坐!""来不来?来。""你认得那个人吗?认得。"名词性词语可以作谓语,比如在介绍客人的时候,可以说"这是李先生",也可以只说"李先生"。介绍自己的时候或者光说姓名"张天才",或者说"姓张"。名词性词语还可以作为标题、用物名作命令句、呼语等,如"红楼梦";"茶!""妈!"赵元任先生认为零句是根本。整句只是在连续的有意经营的话语中才是主要的句型。在日常生活中,零句占优势。

由此可见,赵把一些一般所谓省略,如:"你认得那个人吗?(　　)认得。"(承说省略)看成零句。有了零句的概念也就无所谓"省略"了。

此外,丁声树等《现代汉语语法讲话》第四章"句子的基本类型"中说:"句子是说话的单位。只要单独站得住,能够向对方传达一定意思的话,不论长短,都是一个句子。""拿句子的成分做标准,句子可以分成单词句、无主句、主谓句、复合句。"承认单词句、无主句,也不用"省略"说法。在该书"体词谓语句"部分,特别对"今天星期几?今天星期三""我浙江人"这类句子提出三点注意:"第一,这些句子当中可以加'是'字,改成动词谓语句。如'今天是星期几?''今天是星期三。'注意'是'字轻读。要是重读,就是加重语气,跟没有'是'字意思不全一样。其次,否定句用'不是',如'今天不是星期四'。第三,不能根据以上两点,说这类句子省略一个'是'字。事实上,加'是'字的时候比较少。"

(206)

[原文]'顺装'和'倒装',把句子成分的位置绝对化了,而一种句子成分如果有不同的几个位置,大概都有一定的条件,合于哪个条件就出现在哪个位置上,这就无所谓'顺'和'倒'了。**(P59—L17)**

［问］（1）一般的语法书认为什么样的句子是倒装句？（2）"倒装"说有怎样的分歧和问题？（3）请解释"合乎哪个条件就出现在哪个位置上"这句话的意思。

［答］（1）一般认为汉语主语总是在谓语前边，修饰语总是在中心语前边，宾语和补语总是在述语后边。在一定的语言环境里，人们为了表达的需要，把某一成分提前或挪后，其顺序就颠倒了，就成了一般语法书所说的倒装句。后置的部分必须轻读。例如：

主语后置：

  出来呀，你！

  修好了没有，那辆车！

修饰语后置：

  他们走了，都。

  我们还期待着新的东西到来，无名的，意外的。（鲁迅《伤逝》）

宾语前置：

  他出国了，听说。

  干嘛呀，这是！

补语前置：

  气都喘不过来了，跑得。

  吓死人了，说得！

（2）有的语法书认为下面的句子是宾语前置句：

我饭也吃过了，水也喝过了，就谈个事儿。（"饭""水"是受事宾语前置）

我们什么工作都认真干。（"什么工作"是受事宾语前置）

有的语法书认为下面的句子是倒装句:
  这位老人家我也认得。
  窗户谁叫打开的?
有的语法书认为受事名词可以作主语,这些是主谓谓语句。

  50年代中国语法学界主宾语问题讨论论及倒装说、主施宾受说。认为"台上坐着主席团"之类的句子是可以顺装成"主席团坐在台上"。但也有不少的句子,"倒装"的宾语是难以"顺装"的。比如,动词之后已带宾语或准宾语,不能兼管倒装的宾语:
  后半场,中锋换了人。
  这点儿东西,我藏了好些天。
  这事儿我们也没有办法。
"中锋换了"可以说成"换了中锋","中锋换了人",却不能说成"换了人中锋",也不能说成"换了中锋人"。"这点儿东西,我藏了好些天"既不能说成"我藏了好些天这点儿东西",也不能说成"我藏了这点儿东西好些天"。同样,"这事儿我们也没有办法"不能说成"我们也没有办法这事儿"。

  又比如带"得"字的述补结构做谓语:"你看这事儿我办得怎么样?"也不能说成"你看我办得这事儿怎么样"。

  还有些句子,如果把所谓"倒装宾语"挪到动词后头去,意思就会变了,例如:
  一锅饭吃不了三个人。
  三个人吃不了一锅饭。
  你什么都懂,你什么都知道。
  你都懂什么,你都知道什么。
两组句子施受关系不变,但位置一变,意思就完全不同了。"一锅饭吃不了三个人"是说饭少了,"三个人吃不了一锅饭"是说饭多了;"你什么都懂,你什么都知道"是说你懂得多,你知道得多,"你都懂什么,你都知道什么"可以是反问语气,意思是你什么都不懂,你什么都不知道。如果遇到动词是两面性的,施事受事不好分,也很难确定是"倒装"或"顺装",如:

　　张金龙脸色就变了。
　　要变天了。
　　天要变了。

究竟是人变了脸色,还是脸色自己变了呢?"天"是施事还是受事?都很难确定。

　　(3)像在回答吕著第75节所说的那样,动词谓语句出现一个或几个名词,它们跟动词的多种多样的语义联系决定它们在句子里的活动方式,比如受事宾语通常是在动词的后边,但也有宾语前置的,如:

　　我们什么工作都认真干。
　　我最近一次电影也没看。
　　这笔账以后再跟他们算。

受事名词出现在动词前有一定的条件,像《现代汉语八百词》所说:这类句子动词前常有副词"都、也",有了这样的副词,宾语一般得放在动词的前边,语气上也有所加强;前置宾语往往是确定的或者是周遍性的,含有"无论"或"一切"的意思;动词往往不只是一个单独的动词,动词前后常有别的成分;这类句子否定的比肯定的多。

　　又比如,还有一类受事宾语前置句,那是用介词"把"字把它提到前边去:

　　我看完了这本书。

我把这本书看完了。

其条件是：用"把"字提到动词前面去的宾语总是代表有定的事物；动词一般不是一个简单的动词，而是复合动词或动词短语，至少动词后边要加"了"或"着"，等等。

5.5 图解、代号（207—210）

(207)

[原文] 前边谈结构层次和结构关系的时候曾经提到用图形表示的办法，句子的格局同样也是可以用图形来表示的。(P59—L21)

[问] 句子的格局怎样用图形来表示呢？

[答] 黎锦熙先生是运用图解法的代表，他的《新著国语文法》就是用图形表示句子的格局的。该书第 27 页介绍了"单句图解法的公式和程序"主要表示法：

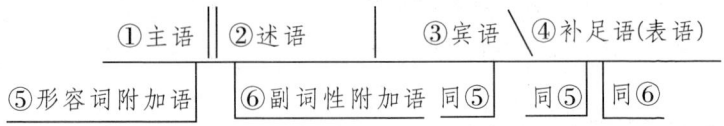

例如：

那时候的这些"很""明白的"工人，"决""不"承认那个"极""苛酷的"条件。

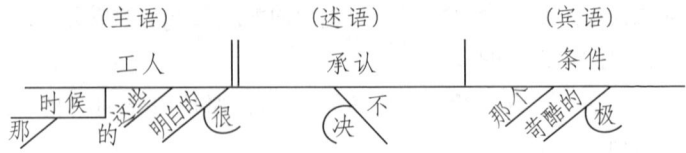

这种图解法把句子的基本成分写在横线上面，主语在左边，谓语

在右边,主语和谓语中间用两条竖线隔开;述语和宾语之间用一条竖线隔开。附加语都写在附着于横线下面的纵横斜直的线条上。

郎峻章的《汉语语法》也用的图解法,例如:

我们的尖刀连已经突破敌人的封锁线了。

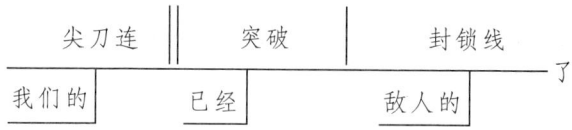

操作方法与黎氏大同小异。其他的句型所用的图形各举一例:

例1 坚决地领导民主革命是争取社会主义胜利的条件。

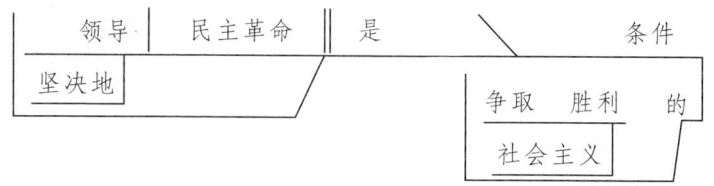

这句话的主语是一个动词性主从短语,图内的大曲线表示它自己是一个整体,大曲线末尾稍斜是表示与其他部分的衔接。表语与谓语之间,用一条斜线隔开。"条件"的附加语"争取社会主义胜利的"也是一个动词主从短语,用大曲线圈起,以表示它自己是一个整体。整个短语通过"的"形容名词"条件"。

例2 我们都认为他的分析有道理。

"他的分析有道理"是一个句子形式,它是谓语"认为"的宾

语，图内的大曲线也表示它是一个整体。

例3 他还我一头牛。

```
他 ‖ 还 ： 我 │ 牛
              ─────
                一头
```

这是图解双宾语句。间接宾语表示受动词影响，画在虚线后面。

例4 他把那件事忘了。

```
他 ‖ 忘 │ (把) 事
              ───── 了
                那件
```

这是"把"字句的图解法，提前的成分，在图解里恢复原来的位置，"事"仍然写在谓语后面。"把"写在括号里，表示它是提前宾语的，但在宾语恢复了原来的位置时，它就不起作用了。

例5 用不同的方法去解决不同的矛盾，这是我们必须严格地遵守的一个原则。

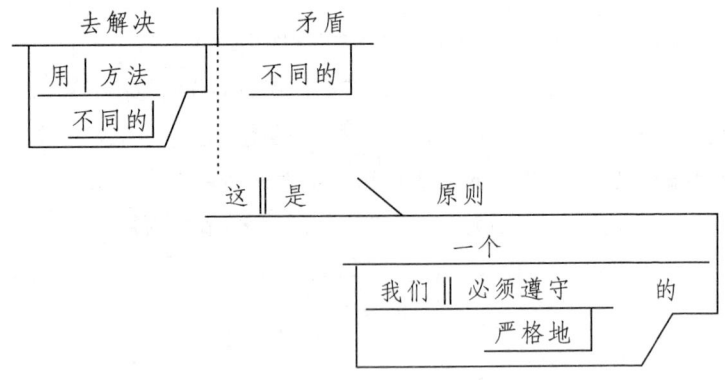

这是含外位语的句子图解法。把外位语画在句子上面，然后用点线引到代它的代词（本位语）上去。

张静主编的《新编现代汉语》讲汉语的句式（句型）时也附图解法，把小句作宾语的句型图解为：

我知道你们都回来了。

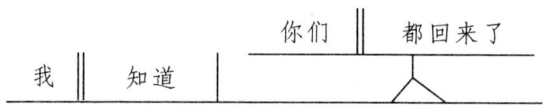

与郎峻章的也是大同小异。

(208)

[原文]通行的图解法可能有某些不完善的地方，这是可以改进的；至于由于体系的不同，对原有的画法要作必要的调整，那就更不用说了。(P60—L3)

[问]（1）某些不完善的地方指什么？（2）图解法已经有改进了吗？

[答]句子分析的结果如用语言叙述出来，那会非常繁复，最好用图形或线条表示出来。图解法能把抽象的道理形象化、直观化，是语法教学和研究的有用的工具。黎锦熙先生是首先把图解分析英语语法的方法，引以分析汉语语法的，一经图解，句子结构便一目了然。后来图解法又改为加线法（或称标记法）。黎锦熙先生在所著《中国语法和词类》中介绍了这种方法，亦运用于《汉语语法教材》（商务印书馆1957年出版）。加线法有几个优点：a. 一个成分用一种线条或符号表示，易于辨认。b. 线条或符号可随文添加，不需要另抄原文，省时省地位。c. 可运用于全篇文章的句子分析。d. 运用时可繁可简。繁则把所有句子成分的短语内部结构全标出来，简则只标基本成分。张拱贵、廖序东在《文章的语法分析》（1955年）中根据黎氏图解法原理简化的也是加线法。后来比较通行的线条、符号，详见本书

172题、180题、181题、184题、185题、186题、187题的介绍。

为了配合层次分析法的运用，有图形并辅以文字说明来概括直接成分的功能类目的方法，例如：

帝国主义的侵略打破了中国人学西方的梦想。

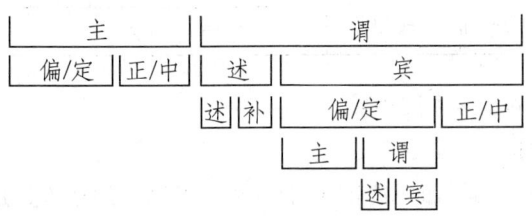

有用树形图并辅以字母符号或文字来标明直接成分的功能类目的方法，例如范继淹先生分析"秘书处的老王刚才送了一份文件来"：

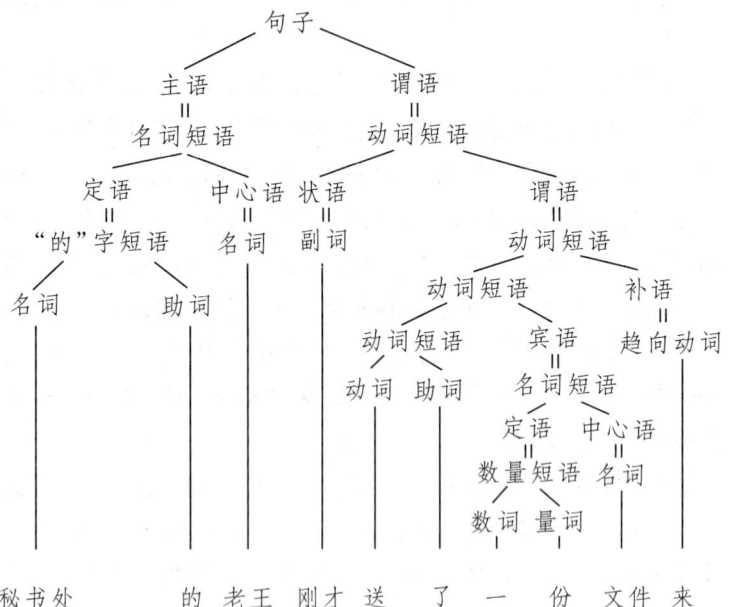

还有吕叔湘先生提出来的用图形并辅以符号标记来标明直接成分的功能类目的方法（详见吕著第 69 节）。这些都是对图解法的改进，探索接近理想图解法应具备的三个条件。

图解法不完善之处，比如对本书 207 题介绍的黎锦熙对"那时候的这些'很''明白的'工人，'决''不'承认那个'极''苛酷的'条件"的例句的图解，有些语法学家认为："这样的图解给人造成一种错觉，误以为这个句子的基本意思是：工人承认条件。这就跟原意相反了。这是由于句子成分分析法在理论上不承认短语可以充当句子成分，在作业时一味地要找出主要成分、连带成分和附加成分，结果便把主语和宾语以及述语的附加成分和连带成分割裂开来了。这不仅造成了形式和意义之间的矛盾，甚至还会破坏结构的完整性。"（见卞觉非《汉语语法分析方法初议》，载《中国语文》1981 年 3 期）

50 年代的《汉语》课本也用加线法，但主语、谓语全用══表示，定语、状语、补语全用﹏﹏表示，这当然不能起到标句子成分的作用。后来，除了在主语和谓语之间用‖隔开，在谓语动词与宾语之间也用｜隔开，句子结构的层次性适当地表示了出来。句子成分通行的线条、符号，详见本书第 172 题介绍。

当然，由于体系的不同，对原有的画法也作了必要的调整。比如，不主张有兼语的，就没有相应的标志。又比如，郎峻章的表示法是：

晚上总是睡不着

〔我〕‖ 睡不着

总是

晚上

〔　〕表示省略的成分。如果省略成分是可以确知的，就把它写在〔　〕里。

禁止攀折花木

〔一〕‖ 禁止 | 攀折 | 花木

〔　〕表示这个地方应当有主语，但是不能确知是什么人或什么机关，因而只能在括号里画一个小横线。

下雪了

‖ 下 | 雪 了

根本不用主语的句子，主语地方什么也不画。

张静的表示法：

出太阳啦

出 | 太阳 啦

不画，也不留主语的位置。以上的区别可以看出郎的画法与省略说有关，张的画法已经接受了无主句的观点。

(209)

[原文] 除这种用纵横斜直的线条构成的图解法外，还有别种方式，例如用字母和符号组成的。(**P60—L5**)

[问] 用字母和符号组成的图解法是怎样的？

[答] 这个问题可以看吕叔湘先生书后对79节问题的注释。他谈到："用字母、数码和符号作图解的，可以拿 Jespersen 的《分析语法》(1937) 做例子：

You cannot expect more, prices being what they are.
S   V_n   O 3 (S_3 P (Y P_2(P_c S_2 V)))
S 主语，V_n 动词，否定式，O 宾语，3 三级（＝状语），S_2 第二主语，P 表语，Y 分词，P_2 第二表语，P_c 表语兼连词。"

又比如对"我的老师写了一部书"这个句子，用树形图解并辅以字母符号来表示直接成分的功能类目：

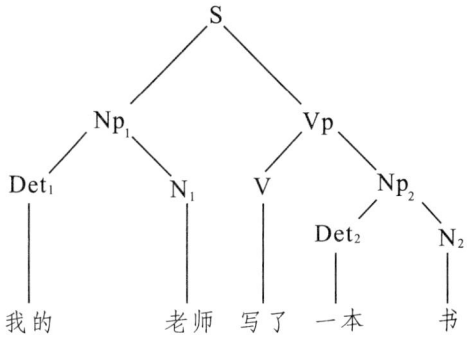

这个树形图也可以用字母和符号表示法：

$$\left\{\left(\begin{matrix}\text{Det} & \text{N}\\ \text{我的} & /\text{老师}\end{matrix}\right)^{\text{NP}}\left[(\text{写了})\left(\begin{matrix}\text{Det} & \text{N}\\ \text{一部} & /\text{书}\end{matrix}\right)^{\text{NP}}\right]^{\text{VP}}\right\}^{\text{S}}$$

这种表示法虽不如树形图形象，但可在原读物上作业，不必另行抄写，较为简便。

(210)

[原文] 理想的图解法该具备三个条件，一是形象化，二是能保存原有的语序，三是有伸缩性，可繁可简。(**P60—L6**)

[问] （1）理想的图解法为什么应该具备三个条件呢？（2）请解释这三个条件。

[答] 图解法的目的就是把抽象的语法现象形象化，如果不

能做到形象化，就失去图解法的意义。比如本书第207题例2是单句中的比较复杂的结构，"认为"的宾语是个小句。中心词分析法把这种句子叫包孕句。"他的分析有道理"是个小句（中心词分析法叫"句子形式"），充任"认为"的宾语，只起一个词的作用，图内用大曲线表示它是一个整体。又如例5对同位语与本位语的关系也表示得很形象。

图解法的目的是用图形表示句子的格局（句型），如果不能保存原有的语序，也就不能很好地表示格局。比如本书第207题例4，在我们看来，"把"字和它的宾语放在那个位置上，就不能算保持原有的语序，是应该加以改进的。例如我们可以标为：

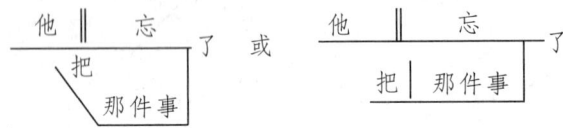

黎锦熙《新著国语文法》第37页，"我'把'这本'书'读完了。"标为：

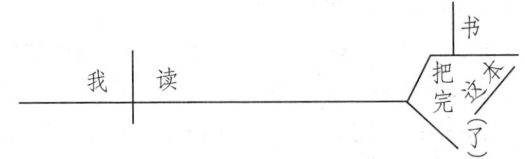

这样标法也是不能保持原有的语序。又如郎峻章《汉语语法》第54页，把"在共产党的领导下，中国人民站起来了"标为：

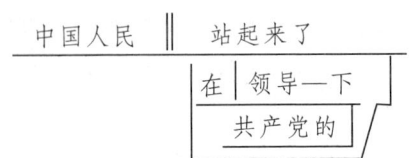

把"在共产党的领导下"这样一个全句的修饰语画在谓语下面，很容易被理解为："中国人民在共产党的领导下站起来了"。当然他这样画也是受语法体系约束的。他认为"在共产党的领导下"这个副词性附加语是为了加重而提到主语前面的，在图解时要恢复它原来的次序。这里涉及"顺装""倒装"问题。那么如果不加重，不提前，说"中国人民在共产党的领导下站起来了"也是成立的。两种句式图解起来又如何分别呢？

图解法要有伸缩性，可繁可简，这是灵活掌握运用的问题。繁则把所有作句子成分的短语内部结构全部标出来，简则只标基本成分，或需要着重分析的部分，如"帝国主义的侵略打破了中国人学西方的迷梦"，也可以只分析到"中国人学西方的迷梦"作述补结构"打破了"的宾语。或者宾语"中国人学西方的迷梦"只分析到"中国人学西方的"与"迷梦"为偏正结构为止，不分析到词。

又如本书第208题介绍的树形图并辅以文字说明的图解法，如果只分析成分结构，可以写成：

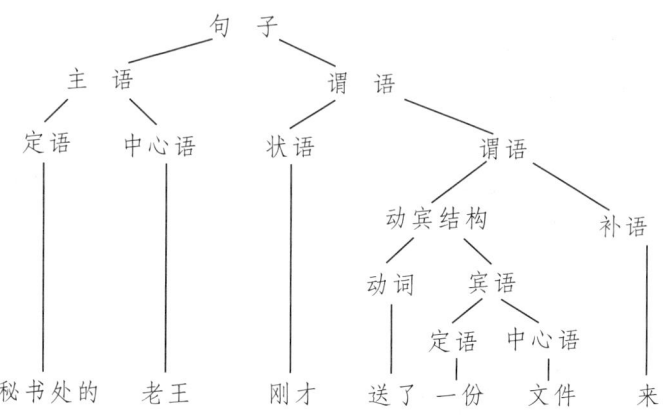

如果只分析短语结构,可写成:

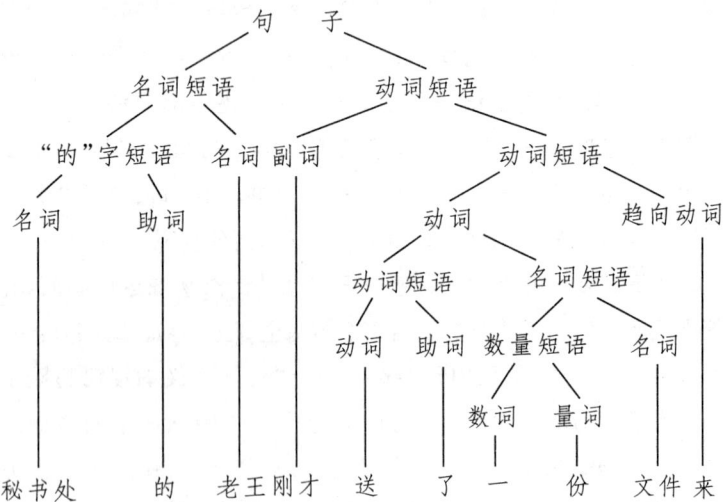

关于图解和代号问题请参阅吕著书后注解〔79〕。

5.6 汉语的句子成分(211—214)

(211)

〔原文〕六种成分之说从二十年代起就有,可是名称和内容都有过些变化。(**P60—L20**)

〔问〕谁写的书谈到六种成分?

〔答〕20年代谈到六种成分的比如黎锦熙的《新著国语文法》,书中提出单句的成分是:

一、主要成分:1. 主语

2. 述语(即谓语)

二、连带成分:3. 宾语

4. 补足语(主要即表语)

三、附加成分：5. 形容词的附加语（也叫形容词性附加语，简称形附）

　　　　　　　6. 副词的附加语（也叫副词性附加语，简称副附）

除了黎锦熙之外，现在一般也都说句子有六种成分。但也曾有过多于六种和少于六种的，比如：

吕叔湘《语法学习》（中国青年出版社1953年出版）和吕叔湘、朱德熙《语法修辞讲话》中，句子成分有八种：（1）主语；（2）谓语；（3）宾语；（4）表语；（5）附加语（又分名词的附加语、动词的附加语、形容词的附加语、全句的附加语，按照所附加位置又分为前附加语、后附加语）；（6）同位成分；（7）外位成分；（8）游离成分。

张志公《汉语语法常识》（中国青年出版社1953年出版）中，句子成分有六种：（1）主语；（2）谓语；（3）宾语；（4）表语；（5）修饰语；（6）补足语（也叫补语）。

"暂拟汉语教学语法系统"分六种成分：（1）主语；（2）谓语；（3）宾语；（4）定语；（5）状语；（6）补语。之外还提两个"特殊的句子成分"：独立成分，复指成分。

曹伯韩《语法初步》（工人出版社1952年出版）分七种：（1）主语；（2）谓语；（3）宾语；（4）表语；（5）附加语；（6）同位语；（7）外位语。

王力《中国语法纲要》（开明书店1946年出版）、《中国语法理论》（商务印书馆1944年（上）、1945年（下）；中华书局1954年出版）、《中国现代语法》（中华书局1954年出版；商务印书馆1985年出版）中，分五种：（1）主语；（2）谓语；（3）修饰语；（4）目的语；（5）补语。

丁声树、吕叔湘等《现代汉语语法讲话》（商务印书馆1963年出版）中分五种：（1）主语；（2）谓语；（3）宾语；（4）修饰语；（5）补语。

(212)

[原文] 名称方面，主语一直是主语，或者叫主词，谓语曾经有过表词、述语等名称，宾语也叫目的格，补语原来叫做补足语，定语和状语都曾经叫做加词或附加语。**(P60—L21)**

[问]（1）谁的语法书主语叫主词？（2）谁的书谓语叫表词、述语？（3）谁的书宾语叫目的格？（4）谁的书补语叫补足语？（5）谁的书定语和状语叫加词或附加语？

[答] 名称方面，下面我们举些例子说明：

（1）金兆梓《国文法之研究》（中华书局1922年出版）和刘复《中国文法通论》（群益书社1920年出版），把主语叫主词。

（2）黎锦熙《新著国语文法》把谓语叫述语，也叫谓语。马建忠《马氏文通》叫表词，他说："静字成为语词，更名曰表词。"金兆梓《国文法之研究》和刘复《中国文法通论》也叫表词。

（3）章士钊《中等国文典》叫"目的格"。王力《中国语法纲要》等把宾语叫"目的语""目的位"。他说："叙述词如果是一个及物动词，那及物动词后面的名词（或代名词等等）所处的地位叫做目的位。那名词及其修饰语（如果有的话）叫做目的语。"

（4）黎锦熙《新著国语文法》叫"补足语"，其含义与补语不同；张志公《汉语语法常识》叫补足语，也叫补语。

（5）黎锦熙《新著国语文法》叫附加语，其中形容性附加语相当于定语,副词性附加语相当于状语;吕叔湘《语法学习》、曹伯韩《语法初步》也叫附加语。金兆梓《国文法之研究》把修饰语叫加词。

(213)

[原文]……主语原先不包括'倒装的宾语',谓语不能是名词(归入补足语,或者叫做表语),也没有'主谓谓语'。(P60—L25)

[问](1)"倒装的宾语"不叫主语那怎么处理?谁的书说是主语?(2)谁在哪一本书上把谓语位置上的名词叫补足语或表语?(3)谁首先提出"主谓谓语"说呢?

[答](1)吕先生在早年写的《语法学习》中,把"什么事我都知道,别打算瞒我!"中的受事名词"什么事"叫"宾语在主语前"(详见 P23—24)。还有像黎锦熙、王力、曹伯韩也都认为是宾语提前占据了主语的位置。丁声树等《现代汉语语法讲话》、张志公《汉语语法常识》把"什么事"叫主语。

(2)张志公《汉语语法常识》把"他北京人"中的"北京人"叫表语,认为是"他"后头省略了"是"字。黎锦熙《新著国语文法》把跟在同动词("是"字之类)后头的成分叫补足语,也叫表语。"他北京人",也认为是"他"后头省略了"是"字,"北京人"是表语。丁声树、吕叔湘等《现代汉语语法讲话》把"我浙江人""今天星期三"都看成名词谓语句。王力也认为名词可以直接做谓语。

(3)1952年李荣先生根据赵元任《国语入门》编译的《北京口语语法》就已提出:"主语谓语结构也可以用作别的主语的谓语",叫"主谓谓语"。丁声树、吕叔湘等《现代汉语语法讲话》(1963年)把句子形式做谓语的句子命名为"主谓谓语句"。该书第24页讨论"主谓谓语句"时说:"主谓结构不单可以作主语、宾语、修饰语,也可以作谓语。比方说,'我们的敌人眼光短浅'(毛泽东),'我们的敌人'是全句的主语;'眼光短浅'是全句的谓语,其中'眼光'是主语,'短浅'是谓语。"

不过,关于这种主张,很早以前陈承泽在《文章论大要》一文(《学艺》1925年第7卷第2期)中就提出过"小句作谓语"之说。作者在举说明语之特例后,说:"西文文章之说明语必以动词充之,汉文则不限于动词。"例如:"汉文得以主语说明语具备之句为说明语,而视为象字说明语:象体巨鼻长力大;其人色白。"所以吕著书后附注〔91〕中说"赵元任在他的《中国话的文法》95页脚注中说,小句作谓语之说的创始人是陈承泽"。

(214)

〔原文〕变化最大的是宾语和补语,宾语在动词后边扩大到包括时量和动量,甚至施事,但同时从动词前撤退,补语则更加'面目全非',因为'补'的基本概念改变了。下面就这六种成分分别讨论。**(P61—L2)**

〔问〕(1)动词后边的时量和动量以前叫做什么呢?请举些例子。(2)动词后边的施事以前叫做什么?请举例说明。(3)以前动词前边的宾语,现在叫做什么?(4)请介绍"补"的基本概念怎样变化。

〔答〕(1)动词后边有动量词或时量词的例子如:

老二,你去一趟吧。(老舍)

"披、披、披"一连打了好几十下。(赵树理)

我那箱子在那里摆了一辈子了。(赵树理)

我要走,我已经等了两年了。(曹禺)

以前像"暂拟系统"把它们归入补语，1963年丁声树、吕叔湘等《现代汉语语法讲话》认为动量词"一趟、好几十下"、时量词"一辈子、两年""占的都是宾语的地位，性质也接近于宾语，可是跟一般的宾语又不尽相同"，他们把这类放在动词后边的动量词、时量词叫准宾语。

《现代汉语八百词》第28页专列表6"数量宾语句"，其中数量宾语包括动量和时量。

吕叔湘《语法学习》当为动词的"后附加语"，并说也许可以算是"特种的宾语"。该书第59页说："表示行为的数量的附加语也放在动词的后面，如拉一把；踢一脚；去一趟；住了一年。但是这也许可以算是特种的宾语。"

黎锦熙认为是副词性的附加语，曹伯韩称为附加在后面的附加语，王力称为修饰语（也叫末品补语）。

张志公《汉语语法常识》叫动词的补足语，《暂拟汉语教学语法系统》还叫补语。

（2）动词后边的施事名词句，如：

> 黑影里站着四五个人。（赵树理）
> 远远的来了一大串黑影儿。（袁静）
> 他们村里走了一个人。
> ……人家死了人……

过去持倒装说的，把动词后边的施事名词叫"主踞宾位"归入主语。丁声树、吕叔湘《现代汉语语法讲话》把这类施事名词叫宾语，该书第35页说："有时候宾语好像是动词行为的施事。表示存在、出现或者消失的句子常常是这样。"张志公《汉语语法常识》及《暂拟汉语教学语法系统》也叫宾语，认为这种"宾语表示存现或出现的事物，动词表示出现的方式（死了父亲,来了一封信,跑来一个人,流着汗……)"。

吕叔湘《语法学习》把这类句子看成"主语后出现",该书第22页说:"可是有些个句子的主语是后出现的"。例如:

公园门口蹲着两个大石狮子。
旁边围了一大圈子听热闹的。
后来又走来了四位警察同志。
哟,又跑了一个!

这一类句子有两个特点:(一)谓语里用的是"来了""去了""坐着""站着"之类表示身体行动的动词。(二)在动词的前头,就是平常的主语位置上,常常有个表示处所的词或仂语。黎锦熙、王力、曹伯韩等也都叫"后置的主语"。

(3)"从动词前撤退"指不认为动词前的这个名词性成分是宾语。凡是宾语,按结构,一律撤退到动词后。

吕叔湘《语法学习》把"你什么也不用管,有我们呢"中的"什么"看成宾语,说这是"宾语在动词前"。

张志公把"宾语在动词前"的"什么",叫"主谓仂语的主语";《暂拟汉语教学语法系统》叫"用在动词前边"的宾语。丁声树等《现代汉语语法讲话》叫主谓谓语句谓语中的主语。(详见该书 P24—27)

《现代汉语八百词》仍把"我们什么工作都认真干"叫宾语前置句,其中的"什么工作"叫受事宾语。(详见该书第28页表7)

(4)这个问题吕著第75页[86]节有专门讨论。那一节内容很丰富,到时再一一回答说明问题。简而言之,"补语"这个术语出现较晚,《新著国语文法》等书上虽有"补足语",但跟《暂拟汉语教学语法系统》以及现在大家熟悉的"补语"简直可以说是名同而实异。

5.7 主语和宾语的纠纷（215—230）

(215)

[原文] 优先考虑施受关系的人，遇到施事在后的句子，比如'门口站着解放军'，就说这是'主居谓后'，通俗点儿就叫做'倒装'；遇到受事在前的句子，比如'这个会我没参加'，就说这是'宾踞句首'，也是'倒装'。（P61—L16）

[问]（1）这是传统语法的思想吗？谁代表这个看法？（2）"门口站着解放军"这个例子一般怎样分析？（3）"这个会我没参加"这个例子一般怎样分析？

[答] 是的。可以黎锦熙为代表，吕叔湘、王力等过去的著作也如此。详见下表：

	门口站着解放军	这个会我没参加
黎：《新著国语文法》	动——主	宾——主——动
王：《中国语法纲要》	动——主	宾——主——动
吕：《语法学习》	动——主	宾——主——动
丁：《现代汉语语法讲话》	主——动——宾	主—— ‖ 主——动
张：《汉语语法常识》	主——动——宾	主—— ‖ 主——动

张志公《汉语语法常识》对"这个会我没参加"分析法，从形式上看完全与丁声树等的《现代汉语语法讲话》相同，但他是把这类句子列为"变式句"，也就是说处理的办法跟《现代汉语语法讲话》并不完全一样。

从表中可以看出，黎锦熙、王力、吕叔湘在这些著作中是优先考虑施受关系，把这类句子分析为"倒装句"，即所谓"主居谓后""宾踞句首"。

丁声树等《现代汉语语法讲话》把"门口站着解放军"分析为"主——动——宾","解放军"是施事宾语。把"这个会我没参加"分析为"主—— ‖ 主——动",即主谓谓语句,似可代表目前一般分析法。

吕叔湘主编的《现代汉语八百词》,也把"这个会我没参加"看做"小句谓语句"。对"门口站着解放军"类叫做存在句,但不把"门口"叫主语;也不把"解放军"叫宾语。在该书第18页有一段说明:"动词谓语句里边有一类表示事物存在的句子,它的结构比较特别,称为'存在句'。""在一般句子的主语的位置上,存在句里是一个处所词,间或是一个时间词;在一般句子里的宾语的位置上,存在句里是一个代表存在着的事物的名词。对于这个名词的句法性质,语法学者中间有不同的看法:有人认为这是倒装的主语(前边的处所词是状语),有人认为这是一种特殊的宾语(前边的处所词是主语)。"

(216)

[原文] 可是遇到像'信已经写好了'这样的句子,就贯彻不下去了,不得不妥协一下,说这是'被动句','信'是受事作主语。**(P61—L19)**

[问]"信已经写好了"这个例子一般怎样分析呢?

[答] 优先考虑施受关系的人,一般根据意义,凡施事一律为主语,受事一律为宾语,不管它们在动词前或动词后。但"信已经写好了"这个句子没有施事者,完全依据施受关系分析句子,这类句子没有主语。这样一来,无主句就过分膨胀起来。为了弥补这一缺陷,持这种主张的人有一个办法:有施事出现的句子里,受事不论在施事前或动词前一律算是宾语;没有施事出现的句子里,受事在动词后仍是宾语,在动词前就算是主语。像

黎锦熙先生,开始是比较严格地采取施受关系为标准的。遇到与"信已经写好了"同类的句子如"钱花完了,精力也绞尽了",他的解释是:"词法上,外动必带宾;宾语已提在句首,而句中又无主语,看语意,这宾语实是句主;那么,词法上,这外动就转成'被动性'。成分上,这主位是正式的。句法上,同于一般的正规结构——叫做'反宾为主'之式。"(见《主宾小集》,收入《汉语的主语宾语问题》,中华书局1956年出版)这就是吕叔湘先生所说的"贯彻不下去了,不得不妥协一下,说这是'被动句'"。

《现代汉语八百词》把这类句子归在被动句里,详见该书第30页表9"被动句",C类中有"信已经发了"之类的句子。

一般的语法书认为"信"是主语,代表受动者,"写"是动词,"已经"是修饰动词的状语,"好"是补语。丁声树等《现代汉语语法讲话》也认为"信"意义上是受事,语法上是主语。

(217)

[原文] 优先考虑位置先后的人,同样遇到这种种情况,可是难不住他。(**P61—L22**)

[问] 这是结构主义学派的思想吗? 谁代表这个看法呢?

[答] 大致可以这么说,可以丁声树、吕叔湘等《现代汉语语法讲话》为代表。优先考虑位置先后的认为语法分析必须充分注意结构,该书第29页说:"一般地讲,在现代汉语里,主语总是在谓语的前边,宾语总是在动词的后边。由意义上看,主语跟谓语有各种不同的关系,宾语跟动词也有各种不同的关系。""主语对谓语讲,有时候是'施事',有时候是'受事',有时候既不是'施事',也不是'受事',只是谓语陈述的对象。"

(218)

[原文] 例如'前天有人从太原来',能说这句话的主题是'前天'吗？'一会儿又下起雨来',能说这句话的主题是'一会儿'吗？**(P62—L2)**

[问] 这两个例子一般怎样分析？

[答]《现代汉语八百词》第17页谈到由表示时间的名词担任状语时，举了"今天早晨有人找你"的句子。与"前天有人从太原来"相似。

丁声树等《现代汉语语法讲话》第48页谈到动词的修饰语时说，动词的修饰语有一类是说明动作发生或经历的时间的，举了"今天来""明天去""两点钟开会""一号早晨动身"等例子。

胡裕树《现代汉语》修订本第312页谈到："体现时地性的时间名词、处所名词指明事情发生或事实存在的时间或处所，它们也可以作主语。例如：

（7）去年‖发生了几件大事。

（8）这里‖有一些新书。

如果这种时间名词、处所名词放在别的主语之前，它们就成了全句的修饰语了。例如：

（9）（去年）世界上‖发生了几件大事。

（10）（这里）我们‖有一些新书。"

胡裕树《现代汉语》还认为：句子头上接连出现时间名词或处所名词，应该让处所名词充任主语。例如"去年世界上发生了几件大事"和"世界上去年发生了几件大事"的主语都是"世界上"，前一句的"去年"是全句的修饰语。

朱德熙《语法讲义》第43页谈到："表示时点的词放在谓

词（3.5）前头作主语，表示事情发生的时间。例如：明天去｜晚上开会｜上星期下了一场雪。表示时量的词放在谓词前头做主语表示在这段时间里发生了什么事或有什么情况，例如：一天上两节课｜十年里只回了一次家。"

参照上述各家分析，"前天""一会儿"可能有作主语、作状语或叫修饰语等不同的分析法。吕先生认为这两例的主语不像个主题，分析为状语为宜。

(219)

[原文] 其中有的是：名$_1$＝施事，名$_2$≠受事；有的是：名$_2$＝受事；名$_1$≠施事，有的是：名$_1$≠施事，名$_2$≠受事。

(P62—L8)

[问] 如果 A. 名$_1$＝施事，名$_2$≠受事；B. 名$_2$＝受事，名$_1$≠施事；C. 名$_1$≠施事；名$_2$≠受事；那么下列14个句子属于A、B、C的哪一类？

[答] 名$_1$＝施事，名$_2$≠受事；名$_2$＝受事，名$_1$≠施事；名$_1$≠施事，名$_2$≠受事。吕先生在此只是举例性的，下文14个例句无法全都与这三种情况"对号入座"。因为名$_1$与名$_2$就受关系也许还可能有名$_1$＝受，名$_2$＝施；名$_1$＝受，名$_2$≠施；名$_1$＝受，名$_2$＝受；名$_1$＝受，名$_2$≠受；名$_1$≠施，名$_2$＝施等等。而且"施""受"是就动作发出者和动作承受者而言，如果句中根本没有动词，如"他大我三岁"，或有动词根本不表示动作，如"这个问题一直存在两种意见"，其中名$_1$、名$_2$均是非施非受的。除了施事或受事以外，"我送你的电影票你看了没有"的名$_1$是表示工具，"他后悔两件事"中的名$_2$代表原因，"他大我三岁"中的名$_1$名$_2$均代表比较的对象，"棉衣换成单衣"中的名$_2$代表变化的结果，"这孩子种过牛痘没有"与"王冕七岁上

死了父亲"中的名₁既非动作发出者也非动作承受者,而是代表受到有利或不利影响的人物,"事情可也不能都怪他"名₁只是指示性的词语,如此等等。这段文字是说明名词和动词之间的关系非常复杂,决不限于施事和受事。再比如"一张桌子四条腿坏了三条"哪个为施哪个为受?"弟弟把妹妹哭醒了","弟弟"是"哭"的施事,"妹妹"是"醒"的施事。还有,"这产妇死孩子死怕了""我走路走累了""那些东西淋着雨""这把椅子坐着挺舒服""灯光也觉得格外黯淡"等等,情况一样很复杂。

(220)

〔原文〕一个名词可以在入句之前做动词的宾语,入句之后成为句子的主语,可是它和动词之间原有的语义关系并不因此而消失。(P62—L25)

〔问〕(1)请举个名词入句前做动词的宾语的例子;(2)请举个名词入句后做主语而不改变其语义关系的例子。

〔答〕(1)写论文｜卖红薯

(2)论文写了｜论文已经写好了｜论文我已经写好了。

红薯卖了｜红薯卖了一千多元｜红薯我们卖了一千多元。以上入句前与入句后动词"写"与名词"论文"的语义关系都是动词与结果的关系,"卖"与"红薯"都是动词与受事的关系。

(221)

〔原文〕不但是宾语可以分别为施事,受事,当事,工具等等,主语也可以分别为施事,受事,当事,工具等等。(P63—L2)

〔问〕请分别举些这八种情况的例子。

〔答〕(1)宾语为施事:来客人了｜桌边坐着几个人

(2) 宾语为受事：吃苹果｜研究汉语语法
(3) 宾语为当事：你早他三年毕业｜他大我三岁
(4) 宾语为工具：吃大碗｜写毛笔
(5) 主语为施事：大鱼吃小鱼｜我们订计划
(6) 主语为受事：问题解决了｜工作做完了
(7) 主语为当事：小李昨天丢了书包｜这事儿咱们上当了
(8) 主语为工具：你的钥匙开不了我的锁｜这支笔不能写小字

吕先生在此只是举例，宾语还可以表结果（挖洞｜盖房子）、表目的（逼租｜考研究生）、表原因（避雨｜愁经费问题）、表致使（改变关系｜方便群众）、表处所（来北京｜经过天安门）、表时间（住三天｜等一会儿）等等。主语还可以表时间（今天星期一｜今年是丰年）、表处所（天上飘过几朵白云｜墙上挂着地图）等等。

(222)

[原文] 西昌通铁路了：铁路通西昌了｜这个人没有骑过马：这匹马没有骑过人。(P63—L6)

[问] 我们觉得这两个例子跟"写完了一封信⇌一封信写完了"之类的例子好像意思不一样，为什么举这两个句子呢？

[答] 这组例句，从主语和宾语可以互相转化（即"人"与"马"易位）这个角度看，是可以用的。比如"大鱼吃小鱼"句子成立，"小鱼吃大鱼"句子也成立，只是意思不一样。之所以觉得"这个人没有骑过马：这匹马没有骑过人"与别组例句意思不一样，一是因为他们的修饰语的问题，主语的修饰语不能随便跟着主语转移到宾语：

这个人没有骑过马：这匹马没有骑过人
　　*人没有骑过这匹马：*马没有骑过这个人
　　*人没有骑过马：*马没有骑过人
　　这个人没有骑过这匹马：*这匹马没有骑过这个人

二是因为吕著所举其他三个例句主宾语转化后意思基本相同，这个例子转化后意思不同："这个人没有骑过马"指这个人从来没骑过马（只骑过骆驼）；"这匹马没有骑过人"指这匹马未曾被人骑过。

(223)

[原文] 可以说，凡是动词谓语句里的主语都具有这样的二重性。(**P63—L13**)

[问] 什么叫主语的二重性？"凡是动词谓语句里的主语都具有这样的二重性。"这句话能成立吗？下面的例子都可以这样说吗？

　　1. 我吃了两碗。　　2. 羊群里跑出骆驼来了。
　　3. 他吃大碗。　　　4. 我吃着面包呢。

是不是这些例子在一定的条件下，宾语和主语可以互相转化？

[答] 吕著83节注释中说："这样就出现了主语的二重性：一方面是主和谓直接相对，是说明和被说明的关系，一方面是主和宾围绕动词相对，是施动和受动的关系。""到了及物动词做谓语的主体，就成了'多项式'，动作所赖以体现的事物就不是一个而是两个甚至三个，也就是说有了两个或三个主要的补语（此处所说的'补语'与前面所谈的'宾语'所指相同，吕著第85节主张把目前通行的'宾语'改称'补语'——作者注）了。但是主语只能有一个，或者代表这一个事物，或者代表那一个事物。这时主语的二重性就更加明显了。"

所谓主语具有"二重性",是指句中某个名词语,既可以是主语,又可以是其他什么成分。吕先生的这种观点早在《中国文法要略》里就有了。

李临定先生的《主语的语法地位》(《中国语文》1985年第1期)和《试谈汉语语法分析方法》(收入《中国语文四十周年纪念刊文集》,商务印书馆1993年出版)两文中也谈到了吕叔湘先生的主语二重性的观点:这"是从两个侧面来观察句子内部的关系的,一个是从说明和被说明的关系侧面来观察,说明的是谓语,被说明的是主语;一个是从句子中的名词性成分和中心动词的关系侧面来观察,施动者是主语,而受动者则是宾语。如果受动者宾语移位到前边,具有了被说明的性质,这样,它既有主语的性质,又具有宾语的性质,有了两重身份"。

"'苹果我也吃''我苹果也吃'……从说明和被说明的侧面来观察的,便说,第一个句子里的'苹果'是主语,'我也吃'是谓语,第二个句子里的'我'是主语,'苹果也吃'是谓语;……从施动和受动的侧面来观察的,便说,两个句子里的'苹果'都是宾语,'我'都是主语"。

"主语二重性观点是把这两种分析统一了起来",并认为吕先生的"主语'二重性'的观点,给我们指出了一条解决汉语主语问题的重要途径"。

就多数情况来说,主语和宾语同时出现,主语往往为施事,宾语为受事。一般说来,主语和宾语的转化,是从"一定程度上"说的,转化是有条件的,比如:一、主语是受事的句子。二、动词是双向的。

受事主语句的主语有时候可以挪到动词的后面做宾语,如吕著第83节例"一封信写完了⇌写完了一封信"。受事的名词也可以放到动词前边。这种情况,吕叔湘在《从主语、宾语的分别谈国语句子的分析》一文中就曾说过:"这些动词还有一个特点,其中有许多可以把受事词搬到前面去。比较:

  有了题目了:题目有了。
  多了点儿醋,少了点儿糖:醋多了,糖少了。
  下着毛毛雨:毛毛雨,下个不停。
  出太阳了:太阳出来了。
  还没到时候儿呢:时候儿还没到呢。
  过了冬至,年就快到了:冬至过了,年就快到了。
  一天轮你,一天轮我:你轮一天,我轮一天。"

  双向类的动词如"糊、夹、通"等。这类句子主语宾语互换,意思没有多大差别,例如:

  西昌通铁路了:铁路通西昌了
  窗户已经糊了纸:纸已经糊了窗户

又如:

  一个大饼夹一根油条:一根油条夹一个大饼
  十个人吃一锅饭:一锅饭吃十个人
  三四个人盖两条被子:一条被子盖三四个人
  行人走便道:便道走行人
  你淋着雨没有:雨淋着你没有
  雨布盖着汽车:汽车盖着雨布

但有时候这样挪动一下,意思不大相同。比如说"冬天的衣服全都穿上了"是说所有冬天的衣服全穿上了。而"全都穿上了冬天的衣服",那是指大家都穿上冬天的衣服了。

  有时候主语是受事的句子根本不能这么挪动。例如:"我们现在的困难,有的已经渡过,有的快要渡过",不能改成"已经渡过有的，快要渡过有的"，因为"有的"只能做主语，不能做宾语，所以不能放在宾语的位置上。这就是"在一定程度上，宾语和主语可以互相转化"的意思。

如果按我们上面说的两个条件，所问四个句子的主宾语都不能互相交换位置。这就像吕先生上文说的，轮流当主席时"老轮不上"当主席的那种情形。

（224）

[原文]我们的想法是：(1)主语得像个主题，那些'望之不似'的最好不承认它是主语。在没有主语的情况下，也许可以承认它是一种'假主语'。(P63—L19)

[问]（1）吕先生说的主题是什么呢？请解释。（2）那些"望之不似"的指什么样的呢？（3）如果有个像主题的主语，还有所谓"假主语"的话，这个假主语还可以说假主语吗？

[答]（1）主语，曾经有人把它叫题目、行为的主体、句子的主体或主脑、陈述的起点或对象、表示语法的动作发出者的词以及句子的主题或话题等等。

赵元任在《北京口语语法》第16页中曾说："在汉语的句子里，主语可以从字面解释成主题，谓语不过是跟主题有关的话。"在《汉语口语语法》中说："汉语句子的主语的作用只是引进话题"（第52页），"在汉语里，把主语、谓语当做话题和说明来看待，较比合适。"（第45页）朱德熙在《语法讲义》第96页曾说："说话的人选来作主语的是他最感兴趣的话题，谓语则是对于选定了的话题的陈述。"

吕先生这里说的主题，应该也是指说话人主要要说及的、最感兴趣的事物。他在《中国文法要略》第五章中说："这些句子都可以分成两个部分，一个'什么'，另一个'什么'或'怎么样'。我们把前者称为'主语',后者称为'谓语'。""主语不一定就是起词"。

(2) 例如上边刚刚谈过的吕著第 81 节的这两个例子:"前天有人从太原来""一会儿又下起雨来"便是。又比如"一转眼又过去了三个年头""晚间挤了一屋子的人"这些句子的名₁都有点儿"望之不似"。

(3) 有真正的主语,当然就不需要承认"望之不似"的为"假主语"了。体会吕先生的意思是,比如"一会儿北边又下起雨来""晚间李老汉家挤了一屋子的人",这时"一会儿""晚间"就处理成全句的修饰语。"北边""李老汉家"为主语。在没有主语的情况下,也许可以承认"前天有人从太原来""一会儿又下起雨来"中的"前天""一会儿"为假主语。本书第 217 题介绍的"去年发生了几件大事"与"去年世界上发生了几件大事"的处理方法也有这种考虑。

(225)

[原文] 现在的语法书,有的把这些全归入宾语,有的只承认表示事物的是宾语,其余的是补语,有的说后者是居'副位',即作状语(大致如此,细节有出入)。(**P63—L23**)

[问] 谁的书归入宾语? 谁的书承认表示事物的是宾语,其余的是补语? 谁的书说是状语?

[答] 比如丁声树、吕叔湘等的《现代汉语语法讲话》把动词后表事物的、表时间处所的名词性成分归宾语,例如:

　　我洗衣服。(表事物)
　　我们必须学会自己不懂的东西。(表事物)
　　没有人去那儿。(表处所)
　　他俩过了滏河,到了河西村。(表处所)

隔了两天，章工作员来了。（表时间）

来了两个月，一共才出三次门。（表时间）

把表示行为的次数和表示行为经历的时间的数量词叫"准宾语"，例如：

你去一趟吧。（表行为的次数）

我对你说过不止一回。（表行为的次数）

我那箱子在那里摆了一辈子了。（表行为经历的时间）

我已经等了两年了。（表行为经历的时间）

"暂拟汉语教学语法系统"的《汉语》课本，把动词后表动量、时量的数量词称作补语，书中说："表示动量的数量词作补语是表示动作的次数的。表示时量的数量词作补语是表示动作延续的时间的。"举了以下例句：

三仙姑‖又擦了一次粉。

我‖已经来过四五回了……

他们‖弄了半晌……

但把处所词归宾语：

弟弟‖进了中学。

我‖最近去了一趟上海。

黎锦熙《新著国语文法》把"数量形容词"称副位，表示时或地的数量，如"我昨天走了十里路""昨晚睡了八小时"，认为"都是内动词所关系的地位和时间；从形式和意义两方面看，都像是宾语，但从理论的方面说来，实在是副词的性质。就从句法的结构方面说来，这些副位上面，都还可以添补一个介词"，像"我昨天走了十里路"类重在数量的程度，有"到"的意思（文言也可用"至"）。

(226)

[原文] 我们觉得全看做一种成分好，但是不赞成叫做宾语（见下）。**(P63—L25)**

[问]（1）为什么觉得全看做一种成分好？（2）为什么不赞成叫做宾语？

[答]（1）这是吕先生的观点，他在1953年写的《语法学习》一书中，就一方面认为："表示行为的数量的附加语也放在动词的后面，如：拉一把；踢一脚；去一趟；住了一年。"另一方面又指出："但是这也许可以算是特种的宾语。"可见早有把"动词的后附加语"（与补语同类）看为"宾语"的想法。

陈望道1956年也在《对于主语宾语问题讨论的两点意见》中谈到过主语和补足语合并作一种的问题。（详见本书第232题）

之所以"全看做一种成分好"，我们理解是因为它们有"谓语动词后头的名词"的共性。这在丁声树、吕叔湘等的《现代汉语语法讲话》中曾说过："凡是动词（包括次动词）后头的体词结构，一律是宾语。"

（2）为什么不赞成叫做宾语的问题，吕著第85节谈及，留在那一部分一起回答。

(227)

[原文] 我们的意见简单点说是：如果代表事物的'宾语'跑到原来的主语的前头，就得承认它是主语，原来的主语退居第二（这个句子变成主谓谓语句）；不合乎这个条件的，原来是什么还是什么，位置的变动不改变它的身份。**(P64—L2)**

[问]（1）这个宾语为什么有引号呢？（2）"不合乎这个条件的""位置的变动不改变它的身份"各指什么，请各举例说明。

[答]（1）因为这个"宾语"是借用倒装说的叫法，吕先生现在既然认为这种"宾语"跑到原来的主语前头，就得承认它是主语，当然就需要加引号了。比如：

"什么工作"我们都干。

"这个会"我没参加。

"这件事"我知道。

（2）所谓"不合乎这个条件的"，根据上句所说即应指不符合"如果代表事物的'宾语'跑到原来的主语前头"这个条件。像时间词、处所词不是代表事物的，跑到原来的主语前头就不能承认是主语：

我今天值班：今天我值班

周场长路上告诉我：路上周场长告诉我

我从前是北京大学的学生：从前我是北京大学的学生

其中"今天""路上""从前"位置的变动，不改变它作状语（或称附加语、全句修饰语）的身份。而原来的主语"我""周场长"也不因为位置的变动而改变它的主语身份。

（228）

[原文]可是从另一方面看，只要你保留'宾语'这个名称，人们就要拿它跟'主语'配对，就要找一个标准来区别它们，或是施受关系，或是位置先后；就不想到它们各有自己的对立面（一个是谓语，一个是动词），各有把自己区别于它的对立面的标准。(**P64—L8**)

[问]（1）吕先生这儿说，主语和宾语没有任何关系。那，人们说的施受关系和位置先后是怎样的情况呢？请举例说明一下。（2）请介绍主语、谓语和宾语的标准。

[答]（1）吕先生的意思是说，主语与宾语并不相对，它们

不在同一个平面上。主语是跟谓语相对，宾语是跟动词相对。但只要保留"宾语"的名称，人们就容易按"宾""主"相对习惯，拿"宾语"与"主语"配对，就要想法找一个标准来区分，就像前边已经讲过的从施受关系与位置先后去加以考察。

施受关系与先后位置从吕著81节以后已经讲得很详细，例子也举了不少，不必重复。

（2）吕先生这里的意思是主语、宾语各有自己的对立面，各有把自己区别于它的对立面的标准，即区别"主——谓""动——宾"这两个对立面的标准。

因为过去讨论问题集中在"主宾语"问题上，"主——谓""动——宾"这两个对立面的讨论反而不那么引人注意。谈的比较明确、比较详细的还是丁声树、吕叔湘等的《现代汉语语法讲话》，特别是其中第五章主语、宾语。这章一开头就指出："主语和宾语是句子中的两个成分。主语是对谓语说的，宾语是对动词说的。""一般地讲，在现代汉语里，主语总是在谓语的前边，宾语总是在动词的后边。由意义上看，主语跟谓语有各种不同的关系，宾语跟动词也有各种不同的关系。"还指出："概括地说，主语可以说是陈述的对象。谓语跟主语对待，是陈述的话。"

主语对谓语讲，这两个成分有各种关系。主语是"施事"，就是说，在意义上主语是主动者，谓语中所说的行为是从主语发出来的。如：

　　她切了一棵大白菜。
　　　·

主语是"受事"，就是说，在意义上主语是被动者，是受谓语中所说的行为影响的。如：

　　黑旋风拿住了。
　　···

主语既不是"施事",也不是"受事",就是说,主语在意义上既不是主动者,也不是被动者,只是谓语陈述的对象。这包括:

体词谓语句:小芹那年才九岁。(没有动词,主语无所谓施受)

形容词谓语句:你的胆子大。(主语是描写对象,无所谓施受)

动词谓语句:如"是"字句、"有"字句。(动词不表示动作,主语无所谓施受)王冕七岁上死了父亲。(动作既不是从主语发出,也不是主语所承受,主语无所谓施受)

主谓谓语句:这事儿我们也没办法。(全句的主语只是指示性质)

可见,"主——谓"标准主要是①前后次序;②陈述与被陈述的关系。

关于动词和宾语。宾语是对动词说的。有各种不同的动词,因此动词跟宾语也有各种不同的关系。有的宾语是动词行为的受事,即宾语代表承受动作的事物。如:

只有破坏旧的腐朽的东西,才能建设新的健全的东西。

有的宾语好像是动词行为的施事,如:

黑影里站着四五个人。

有的宾语代表受动者以外同动作有关的事物,如:

县上的训练班在一所大宅院里。(表处所)

阎家山有个李有才。(表存在)

眉头骨上打了老大一个青疙瘩。(表动作行为产生的结果)

有的宾语表示行为的数量(次数)等:

吃几顿也行。

一般地说，宾语总是在动词的后边，宾语放到动词前边是有条件的，如本书206题所说，用介词"把"把它提到前边去。

"主——谓""动——宾"之间各自有各种不同的关系，这在前面也作过一些介绍。详细的可参看丁声树等《现代汉语语法讲话》和朱德熙《语法讲义》的有关部分。

（229）

[原文] 如果没有更好的名称，似乎不妨叫做'补语'。补语这个名称比宾语好，不但是不跟主语配对，而且可以包括某些不便叫做宾语的成分。(P64—L17)

[问]（1）请介绍补语的标准。（2）动词后边的都叫补语呢，还是受事关系的事物叫宾语，除了受事关系以外的事物叫补语呢？（3）关于称宾语为补语的看法，以前有人说过吗？

[答]（1）这里所讲的"补语"就是通常所说（也是上面80、81、82、83、84各节所讲的）宾语。

（2）上面所讲的宾语都叫补语，受事宾语也叫补语，受事关系以外的事物，包括某些不便叫宾语的成分（如"施事宾语""数量宾语"）也可以叫补语。但不要笼统说"动词后边的都叫补语"，因为"动词后边"还有一种是现在通行叫做补语的成分（吕书说这种东西怎么办，可以再研究）如：说清楚、学得好、走不了等等。

（3）吕叔湘先生早在1942年《中国文法要略》中就有这种看法。他在该书第四章补词总说部分谈到："凡动作之所由起，所于止，以及所关涉的各方面，都是补充这个动词把句子的意义说明白，都可称为'补词'"。第四章开头部分也谈到："一件事件（一个动作）往往牵涉到多方面，所以一个动词除起词止词外，还可以有各种补词代表与此事有关的人或物。"例如，"我姑姑前天送一支钢笔给我。"其中"钢笔"叫"止词"，"送……给我"的"我"就是"补词"。没有"宾语"说。

1955年至1956年主语宾语问题讨论期间，曾经有过几位先生也提出过这个观点，例如：

陈望道《对于主语宾语问题讨论的两点意见》（载《中国语文》1956年2月号）说："记得以前好多人讲语法，是把现在所谓宾语分作宾语和补足语两种。分作宾语和补足语两种，我们以为不如合并一种。但合并成一种之后，到底应称为宾语呢还是称为补足语，还可以从详讨论。如果称为宾语而可以包括'施事'，不如称为补足语。为了同原来的补足语有分别起见，又不如称为补语，因此，我们的第二点意见想请大家斟酌，可否改称宾语为补语。"李人鉴《宾语这个术语能不能取消》（载《语文学习》1956年第2期）中说："用'宾语'这个术语来说指如上文所说的跟在动词后面的各种实体词是不很妥当的。为了避免把宾语看成只是受动者的误解，为了避免究竟是宾语还是后出现的主语等等无谓的纠缠，为了使一个术语能正确地反映汉语的客观实际，我认为取消'宾语'这一个术语，改用'补语'这个术语是有它的必要性的。当然，这样一来，也会有若干新问题发生的，如补语的范围究竟如何，要不要把补语再分为几个细小的类别，要不要仍然为代表在动词直接支配下的事物的实体词另立一个术语等等，但这些问题是不难通过大家的研究讨论一一加以解决的。"

陈仲选在《关于主语宾语和补足语的问题》（见《汉语的主语宾语问题》，中华书局1956年出版）中也主张把宾语改称补足语，理由有三点：（1）补足语是跟谓语（谓语中心词）有连带关系的。谓语不能单独地说明主语所代表的事物是什么、像什么、做什么、变成什么等等的时候,就要求补足语来共同完成这个任务。叫它补足语,很能表示这个成分的作用;叫它宾语,较难理解。(2)英语 object,我们译成"宾语",俄语的 дополнение 作用相当于 object,意义是"补足",所以有人译成"补语"。比较起来,"补足语"的意思容易理解。(3)有些语法书上要把宾语和补语分开,如"吃个馒头"是宾语,"吃个饱"是补语,"唱个歌"是宾语,"唱个痛快"是补语,实际上难以分清。又如"住了七年",把"七年"看做宾语容易引起争论,叫它补足语就容易理解,可以解释为补足谓语说明住的时间。所以用补足语这个名称比较好。陈仲选还补充说明,由于谓语的性质不同,补足语的性质不同,可以把补足语分为主动补足语(如"台上坐着主席团")、工具补足语(如"晒太阳")、趋向补足语(如"走向胜利")等等。

这些意见,三十多年来几乎被语法学界忘却,吕先生此处说"补语这个名称比宾语好,不但是不跟主语配对,而且可以包括某些不便叫做宾语的成分",无疑会"促使读者"对这种看法"进行观察和思考","引起研究的兴趣",觉得"原来这里边还大有讲究",这本也是吕书的宗旨。

(230)

[原文] 不管是叫做宾语还是叫做补语,总之是品种相当多,活动能力相当强,是最值得研究的一种句子成分。(**P64—L21**)

[问](1)请举例说明"品种相当多"。(2)这儿说的活动能力是什么意思?请举例说明。

[答] 这两个问题结合起来讲,除已经介绍过的各类宾语以及动宾的各种关系外,还可以从宾语在各种句型中的多种情况来

补充说明其"品种相当多,活动能力相当强"。

及物动词可以带受事宾语,如"你学过中文吗?"也可以带非受事宾语,如"你会写毛笔吗?""我学过一年英语"。不及物动词可以带非受事宾语,如"他这次又跑了三个第一"。及物动词有的可带动词作宾语,如"大家一致表示拥护";有的可带小句作宾语,如"我们都认为这个办法很好"。受事宾语通常是在动词的后边,有时可用介词"把"字把它提到前边去,如"你把这本词典再借给我三天";有时没有"把"字也可以把宾语(注意,另一些语法学家认为它是主谓谓语中的主语)放在动词的前边,如"我米饭也吃,馒头也吃"。有的动词可以带双宾语,如"他问我明天去不去"。有的动词(如含有使令意义的及物动词等)可以组成兼语句,如"你请他来"。有的动词可以构成复杂的句式——连动句,如"我已经打电话通知他了"。

此外,同一动词还可以带不同类型的宾语,如"吃饭、吃食堂、吃大碗、吃了三十元"等。

5.8 补足语以及补语的种类、归属(231—236)

(231)

[原文]这'补足语'的内容跟后来的'补语'完全不同,相当庞杂:论成分,有是字后边的成分,有不及物动词后边的成分,有宾语后边的成分;论词类,有名词,有形容词,有动词。

(P65—L1)

[问](1)这儿说的"补足语"是谁先说的呢?补足语的标准是什么呢?(2)这六种情况请各举例说明为什么叫补足语。

[答](1)"补足语"这个术语,是黎锦熙先生在《新著国语文法》中最先使用的。

黎先生认为,"用来补足句中谓语(动词)所没有完全表达出来的意思的"就叫补足语。他的补足语总共有五种。"对于主语的"有两种,"补足宾语的"有三种。

(2)黎著所谓"补足语"分类举例如下:

(一)同动词带补足语:

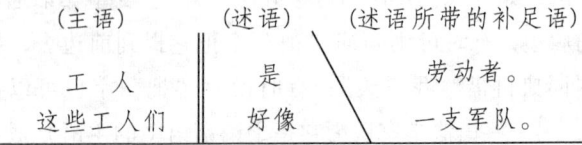

这类句子,主语并不发生什么动作,就要用"同动词"作述语,还要另用一种词作它的"补足语"。"同动词"是附属于动词的,是用来说明事物是什么,或说明事物之种类、性质、形态的。因为要说明主语是一个什么东西,怎样的性质,属何种类,或者自身存在些什么情况,自然需要他种词来补足这些意思。而作同动词的补足语的,多半是实体词。以上例句中的补足语,论成分,属"是"字后边的成分。论词类,属名词。

(二)内动词带补足语:

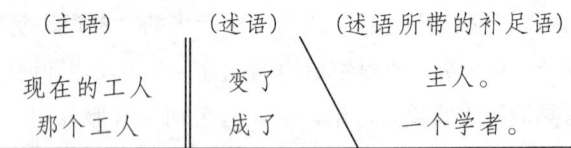

这种内动词叙述主语的自身起一种"变化"而成就一种别的事物的,所带补足语,表示"他所变成的事物",使意思得以完全。这种内动词可以叫"不完全的内动词",必须带"补足语"。这"补足语",论成分,属不及物动词后边的成分。

（三）外动词带补足语①：

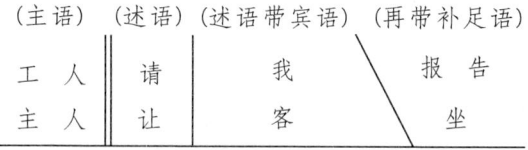

有一种外动词，带了宾语，还要带补足语。外动词中有一类表示"使令""请托""劝告"等等意思的（反面就是"禁止""拒绝"等），那被使令、被请托的人或事、物（就是宾语），因为受了主语的这种动作，使须发生一种"相应的动作"。这种相应的动作，就是主语所使令所请托的事情，这种事情在句子里边也是"补足语"。这被请的人，不但被动地接受主语的动作"请"，还须能动地办所请的事"报告"，所以这种补足语，简直是属于宾语的一种"动作"了。也就是吕先生说的动词作补足语。

外动词带补足语②：

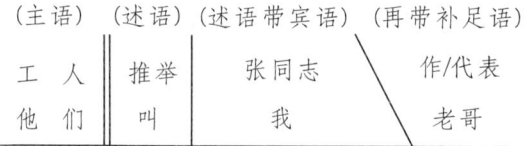

这类补足语，是表明宾语因受了述语（即外动词）的影响而起的一种"变化"。因为外动词中，有一类表示"称谓""认定"或"更改"等等意思的，那被称谓、被认定的人或事、物（就是宾语），自然要承受一个"新名称"，或发生一种"新关系"。表示这个名称或关系的词，在句子里边也是"补足语"。

这种外动词于所带宾语之外，常是要带补足语的，所以可以叫"不完全的外动词"。而这种补足语,又简直是专属于宾语的一个"说明"。

外动词带补足语③:

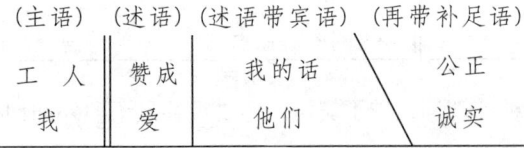

一切表示情意作用的外动词,如"爱""恶""希望""赞成""佩服""称许""笑骂"等,有时只涉及宾语一部分的"属性";这一部分的属性若要在宾语后声明出来,就成了"补足语"。上列补足语论词类,属形容词。

以上三小类的补足语,都是宾语后边的成分。

(232)

[原文]总起来分为'主语补足语'和'宾语补足语'两大类。(P65—L3)

[问]上面的哪些成分和词类属于主语补足语和宾语补足语呢?有什么理由把它们叫做主语补足语和宾语补足语呢?

[答]上述同动词所带补足语,内动词所带补足语是"主语补足语";外动词所带补足语是"宾语补足语"。

二者区别在于所补足的方面不同:同动词所带补足语,是表所说主语之体,内动词所带补足语,是表主语所成之物,二者都是对主语的补足,所以叫"主语补足语"。外动词所带的补足语,其一是表对于宾语所祈使之事,其二是表对于宾语所认定之名,其三是表对于宾语所特指之性,都是对宾语的补足,所以叫"宾语补足语"。

这种宾语,一方面对于前面的述语是在宾语的位置;一方面对于后面的补足语,它又是在主语的位置上了,所以这类句子的宾语,可以说是兼宾主两种资格而有之,故亦名"兼格"。

(233)

[原文]按现在通行的体系,主语补足语或者归入宾语(名词),或者还叫补语(形容词);宾语补足语连同它前边的宾语构成所谓兼语式。(P65—L4)

[问](1)上面所举的成分和词类,哪些属于宾语和补语?(2)请举兼语式的例句。

【答】(1)比如"工人是劳动者",其中"劳动者"是名词,按现在通行的体系归入宾语;"白蛇斩成两段了",其中"两段"是数量词,黎著称其为形容词,"暂拟系统"归入补语,一般归入准宾语。

(2)比如"工人推举张同志作代表",其中"张同志"是述语"推举"带的宾语,这种宾语,就是前一个问题中黎先生所说的"兼格",按现在通行的体系,就是兼语式了。

按现在通行体系来分析黎氏的"补足语",其实还不仅吕先生所说的这些,比如"宾语补足语"连同它前边的宾语还可以构成双宾语式,如"他们叫我老哥"句。

(234)

[原文]现在通行的'补语'也包括好几种东西。(P65—L7)

[问]请介绍现在通行的"补语"的种类。

[答]吕著讨论了"动词后加成分""动词后边的表示动量和时量的词语""插入复合动词里边表示可能性的得和不""动词(以及形容词)加得之后表示结果或程度的词语"等一般语法书中所谈的几种补语的处理意见。

补语指动词或形容词后面的补充说明成分。现在通行的"补语"种类有：

结果补语：说清楚　听懂
程度补语：漂亮极了　好得很
趋向补语：拿出钥匙来　跑出去
可能补语：看得见　看不见

此外，有的语法书谈到"得""不得""得了""不了"放动词后作可能补语；有的语法书谈到情态补语或状态补语，如"亮得睁不开眼睛"。

有分歧意见的有：对动词后的数量短语如"看了一次""住了两年"，有的语法书（如《暂拟汉语教学语法系统》）说是补语，有的语法书（如《现代汉语语法讲话》）说是宾语；对动词后的时间词、处所词，如"跑到操场""生于1918年"，有的语法书（如《暂拟汉语教学语法系统》）认为"到操场"是补语，有的语法书（如朱德熙《语法讲义》）认为"到"是补语，"操场"是动补结构"跑到"的宾语；有的（如《现代汉语语法讲话》）认为"于1918年"是"生"的补语。该书还采取另一种分析法，认为"1918年"是"生于"的宾语。有的语法书（如《现代汉语语法讲话》）列有"带'个'的补语"，如"喝个足、吃个饱、玩个痛快"，有的语法书（如朱德熙《语法讲义》）认为"形容词或动词前边加上'个'变成体词性结构以后充任"宾语，叫程度宾语。

(235)

［原文］原先因为都叫做宾语，好像不相容，现在如果按前面的建议都叫做补语，应该可以相安。(**P65—L18**)

［问］(1) 前面的建议指的在哪里呢？(2) 现在的"宾语"

叫做"补语"的话,是不是汉语里完全没有宾语?(3)"学一遍""学理论""学好"都归在一起吗?

[答](1)指吕著第 74 页倒数第 4 行"不叫'宾语'叫什么呢?如果没有更好的名称,似乎不妨叫做'补语'。补语这个名称比宾语好"。

(2)是的。如果实行把"宾语"改叫"补语",那当然没有"宾语"这个术语了。

(3)不能归一起。吕先生这里是说把"学一遍"与"学理论"归一起,后边跟的同是名词性词语,建议都叫"补语",可以各得相安。至于"学好"类,后边跟的是谓词性的,是现行体系叫"补语"的那些,这些该叫什么,正如吕著说的"可以再研究"。吕著 86 节正是讨论这些"补语"怎么"打发"。

(236)

[原文]一种是动词(以及形容词)加得之后表示结果或程度的词语,如'好得很'的'很','等得不耐烦'的'不耐烦','嚷得嗓子都哑了'的'嗓子都哑了',等等。(**P66—L1**)

[问](1)请解释表示结果和程度的词语,这两种可以截然划分吗?(2)三个例子,哪个是表示结果或程度的词语?

[答](1)结果补语,在动词后表示动作的结果,一般用动词、形容词以及谓词性的短语充当。如"听懂、拧紧、看完、打扫干净";程度补语,用在形容词和少数动词(主要是表示心理活动的动词)后表示性状的程度。动词、形容词及其短语大都可以作程度补语,副词"很、极"等也可以作程度补语,如"好得很""美极了""可笑透了""强得多""感动得掉下了泪"。

一般说可以划分,但有些程度补语是用结果来表示程度的,从意义上看，虽然也表示结果，但往往着重说明动作或性质所达到的程度，例如：

气得脸色惨白。

急得一夜没睡好。

"脸色惨白""一夜没睡好"是"气""急"的程度，也可以说是"气""急"的结果。又比如"急得哭了"，从意义上虽然也表示结果，但往往着重说明动作或性质所达到的程度；急到这种程度，以至于哭了。"暂拟汉语教学语法系统"的教材《汉语》课本曾说：动词形容词等作补语是表示程度或者结果的。一般说来；形容词的补语表示程度的意思显著些；动词的补语表示结果的意思显著些，虽然也或多或少地带有表示程度的意味。

（2）"好得很"（程度补语），"等得不耐烦"（结果补语），"嚷得嗓子都哑了"（结果补语/程度补语）。

5.9　状语（237—242）

（237）

［原文］这一类成分似乎可以划归状语。觉得新鲜吗？不，这是早已有过的，不过那时候不叫做状语而叫做'后附的副词附加语'罢了。（P66—L3）

［问］谁的著作这样主张呢？

［答］黎锦熙《新著国语文法》把这两类成分划归一类叫副词性附加语，比如"慢慢走"，"慢慢"是前附的副词性附加语，"走得很慢"，"很慢"是后附的副词性附加语。吕叔湘《语法学习》也把这两类成分划归一类，把"快跑"的"快"叫动词的前附加语，把"跑得快"的"快"叫动词的后附加语；把"太好了"的"太"叫形容词的前附加语，把"好极了"的"极"

叫形容词的后附加语。

（238）

［原文］当然，这种放在后边的状语跟放在前边的状语的意味有所不同，只有表示结果和程度的可以在后，但这正是所以出现在不同的位置上的原因……（**P66—L5**）

［问］吕先生说的这两种状语的意味怎样有所不同呢？

［答］所谓"意味有所不同"，比如：

a. "极好""这本书很好"与"好极了""这本书好得很"，同是"极、很"，放在前面的状语表示程度的功能往往不如放在后边的强。

b. "慢慢地走"，是叙述性的，"慢慢"修饰"走"，"走"在其中占最重要的位置；"走得很慢"，是描写性的，"慢"比动作本身"走"，所占的位置更为重要。（详见王了一《汉语语法纲要》P122）

c. "极"作放在前边的状语一般出现在书面语中，作放在后边的状语较口语化。

d. 单音形容词作放在前边的状语，可以出现于祈使句，表示命令、劝告或催促，如"快走"；作放在后边的状语一般不表示命令，如"走得很快"。

e. 双音形容词作放在后边的状语，表示结果，作放在前边的状语一般是描写动作，如"海上的那个小岛我看清楚了"与"我清楚地看见了海上的那个小岛"。

（239）

［原文］有几位语法学家认为这一类成分是一种谓语，主语是一个主谓短语，这种句子是'主谓谓句'（跟'主主谓句'可以配对儿），这种主谓短语不同于一般的主谓短语在于有一个后

缀性的得字。(P66—L10)

[问](1)请举些例子说明主谓谓句和主主谓句。(2)这种"得"为什么可以说后缀性的呢?请解释一下。

[答](1)像王了一先生在《汉语语法纲要》中说:"我来的不巧了"这个句子,"来"是"我"的谓词,而"不巧"又是"我来"的谓词。并且说:"这种'的'字有时候也写作'得'。其实应该写作'得'……因为在北京话里这种'得'字念成轻声,和'的'字的轻声相混,所以就'的''得'通用起来了。"还有比如"他写得好""马跑得快"也都是主谓谓句。

"主主谓句"即"句子形式做谓语"的句子。黎锦熙的"子句做谓语"、吕叔湘的"句子形式做谓语"等都是"主主谓句",比如"王冕天性聪明""中国地大物博""他身体灵活"等。赵元任的《国语入门》,丁声树、吕叔湘等的《现代汉语语法讲话》把这类句子命名为主谓谓语句。

(2)"得"一般是把它看为助词。助词是特殊的虚词,附着在词、短语或句子上表示某些附加意义;后缀是位于别的语素之后的不单用的语素,通常是词根后的构词成分。后缀和助词一样,总是轻声,总是附着于前边的成分;后缀附着于一个词的基本成分,助词附着于短语或句子。吕先生称这种"得"为后缀性的,可能是就"轻声"和"附着于前边的成分"(比如上述例句中附着于动词"来""写""跑"等)这些特性说明。此外,正如王了一先生说的"注意这个'的'字……少了它就不行"。而且既然叫"后缀性",也许含有像"后缀"但实际上与"子、儿、头、们"等后缀有异的意思。"后缀性"是留有余地的提法,吕著第55节还建议统称"语缀",包括附在大于词的单位后面的。朱德熙《语法讲义》第32页把出现在表状态的述补结构的述语（动词或形容词）后头的"得"看做后缀。

(240)

［原文］有人更进一步，说这个得就是的，这里的主语不是主谓短语，而是名词性的的字短语，那就有点不合乎实际了。

(P66—L13)

［问］（1）持这种看法的人是谁呢？（2）请解释这样的说法为什么不合乎实际？

［答］（1）赵元任、龙果夫把"他写得（的）好""马跑得（的）快"这类格式解释为一种主谓结构。

赵元任著、李荣编译的《北京口语语法》第18页谈到：

> 有一种特殊的、常用的体词主语，末了儿是"的"字，后头跟着做谓语的形容词。例如："他写的好"，"这个好的多"。

> 在"他写的（东西，样子，……）好"这句话里头，"写的"的意思是说写的东西，写的样子。"他写的"是主语，"好"是谓语。

龙果夫也有类似的意见。他在《现代汉语语法研究》（科学出版社，1958年出版）第96页里谈到，就句子的成分来分析，"马跑的快"中"马"是主语，谓语"跑的快"本身又是一个句子，在这个句子里"跑的"是主语，"快"是谓语，"跑的"是由动词"跑"和词尾"的"组成的动名词（отглагольное имя）。他还用甘肃方言等证明体词语尾"的"排挤了动词词素"得"。把"写的""跑的"看成体词结构，把"写的好""跑的快"看成是主谓结构。

（2）为什么这样解释不合乎实际？朱德熙先生在他的《现代汉语语法研究》（商务印书馆1980年出版）和《语法讲义》

(商务印书馆 1982 年出版）中的一些论述可以回答这个问题，他认为，首先，从意念上说，"写得（的）好"里的"写得（的）"固然可以解释为"写的东西"或"写的样子"，但是"这个字的样子写得（的）好"里头的"写得（的）"就很难说它指的是什么。其次，从方言看，动词后缀"得"和助词"的"是不同的东西，例如上海话，前者是［tə?］，后者是［gə?］；广州话，前者是［tɐk］，后者是［kɛ］；福州话，前者是［tɛi?］，后者是［ki］；北京话把这两个成分混同起来完全是偶然的事。再次，从历史上看，"写得""跑得"一类结构具有显著的动词性。它们可以放在"把"字句里充任主要动词，如"右手把笔蘸得饱了"；后面可以带宾语，如"况且崔宁一路买酒买食，奉承得他好"。最后，也是最重要的一点，动词（或形容词）带"的"的"的字结构"作主语的格式跟"写得好""跑得快"一类格式毫无区别，但二者的意义却完全不同：

           A   B

    煮的烂，蒸的不烂。   煮得（的）烂，才好吃。

    好的多，坏的少。   这本（比那本）好得（的）多。

这两类格式语音形式一样，但 A 式是的字短语作主语，是主谓结构；B 式是述补结构。结构和意义都不一样。龙果夫的理论本来用来解释第二类格式的，现在由于有第一类格式的存在，这个理论就不合乎语言的实际了。

（241）

    ［原文］这一类成分是从来没有人把它收进宾语去的……
(P66—L19)

    ［问］这句话是真的吗？因为我从前学过形容词可以作宾语。

[答] 吕先生的"这一类成分"指当为补语的动词后边的形容词（包括形容词短语），没有人当做宾语来处理，这是对的。至于说有的形容词可以作宾语，那是另一回事。而且应当注意，形容词（动词和谓词性短语也一样）充当宾语，它对谓语动词是有选择性的。这些句子的动词一般是表心理活动和感知性的动词。如：

他喜欢安静。

顾客感到满意。

他不怕冷，也不怕热。

(242)

[原文] 此外还有有的语法书上称之为独立成分的词语，如'奇怪｜可惜｜幸而｜可见｜据说｜看起来｜老实说｜俗话说得好'等，也可以归入状语，是评注性质的状语。(P67—L10)

[问]（1）谁写的语法书把这些词语叫独立成分呢？什么是独立成分？（2）可惜、幸而等词，吕叔湘先生为什么说是评注性质的状语呢？什么是评注性质的呢？请解释一下。可惜、幸而等词我很难同意属状语，您的看法怎么样？

[答]（1）《暂拟汉语教学语法系统》、胡裕树主编的《现代汉语》、黄伯荣和廖序东主编的高等学校协作教材《现代汉语》、张静主编的高校文科协作教材《新编现代汉语》等都有独立成分一说。

独立成分一般指独立句外，不和句中的任何一种成分发生结构上的关系（比如主谓关系、述宾关系等），因此，它不属于主语、谓语、宾语、定语、状语、补语、述语任何一种成分。它在句子的结构上不是非有不可的，但在语言的表达上却不是可有可无的。

《暂拟汉语教学语法系统》把独立成分分以下几种：

（一）表示应答、感叹的成分；

（二）呼语；

（三）按注性的成分，如"老实说，依我看，坦白地说……"；

（四）引进叙述的成分，如"据说，听说，看来……"

为了具体说明"暂拟系统"，刘世儒还写了《谈独立成分》一文收到《语法和语法教学》一书里。文中把独立成分分为以下几种：

（一）表示应答感叹的成分；

（二）呼语；

（三）附带插说成分，其中又分以下两种：

1）按注性的——表示说话人的一些主观上的想法，包括说话时的某种态度或某种感觉等，如"老实说，听说，不用说，看来"。

2）关连性的——对正文有关连的作用。分以下两种：

a. 一般词组（包括固定词组）插入正文起关连作用的，如"总而言之，也可以说，不用说……"

b. 连词挪了位置，因而也带有插说语气的。

胡裕树主编的《现代汉语》按独立成分的作用分为七类：

（一）表示招呼、应答或感叹；

（二）引起对方注意，如"你看，你想，你听"等；

（三）表示对情况的推测和估计，如"看起来，想来，充其量，少说"等；

（四）表示特定的口气，如"毫无疑问，老实说，不用说"等；

（五）表示某一消息或情况的来源，如"据说，听说"等；

（六）表示总括，如"总之，总而言之，一句话"等；

（七）表示对某一问题的意见和看法，如"我想，我看，依我看"等。

黄伯荣、廖序东的《现代汉语》中独立成分的一种类别是插入语，如"尤其是，特别是，由此可见，反之，此外，正如"等。

（2）这个问题分几层意思来解答说明：

第一，什么是评注性质。

从上面介绍各家的处理可以看出，"独立成分"中有一项，有的叫"插入语"，有的叫"附带插说成分"，有的叫"按注性成分"和"引进叙述的成分"（刘世儒文章把这两项都当"按注性"的），相当于吕先生这里所说的"评注性的状语"。

先不管是叫"按注性的"独立成分，还是"评注性的"状语，这一类插入的词语是表示说话人的一些主观上的想法，包括说话时的某种态度或某种感觉。

第二，"可惜""幸而"等词是否是评注性的。

我们上述提到的著作，未见列举"可惜""幸而"作为独立成分的例子，不过，如按评注性或按注性的意思来理解，这些词语也是表示说话人的一些主观上的想法，或某种态度、某种感觉的，应该说属于评注性的词语。

第三，要说评注性词语是否可以归入状语，叫评注性状语，"可惜""幸而"比其他一些词语更方便些。这两个词都是副词，本来就是作状语。

一般语法书上称之为独立成分的词语，它游离于句子结构之外，当为状语（进入句子结构，作为一种句子成分）不好理解。

但是，吕先生的状语的概念与一般语法书不同，吕先生把状语分三类：修饰状语、关联状语、评注状语。吕先生说："修饰状语是动词的连带成分，关联状语和评注状语则属于全句，是在划分主谓之前就得先划出去的成分。"他的"关联状语和评注状语"与一般所说的独立成分（插入成分）相当，他的"修饰状语"与一般语法书所说的状语相当。这样理解，就是名称叫法的不同，实质上不矛盾。

5.10　介系补语（243—249）

（243）

［原文］有些语法学者强调介词的动词性，甚至认为跟一般动词没有分别，把介名短语作为连动式的一部分。（**P67—L18**）

［问］有些语法学者指的是谁？他们在什么语法书中这样说的？

［答］强调介词的动词性，有的语法学家把它合并或附属于"动词"的，或叫"前置外动词"（如赵元任，有时也叫"介词"），或叫"半动词""准动词"（如高名凯），或叫"副动词"（如吕叔湘）、"次动词"（如丁声树等），还有叫"虚动词"等名称的。把介名短语作为连动式的一部分的语法学者有吕叔湘、丁声树、赵元任等。

吕叔湘在《语法学习》里不立介词一类，而称"把、被、从、往、问、给、跟、替、对于、关于、除了"等等为副动词，作为动词的附类。他说，"副动词跟一般动词不同的是它不能做谓语的主要成分。有些动词有时能做谓语的主要成分，但是不做主要成分的时候更多，当它们不做主要成分用的时候我们也叫它副动词。"（详见该书第 6 页）

丁声树、吕叔湘、李荣等的《现代汉语语法讲话》叫次动词。他们认为次动词也是动词的一种，不过有两点和一般动词不同。第一，次动词大都不做谓语的主要成分。第二，次动词后面总要带宾语，而且一般都是体词宾语。只有"被""给"有时候可以不带宾语。能带体词宾语是一般动词的性质，但是不做谓语里的主要成分，又跟一般动词有区别，所以叫做"次动词"。

《现代汉语语法讲话》就把介名短语作为连动式的一部分。如：

　　他昨天从汉口到北京。
　　他想对女儿说点什么……
　　为人民服务。
　　我从前天就肚子疼。
　　玉兰也嘻嘻的从高粱地里钻出来。
　　……常常孤零零地坐在一边……
　　泪落在报上。
　　走到他的书房外边。
　　喝到第二盅上，他的手有点哆嗦。

该书说，"用次动词造成的动宾结构，大多数用在连动式里。这类动宾结构在前的时候，可以认为是另一动词的修饰语；在后的时候，可以认为是另一动词的补语。这里讲连动式是从动词结构连用这一点来谈"。

赵元任在《汉语口语语法》里谈到：有若干及物动词常常用在连动式的第一个动词位置上，可以称为副动词（coverb，因之用k做代号）。在谈到"介宾短语的功能"时，认为"在连动式里作为 V_1，修饰 V_2，这是介宾短语的主要功能"。例如"在床上睡""跟他要好""对人太不客气"等等。

(244)

[原文] 多数语法书则说介名短语在动词前是状语，在动词后是补语。(P67—L20)

[问]（1）代表性的书是哪些？谁写的？（2）请举些"介名短语在动词前是状语，在动词后是补语"的例子。

[答] 这是现在一般的语法著作都这么说的。"暂拟系统"把动词前的介名短语看做状语，如"从上海来""按规矩办事"。把在动词后的介名短语看做补语，如"坐在椅子上"。

黄伯荣、廖序东的《现代汉语》指出，介词结构都可以作状语，少数还可以作补语。也是把在动词前的看做状语，在动词后的看做补语，如：

[在阅览室] 看书（表处所）

[从早上] 工作〈到晚上〉（表时间）

[沿着河边] 前进（表方向）

[对人民] 负责（表对象）

[连根] 拔起来（表对象）

[比过去] 更好（表比较）

他生〈于1918年〉（表时间）

他坐〈在书架旁边〉（表处所）

黎锦熙在《说明介词的特点和用途》（见《语法和语法教学》）中谈到："在句子的组织成分上，介词结构常用作状语。状语就是修饰动词或形容词的。""要注意的是：介词结构不但可以用在动词、形容词的前头，而且可以用在它们的后头。用在后头的……对动词或形容词有'补充'的意义，所以可叫'补语'。"他把介词结构按用途作了以下分类：

（一）表时间空间

1. 表示处所及关联——如"在树下坐着""坐在树下"。
2. 表示方向及对象——如"朝西走""走向社会主义"。
3. 表示所从来的处所——如"从各处来""来自莫斯科"。
4. 表示所到的处所或时间——如"到印度去""跳到冰上"。
5. 表示经过的处所——如"沿路喊叫"。

（二）表示原因、目的——如"为人民服务"。

（三）表示方式——如"按期交货""跟他们通信""年纪比你大"。

同一个介名短语，作状语和作补语有的意思基本相同，如"于1918年生"与"生于1918年"，"在树下坐着"与"坐在树下"，"你给政委带去"与"你带给政委"等；作状语和作补语，意思不同的，如"在地上跳"（跳的动作就在地上发生）与"跳在地上"（从别处跳到地上），"在马背上打了一枪"（在马背上向别处射击）与"一枪打在马背上"（枪弹打中了马背），"在窗口扔"（所扔之物不停留在窗口）与"扔在窗口"（所扔之物停留在窗口上）等。

(245)

[原文]介名短语作为状语，对于别的介词还说得过去，对于把，被，由等有点说不过去，因为这几个介词引进的施事和受事都紧贴着动词，语义贯通，很难说是仅仅起修饰作用的状语。
(P67—L21)

[问]请举些由这几个介词引进的施事和受事的句子。

[答]"把""被""由"这几个介词跟名词组合成的介名短语，用在动词前，很难说是仅仅起修饰作用的状语，它们有的有提宾作用，有的引进动作的施事或受事。比如"把"：

丁声树等的《现代汉语语法讲话》中谈到："把"字的宾语，由意义上看，最常见的是后头动词的受事，如：

> 后来借故把他杀了。（可以说"杀了他"）
> ……把傻子赶走。（可以说"赶走傻子"）

有时候"把"字的宾语好像是后头动词的施事，如：

> 我还不怕，就把你怕成那样？
> 怎么把特务跑了？（马烽）

《现代汉语八百词》中曾谈到"把"字有提宾作用。"把"后的名词多半是后边动词的宾语，由"把"字提到动词前。

1. 表示处置。名词是后面及物动词的受动者：把信交了。
2. 表示致使。后面的动词多为动结式：把嗓子喊哑了。
3. 表示动作的处所或范围：把东城西城都跑遍了。
4. 表示发生不如意的事情，后面的名词指当事者：偏偏把老李病了。
5. 拿；对：他能把你怎么样？

比如"被"，丁声树等的《现代汉语语法讲话》中谈到，由意义看起来，主语多半是动词的受事，"被"字的宾语是动词的施事，即由"被"引进动作的施动者。如：

> 小二黑被人家捆起来。（赵树理）（即"小二黑"是"捆起来"的受事，"人家"是"捆起来"的施事）

但有时候动词后面可以另有受事宾语，主语跟这个受事宾语有关系，如：

> 尤老二被酒劲催开了胆量。（"催开"的不是"尤老二"，而是他的"胆量"）

比如"由"，《现代汉语八百词》中谈到，"由"引进施动者，跟名词组合，代表受动者的名词或在前作主语，或在动词后作宾语。如：

运输问题由他们解决。

现在由老张介绍详细经过。

(246)

〔原文〕那末，最合理的办法是把动词前后的介名短语都当作一种类型的补语——介系补语。(P67—L25)

〔问〕(1)有什么理由可以把动词前后的介名短语当做一种类型的补语呢？(2)这种补语为什么叫做介系补语呢？这个"系"是什么意思呢？

〔答〕从吕著第85节、86节、87节我们已经看到吕先生对宾语补语状语都有新的主张。

状语一般指动词前边的修饰性词语，吕先生认为"介名短语作为状语，对于别的介词还说得过去，对于把，被，由等有点儿说不过去"，至于动词后的介名短语，从下面的话体会，他是同意叫补语的（甚至连没有介词的名词，一般称宾语的，如"宣传群众""忠诚党的教育事业"，他也主张叫补语）。动词前的介名短语，像"把""被""由"组成的介名短语，它还有起引进施事和受事等的作用，那最合理的办法还是把动词前后的介名短语都当做一种类型的补语——介系补语。正如他在第86节主张把"慢慢地说"和"说得慢"处理为同类成分一样。

这种补语为什么叫做介系补语呢？介是介绍的意思，系是联系的意思。就是说这种补语是通过介词，介绍名词或者代词给动词或者形容词，表示时间、处所、方式、因果等关系。

"介词"这个名称源于马建忠的《马氏文通》的"介字"。最初翻译英文语法的汪氏《英文举隅》是译为"缩合字"的，严复的《英文汉诂》就叫"介系字"。因此，由介系字组成的介名短语作补语,就叫介系补语。

(247)

[原文]有些有名词变格的语言,有的格前边不能有介词,有的格前边必须有介词,有的格前边可以有介词也可以没有介词,可见介词的有无不足以把后边的名词区别为截然不同的两种成分。**(P68—L2)**

[问](1)请介绍这些语言;(2)请举例说明哪些格前边不能有介词;(3)请举例说明哪些格前边必须有介词;(4)请举例说明哪些格前边可以有也可以没有介词;(5)吕叔湘所说两种成分是怎样的东西呢?

[答](1)有名词变格的语言,如俄语、德语等。俄语的名词有:主格,属格,与格,宾格(或称役格),造格(又称工具格)和前置格六种。德语的名词有:主格,属格,与格和宾格四种。

介词,俄语叫前置词,如 в、на、о、об、около、над、из……,它是放在名词前面,用来表示事物间的各种关系,或者表示事物同行为、状态以及性质的关系的虚词。比方说:

Я полжил тетрадь на стол. (我已经把笔记本放在桌子上。)

其中的 на 表示行为及于事物的上方,并且是放在名词 стол 的前面的,因此称为前置格。一般地说,格的作用在于说明名词(或代词)和句子其他的词之间的种种关系。比方说俄语:

Сестра вернулась из Москвы. (姐姐[或妹妹]从莫斯科回来。)

其中的 сестра 是以主格的身份和句中其他的词发生关系的,所以是主格。

Я встречал сестру. (我去迎接了姐姐[或妹妹]。)

其中的 сестру 是以宾格的身份和其他的词发生关系的，所以是宾格。

  Я нёс вещ сестры.（我拿着姐姐［或妹妹］的东西。）
其中的 сествы 则是以领属者的身份和句中其他的词发生关系的，所以是属格。

  сестра、сестру、сествы 是同一个名词的不同的格，表示这个名词在句中和其他的词的不同关系。

  （2）比如第一格——主格，它的前边不能有介词，如：

  Сестра вернулась иэ Москвы.

  （3）比如第六格——前置格，它的前边必须有介词，如：

  Она работала на эоводе.（她工作在重工业工厂。）

  （4）比如第四格——宾格。可以分有介词和无介词两种，有介词的第四格，如：

  Он идёж в библиотеку.（他去图书馆。）

无介词的第四格如：

  Я купил книяу вам.（我买书给你。）

  （5）这是承上面"有名词变格的语言"说的，特别是既然有的格前边可以有介词也可以没有介词，那就不可能根据有介词说后头那个名词是甲种成分，没有介词的名词又是乙种成分。如果联系下边的汉语的例子，那介词的有无不足以把动词后边的名词区别为截然不同的两种成分。比如"坐［在］床上"，不好把"坐在床上"（有介词）看成是补语，"坐床上"（无介词）看成是宾语。

(248)

  [原文] 古汉语里最常用的介词是于字，很多地方这个于字可用可不用，这个习惯现在还残留在'宣传群众｜忠诚党的教

育事业'这些例子里。(P68—L4)

[问] 请举例说明古汉语里的"于"在很多地方可用可不用。那这些动词和名词的性质,现在都知道吗?

[答] 古汉语"於""于"写法不同,现在简化汉字都写成"于"。古汉语"于""於"大致相等,但是上古"于""於"不同音,"于"属喻母,"於"属影母。《尚书》《诗经》一般用"于",《论语》除引《尚书》而外,通例不用"于",《孟子》大多数用"於",这可能跟时代或作者编者的方言有关。也有一些古书是"于""於"并用的,如《左传》。在这些书里,"于""於"是有大致分工的:如果所介的是地名,一般用"于"不用"於";如果在被动句或描写句里,一般用"於"不用"于",很少例外。

"於"(于)的用法大致可分为三种:

一、引进处所(也可引进时间),略等于现代的"在""到""从""对于""在……方面"等意义,如:

子路宿於石门。(《论语》)("在")
海运则将徙於南冥。(《庄子》)("到")
青取之於蓝。(《荀子》)("从"),
当仁不让於师。(《论语》)("向""对")
始吾於人也。(《论语》)("对于")
敏於事而慎於言。(《论语》)("在……方面")
子於是日哭,则不歌。(《论语》)(引进时间)

有时候,可以不用"於"字,《史记》常有这种用法,讲古汉语语法,往往认为这是"於"的省略。如:

晋军[　]函陵,秦军[　]氾南。(《左传》)
寡人有罪[　]国家。(《战国策》)

项王则夜起饮［　］帐中。(《史记》)

二、引起比较的对象，略等于现代的"比"，一般用于描写句，如：

子贡贤于仲尼。(《论语》)

苛政猛于虎也。(《礼记》)

省略"於"的如：

是儿少［　］秦武阳二岁。(柳宗元《童区寄传》)——［比］秦武阳小二岁。

三、引进行为的主动者，如：

劳心者治人，劳力者治於人，治於人者食人，治人者食於人；天下之通义也。(《孟子》)

然而兵破於陈涉，地夺於刘氏。(《汉书》)

省略"於"的如：

又荆州之民附操者，偪［　］兵势耳，非心服也。(《资治通鉴·赤壁之战》)——［被］兵势所迫也。

(249)

［原文］现代汉语里的在字也有类似的情况，如'坐［在］床上｜掉［在］地下'。(**P68—L7**)

［问］(1) "在"字后边的成分表示些什么意义？(2) "在"这种可用可不用的情况是否有限制条件？

［答］类似"坐(在)地上"这种动名之间的"在"可用可不用的情况一般有如下几种：

一、表示居留的处所，如：

住在东城　　　　　　住［　］东城

二、表示人或事物的位置，如：

躺在床上　　　　　　躺［　］床上

坐在沙发上　　　　　　　坐 [ ] 沙发上
住在旅馆里　　　　　　　住 [ ] 旅馆里
漂在水面上　　　　　　　漂 [ ] 水面上
字写在黑板上　　　　　　字写 [ ] 黑板上
标语贴在墙上　　　　　　标语贴 [ ] 墙上
房子盖在山顶上　　　　　房子盖 [ ] 山顶上
水掺在酒里　　　　　　　水掺 [ ] 酒里

三、表示动作达到的处所，如：

一枪打在马肚子上　　　　一枪打 [ ] 马肚子上
名字写在封面上　　　　　名字写 [ ] 封面上
阳光照在窗台上　　　　　阳光照 [ ] 窗台上
针扎在手上　　　　　　　针扎 [ ] 手上
花绣在枕头上　　　　　　花绣 [ ] 枕头上
刀砍在石头上　　　　　　刀砍 [ ] 石头上
水流在池子里　　　　　　水流 [ ] 池子里
手插在口袋里　　　　　　手插 [ ] 口袋里

四、表示时间，如：

生在1899年　　　　　　　*生 [ ] 1899年
故事发生在很久以前　　　*故事发生 [ ] 很
　　　　　　　　　　　　　久以前
小组讨论固定在每星期五　*小组讨论固定 [ ]
　　　　　　　　　　　　　每星期五

五、表示范围，如：

参军年龄控制在22岁以下
*参军年龄控制 [ ] 22岁以下
室温保持在24到26度之间

*室温保持〔　〕24到26度之间

从上述例子看，动名之间的"在"省略与否，似乎主要决定于所表示的意思。表示生卒年月、居留的处所，表示人或事物的位置，表示动作达到的处所时都属可用可不用，即可以省略。表示时间、表示范围时一般不能省略。此外，不用"在"的口语性强，如"住北京""刀砍石头上"。

5.11 关于"述语"的名称（250—252）

（250）

［原文］关于谓语，一向有一个容易引起混乱的问题，就是指大（'完全谓语'）还是指小（'简单谓语'）。这在前边已经谈过，一切成分都以指大为妥。**（P68—L11）**

［问］什么是"指大""指小"？为什么一切成分都以指大为妥？

［答］这个问题可以结合看吕著第72节。

指大就是指完全谓语（还有完全主语、完全宾语等等），指小就是指简单谓语（还有简单主语等），如：

　　各级干部都必须参加集体生产劳动。

指大，主语是"各级干部"，谓语是"都必须参加集体生产劳动"，这就是完全主语、完全谓语。指小，主语是"干部"，谓语是"参加"，这是简单主语和简单谓语。

有的语法学家如黎锦熙先生，他认为主要动词是述语（谓语），宾语及副词性的附加语都不包括在内，范围小得很。像吕叔湘、王力、丁声树等先生都认为一句话除了主语以外，都是谓语。范围比黎先生大得多。

吕先生主张"一切成分都以指大为妥"，就主语和谓语来说，如果不是指大而是指小（即只包括中心词），那么实际上分析出来的不是句子的直接成分，"单就句子本身而论，它的直接成分就只有主语和谓语这两样。宾、补、定、状不是句子的成分，只是句子的成分的成分"（见《分析》第 72 节）。如遇到像上面那个例子那样，主语和谓语都是一个多层次的短语，光抓住中心词，就看不出句子的格局和意思。所以吕先生在第 72 节中提出过："最好还是守住层次的原则，只有那'完全'的才算数，然后再在它的内部划分次一级的成分。"

(251)

[原文] 最近才有既用谓语又用述语而给以不同的定义的：谓语和主语相对，一块儿构成一个主谓结构；述语和宾语相对，一块儿构成一个述宾结构。(P68—L18)

[问] 什么时候才用两个名词？谁写的语法著作里常用两个名词呢？

[答] 北京大学中国语言文学系汉语教研室编的《现代汉语》就是"既用谓语又用述语"的著作。该书由高等教育出版社 1958 年出版，商务印书馆 1962 年改编初版。语法部分由朱德熙先生执笔。该书在介绍最基本的词组时包括述宾词组、述补词组、主谓词组。谓语、述语并存，并给以不同的定义。该书写道：

述宾结构：述宾结构的前一部分举出一种动作或行为，后一部分是受这种动作或行为影响、支配的对象。例如"洗衣服"的"洗"是一种动作，"衣服"是受"洗"这个动作影响、支配的事物。我们管前一部分叫"述语"，管后一部分叫"宾语"。

述补结构：在"洗干净"里，"洗"表示一种手段，"干净"是采取这个手段后所得到的结果。我们管这一类词组叫"述补结构"。前一部分（"洗"）叫"述语"，后一部分（"干净"）叫"补语"。

主谓结构：由主语和谓语两部分组成。主语是说话的人所要陈述的对象，指出要说的是谁或者什么；谓语是对于主语的陈述，说明主语怎么样或者是什么。如：成绩不错。

(252)

[原文]假定一共区别出六种结构，就要有十二个名称。其中除主谓结构的两部分不能借用词类名称外，其余的都可以用词类名称代替一种结构的两方的一方，如名词和定语，动词和宾语，等等。(P68—L22)

[问]（1）吕先生在这儿说的六种结构，是随便说呢，还是心里有六种结构而说呢？这六种结构和十二个名称的关系，请举具体例子说明。（2）请举具体例子说明这儿说的主谓结构的两部分，同时请说明这两部分为什么不能借用词类名称。

[答]（1）吕先生在这里没有明确开出哪六种结构，但也不会是随便说的。因为汉语的主要句法结构一般语法书也说是五种或六种，如：

丁声树、吕叔湘等的《现代汉语语法讲话》认为汉语的主要句法结构有五种：①主谓结构；②补充结构（动补结构、形补结构）；③动宾结构（包括介宾结构）；④偏正结构（修饰语和中心语）；⑤并列结构。

北京大学中国语言文学系汉语教研室编的《现代汉语》讲了五种最基本的词组：①偏正结构；②述宾结构；③述补结构；④主谓结构；⑤联合结构。

胡裕树主编的《现代汉语》讲六种主要的词组结构方式：①偏正词组；②动宾词组；③后补词组；④主谓词组；⑤联合词组；⑥同位词组。

有的语法书还列有"数量结构""介词结构"（有的语法书叫介宾结构，或归入动宾结构，如丁声树等的《现代汉语语法讲话》）"连动结构""兼语结构"（或称"递系结构"）等等。

假定一共区别出五种结构，就会有十个名称，假定一共区别出六种结构，那就会有十二种名称，比如：

①主谓结构：主语与谓语（如：大家讨论），这不能借用词类名称。

②动宾结构：动词和宾语，如：洗衣服。

③动补结构：动词和补语，如：交代清楚、急哭了。（丁书补充结构包括形补结构）

④偏正结构：定语和名词，如：群众的智慧；状语和动词，如：紧张地劳动。

⑤并列结构：离不开词类名称，如：长江和黄河（名词并列），调查研究（动词并列），伟大而质朴（形容词并列），人类的智慧能够征服自然、改变自然（动宾结构并列）。

⑥同位结构：同位语与本位语，如：北京，我们的首都。

以上"动""名""形"等词类名称均作为一种结构两方中的一方。

吕先生并不同意这种做法，名目太多而且贯彻起来会有具体困难。

（2）主谓结构的两部分不能借用词类名称，因为许多词类和短语都可以充任主语、谓语，例如，充任主语的：

名词：花开了。

代词：这是菊花。

动词：说比做容易。

形容词：虚心使人进步。

数量短语：十两一斤。

并列短语：长江、黄河是中国最大的河流。

偏正短语：你的书真多。

主谓短语：我们先去买票好不好？

述宾短语：吃食堂也可以。

述补短语：吃多了容易出问题。

同位短语：首都北京是祖国的心脏。

连动短语：打电话请医生还来得及。

兼语短语：派他去最合适。

充任谓语的：

名词：今天星期一。

代词：身体怎么样？

动词：他跑了。

形容词：这个办法好。

数量短语：他七十公斤。

并列短语：她聪明能干。

偏正短语：那姑娘大眼睛。

主谓短语：大家的事情大家办。

述宾短语：他喜欢安静。

述补短语：他乐坏了。

……

由此可见，不能用名词或别的什么词类名称代替主语，也不能用动词、形容词或别的词类名称来代替谓语。

5.12 "是"字的性质和作用（253—258）

(253)

[原文]老一点的说法认为是是系词或同动词，后头的名词是补足语或者叫做表语。后来出来过一种说法，认为是跟一般动词没有什么不同，后头的名词是它的宾语。现在比较通行的说法是这种句子用名词做谓语，是是判断词，一种特殊的动词，判断词加名词构成一个'合成谓语'。(P69—L6)

[问]谁在哪本语法著作里把"是"看成系词、同动词、动词、判断词，把后头的名词看做补足语或表语？

[答]"是"字用法特殊，许多语法书都单独讨论了它的语法功能。

王力的《中国语法纲要》《中国现代语法》里把"是"叫做"系词"，即担任连接主位和表位的一种词，把"是"后头的成分叫谓语，也叫表语。所举的例句有：

他是小生，药官是小旦。

原来次日是王子腾夫人的寿诞。

对于"是"用在动词或形容词谓语的前边以及其他一些用法，王力先生认为都是系词的活用，所举的例句有：

我虽没受过大繁华，比你们是强些。

亏得妙师父找彩屏，才将姑娘救醒，东西是没失。

不是阴尽了又有一个阳生去来。

黎锦熙的《新著国语文法》里把"是"列在动词里，算作是表示决定的同动词。"是"后头的叫补足语。所举同动词"是"的用例有：

鸟是动物。

发现新大陆的是哥伦布。

形容词作补足语的用例如：

天色是很晚了；月儿还是不亮。

这棵树的叶子真是鲜绿可爱。

吕叔湘在《语法学习》里说，"是"是个特殊韵动词，本身没有多少意义，只有一种肯定的作用。把"是"列作非活动行为的动词，把用在"是"后边的名词、代词（或名词性的词或词组）叫做表语。动词、形容词作谓语前边的"是"表示强调。如：

这个事儿是麻烦的。

我是不去的。

丁声树、吕叔湘等的《现代汉语语法讲话》把"是"和"有、像、在、为"等算作特殊的动词，而且把"是"后边所带的名词代词（或名词性的词或词组）叫做宾语。并把"是"的用法分六类说明：（甲）用于解释、分类，如"他哥哥是志愿军"。（乙）表存在，主语是处所词，宾语表存在的事物，如"窗子前面是一个小小的花园"。（丙）"是"字的意思很空，只有联系主语宾语的作用。如"咱们是好汉一言，快马一鞭"。（丁）"是"字后头跟着体词，后头跟着形容词或动词时，常有"的"，后头没有"的"字的，表示"的确、确实、实在"的意思，如"他是聪明"。（戊）在"是"字前后用同一个形容词或动词，是"尽管"的意思，表示让步，下文再转入正意，如"这东西好是好可是太贵"。（己）"是"字放名词前，重读，表示"任何"的意思，例如"这个人好吃懒做，是活儿都不干"。

赵元任《汉语口语语法》不仅谈到"是"的语法特征，还把"是"分为十几种情况：(1)"是"作为系词，表示主语等同于宾语，如"明天是端阳"。(2)"是"表示类属，如"他是回民"。(3)"是"连接主谓，可以不用，如"我们是两个男孩儿一个女孩儿"。(4)"是"表存在，如"到处是水"。(5)"是……的"用作名词化的特定化的标志，如"他是从中国来的"。(6)主语带对比重音，谓语前用轻读的"是"，如"人家是丰年，我是歉年"。(7)对比谓语（不含让步意），如"他是累，不是困"。(8)强势肯定谓语，如"是累，不是不累"。(9)引进小句，加强肯定，如"不是我不要来，是他不让我来"。(10)"A 是 B 的缘故"，如"地下湿是下了雨的缘故"。(11)"是"作为形容词，如"承认我的不是"。(12)"是"表示所有，如"是字典都查了"等等。

"暂拟系统"的课本，把"是"叫做"判断词"，把"是+名词谓语"叫做"合成谓语"。至于用在形容词或动词作谓语之前，"是"起强调的作用。

《"暂拟汉语教学语法系统"简述》（见《语法和语法教学》，人民教育出版社 1956 年出版）中说："判断词'是'也是动词的一个附类。它的基本用途是用在名词谓语前边，构成一种表示判断说明的合成谓语（今天是五一节）。""是"还有许多活用法，基本上都表示判断，或者是一般的或者是强调的。判断词有跟一般动词的作用相同的地方（比较：他什么都不知道，他什么都不是），但是不同的地方更多，而且跟虚词相近（语法意义多于词汇意义），所以列为动词的附类。

(254)

[原文] 这些都还只是就是字后边是名词的句子说，但是是字后边也常常出现动词或形容词，如'他是不知道，不是故

意'；有时候也出现介名短语或者带连词的小句，如'我第一次看见他是在成都｜我找你是因为有人托我带东西给你'；有时候是字还会出现在句子头上，如'是我搞错了'。(**P69—L14**)

［问］（1）"是"字可以出现在任何动词或形容词的前边吗？"是"字放在动词或形容词的前边有什么作用？（2）"是"字可以出现在任何介名短语或者带连词的小句中吗？这样用的"是"字在句中起什么作用呢？（3）"是"字可以出现在任何句子头上吗？这样用的"是"字在句中起什么作用呢？

［答］"是"是否可以出现在"任何……"的前边的问题，就目前研究的情况还未见有"是"字出现的限制条件的专论，没有人说过"是"可以出现在"任何……"的前边。比如"是"后边可以出现连词带小句，如：

　　我不买，是因为我不喜欢。

但不是任何连词带小句的前边都可以出现"是"：

　　*你不要，是所以我没买。

　　*你先通知他一下，是否则他走了。

　　*这么容易的题，是可是你还不会。

又比如，有的形容词必须加"的"，才能用在"是"的后边，像小型、粉色、紫、上好……有的形容词必须在对举的句式中才能放在"是"字的后边，像"是对是错你也得表个态""你关心别人是假，抬高自己是真"。

除了本书第253题所介绍的以外，吕叔湘主编的《现代汉语八百词》的"现代汉语语法要点"也有对"是"字句的研究，认为"是"是个特殊的动词，形式上它是谓语的一部分，但是实质上它不是谓语的主要部分。谓语的主要部分最常见的是名词，其次是"的"字短语，也可以是动词（单词或者短语），以

及其他形式。"是"出现在动词或形容词前边的句子比没有"是"字的语气重些,有时带有申辩的意味。常常由并列的两个小句组成:

> 我不是不管,我是管不了。
>
> 我好久没给你写信,一半是忙,一半是懒。
>
> 这两遍都念得不太好,第一遍是太快,第二遍是太慢。

丁声树等的《现代汉语语法讲话》也认为"是"的这种用法是"表示加重语气",表示"的确、确实、实在",比较:

> 他聪明——他是聪明。
>
> "究竟文清走了没有?""走了。""你可不要骗我。""是走了。"(曹禺)

"是"字出现在介名短语或者带连词的小句的前边,这种句式的作用是突出"是"后边的部分:

> 我第一次看见他是在成都。
>
> 我第一次认识他是在一个座谈会上。(以上两句突出"看见""认识"的处所)
>
> 我找你是因为有人托我带东西给你。
>
> 他学英语是为了看技术资料。
>
> 我昨天没去是因为家里来了客。(突出之所以有这些动作和行为的因由、目的)

"是"字可出现在句子头上,整个句子作谓语,"是"字前边没有主语。这种句式的作用在于强调肯定,常常是一正一反两个小句并列:

> 是我搞错了。
>
> 是谁把窗户打开的?
>
> 是有人来过了,地下有脚印儿。

> 他是不知道，不是故意。
>
> 不是我不管，是我管不了。

丁书也认为"是"字也可以放在句首，表示加重语气：

> "是谁告诉你？""是报上说的。"
>
> 不是我不管，是我不能管。（曹禺）

(255)

［原文］然而强调作用和判断作用很难划清。(P69—L20)

［问］为什么说很难划清强调作用和判断作用呢？

［答］从上边例子可以看出，"是"的这些用法，它的强调作用，加重语气，是在肯定和判断的基础上的，即强调肯定和判断。"是走了"与"走了"对比，是有强调作用，强调的正是"走了"这个肯定的判断。这个道理就是吕先生在第 90 节所谈的："是字的基本作用是表示肯定：联系，判断，强调，都无非是肯定，不过轻点儿重点儿罢了。在名词谓语句里，因为用是字为常，不用是例外，它的肯定作用就不显著，好像只有联系的作用；在非名词谓语句里，因为一般不用是字，是字的肯定作用就比较突出。"

(256)

［原文］强调的时候重音也不一定准落在是字上，如'他'是不知道'不是故意 | '是我搞错了 ~ 是'我搞错了'（另外两句更不大会重读是字）。(P69—L24)

［问］(1)"他'是不知道'不是故意"这句话重读"是"字和"不"字，怎样不同呢？(2)"'是我搞错了""是'我搞错了"这两个句子强调重音不同意思有什么区别？(3)"另外两句"重读哪个音节？

［答］(1)"他是不知道，不是故意"正常的说法，重音在

"知""意"上,强调的时候重音可能落在"是"上,也可能不落在"是"上,如"他′是不知道,′不是故意",第二小句的重音不落在"是"上,而落在"不"上,带有申辩的意味。

(2)"是我搞错了",正常的说法,重音落在"错"上。"′是我搞错了"重音落在"是"上是强势肯定"我是搞错了,而不是没错"。"是′我搞错了"重音落在"我"上,强势肯定"搞错的是我,而不是别人"。

(3)另外两个带"是"的句子("我第一次看见他是在成都""我找你是因为有人托我带东西给你"),吕先生已指出正常说法重音落在"都""东"上,强调时重音都不在"是"上。

吕先生这段话是说明强调作用与判断作用很难划清,有人试图以重读不重读来分别,事实上强调时重音未必都落在"是"上。赵元任先生在《汉语口语语法》中也指出,"是"的语法特征,可以用"不"否定。此时"是"轻声。主语带对比重音,谓语前的"是"也是轻读,如:

人家是′丰年,我是′歉年。

对比谓语(不含让步意),重音在对比的谓语上,不在"是"字上:

他是′累,不是′困。

(257)

[原文]副词说既然不大站得住,能不能把是字的用法一元化呢?(**P70—L1**)

[问]为什么副词说不大站得住呢?请举例说明。

[答]吕先生在90节谈到,"是"放在两个名词之间,比较通行的说法是"是"是判断词;当"是"用在动词或形容词谓语的前边以及其他一些用法时,"有一种相当流行的看法,认为这个是字的作用是表示强调,是一个副词"。

比如王力先生，认为动词或形容词前边的"是"是系词的活用，他认为这些"是"字都已近似副词或虚词，不是纯粹的系词了。

又比如初中《汉语》课本，它认为"是"是判断词。当它用在形容词或动词谓语的前边表示强调时，这是判断词的另一种基本用途。表示强调的判断词一般都重读。

为什么副词说不大站得住呢？吕著事实上已经讲明了理由：

第一，副词说，认为这个"是"字的作用是表示强调。吕先生用"强调作用和判断作用很难划清"的道理加以质疑。

第二，有人说可以用重读不重读来分别。吕先生认为，事实上名词谓语句里的"是"字在必要的时候也可以重读，非名词谓语句里的"是"字一般也不重读。所以吕先生说副词说不大站得住。

李临定先生（1984年）也曾说，对动词、形容词之前的"是"字，不能只看到它所处的位置、某些作用与状语或副词有相似之处，事实上它具有动词作谓语的一般语法特征，用以比较的例子如：

他是去天津。　　　　　他去天津。
他不是去天津（是去上海）。他不去天津（去上海）。
他是不是去天津？——是（或：不是）。
他去不去天津？——去（或：不去）。

其中的"是"的语法特征与动词"去"相同。并且认为吕叔湘先生把这种"是"分析为"前谓语"，又用转换语法的"深层结构"理论，把这种"是"看成"高一级的谓语"。这种看法是值得注意的。

(258)

[原文]但是是字的肯定作用的强弱是渐变的，不是顿变的，跟不同句式的相关也只是相对的，不是绝对的。**(P70—L6)**

[问]（1）"'是'字的肯定作用的强弱是渐变的，不是顿变的"这句话是什么意思？请举例解释"渐变"。（2）这儿说的"句式"是怎样的？请举例解释这儿所说的"相对"。

[答]不同句式的相关应该是指有无"是"字，而功能差不多，如：

甲类	乙类
今天星期天	今天是星期天。
小李聪明。	小李是聪明。
（究竟文清走了没有？）走了。	（你不要骗我。）是走了。

乙类的句子按吕先生的说法："'是'字的基本作用是表示肯定：联系，判断，强调，都无非是肯定"，与此相关的甲类的句子，也有这种作用，只是轻重强弱有所不同罢了。如：甲类第一个例句是名词谓语句，名词谓语句的主要作用也是判断，而且是从肯定方面对主语加以判断的。第二、第三个例句也如此。

从甲类的"今天星期天"，到乙类的"今天是星期天"，这种表示肯定的作用，不是从无到有的"顿变"，而是由弱到强的"渐变"，从甲类到乙类用了"是"字突出了肯定作用，也就是加强了语气。这是从相关的角度看的。

从乙类的三个例句看情形也是如此，第一例句"是"有肯定、判断的作用，第二、第三例句在甲类相关句式的基础上有加重语气，表示"的确、确实、实在"的意思。

5.13 主谓短语作谓语（259—270）

(259)

[原文]汉语里边有主谓谓语句，现在已经没有人否认了。可是这种句式的范围有多大，内部结构能复杂到什么程度，看法还不一致。(**P70—L16**)

[问]（1）这儿说的句式，请举些例子说明。（2）各家看法怎么不一致？

[答]这儿说的句式是指主谓谓语句的句式，各家对这种句式的范围，意见不一致。我们在回答 P66—L10 的问题时已经简单介绍过几位语法学家对主谓谓语句的看法，下面从各家的范围不同这个角度作些补充比较。

"主谓谓语句"是由赵元任的《国语入门》和丁声树、吕叔湘等的《现代汉语语法讲话》给命名的，可以用四个例句代表他们所指主谓谓语句的范围：

①张排副体格挺棒。（主谓谓语中的主语和全句的主语有关系）

②窗户谁叫打开的？（主谓谓语句全句的主语在意义上是主谓谓语的受事）

③我相信你，你什么都懂，什么都知道。（主谓谓语当中常常有"也"字、"都"字，其中的主语对谓语讲是受事）

④这件事，中国人民的经验是太多了。

以此为准，比较各家范围大小：

例①各家都承认是句子形式做谓语，只是名称不一样。黎锦熙《新著国语文法》叫"部分同位"（"张排副"叫总提主位，

"体格"是属于"张排副"的一部分,是部分同位),后来在《变式句的图解》(《语文学习》1953年第3期)一文中,叫"子句做谓语"。王力先生《中国现代语法》也叫"子句做谓语"。张志公叫主谓仂语做表语。吕叔湘《语法修辞讲话》《语法学习》中叫句子形式做表语。等等。

例②黎锦熙、吕叔湘、王力认为是宾语在主语前的倒装句,张志公叫主谓仂语做表语。

例③黎锦熙、吕叔湘、王力认为是宾语在动词前的倒装句,张志公叫主谓仂语做表语。

例④吕叔湘认为就形式而言,"这件事"姑且叫它是游离成分。黎锦熙认为是副词性的附加语提到句首。

由此可见,关于主谓谓语句(或叫句子形式做谓语)的格式,黎锦熙、吕叔湘、王力范围最小,张志公《汉语语法常识》的范围比黎锦熙等人的大,中国科学院语言研究所语法小组的《现代汉语语法讲话》范围最大,它不仅包括了黎锦熙、吕叔湘、王力的句子形式做谓语(例①),同时也包括了黎、吕、王认为是宾语提前的倒装句(例②、例③),还包括了吕的游离成分(例④)。

以上是50年代有影响的语法著作对这种句式的范围的不同看法。

汉语句子里的谓语,除动词短语、形容词短语、名词短语(前边有或没有"是")外,还可以是一个主谓短语,这目前在语法学界已经取得共识,但主谓谓语句的大小意见仍不完全一致。吕叔湘先生在1986年《中国语文》第5期上发表的《主谓谓语句举例》,把意见比较一致的,作了分类举例:

一、S_1(代表"大主语")可以搁进P_1(代表"大谓语"＝S_2P_2，其中S_2代表"小主语"，P_2代表"小谓语"）作为里边的一个成分：

1. S_1可以搁进P_2，作为其中的动词的宾语：

家里的事她管，外边的事我管；这个，您知道。
（老舍：方珍珠）

2. S_1可以搁进P_2，作为其中的动词的宾语S_3P_3中的S_3：

这个问题他认为已经不存在了。

3. S_2本来应该是动词加宾语，可是这个宾语已经做了S_1：

这么沉的孩子抱着怪累的。

4. S_2是定语加名词，名词提到前头去做了S_1，只有定语留在本来的位置上：

这种书买的人不多。

5. S_1可以搁到P_2里边，作为兼语后边的动词的宾语：

你要的那东西我已经托人替你找去了。

6. S_1代表P_1里边的地位相同的两个成分：

这个问题你去谈比我去谈好。

二、P_1里有复指或类似复指S_1的成分的：

1. 用作复指成分的是人称代词和指示代词：

老张，他肯帮助人，人也愿意帮助他。

2. 句子里跟S_1相关的成分有疑问代词、反身代词、虚指的人称代词、数量词等：

你们三个谁去？

三、S_2跟S_1有广义的隶属关系：

炕前的地炉子，煤火通红。

四、有些句子，主语之后连用两个动词（包括形容词）或动词短语，如果谓语部分是两个并列结构的，其中有一个是名加

动,有一个是动加动,吕先生认为,就可以决定后者也是主谓结构:

  他学习很努力,就是性子太急。

 五、S_1 和 P_1 之间没有这种或那种明显的联系:

  这件事,中国人民的经验是太多了。

 六、不能归类的混合型的主谓谓语句:

  我们班长那身体,什么病,对付上几天就都好了。(唐栋《兵车行》)

"我们班长那身体"是 S_1,"什么病"是 S_2,P_2 里有两个动词,"什么病"是"对付"的受事,"好"的系事。

(260)

 [原文]有人认为凡是动词前边的名词都是主语,有几个名词就有几个主语。比如'这事儿我现在脑子里一点印象也没有了'这么一句话,先是'这事儿',然后是'我',然后是'现在',然后是'脑子里',然后是'一点印象',前前后后一共五个,挨个儿当主语,而谓语则是从'我现在脑子里一点印象也没有了'逐步缩小,缩到最后一个是'也没有了'。 (**P70—L18**)

 [问](1)请用"挨个儿当主语"的思想分析这句话,说明哪个是主语,哪个是谓语。(2)吕先生这儿谈的是主谓短语作谓语的例子,我想他说的最后一个谓语不应该是"也没有了",而是"一点印象也没有了"。吕先生为什么这儿说"最后一个是也没有了",请解释。

 [答](1)比如:

  这事儿‖我现在脑子里一点印象也没有了。(名词)
    我‖现在脑子里一点印象也没有了。(代词)

>   现在‖脑子里一点印象也没有了。（时间词）
>   脑子里‖一点印象也没有了。（处所词）
>   一点印象‖也没有了。（名词）

（2）是的，吕先生这节讨论的是主谓谓语句，即主谓短语作谓语。这一长句，前四个都是主谓谓语句，最后一个是动词谓语句而不是主谓短语作谓语。但是，吕先生这一长句话，直接要说明的是："有人认为凡是动词前边的名词都是主语，有几个名词就有几个主语。""前前后后一共五个，挨个儿当主语，谓语则是……"，所以"也没有了"说的是谓语，而没说它是主谓短语作谓语。"一点印象也没有了"当然不是主谓谓语句。

(261)

[原文] 这就大大扩大了主谓谓语句的范围，会不会把一些有用的分别弄模胡了？(**P70—L23**)

[问] 请介绍一些有用的分别。

[答] 如果认为"凡是动词前边的名词都是主语，有几个名词就有几个主语"必然会导致主谓谓语句范围的大大扩大。比如：

>   现在‖脑子里一点印象也没有了。
>   脑子里‖一点印象也没有了。

以上两个句子中，时间词"现在"，处所词"脑子里"，吕先生不认为可以作主语。他在《主谓谓语句举例》一文中也曾谈到，有些句子头上的名词（大多数是表示时间和处所的）很难说是"陈述的对象"，因而，与其说是主语，还不如说是状语。在《分析》第84节里说："主语得像个主题，那些'望之不似'的最好不承认它是主语。在没有主语的情况下，也许可以承认它是一种'假主语'。"在汉语里，动词谓语句、形容词谓语句甚至名词谓语句前边都可以带上时间词、处所词或其他名词性成分，比如：

$\begin{cases}\text{A. 你母亲在楼上。（动词谓语句）}\\ \text{B. 刚才你母亲在楼上。}\end{cases}$

$\begin{cases}\text{A. 他太骄傲。（形容词谓语句）}\\ \text{B. 从前他太骄傲。}\end{cases}$

$\begin{cases}\text{A. 这张桌子三条腿。（名词谓语句）}\\ \text{B. 过去这张桌子三条腿。}\end{cases}$

这样，所有 B 句都成了主谓谓语句了，这样一来，主谓谓语句就成为和各种句型相平行的一种格式。有一种什么句型，就有一种与之相应的主谓谓语句，动词谓语句、形容词谓语句也一样。又比如有一种"把"字句、"被"字句、"有"字句、"是"字句、连动句、兼语句，也就有一种与之相应的主谓谓语句，这样，主谓谓语句竟成了汉语中占压倒优势的一种句型，这样的析句标准，显然会出现严重的句型交错。

汉语句子的谓语动词前头，可以出现好几个名词性成分，比如吕先生举的这个例子就有五个，然而，这些名词性成分，情况各异，统统让它们挨个儿当主语势必混淆了一些有用的区别，这样一来，主谓间的关系也很难说清楚了。

（A）有的语法学家（比如汤廷池《主语与主题的划分》）认为，主题和主语应加以区别，主题是属于交谈功用（discourse function）的概念，主语则属于句法关系（syntactic relation）的概念。主题和主语可能对立，也可能合一。那些和主语对立的主题，可以独立于句子组织之外，不和句子的任何成分发生句法上的关系。这样，谓语动词前的名词性成分除了主语之外，还有一种不与主语相兼的主题。那些连主题也不像的当然更不能说它是主语。比如《分析》第81节吕先生就谈到:"有些句子的'主语'就不像个主题。例如前天有人从太原来,能说这句话的主题是前天吗?一会儿又下起雨来,能说这句话的主题是一会儿吗?"

(B) 句法、语义、语用三者关系的区分:传统的语法分析注意到句法和语义关系的说明,近几年,语用和语义的区别也引起了语法学界的注意。由于汉语缺乏严格意义的形态标志,语法分析中经常以语义分析代替句法分析,出现"宾踞句首""主居宾位""倒装"等说法,吕先生的意见如《分析》第84节说的:"我们的意见简单点说是:如果代表事物的'宾语'跑到原来主语的前头,就得承认它是主语,原来的主语退居第二(这个句子变成主谓谓语句);不合乎这个条件的,原来是什么还是什么,位置的变动不改变它的身份。"

认为主题属于"交谈功能"的概念,则主题是语用的,不是语法的;主语属于"句法关系"的概念,则主语是语法的,而非语用的。不能用语用分析来代替句法分析。

(C) 谓语动词前的名词性成分除了主语外,还有句首修饰语、提示语、外位成分、游离成分等,主语属于句法结构,即句子的内层结构,游离成分等,是游离于句子成分之外的外层结构。比如吕先生在《语法修辞讲话》里把"这件事,中国人民的经验是太多了"中的"这件事"看成"游离成分"。这与"这事儿我现在脑子里一点印象也没有了"中的"这事儿"是相类似的。句子的内层结构与句子的外层结构的区别是句法关系和非句法关系的区别。

(262)

[原文] 我们的意见,既然动词之前除主语外还允许出现补

语,那么只有不能用'主—补—动'句式来说明的才是主谓谓语句。(P70—L24)

[问](1)动词之前除主语为什么还允许出现补语呢?这个补语跟主谓形式作谓语有什么关系?(2)怎样的句式才是主谓谓语句呢?请举些例子。(3)请举些例子说明"主—补—动"句式。

[答](1)"动词之前除主语外还允许出现补语"这就是吕先生在《分析》第88节所说的,动词前边常常有一个介名短语,有几个介词(如把、被、由等)引进的施事和受事都紧贴着动词,语义贯通,很难说是仅仅起修饰作用的状语,"最合理的办法是把动词前后的介名短语都当做一种类型的补语——介系补语"。这样,一般语法书所说的前置宾语,按《分析》也都称"补语",介系补语省略介词的也在动词前。

吕先生的意思是,如果把动词前的这个成分看成补语,能用"主—补—动"句式来说明,那它跟主谓形式作谓语即"主—主—谓"句式就没有什么关系了。

(2)吕先生所指不能用"主—补—动"句式说明的主谓谓语句,即下文"说得更具体点"那两类,详见下题的分析。

(3)详见对P71—L7问题的分析。

(263)

[原文]说得更具体点,(1)主谓谓语句里的小谓语不是动词谓语,(2)小谓语是动词谓语,但主语不能跟这个动词挂钩。(P71—L1)

[问](1)吕先生认为什么样的才是主谓谓语句呢?(2)请举些例子,然后说明小谓语是什么。(3)请分析这些例子与这两个条件的关系。

[答]（1）吕先生认为主谓谓语句的范围应限定为"只有不能用'主—补—动'句式来说明的才是"。也就是说，只有具备所提的这两个条件的句式才是主谓谓语句。

（2）所谓"小谓语"就是指充任谓语的主谓短语中的谓语，以吕先生肯定是"主谓谓语句"为例："这一次分配来的知识青年，上海的最多"，"这一次分配来的知识青年"是全句的主语；"上海的最多"是全句的谓语，其中"上海的"是小主语，"最多"是小谓语。

（3）符合"主谓谓语句里的小谓语不是动词谓语"这一条件的：

这一次分配来的知识青年，上海的最多。
（　大　主　语　）（小主语）（小谓语）

其中小谓语"多"是形容词，不是动词谓语。

[用这种办法来领导，]谁　还　思想　不通　呢？
　　　　　　　　　（大主语）（小主语）（小谓语）

其中小谓语"通"是形容词，不是动词谓语。

无线电　　我　是门外汉。
（大主语）（小主语）（小谓语）

其中"是"吕先生在《分析》第 90 节中说："我想提议把这个是字叫做'前谓语'，意思是：它是谓语的一部分，但不是谓语的主要部分，是各种谓语类型的句子里都可以出现，而名词谓语句里经常出现的。"所以"是门外汉"这个小谓语是"名词谓语"，不是动词谓语。

符合"小谓语是动词谓语，但主语不能跟这个动词挂钩"这一条件的：

这个问题他心里已经有底。

"有底"的是"他",而不是大主语"这个问题",主语与这个动词不挂钩。又如:

  什么事情她都抢在前头。

动词谓语"抢在前头"的是"她",不是大主语"什么事情",主语与动词谓语中的动词不挂钩。再如:

  这个地方我认为比杭州还好。

"认为"比杭州还好的是"我",而不是大主语"这个地方",主语与谓语动词也不能挂钩。当然在意念上,可以看成大句主语是谓语里的一部分,即等于,"我认为这个地方比杭州还好"。

(264)

[原文]'[用这种办法来领导,]谁还思想不通呢?'(P71—L4)

[问]这句话的小谓语"通"不是动词吗?可以说"思想很通"吗?

[答]"通"是动、形兼类词。作动词,如"铁路通西昌了""用通条通炉子""火车直通北京"中的"通"。"思想不通"的"通"是形容词,可以用区别字"很"加以判断,可以说"思想很通""不通""不很通""很不通"。

(265)

[原文]'这个问题他心里已经有底 | 什么事情她都抢在前头 | 这个地方我认为比杭州还好'。(P71—L6)

[问]这三句里的主语和小谓语的动词都没有任何关系吗?在什么样的程度上才可以说"主语不能跟这个动词挂钩"呢?

[答]好像不能说没有任何关系,就例子来看,"有底"的对象是"这个问题";"抢(在前头)"的对象是"什么事情";"认为"的对象是"这个地方"。主语表示的是对象、范围或关

涉的事物。这里说的"挂钩",应是指大主语是否是小主语动词的施动者。

(266)

[原文] 反之,'我们一个会也没开丨我三块钱买了一本词典丨他这一回代表没选上',都不是主谓谓语句。同样,'[要人,]我第一个报名丨他嘴里不说,心里明白'等等也不是主谓谓语句。(P71—L7)

[问] 这五个句子为什么不是主谓谓语句呢?

[答] 前三个句子都可以用"主—补—动"句式来说明,也就是不符合吕先生提出的那两条标准。如:

我们一个会也没开。

有的语法书把这种代表事物的"宾语""(一个)会"跑到动词"开"的前头,称之为"前置宾语"。吕先生在《分析》第85节"宾语还是补语?"中称为"补语"。主语"我们"是开没开会的施动者,不符合"主谓谓语句"的第二个具体要求。小谓语"开"是动词,不符合"主谓谓语句"的第一个具体要求。再如:

我三块钱买了一本词典。

"三块钱"可以看成省略了介词(以)的介宾结构,可以看成"介系补语"。主语"我"是"买"的施动者,不符合第二个具体要求;"买"是动词,不符合第一个具体要求。又如:

他这一回代表没选上。

"代表"是"前置宾语",吕先生都称之为"补语"。小谓语"选"是动词,不符合第一条具体要求。如果把"挂钩"定为主语是施动者,那这句"他"是选没选上的受动者。

后两个句子中,第一个句子主语"我"是动词"报名"的施事；第二个句子主语"他"是"说"的施事，不符合主谓谓语句的第二个具体要求。而且"第一个报名"中的"第一个"也属于"望而不似"的，最好不承认它是主语。所以也不是主谓谓语句，按吕先生的观点，可以归入"主—补—动"的句式。

(267)

[原文]一，主谓谓语句的作用，说明性多于叙述性，这个例句也是说明性多于叙述性。(P71—L13)

[问]什么样的句子是说明性的？什么样的句子是叙述性的？请举几个实例说明。

[答]"说明"就是解释明白，如"说明原因""说明问题"；"叙述"就是把事情的前后经过记载下来或说出来。主谓谓语句一般多是说明性的句子，动词谓语句一般多是叙述性的句子。请比较：

甲	乙
我看过这些书。	这些书我全看过。
我没有听到过这个故事。	这个故事我没有听到过。
小孩喜欢这种玩具。	这种玩具小孩喜欢。

从上列例子看，甲组的谓语是叙述性的，它是一般的"主‖动＋宾"的动词谓语句；乙组的谓语是说明性的，大主语都是说明的对象，是主谓谓语句，即"主‖主＋谓"。大主语都是由动词性谓语句的动词的宾语移到句首构成的。主谓谓语句也含有叙述性作用，但说明性多于叙述性。

(268)

[原文]但是这两点都是相对的，不是绝对的，难以作为划分句式的标准。(P71—L15)

[问]这第一点和第二点，哪些地方是相对的呢？为什么难

以作为划分句式的标准呢？请拿"这些书他全看过"为例来说明。

［答］吕先生的意见是：一，主谓谓语句的作用，说明性多于叙述性；二，主谓谓语句往往在大主语之后出现停顿。吕先生已指出"这些书他全看过"符合上述两点。但是这两点都是相对的，不是绝对的。换句话说，主谓谓语句不尽如此。要说明"相对性"，就还需要举出不符合这两点的主谓谓语句。如"他肚子疼"，谓语是说明性的，但主语"他"之后似不停顿。又比如"这个问题，我们有不同看法""田间管理，他的经验很丰富"，虽然主语"这个问题""田间管理"之后有停顿，谓语尽管含有说明性，但不直接说明主语怎么样。"这个问题他心里已经有底""什么事情她都抢在前头""这个地方我认为比杭州好"情况也与之相似。

因为是"相对"的，所以用"多于""往往"这种灵活的说法；既然是相对的，就很难用它作为确定是不是主谓谓语句的标准。

（269）

［原文］例如：'战士们头淋着雨，脚踩着烂泥｜这种人手不能提篮，肩不能担担｜他一只手牵着一个孩子'，等等。
（P71—L18）

［问］这三个句子的动词前边的名词为什么可以解释为施事补语呢？为什么可以解释为工具补语呢？请说明。

［答］　　战士们头淋着雨，脚踩着烂泥。
从"脚"是"踩"的施事看，是施事补语；从用"脚"踩着，"脚"是"踩"的工具补语。

　　这种人手不能提篮，肩不能担担。

"手"是"提"的施事,"肩"是"担"的施事。因为"手"是"提"的施事,"肩"是"担"的施事,所以"手""肩"可以看成施事补语;但"手""肩"也是"提""担"的工具,所以也可以看成工具补语。

　　他一只手牵着一个孩子。

"(一只)手"是"牵"的施事,是施事补语;"手"又是"牵"的工具,是工具补语。

　　吕先生的意见是,既然这些句子动词前边的名词可以解释为补语(施事补语和工具补语),这种句式就能用"主—补—动"来说明,不好说是主谓谓语句。

(270)

　　[原文] 这倒是有点两头儿为难。(**P71—L20**)

　　[问] 这句话指的是哪个地方呢?

　　[答] 这儿指"这些书他全看过"是当主谓谓语句呢还是当非主谓谓语句,两种处理都有点理由,又都有点站不住,所以两头为难。

　　似乎应归入主谓谓语句,是因为符合:一、说明性多于叙述性;二、大主语后出现停顿。

　　但是:第一,以上这两条是相对的,不是绝对的,难于作为标准;第二,这句话可以归入"主—补—动"句式。与之相似的三个例句中的动词前名词也可解释为"施事补语"或"工具补语",如归主谓谓语句也不好办。

　　这就是矛盾,"有点两头儿为难",如何解决?吕著没有说。不过目前绝大多数著作都归入主谓谓语句,连《现代汉语八百词》也作"小句谓语句"处理。

　　关于这个问题,吕先生在《主谓谓语句举例》(1986年一文中谈到：

"另一种情况是 S_2P_2 是被动式，S_2 不是后边动词的施事而是它的受事。这跟 S_2P_2 是主动式的例子给人的感觉不一样。比较：

（128）这些书他全看过。

（129）他这些书全看过。

因此有些书上（例如胡裕树主编的《现代汉语》，1979）承认（128）是主谓谓语句，可是不承认（129）是主谓谓语句，说它只是宾语前置。孤立起来看，这两种说法似乎也难分高低，但是……谓语的几个部分有的是名词在动词之后，有的是名词在动词之前：如果说前者是动宾结构，后者是主谓结构，就觉得前后不协调；如果说前后都是动宾结构，只是后者宾语前置，就觉得主语能够一贯到底，比较协调。

总之，确实有些例子里的谓语或其中的一个部分，解释成主谓结构像是有点绕弯子，不怎么'顺理成章'，可是都解释成宾语前置也不是没有困难。"

5.14 连动式和兼语式（271—287）

(271)

[原文] 自从连动式出现在语法著作中以来，一直有人要取消它，也一直没取消得了。(**P71—L22**)

[问]（1）哪些主要的语法著作中有"连动式"的提法？它首先出现在谁写的什么语法著作中呢？（2）"一直有人要取消它"，这是指谁呢？（3）为什么一直没有取消得了呢？

[答]（1）黎锦熙《新著国语文法》（1924年初版）就有"复述（谓）语"的提法，认为"一个主语而有两个以上之述语

的，叫做复述语"。（220页）也就是指两个或者两个以上的谓语连用。他的"复述语"中有一类叫"承接的"，像"连动式"，如"他站起来就走"。

王力《中国现代语法》（上册1943年，下册1944年）也没有"连动式"的名称，但把"他出去开门""我叫他出去买点心给你吃"这样的别人叫"连动式"的句子，叫"递系式"。

赵元任在《国语入门》（Mandarin Primer，美国哈佛大学出版社1948年出版，李荣编译，易名《北京口语语法》，开明书店1952年出版）中说：动词结构连用式（连动式）是汉语很特别的结构。在连动式里，动词结构的次序是固定的。

丁声树、吕叔湘等的《现代汉语语法讲话》（1952年7月起在《中国语文》上连载）也称"连动式"，认为"连动式就是动词结构连用的格式"，如"左先生去打电话叫车"。

吕叔湘《语法学习》（中国青年出版社1953年初版）也叫"连动式"，认为"连动式"是"两个或更多的动词属于同一个主语"。分三种："躺着看书"，第一个动词是次要的，是附加语，即有主从之分；"吃饭穿衣"，是联立的，无主无从；"他走过去开门"有一先一后之分。

张志公《汉语语法常识》（中国青年出版社1953年初版）也叫连动式。

可见，"连动式"的名称起于赵元任《国语入门》，沿用于丁、吕、张等。"连动式"的研究自黎锦熙《新著国语文法》开始注意，王力先生称为"递系式"。

虽然以上各家都研究"连动式"（包括名称不同的），但所指范围都有很大不同。

（2）主张取消"连动式"的学者可以萧璋、张静、吕冀平等为代表。

萧璋在《论连动式和兼语式》(《北京师范大学学报·社会科学》1956年第1期)中对此进行了阐述。他的观点是把全部复杂谓语，不论是"连动式"还是"兼语式"都归入扩大的主从动词词组即前加或后补或者复句里。怎样判断是前加还是后补呢？萧璋主张用重音来鉴别。比如"我打电话找老王办事"，如果重音落在"打电话"上，那么这个句子便是"附加型"（"打电话"表示后边动作的方式，回答"你怎样找老王办事"的问话）；如果重音落在"办事"上，那么这个句子便是"补足型"（"办事"表示前边动作的目的，回答"你打电话干什么"的问话）。

张静从50年代就提出过取消"连动式"和"兼语式"，到现在还是坚持这种观点。他在《"连动式"和"兼语式"应该取消》（《郑州大学学报》1977年第4期）一文中，列举各种语法书出现的作为连动式的18个例句和作为兼语式的17个例句，逐一加以分析，认为这些结构都没有区别于其他结构类型的特点。

吕冀平认为，一个独立的词组，当它还没有被包含在更大的词组当中的时候，是可能具有两种甚至更多的关系的。但是只要具备了一定的语言环境，它就只能是几种关系中的一种，所以不需要因此单立名目。词组内部的分析，主要是说明词和词之间的关系，而连动式这个名称说明不了这一点，因为它既包括动作的连续，又包括动词的连用。其实，动词的连用可以产生上述各种关系，即使用连动式这个名称加以概括，在进一步分析的时候也还是免不了要说明几个动词之间产生哪些具体关系的。因此，觉得连动式这个名称没有建立的必要。

（3）为什么一直没取消得了呢？即吕先生接着所说的："取

消不了，因为典型的连动式很难从形式上决定其中哪一部分是主体，哪一部分是从属。"也像朱德熙先生在《语法答问》中说的："连动式是一种独立的句法结构，不能归并到已有的任何一种句法结构里去。"

(272)

[原文] 要取消它，因为总觉得这里边有两个（或更多）句子成分；取消不了，因为典型的连动式很难从形式上决定其中哪一部分是主体，哪一部分是从属。(**P71—L23**)

[问] 一般怎样分析连动式结构的句子呢？按照什么样的分析法连动式的句子才有两个句子成分呢？

[答] 连动式就是把两个或两个以上动词结构连用当为一种格式。承认连动式的，一般都认为它是充任谓语。几个动词结构之间不分析为两个（或更多的）句子成分。它同属一个主语。

比如吕叔湘《语法学习》中说："一个谓语里要是包含两个或更多的动词，这个谓语就复杂起来了。这种复杂的谓语有两个主要的类型。""（甲）连动式——两个或更多的动词属于同一个主语。"

比如胡裕树《现代汉语》中说："连动词组充当谓语的句子叫连动式""两个或两个以上的动词连用，它们之间没有主谓、联合、动宾、偏正、补充等关系，也没有明显的语音停顿，更没有表示条件关系的关联词语，……这样的词组，叫连动词组。"

比如丁声树等的《现代汉语语法讲话》："连动式的特点，就是前后的动词结构同属于一个主语。"

又比如《现代汉语八百词》也认为连动式共同的特点是：动$_1$和动$_2$联系同一个施动者，中间不能停顿。

连动式，从结构上看，很接近联合（并列）关系，因为它可以多分,可以分出动词短语$_1$、动词短语$_2$……但实际上不一样。并列结构的成分是平等的,次序比较自由;连动式的动词结构的次序是固定的,如:

　　我们每天上午开会上课＝我们每天上午上课开会。
　　我已经打电话通知他了≠我已经通知他打电话了。

要取消连动式的人,就把主张连动式的人所举的"连动式"类型及其例句拿来分析,处理为两种(或更多的)句子成分。如前边所举,萧璋就把"我打电话找老王办事"分析为"附加型"或"补足型"。所谓附加型,即把"打电话"看成后边动作方式的附加语,也即吕先生书里说的:"不少人主张把连动式的前一部分作为状语。"

这种类型和例句不少,下面我们讨论什么样的连动式能从形式上划成别的结构时再详细说明。

(273)

[原文]看样子连动式怕是要终于赖着不走了。(P72—L4)

[问](1)"怕"或者"恐怕"一般推测不太好的后果时才用,"终于"表示好的结果时才用,它们同时用有矛盾吧?(2)"赖着不走了",吕先生为什么要这样写呢?

[答](1)"怕"用来表示估计,不一定要有不太好的后果,如"这一箱怕有百把斤"。"终于"表示经过较长过程最后出现某种结果。虽然较多用于希望达到的结果,但也不尽然,如"尽管多方医治,终于还是把受伤的腿锯了""赶了八九十里路,小英终于疲倦了"。

(2)"连动式"出现后,一直有人要取消它,又一直没取消得了。吕先生过去就是"连动式"的主张者之一,现在还是判断有存在的必要,因为典型的连动式中;同一主语的几个动词难于分出主要和次要，如"再拿起来看看，还是看不出是什么""大家鼓掌欢迎"。因此，连动句是取消不了的。他说"赖着不走了"（包括"怕是""终于"）没有褒贬色彩，是表达上带点形象、俏皮的说法吧！

（274）

[原文] 剩下的问题就是要给它划定界限。凡是能从形式上划成别的结构的，就给划出去。留下来的，尽管有的能从意义上分别两部分的主次，还是不妨称为连动式，同时说明意义上的主次。（P72—L5）

[问]（1）怎样的连动式才可以从形式上划成别的结构呢？（2）如果留下连动式的名称的话，各种的连动式为什么还要划成别的结构呢？（3）前后难分轻重的连动式，怎样处理呢？

[答]（1）因为各家的"连动式"的范围差别很大，才有给"连动式"划定界限的问题。吕先生写《分析》这本书时，认为哪些格式才算"连动式"，哪些格式能从形式上划成别的结构（又划成什么样的结构），都没有交代。我们只能介绍过去各家所举的"连动式"，有哪些格式被人认为应该划归其他结构的。如：

1. 躺着看书，蒙着头睡。

这是吕叔湘《语法学习》（73页）中所举的第一种"连动式"，这里的第一个动词是次要的，是主要动词的附加语。即有主次之分。

社科院语言所语法小组、王力都不承认这是"连动式"，因为"躺着""蒙着头"都是修饰"看书"和"睡"的；黎锦熙叫"副动短语"做谓语，也不承认这是"承递式"。

张静《语法比较》认为：这种结构，不用"连动式"就可解释明白，说它是动词修饰语或动宾短语修饰动词的主从短语做谓语（或叫"主从式"）就很合适。

2. 吃饭穿衣。大吃大喝。

这是吕叔湘《语法学习》中举的第二种"连动式"。这里的两个动词是联立的，它们是联合成分，即无主从之分。

语法小组叫"并列结构"，王力叫"等立短语"，黎锦熙叫"平列式"。都不承认这是"连动式"。

张静《语法比较》认为，这种结构既然可以用并列短语（或叫"并列式"）来解释，就不必滥用"连动式"了。

3. 王耀东一边抽旱烟，一边和小伙子谈话。

这是张志公《汉语语法常识》所列六种"连动式"之第二种："同时动作或不分先后的动作"。

吕叔湘、王力都认为是复合句，黎锦熙认为这是复谓语中的"平列式"，语法小组叫做并列谓语。都不承认这是"连动式"。

张静《语法比较》认为：这种结构用并列短语做谓语（并列式）来解释就够了。

4. 他记得小时候在草地上放过马，割过草，捉过蝈蝈，打过蚂蚱。

这也是张志公的第二种"连动式"，吕叔湘把这类句子叫联合宾语，黎锦熙叫复宾语，王力叫复目的位，语法小组叫并列宾语。都不承认这是"连动式"。

张静认为：这种结构是动宾短语做宾语（整个谓语可以叫"动宾式"）。

5. 以后每个民兵都要学会埋雷。

这是张志公的第五种"连动式"："一个动作管一个动作"。

其他各家都认为"埋雷"是宾语，这种句子不是"连动式",不是"承递式",也不是"递系式"。

张静认为:这种结构也是动宾短语做宾语(整个谓语可以叫"动宾式")。

6. 他一天天看见程仁在村子上露了头角。

这是张志公第六种"连动式":"两个动作者"。同时他叫这种句子为"递系式"。这种句式相当于吕叔湘的"递谓式",王力的"递系式",语法小组叫"兼语式"。

张静认为:既然说它是"递系式",就不应该同时又说是"连动式"。

7. 签子手用签子在牛屁股上刺了一下。

这是语法小组《现代汉语语法讲话》六种"连动式"之第五种:"表示方式的动词结构在前"。

这种句子的第一个动词,是副动词。吕叔湘不承认这是"连动式"。黎锦熙把副词叫介词,介词连同它后头的名词做了副词性的附加语,即主要动词的附加语,因而"承递式"里也不包括这种句子。张志公把副动词也叫介词,当然他不叫"连动式"。王力虽然把这些副动词就叫动词,但他不承认这是"连动式",在他的"递系式"里不包括这种句子。

张静认为:这类有副动词(按:即次动词、介词)的句子中,只有一个表示动作的动词,其他像"用""在"都不能独立表示意义。这样就很可以用副动词带宾语修饰动词,即主从短语做谓语的"主从式"来解释。张静《新编现代汉语》第146页把"他用手指头写了几个大字"中的"用手指头"当为状语。

有几种格式是不用"连动式"来解释较难说清的结构:

1. 等一会儿进去。进去等一会儿。

这是语法小组六种"连动式"的第一种:"拿动作的次序分

先后"。这种句子等于吕叔湘《语法学习》的"连动式"的第三种("他过去开门""你喝一口尝尝"),黎锦熙把它包括在"承递式"里,张志公把它包括在第四种"连动式"里(属"这种动作干什么"——如"他上街买菜去了"),王力把它包括在"递系式"里。

这种结构,既不能说成主从短语做谓语的"主从式",又不能说成并列短语做谓语的"并列式"(并列式可以互换位置,连动式次序固定,改变了次序意义不同),也就是两个动词之间没有主从之分,又没有并列关系,不用"连动式"就很难把它说清楚。

2. 打得赢就打,打不赢就走。

这是语法小组的第六种"连动式"("表示条件的动词结构在前")。

有"连动式"名称的各家,都没有举出这一类句子。从他们的体系来看,张志公可能承认这是"连动式",不过他也没在"连动式"里提出"前一个动作为后一个动作的条件"一项来。吕叔湘可能认为这是他的第一种"连动式",也可能认为这是他所说的"作为复合句比简单句妥当些"的复合句。黎锦熙的"承递式"里也没有这一类句子,王力的"递系式"里也不包括它。

张静《语法比较》认为:这里"打"和"走",也都是主语发出的一先一后接连而独立的动作,这应该叫"连动式"。

3. 有房子住。有话说。有衣穿。

"有房子住"是张志公"连动式"第四种:"这种动作干什么"。

黎锦熙认为"住"是宾语的补足语,不是"承递式";王力叫"递系式";语法小组叫"兼语式";吕叔湘没提这类句子。

张静《语法比较》认为:说它是"兼语式"的理由可能是说"房子住"是"房子可住"的意思,因而"房子"可以是主语,"住"可以是谓语,"有房子住"也就可以是"兼语式"。说它是"连动式"的虽未说明理由,可是我们感觉"有"和"住"两个动词都是对主语说的,即先"有房子",再"住"。因此把它当做"连动式"比较相宜。

4. 战士们放下背包就动手挖工事。

这是黎锦熙在《中国语法教材》里用来作为"承递式"的例句,黎没有"连动式"这个名称,但他在复式谓语里所提的"承递式"都有些像"连动式"。他说:"承递式"就是一个谓语跟着一个谓语承递而下。就时间上看有"先""后"之别,就语意上看没有"轻""重"之分,对于这些动词,很难说谁是主要的,谁是修饰语。

张静《语法比较》认为:这种结构中的"放下背包""挖工事"等动作都是主语发出来的,都是一先一后的,谁也不能修饰谁,叫它们为复合句也不合适,必须用"连动式"来解释。

(2)"连动式""赖着不走了",留下名称不言而喻。从"剩下的问题……"以下的话,都不是讨论"留下连动式名称"的问题,而是讨论划界问题,即哪些格式划出去,哪些格式留下作为"连动式"。

因此"凡是能从形式上划成别的结构的,就给划出去"是一定要划出去的,有了"划出去"的,才有所谓"留下来的"。

至于为什么有些连动式要划成别的结构,正如上边所介绍的种种格式,不符合"连动式"的是什么就划归什么。

(3)前后难分轻重正可以作为典型的"连动式",如:

再拿起来看看，还是看不出是什么。
他推开门大踏步走进去。
大家鼓掌欢迎。
大娘紧紧地握着我的手不放。

以上同一个主语的几个动词，有的是一先一后的两个动作，如"拿"和"看"，"推"和"走"；有的是前者（"鼓掌"）表示后者（"欢迎"）的方式，或是后者（"欢迎"）表示前者（"鼓掌"）的用意；有的是从肯定（"握着"）、否定（"不放"）两个方面说明一件事。这些格式中的动词不容易分别主要和次要，也难于从形式上决定其中哪一部分是主体，哪一部分是从属，也就难于划成别的（如联合、偏正）结构。又比如：

我们有条件承担任务。

是说我们具备承担任务的条件，它不同于"我们有条件地承担任务"——偏正结构，意思是只有在某种条件下才承担任务。从结构上，只能把"我们有条件承担任务"解释成连动结构。以上这些都是"连动式"取消不了的原因。

（275）

[原文] 在'兼语式'出来之前，语法书上认为这种结构是：动词＋宾语＋宾语补足语。**(P72—L9)**

[问]（1）谁的语法书上首先主张"兼语式"呢？（2）这种"动词＋宾语＋宾语补足语"是谁在什么书上主张的呢？

[答]（1）"兼语式"这个名称是由"社科院语言所语法小组"最先提出来的（见《中国语文》1952年10月号，1953年4月号），其定义是两个主谓结构套在一起，前一个主谓结构的宾语做后一个主谓结构的主语，其特点是真正的主语只有一个，兼语和它前面的动词结合得很紧，中间不能停顿，也不能加副词或

副词性的修饰语。

王力、张志公管"兼语式"叫"递系式"。(王力《中国语法理论》1957年版第189页;张志公《汉语语法常识》1957年版第221、216页)

吕叔湘叫"递谓式"。(《语法学习》1953年版,第73、74页)

尽管名称不同,内容大同小异。如果不是提出"兼语式"的名称,而是指提出这种理论,那么应该是王力最先提出的,他叫"递系式"。

(2)黎锦熙在《新著国语文法》中把"兼语式"的句子叫做"对于宾语的补足语",简称"宾补"。其定义是:凡宾语因受前边谓语的影响而发生的一种相应的动作或变动,无论是词、语或句,都叫做对于宾语的补足语。如:

工人推举张同志作代表。

工人请我报告。

黎认为这个"宾语"又是主语,所以叫"兼格",这类句子也叫"连环句"。

(276)

[原文]然而兼语式也仍然一直有人要取消它,也一直到现在没取消了。(P72—L11)

[问](1)各家对兼语式的看法不同之处是什么?(2)哪些学者要取消它呢?请举例。(3)为什么没取消了呢?

[答](1)各家对这种语言现象的解释,名称各异,范围也有所不同。王了一《汉语语法纲要》叫"递系句",定义为:

普通的句子只有一次的连系,就是把谓语连系于主语的后面;但是,有时候一次的连系还不能充分地把意思表达出来,于是再加另一次的连系，以补充未完的意思。我们把第一次的连系叫做初系，第二次的连系叫做次系。次系本身用不着主语：它或借初系的目的语为主语，或借初系的表语（即判断语中除了"是"字不算）为主语，或借初系的谓语为主语。这样的句子，我们叫做递系句。（见该书第139页）其范围有：

一、目的语为主语：

1. 次系叙述一种要求：
   一时又叫彩霞倒杯茶来。

2. 次系叙述一种称号：
   他们叫林黛玉做潇湘妃子。

3. 次系陈说一种理由：
   多谢姐姐提醒了我。（叙述性的）
   若宝叔不嫌侄儿蠢。（描写性的）
   都欺负我不是太太养的。（判断性的）

4. 初系用动词"有""无"：
   从后门去，有小子和车等着呢。

二、表语为主语：
   是谁起这样刁钻的名字？（初系用"是"的句子）

三、谓语为主语：
   我来的不巧了。
   睡得早，所以醒得早。

四、两个以上的动作：
   他出去开门。（"出去"是初系，"开门"是二系）
   我叫他出去买点心给你吃。（"叫他"是初系，"出去"是二系，"买点心"是三系，"给你"是四系，"吃"是五系）

丁声树等的《现代汉语语法讲话》：兼语式是两个主谓结构套在一起，宾语兼主语叫做兼语，含有兼语的句式叫"兼语式"，如：

　　我叫他来。
　　让他哭吧，一会儿就好了。
　　多谢你提醒了我。

以上例句"叫他""让他""多谢你"是动宾结构，"他来""他哭""你提醒"是主谓结构。

张志公的"递系式"：是指"两个动词中间夹着个代表人或事物的词语（往往是名词或指代词），它既作前一个动词的宾语，同时又作后一个动词的主语"。如：

　　你爹叫你回去睡觉。
　　我劝你们早些想想办法吧！

吕先生在《语法学习》里讲"递谓式"，定义是："两个动词不属于同一主语，第二个动词的主语就是第一个动词的宾语。"第一个动词常常是"使""叫""让"或带有这种意义的，例如：

　　他叫你明天早点去。
　　多谢你告诉我这个消息。
　　我劝大家冷静点。（第二个不是动词，形容词也可）

以上介绍，各家有一个共同的主张，就是有一个名词性成分，它既是前边动词的宾语（或表语），又是后边的谓词性成分的主语，两个谓语不连系同一个主语。

但各家的范围不尽相同：王力和《现代汉语语法讲话》范围最大，黎锦熙和吕叔湘的次之，张志公的最小。王力的"谓语为主语"类，其他人都做普通的动词谓语句；王力的"两个以上动作"类,其他人叫"连动句"。吕叔湘还有一类如"你把它拿来我看看",各家都没提到。

"兼语式"动词后续情况复杂,有与主谓结构作宾语句、双宾语句、连动句等的划界问题。

(2)主张取消兼语式的学者仍可以萧璋、张静、吕冀平为代表。

比如张静主编《新编现代汉语》对"兼语式"的处理:

甲、指导员一直都在指挥我们战斗。

大家鼓励他参加数学竞赛。

团长命令炮兵连开炮射击。

我喜欢他机智勇敢。

这类句子一般都叫"谓语的延伸"或"兼语式",张静把它们归入双宾语句。

乙、使人快乐

叫人头疼

张静把带"使、叫、让"类的叫偏正词组。

丙、他有一个哥哥在北京。

大家选他当代表。

三仙姑有个女孩叫小芹。

我们叫他是红管家。

李江国,你立刻派人去找王老虎他们。

带"有、派、选"类动词的,一般当"兼语式",张静划归紧缩复句。

吕冀平认为兼语式里"兼语"是不存在的,主语和谓语只有在言语单位的句子中才能出现,在语言单位的词组中是不会出现的。一个词组中不会有话题(主语),从而也不会有对话题的陈述（谓语），当然也就不会有宾语兼主语的"兼语"。

吕冀平认为"让我走"和"同意我走"这两个词组里的"我"很难肯定究竟有什么不同。把"兼语式"里的一大部分结构类型归入"主谓词组作宾语"这种类型里边，是能够言之成理的。如果同意"上街买菜"里的"买菜"有可能是"上街"的补充成分，以表示"上街"的"目的"，那么"给根烟抽抽"里的"抽抽"也可以援例分析为"给根烟"的补充成分，以表示"给根烟"的目的。所以所谓"兼语式"也都没有超出汉语基本结构的类型，因此，"兼语式"的名目和"连动式"一样，应该取消。

（3）为什么没取消了呢？我们想，道理跟"连动式"一样，就是有些兼语式的格式不能用别的格局解释，或者用别的格局解释起来不易为人所接受。比如朱德熙先生，虽然认为"把兼语式看成是跟连动式对立的结构是不妥当的"，但仍主张单列一个类，把它看成是连动式中的一类，即 N 是 V_2 的施事的那一类。张静的著作中最后声明："如果大家觉得这样处理不方便，可以移回单句，仍叫'兼语式'"，"如果大家觉得把'兼语式'分到三处不方便，可以合起来叫'兼语式'"。（见该书第 138 页、195 页）

(277)

[原文] 有时候好像两处都能停：'我看见他——从食堂里出来 | 我看见——他从食堂里出来'。(**P72—L15**)

[问]（1）这样的例子怎样判断主谓短语作补语（宾语）和兼语式？（2）主谓短语作补语（宾语）和兼语式的例子在语法结构上有什么不同呢？请举例分析。

[答]（1）用吕先生下边说的两种办法：

①用可能的语音停顿（实际是拉长）来辨别。兼语式能在名₂后停顿，不能在动₁后停顿；主谓短语作宾语句，可以在动₁后停顿。如：

你通知他──来开会。（兼语式）

我知道──他走了。（主谓作宾）

②看能不能改变语序：兼语式，"名₂＋动₂"不能前移；主谓短语作宾语，"名₂＋动₂"可以前移。如：

你通知他来开会↦ʔ他来开会，你通知。

我知道他走了→他走了，我知道。

除此之外，语法学界还提出其他两个标准：

③从第一个动词的性质区分。兼语式动₁一般含有"使令"意义（详见本书第288题）；有人认为主谓短语作宾语句的动₁大多表示感受和心理活动。

④以提问的形式区分。兼语式一般是两问，如：你选谁──我选他，你选他做什么──我选他做代表。而主谓短语作宾语是一次性提问："你希望什么？""我希望他做代表。"

《现代汉语语法讲话》的鉴别标准除了动₁后能否停顿外，还可用添加法：

⑤动₁后能否加副词或副词性的修辞语，能加的是主谓作宾，不能加的是兼语式，如：

我希望他别写这种文章。→我希望以后他别写这种文章。（主谓结构作宾语句）

我叫他别写这种文章。↦*我叫以后他别写这种文章。（兼语式）

（2）主谓短语作宾语是：主＋动＋宾（主谓结构），如：

```
我们高呼中日友好万岁
 主      谓
    动      宾
       主  谓
```

兼语式是：(主) + 动 + 宾
　　　　　　　‖
　　　　　　主 + 谓

```
我请他来
主 谓
 动宾
 主谓
```

这两种句式都包含名$_1$ + 动$_1$ + 名$_2$ + 动$_2$，形式上很相像，但动$_1$与后续成分之间的关系不同。

陈建民在《论兼语式和一些有关句子分析法的问题》(《中国语文》1960年3月号)一文中，搜集一千多条包含"动·名·谓"次序的例句，包含二百来个动词，用"语音形式"测验兼语式和主谓结构作宾语的分别，结果发现下列情况：

A. 有些句子一定是兼语式，不能说成（或念成）"主谓宾"：

1）她变了，鼓励儿子∣报名参军。
2）大家选我∣当生产组长。
3）我们要她∣睡了歇歇。
4）可是扇子的风很有限，不能够教小蛾∣害怕。
5）武队长，有人∣找你。
6）人们给他送了个外号∣叫"使不得"。
7）武钢全体职工选派了几位代表，∣将他们用第一炉铁水铸成的高炉全景的铁屏，送给了毛主席。
8）怪他∣不老实。

9）买了一本书丨二十页。

10）祝你丨身体健康。

11）营救他们丨脱险‖是一个刻不容缓的特急任务。

B. 有些句子一定是"主谓宾"，不能说成（或念成）兼语式：

1）大家都觉出丨老头子确是有威。

2）当天晚上，我写了一条新闻用电报发给报社，报导丨武钢争取在10月1日出铁。

3）庆祝丨建国十周年！

4）当时她立刻意识到丨老师傅对她的无限的关怀和爱护……

5）他根据多年的经验摸索到丨羊在春季里发育骨骼。

6）展览会显示，丨（在重工业加快发展的同时）我国人民将从纺织和轻工业部门得到更多更好的衣着和日用品，让自己生活得更加美好。

7）每逢丨他的脑门发暗，必定有心事。

8）他们鼓掌欢迎毛主席，喊着丨共产党毛主席万岁。

C. 兼作"主谓宾"和"兼语式"。这也就是吕著说的"有时候好像两处都能停"。如：

1）同意丨他丨申请人民助学金。

2）你为什么老怀疑丨同学们丨瞧不起自己？

3）封建皇帝怕丨后人丨挖掘他的坟墓，封藏极为严密。

4）我希望丨你丨能这样。

5）我觉得丨她丨很好。

6）我记得丨柔石丨在年底曾回故乡。

7）我看见｜一群小学生｜在地里劳动。
8）我早就知道｜你｜没见过她！
9）他发现｜你｜有这个毛病。
10）想到｜队员们｜在停工待料，刘师傅恨不得扛起来飞跑回家。

陈文报告，在二百来个动词之中，有的都造成兼语句，如"叫、托、请、劝、求、提（升）、留、保、笑、气"等等；有的只能造成"主谓宾"，如"感觉、提（议）、高呼、报导、假装"等，为数不多。大多数的动词都是两可的。

（278）

[原文] 于是又有一个办法，看能不能改变语序，如：'他走了，我知道'，行，是'主谓作宾'；'他来开会，你通知｜他从食堂里出来，我看见'，都不自然，原句只能是兼语式。
（P72—L17）

[问] 这两个例子为什么都不自然？

[答] "都不自然"，就是没有那么说的。但这两句还有些差别：

"他来开会，你通知"，根本不能那么说，一点也不能表达"你通知他来开会"的意思，这跟只能有一种停顿有关。"他从食堂里出来，我看见"的说法虽然"不自然"，但特殊情况也可能说，如"他到底从哪儿出来的？" "他从食堂里出来，我看见"，而且基本上能表达"我看见他从食堂里出来"的意思，这大概是因为可以有两种语音停顿。当然，"我看见"之后加上"的"，就会自然多了。

（279）

[原文] 但是这也不完全可靠，例如'连省里的报纸都在表

扬你们创造了新记录',一般认为是兼语式,然而可以改变为'你们创造了新记录,连省里的报纸都在表扬'。(**P72—L20**)

[问]这个例子第一个办法行不通,第二个办法也行不通,那么为什么说这个例子是兼语式呢?

[答]我们体会吕先生此处不是说"这个例子第一个办法行不通,第二个办法也行不通"。"这也不完全可靠"的"这"只是复指上文的"看能不能改变语序"这个办法。这个例句说明"改变语序"的检验办法也不完全可靠。我们的语感,这个句子可能的语音停顿是:

  连省里的报纸都在表扬你们——创造了新纪录。

按可能的语音停顿,一般认为是兼语式,照理语序不能改变,但这个句子的语序却可以改变。所以吕先生认为看语序能不能改变可以作为一个办法,但也不完全可靠。

但这个句子可以看成是兼语式,"你们"是表扬的宾语同时又是"创造了新纪录"的主语。《现代汉语八百词》第33页有一个兼语句可类比:"领导上一直表扬他们干劲大。"

(280)

[原文]另一个问题是跟'双宾语'划界。这本来不难,只要看'兼语'跟后边的动词有没有主谓关系,但是有人要扩大'双宾语'的范围,就把问题闹复杂了。(**P72—L22**)

[问](1)"只要看'兼语'跟后边的动词有没有主谓关系"这句话的意思是"兼语"跟后边的动词的关系有两种:一种是有主谓关系的,一种是没有主谓关系的。跟后边的动词没有主谓关系的还能叫兼语吗?(2)请举些"兼语"跟后边的动词有没有主谓关系的例子说明跟"双宾语"的划界问题。(3)"有人"是指谁呢?

［答］（1）跟后边的动词没有主谓关系的当然不能叫"兼语"。吕先生这儿说的"只要看'兼语'跟后边的动词有没有主谓关系"的兼语是带引号的，实际上指的是前一个动词的宾语（＝名₂）是不是后一个主谓结构的主语。例如：

　　　　你让他到南方去。
　　　　你告诉他我不能去。

第一个例句是兼语式，兼语"他"与后边动词"去"（或动词短语"到南方去"）是主谓关系；第二个例句的"他"是"告诉"的宾语，但与"不能去"没有主谓关系，"他"不是兼语，这个句子是双宾语句。

　　（2）一般语法书认为"双宾语"是"动·名·名"。例如黎锦熙在《新著国语文法》（34页）里指出，"双宾语"是一个动词"带两个名词作宾语"。《现代汉语法讲话》（12页）也认为，"一个动词可以带两个宾语"，"宾语都是名词（有时候是带修饰语的名词）或者代词"。张志公《汉语语法常识》（83页）里说，双宾语是"两个表示受动者的宾语"。初级中学课本《汉语》（14页）里说，"一个动词有时候可以带两个宾语"，"一般地说，一个是指人的，一个是指事物的"。《现代汉语八百词》（27页）里也说，"双宾语句"的"宾语₁一般都指人，宾语₂除D类（表示称谓）外，都指物件或指事情"。按照这样理解，"双宾语"与"兼语式"的划界确实不难。如：

```
⎧ 我      求     你    一件事     （双宾语）
⎨（主语）（动词）（宾语₁）（宾语₂）
⎪ 我      求     你    办一件事   （兼语"你"和"办一
⎩（主语）（动词）（兼语）（谓  语）   件事"是主谓关系）
```

```
⎧ 他      教    我们    数学      （双宾语）
⎨（主语）（动词）（宾语₁）（宾语₂）
⎩ 他      教    我们    学习   数学  （兼语"我们"和"学
 （主语）（动词）（兼语）（谓    语）   习数学"是主谓关系）

⎧ 我      送给    你    这本书       （双宾语）
⎨（主语）（动词）（宾语₁）（宾语₂）
⎩ 我  把 这本书   送给    你    用吧（兼语"你"和"用"
 （主语）       （动词）（兼语）（谓语） 是主谓关系）
```

（3）有的先生主张把"双宾语"的定义推广到第二个宾语是主谓结构的句子。比如吕冀平《复杂谓语》（56页）里说"双宾语里的第二个宾语可以是主谓结构，如'你告诉他我不能去了'，'我不能去了'这个主谓结构是'告诉'的第二个宾语，它表示一件事情，相当于'你告诉他这样一件事情'"。这样的双宾语句形式上与兼语句相似，所以应当加以区别。如：

你告诉他｜我不能去。（"他"与"不能去"没有主谓关系）

你让他到南方去。（兼语"他"与"到南方去"有主谓关系）

更不容易区分的是"动·名·主谓（作谓）"和"动·名·主谓（作宾）"的形式，前者是兼语式，后者是双宾语句，如：

祝你｜身体健康。

民事主任说她｜声名不正。

直到我明明白白告诉了她｜我是没有结过婚，她才满了意。

你告诉他｜我不能去了。

竖道为语音停顿。前两句语音停顿后的"主谓"作谓语，所以是兼语式,后两句语音停顿后的"主谓"作宾语,所以是双宾语。其辨别的标准主要是抽掉动$_1$,看名$_2$与其后的成分是否有主谓关系。前两句抽掉动$_1$后,"你身体健康""她声名不正"仍然站得住,"主谓"与前面的名("你""她")构成主谓关系;后两句抽掉动$_1$后,"她我是没有结过婚""他我不能去"站不住了,因"主谓"与前面的"名"("她""他")没有主谓关系。兼语式与双宾语还可以同时用其他方法辨别,如:兼语式语音停顿后成分可用"干什么""怎么样"提问,双宾语用"什么"提问;兼语语音停顿后可插入副词或别的状语性成分,如"祝你〔永远〕身体健康""说她〔原来〕声名不正"等。

有的先生划定的双宾语的范围更大,比如张静《新编现代汉语》(上册)第138页里说:双宾语句里,近宾语指人,远宾语可以是表示行为或性状的,如回答 P83—L23 第二问援引过的例句:

  指导员一直都在指挥我们战斗。
  大家鼓励他参加数学竞赛。
  团长命令炮兵连开炮射击。

以上第一浪线处为近宾语,第二浪线处为远宾语。这样处理,把"我托你带给他"和"我托你一件事"同样处理成双宾语句了。

(281)

〔原文〕假如'我托你带给他'是兼语式,不必比照'我托你一件事',把'带给他'也作为一个'宾语'。(**P72—L25**)

〔问〕(1) 这个例子为什么说是兼语式?请分析。(2) "带给他"不是宾语,那么是什么?

〔答〕根据前一个问题谈到的检验标准,抽掉动$_1$"托","你带给他"仍然成立。"你"与"带给他"有主谓关系。"你"

是动₁"托"的宾语,又是"带给他"的主语。所以这个句子是兼语式。用改变语序法检验,"你带给他,我托",不自然。而且语音停顿后可以加副词,如"我托你〔马上〕带给他",也可以问"我托你干什么?"所以"带给他"不是宾语,而是前面的"名"的谓语。

同样方法,"我托你一件事",抽掉动₁"托","你一件事"不成结构。"你"与"一件事"没有主谓关系。语音停顿后不能加副词或别的状语性成分,如不说"我托你〔马上〕一件事"。可以用"我托你什么"提问。所以这个句子是双宾语句。

(282)

[原文]要是取消兼语式,一个办法是回到宾补说,虽然宾补说如何适应层次分析也是个问题。**(P73—L6)**

[问](1)"宾补说"指什么?是谁的主张?请举例。(2)"宾补说如何适应层次分析也是个问题"这句话是什么意思呢?请解释。

[答](1)"宾补说"就是黎锦熙的"宾语补足语"的说法。如:

(主语) ‖	(述语)	(述带宾语)	(再带补足语)
工人	推举	张同志	作 \ 代表

之后,也有人主张把动₂看成补语。比如李临定、范方莲在《语法研究应该依据意义和形式相结合的原则》(《中国语文》1961年5月号)中说:"所谓兼语,它或者是前面动词的宾语,或者只是后面动词的主语(构成主谓宾),不可能一身而二任。""鼓励儿子报名参军"中的"报名参军"不是在说明儿子干什么,而是表示前面谓语的目的补语。李人鉴在《关于语法结构分析

方法问题》中认为像"请他来"的结构，是动宾结构后带的补充的成分，表示"怎么样"，整个结构表示"叫他怎么样"之类的意思。

（2）"宾补说如何适应层次分析也是个问题"意思是还解决不好，也同样不适用于"二分法"。作层次切分有困难，或可分析为：

$$\underbrace{\text{叫} \quad \text{他}}_{（动 \quad 宾} \underbrace{\text{去}}_{+补）}$$

（283）

[原文]'你通知他来开会'，'他来开会'是'通知'的预期结果，是一种结果补语。（代表具体事物的结果补语如'写篇文章'的'文章'，'修条马路'的'马路'，在句子里的活动方式跟一般受事补语没什么两样。）**（P73—L9）**

[问]（1）如果承认这句话是主谓短语作补语（宾语）的格式的话，按照层次分析法怎样分析呢？（2）这里说的活动方式是什么？（3）"写篇文章"的"文章"和"修条马路"的"马路"是不是一般受事补语呢？

[答]（1）按照这个办法应分析为：

$$\underbrace{\text{你}\underbrace{\text{通知}\underbrace{\text{他}\underbrace{\text{来}\text{开会}}}}}$$

（2）这里说的"活动方式"与吕著第34节、第75节等处所说的"活动方式"相同，就是语法结构、语法形式。

（3）一般的语法书把"写篇文章""修条马路"看成述宾结构，即"文章""马路"是表示动作产生的结果的宾语。吕先生在这本书里对汉语语法体系提出了新的构想，其中之一是打算把宾语改成"补语"。把过去一般看做补语的，有的看成是一种复合动词，如"走出来""说清楚"；有的归入"补语"，如"学一遍""学三年"；有的归入状语，如"好得很"的"很"，"等得不耐烦"的"不耐烦"。这样分析的结果是：把动词前后的名词性成分看成"补语"，非名词性成分则一般看成状语。所以把"写文章""修条马路"的"文章""马路"看成是代表具体事物的结果补语。

"受事""结果""施事""工具"……本是说述语与补语（宾语）之间意义上的各种各样的联系。"写篇文章"是结果补（宾）语，是"写"这个动作产生的结果，写出来了才成为文章。而"改篇文章""读篇文章"的"文章"，是受事补（宾）语，"文章"是动作的受事，是修改或阅读已经写出来的（别人的或自己的）文章。同样，"修条马路"是修了才成为马路（不是"修补马路"），"马路"是"修"这个动作产生的结果，而"过条马路"，则是通过本来就有的马路，是受事补（宾）语。

吕书的意见是，代表具体事物的结果补语（写篇文章）和一般受事补语（改篇文章）在语法结构关系上没有什么两样，尽管这两种补语与动词有不同的关系。更深一层的隐含是：兼语句"你通知他来开会"的"他来开会"，与主谓短语作补语（宾语）的"领导决定他来开会"的"他来开会"活动方式、结构关系也可以看成一样。尽管它们与动词的关系可能不同，甚至语音停顿不一样。

(284)

[原文]'我爱他老实'，'他老实'是'爱'的原因补语（类似'帮忙'的'忙'）。(**P73—L12**)

[问]（1）请用层次分析法分析这个句子。（2）请先用"帮忙"造个句子，然后用层次分析法分析。

[答] (1)《现代汉语八百词》曾说,有一类兼语句,动$_1$常是表示赞许或责怪的原因。常见的动词有"爱、感谢、佩服、夸奖、称赞、嫌、恨、气、怨、可怜、笑、骂、讨厌"等。如果把它看成兼语句,可作如下分析:

```
我   爱   他   老实
 主  ┕─────────────┛
        谓
     ┕───┱───┛
      述  宾
         ┕───┱───┛
          主   谓
```

吕先生这里是作为承认它是一种主谓短语作补语(宾语)的格式,所以我们可以作这样的分析:

```
我   爱   他   老实
 主  ┕─────────────┛
        谓
     ┕───┱─────────┛
      述  补(宾)
         ┕───┱───┛
          主   谓
```

(2) 吕先生所说"类似帮忙的忙",意思是"他老实"是"爱"的原因补语,正如"忙"是"帮"的原因补语一样。

```
谁   帮    忙?
 主  ┕─────────┛
        谓
     ┕───┱───┛
      述  补(宾)
```

(285)

[原文] 这些是兼语式中最重要的两类。**(P73—L13)**

[问] "这些"指的是什么呢?

[答] 兼语式中最重要的两类指:A类:动$_1$ + 兼语 + 动$_2$(形),如"你通知他来开会"。这一类兼语句动$_1$常是含有使令意思的及物动词,动$_2$是动$_1$的结果或目的,即吕著说的结果补语。B类:动$_1$ + 兼语 + 动$_2$(形),如"我爱他老实","他怪我没告诉他"。动$_1$常是表示赞许或责怪的及物动词,动$_2$表示赞许或责怪的原因,即吕著说的原因补语。

值得注意的是：兼语式中，有"动·名·动"，还有"动·名·形"，如：

你通知他来开会。

我爱他老实。

"动·名·形"是吕先生在《语法学习》中指出的："第二个（按指'动·名'后边的成分）也可以不是动词而是形容词。例如'我劝大家冷静点'。"以前，人们认为"动·名·动"才是兼语式，吕先生的这种看法是十分重要的。

(286)

[原文] 有些句子里边，动$_2$不仅跟名$_2$有关系，跟名$_1$也有关系，如'我有一期画报丢了'。(P73—L18)

[问]（1）看成连动式怎么分析？看成兼语式怎么分析？（2）为什么跟一般连动式不一样？（3）什么是"连动式兼兼语式"？

[答]（1）看成连动式，分析为：

我 有 一期 画报 丢 了
主｜　　　　谓　　　　
　｜　连　｜　动　｜

看成兼语式，分析为：

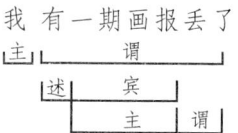

（2）连动式和兼语式第一个动词都可以用"有"或"没有"。一般说来，连动式动$_1$、动$_2$联系同一个施动者，中间不停顿，如"我还有话吩咐你"。兼语式动$_1$、动$_2$不联系同一个施动者，名$_2$是动$_1$的受事又是动$_2$的施事，动$_2$跟名没有关系，如

"她有一个儿子参了军"。

"我有一期画报丢了"是"我有一期画报""我丢了一期画报"的意思,所以吕著说"通常说这是连动式"。但这个句子"跟一般连动式不一样",是因为可以看成动$_1$、动$_2$不联系同一个主语,是"画报丢了"不是"我丢了","画报"是"丢"的受事。"我有一期画报丢了"这个句子,动$_2$跟名$_2$有关系,跟名$_1$也有关系。如果我们不把名$_2$跟动$_2$的关系限于施事的话(现在语法学界一般也都承认主语可以是"受事"),像这个句子名$_2$是动$_2$的受事,那应该看成连动式兼兼语式。

(3)吕先生说这个句子"是连动式兼兼语式",我们理解不是"或者算连动式或者算兼语式",即不是"不是连动式就是兼语式"的意思。我们理解为可以看成连动式,但又跟一般的连动式不一样,是连动式兼兼语式,这也就是吕著96节所说的:"(13)(14)(16)是'连动式',同时也该算是'兼语式'。"

汉语中还有一些兼语与连动混合式的句子,兼语、连动交互连续运用,构成更为复杂的情况。如:

母亲叫他到厨下炒饭吃去。

兼语式套连动式。"叫他炒饭"是兼语式,"他炒饭吃"是连动式。

我们烧了些水给大家喝。

连动式套兼语式。"烧了些水给大家"是连动式,"给大家喝"是兼语式。

我叫他出去买点心给你吃。

兼语式、连动式、兼语式交叉,"叫他出去……"是兼语式,"他出去买点心给你"是连动式,"给你吃"是兼语式。

(287)

[原文] 这一句里'画报'是'丢'的受事,别的句子里还可

以有别的关系，如'我有办法叫他来'（工具）｜'我这儿有人说着话呢'（交与）｜'你完全有理由拒绝'（理由）｜'我们有时间做，可是没有地方放'（时间、处所）。**(P73—L21)**

[问]（1）这句话的意思，吕先生主张除了施事关系以外的关系也是兼语式吗？（2）这四个句子是连动式？是兼语式？是连动兼兼语式？

[答]（1）吕先生主张兼语式名$_2$对动$_2$的关系不限于施事的关系，受事、工具、交与、理由、时间、处所等关系都可以。

（2）按吕著的观点，这四个句子似可归入连动式兼兼语式。如果按兼语式的公式"名$_1$—动$_1$—名$_2$—动$_2$"，其中名$_2$是动$_1$的受事，又是动$_2$的施事，动$_2$跟名$_1$没有关系，若有关系就不算兼语的话，那这四个句子动$_2$与名$_1$都有关系，而且除第二句外，名$_2$不是动$_2$的施事，可以是连动式。

但是这四个句子跟一般连动式不同，上面已经承认"我有一期画报丢了"这种动$_2$与名$_1$可以有关系，而且不把名$_2$对动$_2$的关系限于施事，受事及别的关系也可以，那么，第一句名$_2$"办法"是动$_2$"叫他来"的工具；第二句名$_2$"人"与动$_2$"说着话"是"交与"关系，因"说着话"有说也有听，有施也有受；第三句名$_2$"理由"是动$_2$"拒绝"的理由；第四句名$_2$"时间""地方"分别是动$_2$"做""放"的时间和处所。吕著96节认为"咱们想个法子通知他"是"连动式兼兼语式"，"我有办法叫他来"之类的情形与之相同，当然这同时也该算是兼语式。这样，兼语式的范围就扩大了。

我们来比较参考丁声树等的《现代汉语语法讲话》和朱德熙的《语法答问》：

《现代汉语语法讲话》第120页所举"有"字句分属"连动

式"与"兼语式"。带"有"的连动式,如:

> 我还有话吩咐你。
> 我师完全有力量担负解放峰山岛的任务。
> 小二黑满有资格跟别人恋爱,谁也不能干涉。

带"有"的兼语式:

> 这位老太太至少有一个儿当过师长。
> 他还有个特别本领是编歌子。
> 现在七个(小兔)之中就有两个很瘦弱。
> 外边有人找你。
> 有架飞机飞过去了。

丁书认为,连动式的特点,就是前后的动词结构同属于一个主语;兼语式的特点是两个主谓结构套在一起。并指出没有主语或者主语是处所词的多半是兼语式,不是连动式。

朱德熙《语法答问》中说:兼语式的形式是:$V_1 + N + V_2$,通常认为 N 是 V_1 的宾语,同时又是 V_2 的主语。连动式也可以有这样的形式,只是其中的 N 和 V_2 之间不存在主谓关系。朱先生认为"连动式可以按照其中的 N 和 V_2 之间的不同的关系分成若干小类,兼语式只是其中的一类,即 N 是 V_2 的施事的那一类"。

吕先生对动$_2$与名$_1$的种种关系的探讨,使人看到"原来这里边还大有研究"。

5.15 动词的后续词语与种种复杂关系(288—290)

(288)

[原文]兼语式问题实际是动词的后续词语这个总问题的一部分。各种情况大致如下:…… **(P74—L1)**

〔问〕请解释96节18个句子括号里的情况。

〔答〕吕著说"兼语式问题实际是动词的后续词语这个总问题的一部分",这话富有启发性。下面列举的18种情况对动词的后续成分作了比较全面的分析。

(1) 动词"写"后续的名词指"一篇"。

(2) 动词"答应"后续动词指"写"。"施事同于句子主语"的意思是,"答应"的施事是"他",而后续动词"写"的施事未说出,但也是"他"。

(3) 动词"允许"后续动词指"写","施事异于句子的主语"的意思是,"允许"的施事是"他",但"写"的施事未说出,是"他"以外的人。

(4) 动词"同意"的后续动词指"写","施事同于句子主语"指"他同意〔他自己〕另写一篇";"施事异于句子主语"指"他同意〔我、你、张三、李四……〕另写一篇"。

(5) 动词"答应"后续一名一动,指"我""写"。"动的施事同于句子主语"指,"写"的施事是"他","答应"的施事也是"他",即他答应我他要另写一篇的意思。这个句子没有动的施事异于句子主语的意思。

(6) 动词"允许"后续一名一动指"我""写"。"动的施事同于名"指"写"的施事是"我"。

(7) 动词"问"后续二名指"我""一个问题"。

(8) 动词"问"后续一名一主谓语指"我""〔他〕可不可以去"。隐含的主语"他"同于句子的主语"他"。

(9) 动词"问"后续一名一主谓语,指"我""〔我〕去不去"。"主语同于名"指隐含的〔我〕同于"我"。

(10) 后续"一名一主谓语"指"我"和"〔我/他〕能不

能去"。"主语同于名"指"[我]能不能去"中没出现的"我"同于"问我"的"我"。

"我后的能"这个"能"意思是"可能""意愿",句子可以换成"他问我愿不愿意去"。"他后的能",这个"能"意思是"被许可""被准许",句子可以换成"他问我他可不可以去"。

(11) 动词"问"后续一名一主谓语指"我""你去不去"。"主语不同于名"指"你"不同于"我"。"主语不同于句子主语"指"你"不同于"他"。

(12) 同(6),动词"找"后续一名一动指"(一)个人"和"教"。"但可以留名去动"指第(6)不能留名去动说成"他允许我",而本句可以说"我找个人"。"我找个人教你"是"我物色一个人教你"的意思。

(13) 动词"找"后续一名一动指"(一)个人"和"问"。"动的施事同于句子主语"指"问"的施事与"找"的施事相同,都指句子的主语"我"。

(14) 动词"找"后续一名一动指"(一)个人"和"去"。"名与主语共为动的施事"指"(一)个人"和"我"共同发出"去"的动作、行为。

(15) 动词"找"后续一名一主谓语指"(一)本书"和"你看"。"名为主谓语中动词的受事"指"书"是"看"的受事。

(16a) 动词"找"后续"一名一动"指"(一)个地方"和"说说话儿"。"动的施事同于句子主语",指"说说话儿"的施事与"找"的施事相同,都是"咱们"。"名为动的处所补语"指"地方",是"说说话儿"的处所,称它补语是吕著第86、87节提出的主张:动词前后的名词性成分看成"补语",非名词性成分一般看成状语。

(16b) 同(16a),动词"找"后续一名一动指"时间"和"谈"。"名为动的时间补语"指"时间"是动词"谈"的时间补语。称之为补语,理由同(16a)。

(16c) 同(16b),动词"想"后续一名一动指"(一)个法子"和"通知"。"名为动的工具补语"指"(一)个法子"是"通知"的工具补语。称之为补语,理由同(16a)。

(289)

[原文] 这些句子的相互关系如下图:**(P74—L30)**

[问] 请解释这个图的相互关系。

[答] 从这个相互关系图看出几点:

1. 汉语中动词的后续词语情况复杂。

a.(1)句是名词性宾语,最一般的无争议的主—动—宾$_名$句子。(6)(12)是典型的兼语式。

b.(2)(3)(4)(5)(6)的"另写一篇",除(6)"允许我另写一篇"中的"我另写一篇"是主谓短语外,其余形式上看是动词短语,但都有主谓短语的作用,都有隐含的主语,各句应是:

(2)他答应(他自己)另写一篇。

(3)他允许(我、你、她、我们、李平……)另写一篇。

(4)他同意(某人或他自己)另写一篇。

(5)他答应我(他)另写一篇。

如要翻译成英文,括号中隐含部分必须露面:

(2) He agrees to write another piece of article himself.

(3) He permits me (you、her、us、Ping Li) to write an-

other piece of article.

（4）He agrees that（somebody）writes another piece of article.

He agrees to write another piece of article himself.

（5）He promises me to write another piece of article himself.

c.（8）（9）（10）（11）四句中，除（11）"你去不去"是主谓短语外，其余形式上看是动词短语，但都隐含有主语：

（8）他问我（他）可不可以去。

（9）他问我（我）去不去。

（10）他问我（我/他）能不能去。

如果翻译成英文，隐含部分同样必须露面：

（8）He asks me whether he can go.

（9）He asks me whether I go.

（10）He asks me whether l can go.

He asks me weter he can go.

（11）He asks me whether you go（or not）.

2. 本图从左到右，这样的排列，我们体会有作者暗含的逻辑、道理，比如：

a. 从句子格局、宾语类型看，相同点多的，在图中的位置比较靠近，相同点少的在图上距离就远。

b. 图中各句下边标有我们理解的句子格局：（1）（2）（4）这一片是单宾语（名词性宾语或动词性宾语）；（5）（8）（7）（11）这一片是双宾语；（6）（12）（3）（9）、（10）这一片是兼语式；第9句吕先生说是否兼语不明确，可能是可能不是；（13）（14）（15）（16）右边那一圈是连动式兼兼语式。从左至右大致有宾语→双宾语→兼语式→连动式兼兼语式的顺序。

《汉语语法分析问题》各部分的问题解答 453

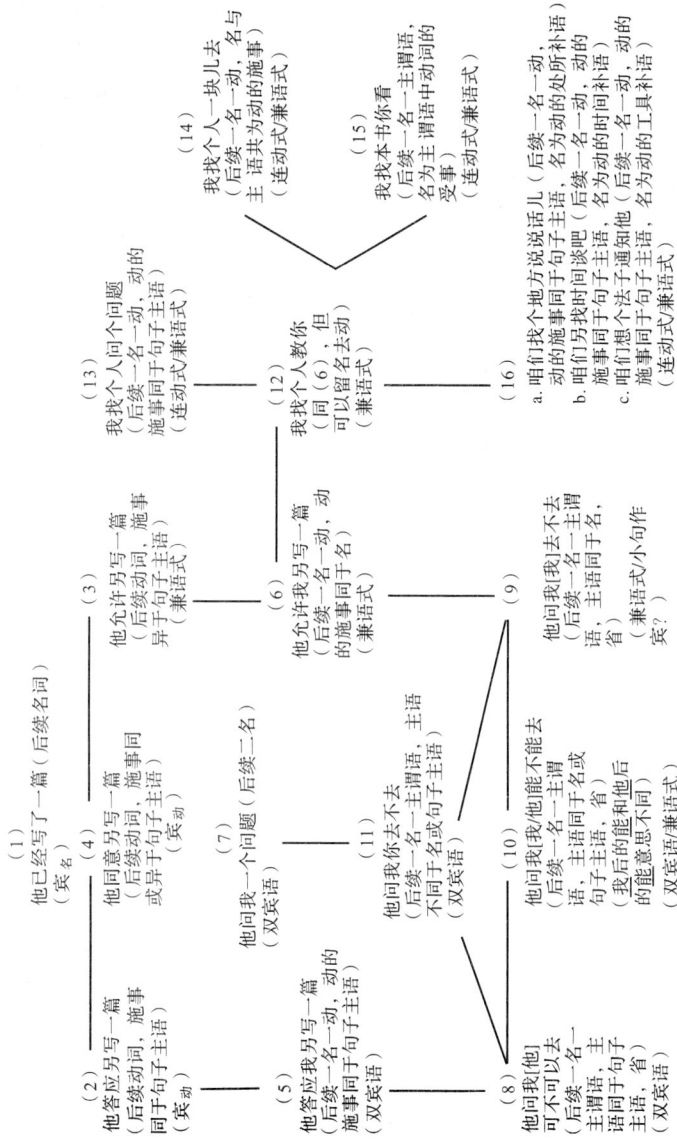

对这个关系图,要说明的是:除吕先生讲明何例是"兼语式""连动式兼兼语式"之外,"宾语""双宾语"也仅举典型例。其余不一一归类,因为吕先生最后有一句话:"从这些例子可以看出,光靠'宾语','双宾语','兼语'这几个概念不足以辨别这种种情况。"

此外,吕先生在《漫谈语法研究》(《中国语文》1978年第1期)中谈到,其次,不要满足于笼统的说法。比如"他答应另写一篇"和"他允许另写一篇",光说这都是用动词短语做宾语,就不免笼统。第一句的"答应"和"写"是一个人的动作,第二句的"允许"和"写"是两个人的动作。如果在两句的"写"字前边都加个"我"字,第一句"他答应另写一篇"是个兼语式的句子。还是吕先生序言中所说的:"本文的宗旨是摆问题","提出各种看法,目的在于促使读者进行观察和思考"。这是最重要的。

(290)

[原文] 这里边,按现在通行的说法,有的是一个'宾语',有的是'双宾语',(6)和(12)是'兼语式',(9)是否兼语式不明确,(13)(14)(16)是'连动式',同时也该算是'兼语式',因为后续名词跟后续动词不是没有关系。**(P75—L1)**

[问](1)为什么(6)和(12)可以说是"兼语式"?请说明。(2)为什么(9)是否兼语式不明确呢?(3)为什么(13)(14)(16)是"连动式",同时也该算是"兼语式"?

[答](1)这是两个典型的兼语式。(6)句"允许我"是述宾结构,"我另写一篇"是主谓结构,"我"是兼语;(12)句"找个人"是述宾结构,"人教你"是主谓结构,"人"是兼语。这是吕著95节说的,可以用公式"名$_1$—动$_2$—名$_2$—动$_2$"来表

示,其中名$_2$是动$_1$的受事,又是动$_2$的施事,动$_2$跟名$_1$没有关系。这两个结构套在一起,可作如下分析:

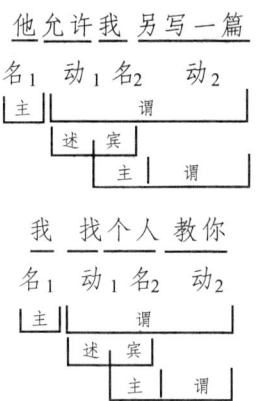

(2)因为这个句子可以分析为"他问+我去不去",也可以分析为"他问我+去不去"。采取后一种分析,才能明确这是兼语句。

(3)说(13)(14)(16)是"连动式",这是通行的说法,其中的动$_1$和动$_2$联系同一个施动者。说它"同时也该算是'兼语式'",道理如吕著95节所谈,兼语式①允许动$_2$与名$_1$也有关系;②名$_2$与动$_2$不限于施事关系。(13)句名$_2$是动$_2$的受事,(14)名$_2$与动$_2$是交与关系;(16)名$_2$与动$_2$是处所、时间、工具的关系。如果我们不把名$_2$对动$_2$的关系限于施事的话,这当然同时也该算是"兼语式"了。

5.16 单句、复句的纠结(291—299)

(291)

[原文]单句复句的划分是讲汉语语法叫人挠头的问题之一。1957年曾经在刊物上展开讨论,最后也没有得出比较一致

的意见。(P75—L6)

[问] 单复句的问题为什么"叫人挠头"？请介绍各家的主要看法。

[答] 50年代以来，几乎所有的语法著作都列有单句复句这一语法项目，但几乎没有一本语法著作能提出"既不失出也不失入"的圆满的标准。这是为什么？因为单句复句的划分问题很难，很挠头！其界说涉及三个因素：是一套主谓结构还是多套主谓结构；关联词语的有无；停顿的有无。这三个因素正负交错，能有八种情况，而且主语可以承前或蒙后省略等各种复杂情形无法"一刀切"。

1957年曾在刊物上发表一批文章，展开讨论，最后也没有得出比较一致的意见。比如对下面的几组句子，各家看法就不一致：

1 { 袭人进来，见这光景，知是梳洗过了，只得自己回来梳洗。
尤老二在八仙桌前面立了一会儿，向大家笑了笑，走进里屋去。

2 { 他并没说什么，不过说了几句顽话。
我忽而看见他眼圈微红，但立即知道是有了酒意。

3 { 他们爱祖国，爱人民，爱正义，爱和平。
孙中山欢迎十月革命，欢迎俄国人对中国人的帮助，欢迎中国共产党同他合作。

4 { 他……扔下粪筐就往回跑。
待张材家的缴清再发。

5 { 对于车座儿，他绝对不客气。
关于各项具体政策，中央曾经陆续有所指示。

	黎锦熙	王力	吕叔湘	丁声树等	张志公
1组	单句	复句	复句	复句	单句
2组	单句	复句	复句	复句	复句
3组	单句	复句	复句（单句）	复句	单句
4组	单句	复句	复句	单句	单句
5组	单句	复句	单句	复句	单句

上表所示，没有一组各家能有完全一致的看法。这不是语法学者的固执或无能，这是目前未能甚至不可能有划分单复句的理想标准。

1993年邢福义先生在《汉语复句与单句的对立和纠结》（《世界汉语教学》1993年第1期）一文中，对单复句的对立与纠结作过探索，有过很有说服力的结论：单复句之间存在"剪不断理还乱"的纠葛。数据提供纠葛现象"最多的达54%强，最小也达33%强，大多数都在40%以上，都超过典型单句和典型复句的平均数。显然，要想在二者之间划出一条'泾渭分明'的界限，这是徒劳无功的努力"。也就是说，用"离散"的办法去处理"连续"的现象是有困难的，这也正如吕先生在《分析》引言部分所谈的，许多情况"划分起来都难于处处'一刀切'"。

其实，我们可以另辟蹊径，从零标志和有标志连接手段，讨论句子的并列关系和主从关系，把常见的连接词、短语、句子的词语及其所连接成分的类型及限制条件逐个加以论述，这样对语法研究本身，尤其对学习汉语语法的外国人也许更为实用。

(292)

[原文] 这三个因素正负交错，能有八种情况，加上有时候

主语不好确定,问题就更加复杂了。(**P75—L10**)

[问] 请举例说明这八种情况。

[答] 这三个因素正负交错形成的八种情况列表如下:

类型 \ 涉及因素	两套以上主谓结构	关联词	停顿
1	+	+	+
2	−	−	−
3	+	−	−
4	−	+	+
5	+	−	+
6	−	+	−
7	−	−	+
8	+	+	−

这八种情况的例子如下:

1. 有几个主谓结构,有关联词语,有停顿,如:

　　太阳也不出,门也不开。

　　要是你不告诉我,我还蒙在鼓里。

　　因为你老爱取笑他,所以他不肯跟你亲近。

　　我不说出来,你也知道。

2. 只有一套主谓结构,无关联词语,无停顿,如:

　　你喝一口尝尝。

　　我没想到你忘了。

　　大家选我当组长。

我送你一张电影票。
3. 有几个主谓结构，无关联词语，无停顿，如：
　　你不问我替你问。
　　谁先到谁买票。
　　你再说一遍我听听。
　　我们受了伤（你们）为什么不给治？
4. 只有一个主谓结构，有关联词语，有停顿，如：
　　这种桥不但形式优美，而且造价便宜。
　　我躲在姨父的背后，又想看，又不敢看。
　　即使有很大贡献的同志，也不应该骄傲。
　　只有值班经理，才能解决这个问题。
5. 有几个主谓结构，无关联词语，有停顿，如：
　　哪里有困难，他就在哪里出现。
　　谁先到，谁买票。
　　他娶了个媳妇，会下地种庄稼，又会写会算。
　　树阴深处有一群小鸟，不时发出清脆婉转的叫声，使人感觉格外幽静。
6. 只有一个主谓结构，有关联词语，无停顿，如：
　　大家越干越起劲。
　　就是世界上最快的马也要落在背后。
　　我走也走到北京。
　　那个孩子既聪明又活泼。
7. 只有一个主谓结构，无关联词语，有停顿，如：
　　他呀，一天到晚写，写，写。
　　他活动，利落，准确。
　　他放下书包，端起碗来吃饭。

蹚过齐腰深的河，绕过那座数十米高的庙宇，我们来到了这位年过半百的老猎人的家。

8. 有几个主谓结构，有关联词语，无停顿，如：

如果他愿意去就叫他去。

你叫他也不答应。

你走我就走。

叫你说你就说。

(293)

［原文］同样格局，换个例子，'他呀，一天到晚写，写，写'，似乎单句说比复句说强。(P75—L14)

［问］这个句子为什么"似乎单句说比复句说强"？

［答］"他呀，一天到晚写，写，写。"这个例句有语音停顿，无关联词语。前段的语气词"呀"及逗号只表示停顿，只有主语没有谓语；后段谓语部分的三个动词"写，写，写"，是表示同一动作的持续，而不是三个动作（对比"她不说话，只顾笑"），是"他一天到晚不停地写"的意思。全句只有一个主谓结构。所以虽有语音停顿，似乎单句说比复句说强。

(294)

［原文］可是，'他就是爱打乒乓球，下了班到处拉人打球，外带能赢不能输，输了一定得再打下去，非赢一盘不罢休'，跟前边的两句一样，也是只有一个主语，却又似乎单句说不如复句说。(P75—L14)

［问］这个句子为什么"却又似乎单句说不如复句说"？

［答］"他就是爱打乒乓球，下了班到处拉人打球，外带能赢不能输，输了一定得再打下去，非赢一盘不罢休"这是一主多谓句，虽只有一个主语一贯到底，但谓语是论断、叙述交错的

五个复杂的动词短语,"爱打乒乓球"是对主语"他"作出的论断,之后又有四个按时间和事实的顺序贯串起的动词短语。句中停顿也多,从意念上也可以理解成有一些没露面的关联词语,比如"不仅""而且""如果"等(比如,"他就是……不仅下了班……,而且……,如果输了……"),可以理解成五个动词短语的主语相同,相同的主语只出现在句首。所以这个句子似乎单句说不如复句说强。

(295)

[原文]分号前后两个句子的格局十分相似,可是如果光拿一个还是几个主语做标准,那么,分号前边的一句,主语'你'一直管到底,因而是单句;分号后边的一句,主语'我'只管住'买'和'不买','便宜'和'不便宜'另有没露面的主语,因而是复句。(**P76—L6**)

[问]吕叔湘先生认为"便宜"和"不便宜"另有没露面的主语。那到底这个主语是什么呢?我以为"便宜"和"不便宜"也是个人感情上的问题,不是绝对性的问题。所以我以为这个例子也是单句。

[答]"你呀,喜欢就买,不喜欢不买;我呢,便宜才买,不便宜不买",分号前后两个句子的格局十分相似,两句主语后边都有语气词加上停顿。但分号前边的一句,"喜欢""买","不喜欢""不买"的主语都是"你",而分号后边的一句,"买""不买"的主语是"我",而"便宜""不便宜"的主语指的"商品",只不过没有露面罢了。

如果句子改成"你呀,喜欢的就买,不喜欢的不买;我呢,便宜的才买,不便宜的不买,"那分号前后两个句子的格局当然就相同了,"喜欢的""不喜欢的""便宜的""不便宜的"全都成了"的₁短语"了。

(296)

[原文]汉语却不是如此,后一小句的主语常常借用前一小句的某一成分,甚至无所承接也可以省略。例如:'他十分信服老队长,吩咐他做什么,总是话才出口,抬腿就走｜他还说我表扬不得,一表扬就翘尾巴,净给我吃辣的。'如果承认这样的句子是复句,而对于后一小句的主语同于前一小句因而省略的句子,非咬定它是单句不可,就未免有点不那么公平合理了。

(P76—L11)

[问](1)请用所举两个例子说明"后一小句的主语常常借用前一小句的某一成分,甚至无所承接也可以省略"。(2)为什么有点不那么公平合理呢?

[答]假如把这两个句子中省略的部分用括号补齐,那就是:

他十分信服老队长,(老队长)吩咐他做什么,总是(老队长的)话才出口,(他)抬腿就走。

他还说我表扬不得,(人家)一表扬(我),(我)就翘尾巴,(他)净给我吃辣的。

第一个例句中,第二小句的主语"老队长"是借用前一小句的宾语,第三小句的主语"老队长"情形同前一小句。因第二小句的主语没出现,第三小句的主语本无所承接,但也可以省略。第二个例句中,第二小句的主语也没出现,省略了。主语可以是"人家",即"人家一表扬我就翘尾巴"的意思,这样第二小句的主语就属无所承接而省略了。也可以是"我",即"我一受表扬就翘尾巴"的意思,那么是承接上句的宾语。

吕叔湘先生在《语法学习》中及在与朱德熙合著的《语法

修辞讲话》中都曾谈到复句和主语的问题。大致如下：一个复句包含几个小句，每个小句有一个主语，这些主语可以相同，也可以不同。

一、几个小句主语相同，有下列几种情形：

1. 几个小句主语都出现，如：

全世界共产主义者比资产阶级高明，他们懂得事物的生存和发展的规律，他们懂得辩证法，他们看得远些。

2. 主语只在第一小句出现，以后就省掉了，如：

金桂是个女劳动英雄，一冬天赶集卖煤，成天打娘家门口过来过去，几时进去看看，就进去看看，根本不把走娘家当成件稀罕事。

3. 主语只在第二小句里出现，如：

如果不了解敌友我三方的宣传状况，我们就无法正确地决定我们的宣传政策。

二、几个小句的主语不同：

1. 通常各小句主语不能省略，如：

你不问他，他怎么会告诉你？你要问他，他一定告诉你。

2. 后一小句的主语借用前一小句的某一成分，可不是它的主语，照例应该在后一小句用代词来替代，但是没有用，省略了，甚至无所承接也省略了，如吕著这一段所举的这两个例句。又如：

他娶了个媳妇，（她）会下地种庄稼，又会算。

我也做过这种工作，（工作）不算太难。

我劝你不必去找它，（你）即使找着了，（它）对你也没有用处。

吕先生虽曾谈过:"假如这几个分句之间没有特殊的关系,只是一个加一个,那么,就把这几个谓语作为一个联合谓语看待,说这是一个简单句,也没有什么不可以。例如:

　　孙中山欢迎十月革命,欢迎俄国人对中国人的帮助,欢迎中国共产党同他合作。"(见《语法修辞讲话》)

吕先生认为如果承认几个小句的主语不同,后一小句的主语借用前一小句的某一成分而省略,甚至无所承接而省略了的句子是复句,那么,对于后一小句的主语同于前一小句因而省略的句子也应看成是复句,因每一个谓语动词("欢迎")之前,都可以补出承前省略的主语("孙中山"),否则"未免有点不那么公平合理"了。吕先生这段话是强调复句为主,因为它们都同样是有几个主谓结构的句子。但露面的主语同样都只有一个。

(297)

[原文] 要是拿有没有关联词语这个标准来说,同样有露面不露面的问题。并且这两个标准会闹矛盾,例如两个小句共一个主语,但是中间有连词。(P76—L17)

[问] (1) 请举例说明"同样有露面不露面的问题"。(2)"这两个标准会闹矛盾",除了"两个小句共一个主语,但是中间有连词"的例子以外,还有别种情况的例子吗?(3) 请举例说明"两个小句共一主语,但是中间有连词"。

[答] 要是拿有没有关联词语(副词、连词、连词+副词)这个标准来说,像"妈妈不打他,我不依"(《红楼梦》),各家都认为是复句,但关联词语(比如"要是妈妈不打他,我就不依")并没露面。

"两个小句共一主语,但是中间有连词。"如:

　　他们必须懂得这一条真理,才有正确的宇宙观。

> 我已经念了五遍,但是还背不出来。

如果拿主语是一个还是几个这个标准来划分单复句,认为一个主语的是单句,几个主语的是复句,那么上列两句均应划为单句;如果拿有没有关联词语做标准,认为无关联词语的是单句,有关联词语的是复句,那么上列两句均应划为复句。这样,"两个小句共一主语,但是中间有连词",同时用这两个标准就闹了矛盾了。

甚至有共一主语,关联词语不露面,也会有矛盾,如:

> 曾将军吃了晚饭,带了少数战士,袭击敌人去了。

有人认为它是连动式谓语的简单句,有人认为它的第二小句的主语承前省略,并有不露面的关联词语"一……就",应算复句,其界限也很难划清。

(298)

[原文] 拿有无停顿做标准也一样。(**P76—L20**)

[问] 请举例说明"拿有无停顿做标准也一样"。

[答] 吕叔湘先生在《语法学习》中曾谈到,有一种复杂谓语的单句,其谓语是连动式的,如:

> 他走过去开门。
> 你喝一口尝尝。

吕先生说:"这一类句子有点接近复合句。只要当中有个停顿,就可以算是复合句。例如:

> 他走过去,把门开开。
> 你喝一口,尝尝味道怎么样。"

丁声树等的《现代汉语语法讲话》中谈到:"要是并列的谓语都在主语后头,中间有停顿,可以算是复合句,也可以算是简单句。例如'吴天宝人小,器量可大'(杨朔),就可以有两种分析法。要是并列的谓语都在主语后头，而又没有停顿，那就算是简单句，不算复合句了。例如：

　　咱们耳灵眼亮，敌人呢，是聋子瞎子。（杜鹏程）

'咱们耳灵眼亮'就分析成简单句，'咱们'是主语，谓语'耳灵眼亮'是由两个主谓结构并列组成的。"

　　以上都是以有无停顿做标准的。但有些虽然没有停顿，语法学家也公认是复句，如：

　　谁先到谁买票。
　　你有力气你搬吧！（赵树理）
　　大家不爱看我也没办法。
　　我就不去又能把我怎么样？

有些有停顿，但仍是单句，如：

　　这本书内容丰富，文章也生动。
　　他活动，利落，准确。

另外像：

　　从前，他们一天到晚吃、喝、逛……

吕先生认为是"几个谓语联合起来的谓语"的单句（见《语法学习》第77页），但吕先生又说，"倘若中间有停顿，那就也可以把它当做复句看待了"，也就是说如果句子变成："从前，他们一天到晚吃，喝，逛……"那就该是复句了。实际上光靠标点符号来区分汉语的单复句也是很困难的，而且顿号和逗号都是停顿。

　　(299)

　　[原文] 十月革命一声炮响，给我们送来了马克思列宁主义 | 生产资料少一点也可以组织合作社 | 1977年比1958年，茶园面积扩大了3.3倍 | 帮助他们学会说话，语言科学工作者是有

责任的。(P76—L23)

[问]这四个句子怎么看它们像单句？怎么看它们像复句？

[答]第一句，如果把"十月革命一声炮响"看成主语，那么，可以是一个主谓结构、无关联词语的单句。如果把"十月革命"看成主语，那就可以理解成"十月革命一声炮响，[十月革命]给我们送来了马克思列宁主义"，算两个主谓结构、有停顿的复句。

第二句，如果把"生产资料少一点"看成主语，那是一个主谓结构、无停顿的单句。如果看成有不露面的关联词语"哪怕""就是""即使"，如："[即使]生产资料少一点也可以组织合作社"，是表示让步关系的主从复句。

第三句，如果把"1977年比1958年"看成主语，那是一个主谓结构、无关联词语的单句。如果把"1977年比1958年"和"茶园面积扩大了3.3倍"各看成一个主谓结构，那全句是两个主谓结构、有停顿的复句。这个句子，吕先生在《汉语句法的灵活性》（《中国语文》1986年第1期）一文说成：1977年同1958年相比，菜园面积扩大了3.3倍。（1977年的菜园面积同1958年的菜园面积相比，扩大了3.3倍。）

第四句，如果把逗号前看成主语，那可以看成一个主谓结构、无关联词语的单句。如果看成两个小句主语相同，第一小句主语因在第二小句中出现而省略，那算两个主谓结构、有停顿的复句。

吕先生对这几个句子究竟是单句还是复句没有说出明确的倾向，也说明这类句子的单复句划分问题确是个挠头的问题，还需要继续探讨。

5.17 句子的复杂化和多样化（300—305）

（300）

[原文] 局部发达指的是某一个句子成分特别复杂，上面的例子里没有。(**P77—L8**)

[问] 请举些局部发达的句子的例子。

[答] 98 节例句如果改成"闰土的心里的无穷无尽的希奇的事，都是我往常的朋友所不知道的"，那么这就是主语局部发达的句子。

吕先生在《语法学习》中曾举过一个局部发达的复杂的句子：

[要使士兵们相信$_8$，[（既不威胁英国$_1$｜也不威胁美国$_2$‖而其台湾岛竟被美国强占了$_3$的）中国是侵略者$_4$｜而另一方面，（强占了台湾$_5$｜并将军队推向中国边境$_6$的）美国倒是处于防御方面$_7$，]]这是很困难的$_9$。

吕先生说先把 1 和 2 用"既"和"也"连接起来，又用"而"把这两句和 3 连接起来，整个地作为"中国"的附加语（这里用圆括号表明）。同样，用"并"把 5 和 6 连接起来，作为"美国"的附加语。然后用"而"把 4 和 7 这两个平行而对立的分句连接起来成为一个复合句，用来做"相信"的宾语（这里用方括号表明）。然后再把从 8 到 7（用外层方括号表明）整个地作为"是很困难的"的主语，又因为它太长，把它作为外位语，在本位上用上"这"字来替代。

定语局部发达的句子，如：

鲁迅是在文化战线上、代表全民族的大多数，向着敌人冲锋陷阵的最正确、最勇敢、最坚决、最忠实、最热忱的空前的民族英雄。

又如：

> 因此，在他们的情绪中，在他们的作品中，在他们的行动中，在他们对于文艺方针问题的意见中，就不免或多或少地发生和群众需要不相符合，和实际斗争不相符合的情形。

这是状语、定语局部发达的句子。宾语局部发达的句子如：

> 我认为你们同意他从这里搬出去是错误的。

译著中各种句子成分局部发达的情形尤为常见，如：

> 但当乞乞科夫为阴郁的思想所苦恼，一睡不睡地坐在那坚硬的靠椅里，痛责着罗士特来夫和他的全家的时候，当烛光渐渐低微，烛心焦了一大段，脂烛随时怕会熄灭的时候，当窗外的漆黑的暗夜，已由熹微的晨光，转成莽苍的曙色的时候，当远处已有一天鸡鸣，在睡着的市镇的街道上，悄悄地走着一个只知道一条（可惜只是一条）不可拘束的俄罗斯人民所走的道路的，穿着简单的呢外套的莫辨（地位和出身的不幸的人的时候）（在市镇的那一头）。（使我们主角的苦恼的地位更加为难的<u>戏剧</u>），‖却已经<u>开幕</u>了。

这是状语局部发达的句子。

吕著书后附注［98］所举的也是定语局部发达的句子。

(301)

［原文］上面这个例子所显示的步骤，跟直接成分分析法恰好相反，那里是从整到零，这里是从零到整，那里是分析，这里是综合。(P77—L13)

［问］这儿说的零和整指的是这个例子的哪些地方？

［答］吕先生以从小到大的作业方式展示了句子怎样复杂化的步骤，所以这是从零到整，用的是综合法；直接成分分析法是

以从大到小的作业方式,反映一个较大的语言片段如何切分的过程,所以是从整到零,用的是分析法。两种作业程序的图示如下:

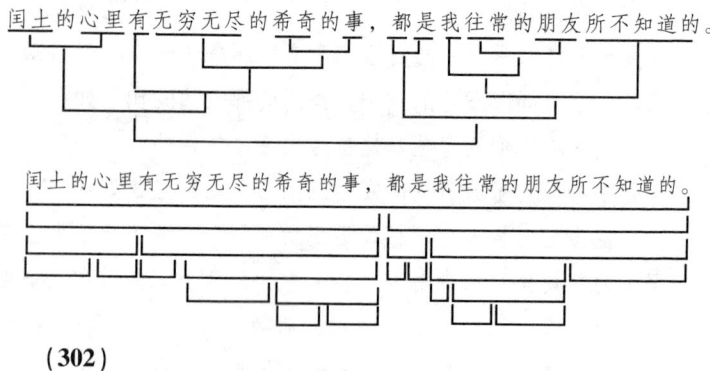

(302)

〔原文〕跟所谓句本位分析法,先找核心成分然后逐步添加其他成分的办法比较,倒有几分相似。(P77—L14)

〔问〕句本位分析法跟中心词分析法一样吗?如果不一样的话,请举实例介绍句本位分析法。

〔答〕句本位是黎锦熙先生在《新著国语文法》中建立的词法论和句法论。

黎锦熙先生在《新著国语文法》的早期版本中提出"凡词,依句辨品,离句无品"的句本位学说。之后在1954年出版的第19版重订本改为"凡词,依靠句型,显示词类"。《新著国语文法》分析语法的标准是意义,用意义来划分实词;凭施事受事来确定主语和宾语。句本位的分析法从先找主干后添枝加叶的作业程序与中心词分析法大体相似,"'句本位'的文法,退而'分析'便是词类底细目;进而'综合',便成段落篇章底大观"。图示如:

这本"书",已经"送"给张先生了。

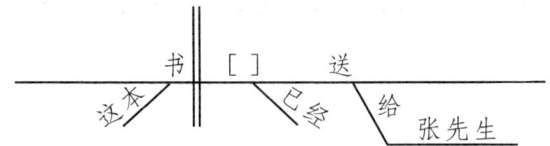

这就是对于国语的研究。

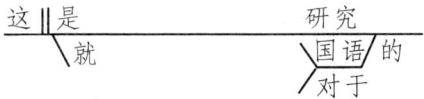

"我"'和'"你"都应该多"读"、多"看"、'而且'多"说"那些⌞国语文⌝、⌞国音字母⌝、'以及'⌞国语会话⌝、⌞国语文法⌝。

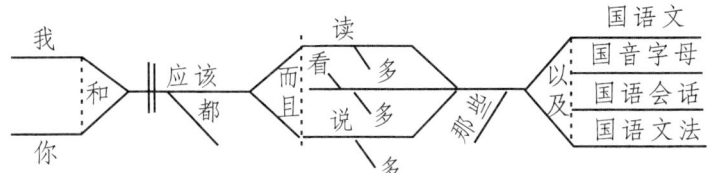

句本位的学说是把词类跟句子成分的关系固定下来,像对"种花是一件很快乐的事",句本位分析法是这么分析的:

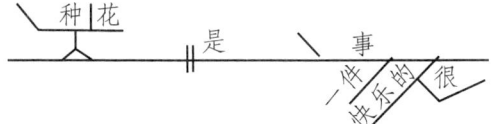

这种分析法认为凡名词语,无论用在何位,图解时,都以此"种花"为例,即:既认明白它是名词语,就不要给它留主语的"虚位";若是留了,它就变为"名词句",全句的意思便两样了。所以"种"字前面,用一条斜线堵住。关于这种分析法在吕著第53、71、72、76等几节中都已谈到过。吕先生此处是说明句子复杂化所显示的步骤跟句本位的中心词分析法有几分相似。

(303)

[原文]句子的基本格式是有限的,可是实际出现的句子不都是那么一板三眼,按谱填词。(P78—L3)

[问]吕先生说的句子的基本格式是什么?中国有没有研究句子的基本格式的书?

[答]句子的格式就是句型。每种句型都有它的基本格式。1986年4月李临定著的《现代汉语句型》一书问世,填补了现代汉语句型研究的空白。该书在广泛研究汉语材料的基础上,揭示汉语各种句型格式,把句型分为单动句型、双动句型、代表字句型及其他句型,周密入微地描写了各种句型的句法特征,是一本很有见地的语法专著。

1986年11月陈建民著的《现代汉语句型论》(语文出版社出版),该书也从多层次多角度探讨了现代汉语句子的分类,并对现代汉语句型进行了比较全面而详细的描写。该书取消单复句说,把现代汉语句子分成五种上位句型(即第一层次句型):一主一谓句、非主谓句、是字句、一主多谓句、多主谓句。上位句型下面又分若干中位句型(即第二层次),中位句型中不少又可分出下位句型(即第三层次)。把上中下三位句型加在一起,共得现代汉语基本句型130多种。

1987年,由中国社会科学院语言研究所现代汉语研究室编的《句型和动词》(语文出版社出版)一书,也很值得一读。书后还附有关于这方面研究的90篇论文的提要。

1990年还有林杏光的《汉语句型》。

以上都是中国研究现代汉语句子的基本格式的专著。

(304)

[原文](1)看书写文章,他都在晚上。(←他看书写文章都在晚上←他看书在晚上,写文章也在晚上←他[在]晚上看书;他[在]晚上写文章)**(P78—L7)**

[问](1)"←"这个符号是什么意思呢?(2)括号里面的句子是句子的多样化吗?我以为有比这些例子更普遍的例子,如:他[在]晚上看书写文章。晚上他看书写文章。吕先生为什么没举这些例子呢?

[答]"←"是展示句子如何从"循规蹈矩"的句型,通过各种变换手段而多样化的。

最后一句"他[在]晚上看书;他[在]晚上写文章"这是"循规蹈矩"的句型,两个小句各有主述宾。它可以变成有停顿、无关联词语的一主多谓句,如"他看书在晚上,写文章也在晚上"。还可以简化成无关联词语无停顿的一主一谓句,如"他看书写文章都在晚上"。这是很常见的句型。以上三句都是主语在前谓语在后的句型。还可以变成不那么"循规蹈矩"的句子,如"看书写文章,他都在晚上"。这是三个动词短语共一主语的一主多谓句,主语可以后移,中间有停顿。

"他[在]晚上看书写文章""晚上他看书写文章"这两句话也说,吕先生在这儿只是举例性质,对这种句子的多样化问题略加说明,而并非尽举。若是口语体,这种句子甚至可以说成"看书写文章都在晚上,他"或"他都在晚上看书写文章"。

(305)

[原文](2)你真行,一讲就是三个钟头。**(P78—L10)**

[问]什么是句子的复杂化和多样化?此处所举的八个例子

的格式怎样多样化？

　　[答] 汉语组合灵活，句子格式变化多样。表达基本相同的意思，出于表达的需要，可以变换句式，出现多种可供选择的同义格式，吕先生1986年《汉语句法的灵活性》(《中国语文》第1期) 一文就举了很多用移位——一个成分离开平常的位置，出现在其他位置上的手段使句法灵活多样变化的实例，并分析了造成移位的原因：

　　1. 为了强调某一成分，把它挪到句首（"∧"表示移位成分的原有位置）。

　　　　这稿子请让我看一次∧校样。
　　　　拿你们这号人，当医生的也∧没办法。
　　　　工作队，咱那河沿村也不止来过一回两回。（＜咱们河沿村来过工作队也不止一回两回）

有时，也把强调成分挪到句末。

　　　　饶你可只有这一次。
　　　　紧张也就是这五分钟。
　　　　这样怕老婆也只有他。

　　2. 共有结构成分常被移至句首或句末。

　　　　移栽树木，春天比秋天容易成活。（＜春天移栽树木比秋天 [移栽树木] 容易成活）
　　　　雪，哪一年也没有今年下得多，下得大。（＜哪一年的雪也没有今年 [的雪] 下得多）
　　　　看书写文章他都在晚上。（＜他在晚上看书，在晚上写文章）

　　3. 把列举的同类事物的区别部分挪前，只把共有的部分留在正常的位置上。

广阔的平原底下,横的,竖的,直的,弯的,挖了不计其数的地道。(＜……不计其数的横的,竖的,直的,弯的地道)

他出去一趟,方的,圆的,高的,矮的,买了一大堆。(＜……一大堆方的,圆的,高的,矮的［用物？点心？玩具？］)

十年来,大大小小,他经历了几十次战役。(＜他经历了几十次大大小小的战役)

4. 有时,位置的移动是由于同类词语的吸引。

伊朗出产的地毯,各地有各地的花样与特色。(＜伊朗各地出产的地毯有各地的花样与特色)

你别给脸不要脸。(＜给你脸你别不要)

5. 应该是定语的词语跑到了狀语的位置上。

咱们热热的来壶茶喝。

我们路上整整走了一个月。

多喝点水。

相反,应该用做状语的字眼移至定语的位置。

洗冷水澡（用冷水洗澡）

吃哑巴亏（像哑巴吃亏,有苦说不出）

譬如他,我这位内兄,好人,一百二十分的好人……

6. 熟语性的例子,要合乎逻辑得换一种说法的。

你这是什么意思（目的,打算）？（＝你这样做的意思（目的,打算）是什么？)

你说的那篇小说是什么题目？

明天的会是谁的主席？（＝明天的会的主席是谁？)

熟语性用例不能任意推广,如不说"那篇小说是谁的作者"。

汉语的句法确实很灵活，像吕先生所举这（2）—（9）的句子，试作如下变换：

(2) 你真行，一讲就是三个钟头。
　　真行，你一讲就是三个钟头。
　　你真行，你一讲就是三个钟头。
　　你一讲就是三个钟头，真行。
　　一讲就是三个钟头，你真行。
　　你一讲就是三个钟头，你真行。
　　真行啊你，一讲就是三个钟头。
　　一讲就是三个钟头，真行啊你。

(3) 你去太原是明天还是后天？
　　你是明天还是后天去太原？
　　你是明天去太原还是后天去太原？
　　你是明天去太原还是后天？
　　你明天去太原还是后天去？
　　你明天去太原还是后天？
　　你明天还是后天去太原？
　　太原你是明天去还是后天去？
　　你去太原明天还是后天？

(4) 她家养了一黑一白两只鸡。
　　她家养了两只鸡，一只黑，一只白。
　　她家养了两只鸡，一黑一白。
　　她家养了一只黑鸡一只白鸡。
　　她家养了两只鸡，一只是黑的，一只是白的。
　　她家养了黑白两只鸡。
　　一黑一白，她家养了两只鸡。

(5) 他跟赵司机的车,这回还是第一次。
他这回跟赵司机的车还是第一次。
他这回还是第一次跟赵司机的车。
这回跟赵司机的车,他还是第一次。
这回他跟赵司机的车还是第一次。
这回还是第一次,他跟赵司机的车。
跟赵司机的车这回他还是第一次。
他还是第一次跟赵司机的车,这回。

(6) "巴扎"是维吾尔语,汉语是集市的意思。
汉语集市的意思,维吾尔语是"巴扎"。
维吾尔语"巴扎",汉语是集市的意思。
维吾尔语"巴扎"是汉语集市的意思。
"集市"是汉语,维吾尔语是"巴扎"。

(7) 对于工作,他是越多越好,越难越好。
对于他,工作是越多越好,越难越好。
他对于工作是越多越好,越难越好。
他对于工作是越难越好,越多越好。
对于他,工作是越难越好,越多越好。
对于工作,他是越难越好,越多越好。
对于工作,他是越多越好,对于工作,他是越难越好。
他对于工作是越多越好,他对于工作是越难越好。

(8) 舒舒服服学不了大庆,轻轻松松改变不了面貌。
舒舒服服、轻轻松松学不了大庆也改变不了面貌。
轻轻松松、舒舒服服学不了大庆也改变不了面貌。
轻轻松松改变不了面貌,舒舒服服学不了大庆。

轻轻松松学不了大庆,舒舒服服改变不了面貌。

舒舒服服改变不了面貌,轻轻松松学不了大庆。

(9) 这是当教师的人都有过的经验,不过这个过程有人长有人短罢了。

这是当教师的人都有过的经验,不过有人这个过程长,有人这个过程短罢了。

当教师的人都有过这经验,不过这个过程有人长有人短罢了。

这经验当教师的人都有过,不过这个过程有人长有人短罢了。

引书及参考书目

序

林玉山 《汉语语法学史》 湖南教育出版社 1983年
王 力 《中国语言学史》 山西人民出版社 1981年
王立达 《汉语研究小史》 商务印书馆 1959年
吕叔湘 《十年来的汉语研究》 《科学通报》 1959年第23期
吕必松 《现代汉语语法学史话》 《语言教学与研究》 1980年第2、3期 1981年第1、2期
徐通锵 叶蜚声 《"五四"以来汉语语法研究评述》 《中国语文》 1979年第3期
龚千炎 《中国语法学史稿》 语文出版社 1987年
邵敬敏 《汉语语法学史稿》 上海教育出版社 1990年
李临定 《我国三十年来的语法研究》 《语言教学与研究》 1980年第4期
陈亚川 《语法研究座谈会纪要》 《语言教学与研究》 1991年第3期
陆俭明 《八十年代中国语法研究》 商务印书馆 1993年

朱一之　王正刚选编　《现代汉语语法研究的现状和回顾》　语文出版社　1987年

王松茂主编　《汉语语法研究参考资料》　中国社会科学出版社　1983年

李敬忠　《汉语语法分析问题》（吕叔湘著）　香港《中国语文研究》　1981年第3期

朱德熙　《〈汉语语法丛书〉序》《语言教学与研究》　1982年第4期

马建忠　《马氏文通》　商务印书馆　1898年

吕叔湘　王海棻　《〈马氏文通〉评述》《中国语文》　1984年第1期

黎锦熙　《新著国语文法》　商务印书馆　1924年

黎锦熙　《比较文法》　北平著者书店　1933年

黎锦熙　《中国语法和词类》　北京师范大学出版部　1950年

杨树达　《高等国文法》　商务印书馆　1920年

杨树达　《词诠》　商务印书馆　1928年

杨树达　《马氏文通刊误》　商务印书馆　1931年

金兆梓　《国文法之研究》　中华书局　1922年

陈承泽　《国文法草创》　商务印书馆　1922年

章士钊　《中等国文典》　商务印书馆　1907年

刘　复　《中国文法通论》　上海益群书社　1920年

王　力　《中国文法学初探》《清华学报》　1936年第1期

王　力　《中国文法中的系词》《清华学报》　1937年第12卷第1期

陈望道　《谈动词和形容词和分别》《语文周刊》　1938年第15期

陈望道主编 《中国文法革新论丛》 重庆文聿出版社 1943年
汪馥泉 《中国文法革新讨论集》 上海学艺社 1940年
吕叔湘 《中国文法要略》 商务印书馆 1982年
王　力 《中国现代语法》 中华书局 1954年；商务印书馆 1985年
王　力 《中国语法理论》 商务印书馆 1944年（上）、1945年（下）；中华书局 1954年
何　容 《中国文法论》 独立出版社 1942年；商务印书馆 1985年
王　力 《中国语法纲要》 开明书店 1946年
高名凯 《汉语语法论》 开明书店 1948年
王　力 《汉语史稿》 科学出版社 1958年
杨伯峻 《中国文法语文通解》 商务印书馆 1936年
中国语文杂志社编 《汉语的词类问题》 中华书局 1955年
中国语文杂志社编 《汉语的词类问题》（第二集） 中华书局 1956年
吕叔湘 《关于汉语词类的一些原则性问题》 《中国语文》 1954年9、10月号
王　力 《汉语的词类》 《语文学习》 1952年第4期
王　力 《关于汉语有无词类的问题》 《北京大学学报》（人文科学） 1955年第2期
高名凯 《关于汉语的词类分别》 《中国语文》 1953年10月号
高名凯 《再论汉语的词类分别》 《中国语文》 1954年8月号
高名凯 《三论汉语的词类分别》 《中国语文》 1955年1月号
曹伯韩 《汉语的词类分别问题》 《中国语文》 1954年10月号
曹伯韩 《对于汉语语法研究的几点意见》（上、下） 《中国语

文》 1953年10、11月号

穆德洛夫 《汉语是有词类分别的》 见《汉语的词类问题》 中华书局 1955年

文 炼 胡 附 《谈词的分类》(上)(下)《中国语文》 1954年2、3月号

文 炼 胡 附 《词的范围、形态、功能》《中国语文》 1954年2、3月号

颜景常 《对于语法讨论的意见和希望》《中国语文》 1954年3月号

周祖谟 《划分词类的标准》《语文学习》 1953年第12期

贺 重 《词的分类有哪些不同》《语文学习》 1952年4期

陈乃凡 《汉语里没有词类分别吗?》《中国语文》 1954年8月号

陆宗达 《汉语的词的分类》 见《汉语的词类问题》 中华书局 1955年

黎锦熙 《中国语法中的"词法"研讨》《中国语文》 1953年9月号

胡明扬 《关于汉语的词类问题》《教学与研究》 1956年第6期

徐仲华 《论汉语划分词类的标准》《中国语文》 1957年4月号

钟 锓 赵淑华 金德厚 王 还 《汉语的词类问题》《中国语文》 1954年8月号

俞 敏 《形态变化和语法环境》 见《汉语的词类问题》 中华书局 1955年

陈 陵 《区分词类不能割裂意义和形态》《中国语文》 1954

年 10 月号

吴　鲁　《"不"能和名词联合吗?》《中国语文》 1954 年 11 月号

刘冠群　《汉语词类分别的商榷》《中国语文》 1954 年 11 月号

伯　晦　《我对划分汉语词类的看法》《中国语文》 1955 年 2 月号

莫　木　《关于〈再论汉语的词类分别〉的例证问题》《中国语文》 1955 年 3 月号

黎锦熙　《词类大系——附论"词组"和"词类形态"》《中国语文》 1955 年 5 月号

吕叔湘　《从主语、宾语的分别谈国语句子的分析》 见《汉语语法论文集》 商务印书馆　1984 年

陈仲选　《关于主语宾语和补足语的问题》 见《汉语的主语宾语问题》 中华书局　1956 年

中国语文杂志社编　《汉语的主语宾语问题》 中华书局 1956 年

吕冀平　《主语和宾语的问题》《中国语文》 1955 年 7 月号

曹伯韩　《主语宾语问题随感》《中国语文》 1956 年 1 月号

陈望道　《对于主语宾语问题讨论的两点意见》《语文学习》 1956 年第 2 期

岑麒祥　《讨论主语宾语的几个原则》《语文学习》 1955 年第 10 期

周祖谟　《关于主语和宾语的问题》《中国语文》 1955 年 12 月号

李人鉴　《宾语这个术语能不能取消》《语文学习》 1956 年第 2 期

徐仲华　《分析句子应该从语法标志出发》　见中国语文杂志社编《汉语的主宾语问题》　中华书局　1956 年
孙玄常　《宾语和补语》　新知识出版社　1957 年
贺昌英　《关于主语宾语的若干问题》《中国语文》　1955 年 11 月号
邢公畹　《说动词的目的语兼论文法学的方向》《国文月刊》1948 年第 70 期
王　力　《词和语在句中的职务》《语文学习》　1952 年第 7 期
高名凯　《关于句法的一些问题》《语文学习》　1953 年第 11 期
黎锦熙　《变式句的图解》《语文学习》　1953 年第 3 期
李之琛　《从两个方面看动词谓语句的构成》《语文学习》1955 年第 10 期
邢公畹　《论汉语造句法上的主语和宾语》《语文学习》　1955 年第 9 期
陈庭珍　《分析主语宾语应该根据结构》《语文学习》　1955 年第 9 期
王　力　《主语的定义及其在汉语中的应用》《语文学习》1956 年第 1 期
向　若　《有关主语定义的一些问题》《中国语文》　1956 年 1 月号
孙毓苹　《复合句和停顿》《中国语文》　1957 年 1 月号
郭中平　《单句复句的划界问题》《中国语文》　1957 年 4 月号
刘世儒　《试论汉语单句复句的区分标准》《中国语文》　1957 年 5 月号
朱德熙　《单句、复句、复句的紧缩》　见《语法和语法教学》人民教育出版社　1956 年

徐仲华　《单句的复杂情况》《语文学习》 1959 年第 5 期
曹伯韩　《谈谈包孕句和单句复句的关系》《中国语文》 1957 年 4 月号
孙毓苹　《关于句子的分类》《中国语文》 1957 年 2 月号
黎锦熙　刘世儒　《汉语复句新体系的理论》《中国语文》 1957 年 8 月号
周祖谟　《复句和多重复句》　见《现代汉语讲座》　知识出版社　1983 年
邢福义　《汉语复句与单句的对立和纠结》《世界汉语教学》 1993 年第 1 期
张志公主编　《现代汉语》中册　人民教育出版社　1982 年
吕叔湘主编　《现代汉语八百词》　商务印书馆　1981 年
吕叔湘　《怎样跟中学生讲语法》《中学语文教学》 1981 年第 7 期
吕叔湘　《漫谈语法研究》《中国语文》 1978 年第 1 期
吕叔湘　《通过对比研究语法》《语言教学与研究》（试刊） 1977 年第 2 期
吕叔湘　《多、少以及许多、不少等等》《中国语文》 1965 年第 5 期
吕叔湘　《很不……》《中国语文》 1965 年第 5 期
吕叔湘　《数量词后的来、多、半》　见《汉语语法论文集》　商务印书馆　1984 年
吕叔湘　《把字用法的研究》《吕叔湘文集》第二卷　商务印书馆　1990 年
吕叔湘　《语法研究的对象》　《语文研究》 1986 年第 4 期

引 言

南开大学对外汉语教学中心编 《汉语研究》第 1 辑 南开大学
　　　出版社 1986 年
王希杰 《语言学百题》 上海教育出版社 1983 年
马学良主编 《语言学概论》 华中工学院出版社 1981 年
岑麒祥 《普通语言学》 科学出版社 1957 年
杨春霖主编 《现代语言学流派》 陕西人民出版社 1987 年
赵世开主编 《国外语言学概述——流派和代表人物》 北京语
　　　言学院出版社 1990 年
吕叔湘 《汉语语法论文集》（增订本） 商务印书馆 1984 年
吕叔湘 《吕叔湘语文论集》 商务印书馆 1983 年
吕叔湘 《中国人学英语》 商务印书馆 1982 年
薄　冰 赵德鑫等 《英语语法》 商务印书馆 1978 年
张道真 《实用英语语法》 商务印书馆 1979 年
陆宗达 《汉语的词的分类》 《语文学习》 1953 年第 12 期
俞　敏 《北京话的实体词的词类》 《语文学习》 1952 年第
　　　11 期
张　静 张　桁 《古今汉语比较语法》 河南人民教育出版社
　　　1964 年
王　力 《古代汉语》 中华书局 1962 年
杨伯峻 《文言语法》 北京出版社 1956 年
吕叔湘 《汉语里"词"的问题概述》 见《汉语语法论文集》
　　　商务印书馆 1984 年
吕叔湘 《语文杂记·临时单音词》 见《吕叔湘文集》（第 5

卷） 商务印书馆 1993 年
钟锓 《标注词性的若干问题》《辞书研究》 1980 年第 1 期
卞觉非 《略论语素、词、短语的分辨及其区分方法》《语文研究》 1983 年第 1 期
朱德熙 《语法答问》 商务印书馆 1985 年
范晓 《关于结构和短语问题》《中国语文》 1980 年第 3 期
吕叔湘 《语文杂记》 上海教育出版社 1984 年
杨树达 《古书之句读》《清华学报》 1928 年第 5 卷第 1 期

单　　位

朱德熙 《说"的"》《中国语文》 1961 年 12 月号
吕叔湘 《语言和语言学》《语文学习》 1958 年第 2、3 期
吕叔湘 《关于"语言单位的同一性"等等》《中国语文》 1962 年 11 月号
吕叔湘 《语法研究的对象》《语文研究》 1986 年第 4 期
吕叔湘 《说"自由"和"黏着"》《中国语文》 1962 年 1 月号
朱德熙 《说"的"》《中国语文》 1961 年 12 月号
尹世超 《试论黏着动词》《中国语文》 1991 年第 6 期
陆俭明 《现代汉语副词独用刍议》《语言教学与研究》 1982 年第 2 期
徐枢 《副词在句中的作用》《语文学习》 1954 年第 12 期
吕叔湘 《指示和替代》《进步青年》 1951 年第 236 期
林文金 《谈谈代词的语法特点》《中国语文》 1958 年 9 月号
吕叔湘　朱德熙 《语法修辞讲话》 中国青年出版社 1979 年

胡裕树　《现代汉语》　上海教育出版社　1979 年
张志公主编　《语法和语法教学》　人民教育出版社　1956 年
郭翼舟　张中行　张葆华　《汉语知识》　人民教育出版社　1959 年
张志公　《语法学习讲话》　上海教育出版社　1962 年
张志公　《谈汉语的语素》《语言教学与研究》　1984 年第 4 期
吕叔湘　《语法学习》　中国青年出版社　1953 年
丁声树　吕叔湘等　《现代汉语语法讲话》　商务印书馆　1963 年
吕冀平　《〈现代汉语语法讲话〉读后》《中国语文》　1962 年 6 月号
吕叔湘　《"要"字两解》《中国语文》　1986 年第 2 期
北京大学中国语言文学系汉语教研室编　《现代汉语》　商务印书馆　1964 年
黎锦熙　刘世儒　《汉语语法教材》　商务印书馆　1957 年
石佩雯　《四种句子的语调变化》《语言教学与研究》　1980 年第 2 期
王宗炎　《关于语素、词和短语》《中国语文》　1981 年第 5 期
方经民　《〈关于语素、词和短语〉一文读后》《中国语文》　1982 年第 3 期
吕叔湘　《现代汉语单双音节问题初探》《中国语文》　1963 年第 1 期

分　　　类

赵元任　《国语入门》　Mandarin Primer　美国哈佛大学出版社

1948 年；李荣译　易名《北京口语语法》　开明书店 1952 年；吕叔湘译　再易名《汉语口语语法》　商务印书馆　1979 年

朱德熙　《语法讲义》　商务印书馆　1982 年

高名凯　《汉语的语词（下）》《语文学习》　1952 年 3 月号

吕叔湘　《动词用法词典·序》　上海辞书出版社　1978 年

刘　坚　《论助动词》《中国语文》　1960 年 1 月号

王年一　《也谈助动词》《中国语文》　1960 年 5 月号

马庆株　《能愿动词的连用》《语言研究》　1988 年第 1 期

郭志良　《试论能愿动词的句法结构形式及其语用功能》　《中国语文》　1993 年第 3 期

范开泰　《语义分析说略》　见《语法研究和探索》（四）　北京大学出版社　1988 年

朱德熙　《现代汉语形容词研究》《语言研究》　1956 年第 1 期

吕叔湘　饶长溶　《试论非谓形容词》《中国语文》　1981 年第 2 期

李宇明　《非谓形容词的词类地位》《中国语文》　1996 年第 1 期

史振晔　《也谈关于介词结构做谓语》《中国语文》　1957 年 6 月号

史振晔　《试论汉语动词、形容词的名物化》《中国语文》　1960 年 12 月号

吕叔湘　《语法三问》《语文学习》　1953 年第 8 期

张志公　《汉语语法常识》　中国青年出版社　1953 年

人民教育出版社中学语文编辑室　《〈暂拟汉语教学语法系统〉修订说明和修订要点》《中国语文》　1981 年第 6 期

赵元任　《北京、苏州、常州语助词的研究》　《清华学报》1926 年第 3 卷第 2 期

赵元任　《现代吴语的研究》　《方志月刊》　1928 年第 7 卷第 10 期

陆宗达　俞　敏　《现代汉语语法》（上册）　群众书店 1954 年

陆志韦　《北京话单音词词汇》　科学出版社　1964 年

吕叔湘　孙德宣　《助词说略》　《中国语文》1956 年 6 月号

黎锦熙　刘世儒　《语法再研讨——词类区分和名词问题》《中国语文》　1960 年第 12 期

吕叔湘　《未晚斋语文漫谈·词类活用》《中国语文》　1989 年第 5 期

张伯江　《词类活用的功能解释》《中国语文》　1994 年第 5 期

朱德熙　卢甲文　马　真　《关于动词形容词"名物化"的问题》　《北京大学学报》（人文科学）　1961 年第 4 期

徐　枢　《兼类与处理兼类时遇到的一些问题》　见《语法研究和探索》（五）　语文出版社　1991 年

邢福义　《词类问题的思考》　见《语法研究和探索》（五）语文出版社　1991 年

沈开木　《名、动、形分类问题未能解决的原因》　见《语法研究和探索》（五）　语文出版社　1991 年

杨成凯　《词类的划分原则和谓词"名物化"》　见《语法研究和探索》（五）　语文出版社　1991 年

陈宁萍　《现代汉语名词类的扩大——现代汉语动词和名词分界线的考察》《中国语文》　1987 年第 5 期

陆俭明　《关于词的兼类问题》《中国语文》　1994 年第 1 期

胡裕树　范　晓　《动词形容词的"名物化"和"名词化"》《中国语文》 1994 年第 2 期
陆俭明　《析"像……似的"》《语文月刊》 1984 年 4 期
胡明扬　《现代汉语词类问题考察》《中国语文》 1995 年第 5 期
张　静　《"是"字综合研究》 河南人民出版社　1960 年
朱德熙　《"的"字结构和判断句》《中国语文》 1978 年第 1、2 期
范继淹　《"的"字短语代替名词的语义规则》《中国语文通讯》 1979 年第 3 期
吕叔湘　《形容词使用情况的一个考察》《中国语文》 1965 年第 6 期
朱德熙　《自指和转指》《方言》 1983 年第 1 期
姚振武　《汉语谓词性成分名词化的原因及规律》《中国语文》 1996 年第 1 期

结　　构

廖序东　《论句子结构的分析法》《中国语文》 1981 年第 3 期
吕冀平　《句法分析和句法教学》《中国语文》 1982 年第 1 期
张志公　《关于汉语语法体系分歧问题》《语言教学与研究》 1980 年第 1 期
朱德熙　《语法分析和语法体系》《中国语文》 1982 年第 1 期
胡明扬　《语法和语法体系》 人民教育出版社　1990 年
吴竞存　侯学超　《现代汉语句法分析》 北京大学出版社　1982 年

李人鉴　《关于语法结构分析方法问题》《中国语文》1981年第4期

卞觉非　《汉语语法分析方法初议》《中国语文》1981年第3期

谢晓安　《〈现代汉语〉（黄伯荣、廖序东主编）语法体系概述》《语言教学与研究》1981年第3期

卢曼云　《介绍两种析句方法》《语文战线》1978年第2期

人民教育出版社中学汉语编辑室　《"暂拟汉语教学语法系统"简述》　见《语法和语法教学》　人民教育出版社1956年

华　萍　《评"暂拟汉语教学语法系统"》《中国语文》1981年第2期

中国语文杂志社编　《汉语析句方法讨论集》　上海教育出版社1984年

何伟渔　《介绍几种常用的析句方法》《教研资料》1981年第1期

张　静　《析句方法研讨》（油印）1980年

黄伯荣　《句子的分析与辨认》　上海教育出版社　1963年

徐仲华　《分析句子应该从语法标志出发》　见中国语文杂志社编《汉语的主宾语问题》　中华书局　1956年

史存直　《语法研究的两个方法》《上海师大学报》1979年第1期

史存直　《评几种新的析句法》《华东师大学报》1980年第5期

张志公主编　初级中学课本《汉语》　人民教育出版社　1956年

布龙菲尔德　《语言论》（Language）　商务印书馆　1980年

乔姆斯基　《句法结构》（Syntactic Structures）　荷兰摩顿出版社（Mouton & Company）　1957 年；邢公畹等中译本　中国社会科学出版社　1979 年

安妮·Y. 桥本　《普通话句法结构》　（美国）《麒麟》　1971 年第 8 期

王宗炎　《语法学说和英语教学》　《国外语言学》　1980 年第 2 期

赵世开　《美国描写语言学派是怎样产生和发展的》　收入《语言学百题》　上海教育出版社　1983 年

叶斯柏森　《语法哲学》（何勇等译）　语文出版社　1988 年

王嘉龄　朱文俊　《英语语法研究的主要流派》《语言教学与研究》增刊（二）　1978 年

〔美〕D. 鲍格林　《语言学各主要流派的简述》《语言学译丛》第一集　中国社会科学出版社　1979 年

赵世开　《近十年来美国语言学研究简介》　《语言学动态》　1978 年第 1 期

菲尔摩　《格的问题》《国外语言学》　1982 年第 3 期

黄伯荣　《谈句法分析——介绍一部〈现代汉语〉的句子分析法》　《中国语文》　1981 年第 5 期

黄伯荣　廖序东主编　《现代汉语》　甘肃人民出版社　1979 年

张　静主编　《新编现代汉语》　上海教育出版社　1980 年

马　真　《简明实用汉语语法》　北京大学出版社　1981 年

洪笃仁　《现代汉语》　厦门大学华侨函授部　1956 年

朱德熙　《现代汉语语法研究》　商务印书馆　1980 年

张志公　《谈汉语的语素》《语言教学与研究》　1981 年第 4 期

朱一之　《通过对比帮助说西班牙语的学生掌握汉语语序》《语

　　　　　　言教学与研究》 1980 年第 3 期
朱德熙　《汉语句法里的歧义现象》《中国语文》 1980 年第
　　　　2 期
吕叔湘　《歧义类例》《中国语文》 1984 年第 5 期
侯学超　吴竞存 《层次不同的同形结构例释》《语言学论丛》
　　　　第八集
徐仲华　《汉语书面语言歧义现象举例》《中国语文》 1979 年
　　　　第 5 期
施关淦　吴启主 《〈汉语书面语言歧义现象举例〉读后（一）
　　　　（二）》《中国语文》 1980 年第 1 期
徐思益　《在一定的语境中产生的歧义现象》《中国语文》
　　　　1985 年第 5 期
邵敬敏　《关于歧义结构的研讨》《语文导报》 1985 年第 10 期
黄盛璋　《动词带宾语问题研究》《人民大学人文科学学报》
　　　　1956 年第 3 期
吴为章　《与非名词性宾语有关的几个问题》《中国语文》
　　　　1981 年第 1 期
李临定　《宾语使用情况考察》《语文研究》 1983 年第 2 期
徐　枢　《宾语和补语》 黑龙江人民出版社 1985 年出版
杨成凯　《广义谓词性宾语的类型研究》《中国语文》 1992 年
　　　　第 1 期
蔡文兰　《带非名词性宾语的动词》《中国语文》 1986 年第
　　　　4 期
徐重人　《变式句与句子形式作谓语》《语文学习》 1955 年第
　　　　7 期
朱德熙　《"在黑板上写字"及相关句式》《语言教学与研究》

1981 年第 1 期

王泗原　《倒装句和非倒装句》《语文学习》1953 年第 2 期

林　焘　《汉语基本词汇中的几个问题》《中国语文》1954 年 7 月号

洪心衡　《汉语词法句法阐要》吉林人民出版社　1980 年

高名凯　《省略句和绝对句子》《语文学习》1952 年第 10 期

洪笃仁　《从现代汉语的词序看所谓"倒装"》《厦门大学学报》（社科版）　1955 年第 4 期

丁勉哉　《论句子成分倒装的语法特点》《华东师大学报》（人文科学版）　1957 年第 4 期

何蔼人　易　刚　《是倒装句，还是句子形式作谓语》《语文学习》1953 年第 1 期

陆俭明　《汉语口语里的易位现象》《中国语文》1980 年第 1 期

黎天睦　《汉语语序和词序变化》《国外语言学》1981 年第 4 期

汤廷池　《国语变形语法研究：第一集　移位变形》台湾学生书局　1977 年

胡竹安　《谈词序的变化》《语文学习》1959 年第 9 期

傅雨贤　《被动句式与主动句式的变换问题》《汉语学习》1986 年第 2 期

周　荐　《并列结构内词语的顺序问题》《天津大学学报》1986 年第 5 期

晓　珑　《汉语语序研究述评》《语文导报》1986 年第 9 期

胡壮麟　《语义功能与汉语的语序和词序》《湖北大学学报》（哲学社会科学版）　1986 年第 4 期

宋玉柱 《关于存在句的变换方式》《天津师专学报》(社科)
 1987年第1期
邵敬敏 《从语序的三个平面看定语的移位》《华东师范大学学报》(哲学社会科学) 1987年第4期
戴浩一 《时间顺序和汉语的语序》《国外语言学》 1988年第1期
李临定 《汉语比较变换语法》《语文研究》 1988年第2期
范开泰 《省略·隐含·暗示》《语言教学与研究》 1990年第2期
郎峻章 《汉语语法》 辽宁人民出版社 1955年
张拱贵 廖序东 《文章的语法分析》 东方书店 1955年
范继淹 《句法、语义浅谈》《语文教学通讯》 1981年第1期
曹伯韩 《语法初步》 工人出版社 1952年
李 荣编译 《北京口语语法》 开明书店 1952年
陈承泽 《文章论大要》《学艺》 1925年第7卷第2期
李临定 《主语的语法地位》《中国语文》 1985年第1期
李临定 《试谈汉语语法分析方法——从〈汉语句法的灵活性〉一文说起》 见《中国语文四十周年纪念刊文集》 商务印书馆 1993年
肃 父 《句子形式作谓语是汉语的特征之一》《语文学习》 1955年第4期
吕叔湘 《主谓谓语句举例》《中国语文》 1986年第5期
王 力 《中国现代语法》 中华书局 1955年
杨成凯 《"主主谓"句法范畴和话题概念的逻辑分析》《中国语文》 1997年第4期
殷焕先 《句子形式做谓语》《语文学习》 1954年第1期

饶长溶　《主谓句主语前的成分》《中国语文》 1963 年第 3 期
胡裕树　《试论汉语句首的名词性成分》《语言教学与研究》
　　　　1982 年第 4 期
A. A. 龙果夫　《现代汉语语法研究》　科学出版社　1958 年
饶长溶　《试论副动词》《中国语文》 1960 年 4 月号
刘世儒　黎锦熙　《汉语介词的新体系》《中国语文》 1957 年
　　　　2 月号
陆志韦　《补〈试论副动词〉——并略谈〈汉语语法教材〉论介
　　　　词的部分》《中国语文》 1960 年 5 月号
严　复　《英文汉诂》　商务印书馆　1904 年
刘世儒　《介词这一类应该保留》《语文学习》 1953 年第 12 期
杨欣安　《说"给"》《中国语文》 1960 年 2 月号
汤廷池　《主语与主题的划分》　见《国语语法研究论集》　台湾
　　　　学生书局　1979 年
曹逢甫　A Functional Study of Topic in Chinese　台湾学生书局
　　　　1979 年
萧　璋　《论连动式和兼语式》《北京师范大学学报》（社会科
　　　　学） 1956 年第 1 期
张　静　《"连动式"和"兼语式"应该取消》《郑州大学学
　　　　报》 1977 年第 4 期
吕冀平　《两个平面，两种性质：词组和句子的分析》《学习与
　　　　探索》 1979 年第 4 期
吕冀平　《复杂谓语》　新知识出版社　1958 年
史存直　《论递系式和兼语式》《中国语文》 1954 年 3 月号
任铭善　《说兼语式》《杭州大学学报》 1963 年第 2 期
张　静　《语法比较》　湖北人民出版社　1955 年

陈建民　《论兼语式和一些有关句子分析法的问题》《中国语文》　1960 年 3 月号
李临定　范方莲　《语法研究应该依据意义和形式相结合的原则》《中国语文》　1961 年 5 月号
李临定　《主语的语法地位》《中国语文》　1985 年第 1 期
李临定　《试谈汉语语法分析方法》　见《〈中国语文〉四十周年纪念刊文集》　商务印书馆　1993 年
吕叔湘　《汉语句法的灵活性》《中国语文》　1986 年第 1 期
李临定　《现代汉语句型》　商务印书馆　1986 年
陈建民　《现代汉语句型论》　语文出版社　1986 年
中国社会科学院语言研究所现代汉语研究室编　《句型和动词》　语文出版社　1987 年
林杏光　《汉语句型》　中国国际广播出版社　1990 年
徐　枢　《漫谈长句》《语文学习》　1979 年第 1 期
徐　枢　《谈语义制约和格式实现的条件》《世界汉语教学》　1993 年第 4 期
陆俭明　《汉语句法成分特有的套叠现象》《中国语文》　1990 年第 2 期

后　　记

　　本书1981年1月开始撰写，1997年6月完稿。17年间三易其稿。撰写过程中多次得到吕叔湘先生的悉心指导。1984年初稿草成，约40万字。我们曾向吕先生报告我们的这个研究课题。吕先生在他的寓所接见了我们，向我们介绍了《汉语语法分析问题》的写作经过，并认为，这本书20万字绝对写不完，40万字的书不好卖，最好写成30万字左右。1986年二稿完成大部分，9月7日我们把"编写说明"寄给吕先生，并将疑难问题整理出来，准备当面请教。很快就接到吕先生9月10日的回信，鼓励说："〈说明〉已看，很好。"（见代序）并建议趁着我们俩都应邀出席现代汉语（语法）学术讨论会第四次会议之便，在会间见面。于是，由大会组织者专门为我们安排了10月15日和17日下午2点至5点半的两大块时间，使我们得以再次向吕先生请教。根据与吕老谈话录音，1989年我们着手定稿，其间也陆续向吕先生请教。由于《助读》本来难度就很大，有时一道答题改写六七遍，还难以满意。从二稿到定稿，必须消化、吸收吕先生多次谈话内容，加上1991年8月至1993年9月郑懿德应美国文博大学聘任客座教授，陈亚川这一阶段工作担子越来越重，这样，书稿进展缓慢，但我们仍不断切磋琢磨。转眼就是17年！

1979年至今，语法学界又有长足的进步。本来，我们很想静下心来，再琢磨、修改几年，但学海漫漫，时间紧迫，几年之中时代又会前进了。好在《汉语语法分析问题》发表于1979年，涉及的问题主要是在这之前的，因此，所列引书及参考书目虽未能更多吸收最近几年的研究成果，但大致可以反映当时语法研究的状况，所以还是决定交出版社出版。

《汉语语法分析问题》是吕叔湘先生半个世纪语法研究的结晶，也是对近百年来汉语语法研究的总结，我们希冀《助读》能给有心研读吕先生这部高度浓缩的语法巨著的国内外学者提供一些切实的帮助。

1992年吕叔湘先生建议把书名改为《〈汉语语法分析问题〉助读》，并以89岁高龄为本书题写书名。

此次付梓前，中国社会科学院语言研究所研究员、博士研究生导师徐枢先生百忙中帮助审读全稿，提出了很好的修改意见，对本书关心、鼓励甚多。我们谨向吕叔湘先生以及徐枢先生，还有帮助过我们的侯精一教授、李行健教授，并向请教过某些问题的李临定教授、陆俭明教授、吴为章教授、熊文华教授等致以诚挚的谢忱！

作　者
1997年7月于北京语言文化大学

再 版 后 记

1979年6月吕叔湘先生《汉语语法分析问题》问世，引起了语法学界的高度重视。曾有用心研读过《汉语语法分析问题》一书的读者，主要是外国读者，向我们提出了学习中的各种问题，要求解答。所问问题我们汇集整理出近400个。后来，在北京见到日本著名汉学家香坂顺一教授，他说，他们虽把吕著译成了日文，但对书中的许多问题也还需要进一步学习。之后，有机会同研究现代汉语语法的外国学者（如《汉语语法分析问题》日译者之一，日本大东文化大学副教授高桥弥守彦先生等）就其中的大部分问题进行了多次交谈。《汉语语法分析问题》是一部高度浓缩的六七万字的经典"语法巨著"，尤其它是通过摆问题的方式撰写，解读难度大。吕先生说："这里边有些问题我自己也感到难拿主意。"（见吕叔湘1986年9月10日给作者的信）它分析讨论了语法研究中的一些长期未能解决的基本理论和实际问题，全书没有生词，但要真正读懂、弄清书中的微言大义，对汉语语法研究历史和现状了解不多的中国读者已属艰难，对非母语的外国读者，因为还有个汉语感性知识的局限，就更为不易。为帮助外国朋友读懂"这本小书"，从1981年开始，我们花了一年半时间，一方面继续调查国外具有副教授以上汉语水平的学者学习中的疑难点，一方面针对这些问题看书学习，研究原著，至 1984 年，做了 40 万字的读书笔记。记得有些问题在 1981 年香山语法会议时曾请教过吕老本人；在合肥召开的中国语言学会和方言学会会议期间，我们也曾问过吕老：如果北京语言学院给高年级留学生开设汉语语法名著《汉语语法分析问题》助读课，您觉得如何？1998 年作者之一应日本大阪外国语大学聘任客座教授期间，终于把吕先生《汉语语法分析问题》作为研究生语法课教材授课，这是《助读》付梓之后的事。

1984—1985 年，我们二人已逾不惑之年，为深入探讨，曾几次三番想登门讨教，但总怕耽误吕老的宝贵时间，顾虑重重而作罢。后，陈章太、侯精一、陆俭明等朋友曾一再鼓励，并认为不要等全部做完了才去请教，可少走或不走弯路，所以我们二人 1986 年 9 月 7 日寄给吕先生一封信，报告了我们的课题进展情况。10 日就收到吕老回信："〈说明〉已看，很好。"建议趁我们俩应邀出席现代汉语语法学术讨论会之机与他见面。

两作者虽均汉语言专业毕业且一直从事语言（音韵、语法）教学研究工作，但我们知道，要想帮助广大读者读懂它，自身需先再"充电"，需要靠扎实的语言学功底，需要"勤为径""苦作舟"，需要用汗水用生命在书海里游泳，写出另外一本书，这是难度极高的课题！《吕叔湘著〈汉语语法分析问题〉助读》一书就在这样的情况下，于 2000 年 3 月，在中国国家级出版社——语文出版社出版了！它花去了我们 17 年的光阴！

本书书名原拟《〈汉语语法分析问题〉助读》或《〈汉语语法分析问题〉300 问》，吕叔湘先生给我们寄来了两种书名的亲笔题签。中国社会科学院语言研究所著名语法学家徐枢教授为本书写过介绍，北京大学著名语言学家陆俭明教授在本书出版后曾来信说："在此首先祝贺你和亚川合著的《吕叔湘著〈汉语语法分析问题〉助读》出版——这确实是值得珍惜的一部著作……"

  作者1998年初起长期在境外任教，今年2月偶然从网上看到有《助读》的介绍、读者评介，均佳，且书已售罄。我们跟语文出版社联系再版，也寻找别的出版社。3月11日，同一天收到两家出版社有意再版的信件、电话。因得知1979年版《汉语语法分析问题》市场已经买不到，为方便读者，力争商务印书馆能把吕老1979年版原著与《助读》合一，我们决定书稿呈交商务印书馆。9月15日作者回到北京，得到2013年新版《汉语语法分析问题》，我们把它与1979年版做了逐字比对，知道新版仅有几个词语的添加、替换及增删例句之改动。这样，为了对读者负责，我们借《助读》再版之机，将全书305个问题及"关于编写《吕叔湘著〈汉语语法分析问题〉助读》的说明"的引文、页码（图表页行码以通栏文字计算）做了调整。读者可以用新版《汉语语法分析问题》配合《助读》，放心阅读。我们感谢语文出版社，也深深感谢有着百年历史的享誉全球的商务印书馆再版《吕叔湘著〈汉语语法分析问题〉助读》！

作　　者

2014年10月1日于北京